영어
기출문제
정복하기

9급 공무원 영어
기출문제 정복하기

초판	발행	2022년 01월 07일
개정판	발행	2025년 01월 10일

편 저 자 | 공무원시험연구소

발 행 처 | ㈜서원각

등록번호 | 1999-1A-107호

주　　소 | 경기도 고양시 일산서구 덕산로 88-45(가좌동)

교재주문 | 031-923-2051

팩　　스 | 031-923-3815

교재문의 | 카카오톡 플러스 친구[서원각]

홈페이지 | goseowon.com

시험의 성패를 결정하는 데 있어 가장 중요한 요소 중 하나는 충분한 학습이라고 할 수 있다. 하지만 무작정 많은 양을 학습하는 것은 바람직하지 않다. 시험에 출제되는 모든 과목이 그렇듯, 전통적으로 중요하게 여겨지는 이론이나 내용들이 존재한다. 그리고 이러한 이론이나 내용들은 회를 걸쳐 반복적으로 시험에 출제되는 경향이 나타날 수밖에 없다. 따라서 모든 시험에 앞서 필수적으로 짚고 넘어가야 하는 것이 기출문제에 대한 파악이다.

영어는 9급 공무원 시험과목 중 수험생들이 가장 어렵게 여기는 과목 중 하나이다. 영어는 기출 패턴 그대로 출제되는 경향을 보이므로 최근 출제 경향인 길어지는 독해지문에 대한 읽기능력 배양, 어휘ㆍ숙어와 생활영어, 암기가 아닌 구조 이해를 통한 문법과 영작 등 난도 있는 문제에 대비하는 학습이 필요하다.

9급 공무원 최근 기출문제 시리즈는 기출문제 완벽분석을 책임진다. 그동안 시행된 국가직ㆍ지방직 및 서울시 기출문제를 연도별로 수록하여 매년 빠지지 않고 출제되는 내용을 파악하고, 다양하게 변화하는 출제경향에 적응하여 단기간에 최대의 학습효과를 거둘 수 있도록 하였다. 또한 상세하고 꼼꼼한 해설로 기본서 없이도 효율적인 학습이 가능하도록 하였으며, 모의고사 방식으로 구성하여 최종적인 실력점검이 될 수 있도록 하였다.

9급 공무원 시험의 경쟁률이 해마다 점점 더 치열해지고 있다. 이럴 때일수록 기본적인 내용에 대한 탄탄한 학습이 빛을 발한다. 수험생 모두가 자신을 믿고 본서와 함께 끝까지 노력하여 합격의 결실을 맺기를 희망한다.

STRUCTURE
이 책의 특징 및 구성

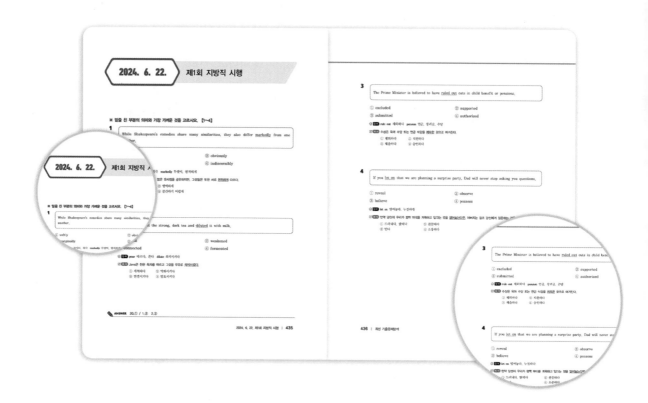

최신 기출문제분석

최신의 최다 기출문제를 수록하여 기출 동향을 파악하고, 학습한 이론을 정리할 수 있습니다. 기출문제들을 반복하여 풀어봄으로써 이전 학습에서 확실하게 깨닫지 못했던 세세한 부분까지 철저하게 파악, 대비하여 실전대비 최종 마무리를 완성하고, 스스로의 학습상태를 점검할 수 있습니다.

상세한 해설

상세한 해설을 통해 한 문제 한 문제에 대한 완전학습을 가능하도록 하였습니다. 정답을 맞힌 문제라도 꼼꼼한 해설을 통해 다시 한 번 내용을 확인할 수 있습니다. 틀린 문제를 체크하여 내가 취약한 부분을 파악할 수 있습니다.

CONTENT
이 책 의 차 례

영어

기출문제 정복하기

영어

※ 밑줄 친 부분과 의미가 가장 가까운 것은? 【1~2】

1

> Ethical considerations can be an <u>integral</u> element of biotechnology regulation.

① key
② incidental
③ interactive
④ popular

☑ 단어 integral : 필수적인, 완전한   key : 필수적인, 핵심적인   incidental : 부수적인   interactive : 상호적인

☑ 해석 윤리적인 고려는 생명공학 규제를 위한 <u>필수적인</u> 요소가 될 수 있다.

2

> If the area of the brain associated with speech is destroyed, the brain may use <u>plasticity</u> to cause other areas of the brain not originally associated with this speech to learn the skill as a way to make up for lost cells.

① accuracy
② systemicity
③ obstruction
④ suppleness

☑ 단어 plasticity : 가소성   make up for : 보상하다, 만회하다   accuracy : 정확도   systemicity : 체계성, 계통성, 조직성   obstruction : 방해, 장애물   suppleness : 유연성

☑ 해석 만약 언어와 관련된 뇌의 부분이 파괴된다면, 뇌는 손상된 세포를 대체하는 방법으로서 원래는 언어와 관련되지 않은 뇌의 다른 부분이 그 능력을 배우도록 <u>유연성</u>을 사용한다.

※ 빈칸에 들어갈 단어로 가장 적절한 것은? 【3~4】

3

> Mephisto demands a signature and contract. No mere _____ contract will do. As Faust remarks, the devil wants everything in writing.

① genuine

② essential

③ reciprocal

④ verbal

☑ **단어** mere : 겨우 ~의, ~에 불과한   do : 충분하다   genuine : 진짜의, 진실한   reciprocal : 상호간의   verbal : 말로 된, 구두의

☑ **해석** Mephisto는 서명과 계약을 요구하고 있다. 단지 <u>구두</u> 계약으로는 충분하지 않을 것이다. Faust의 말처럼, 그 악마는 서면으로 된 모든 것을 원한다.

4

> The company and the union reached a tentative agreement in this year's wage deal as the two sides took the company's _____ operating profits seriously amid unfriendly business environments.

① deteriorating

② enhancing

③ ameliorating

④ leveling

☑ **단어** tentative : 잠정적인, 자신 없는   amid : 가운데에   deteriorating : 악화되어가고 있는, 악화 중인   ameliorating : 개선되는   leveling : 평등화

☑ **해석** 노사는 양쪽 모두 사업 환경이 좋지 않은 가운데 회사의 영업 이익 <u>악화</u>를 심각하게 받아들이면서 올해 임금 협상에서 잠정적인 합의에 도달했다.

5

I ① <u>convinced</u> that making pumpkin cake ② <u>from</u> scratch would be ③ <u>even</u> easier than ④ <u>making</u> cake from a box.

☑ **[단어]** from scratch : 맨 처음부터

☑ **[해석]** 나는 호박케이크를 (시중에 나와 있는 패키지) 케이크 박스로 만드는 것보다 처음부터 만드는 것이 훨씬 쉬울 거라고 확신했다.

☑ **[TIP]** ① convinced → am convinced/was convinced
convince는 '~을 확신시키다'라는 뜻을 가진 타동사이다. convince A of B 혹은 convince A that S'+V'를 써서 'A에게 ~을 확신시키다'로 나타낸다. 보기 지문에서는 convince 뒤에 목적어 A 없이 that절이 왔고, 내가(I) 목적어 that절을 확신하고 있다는 뜻이 되어야 하므로 수동태 be+p.p형으로 고쳐 준다.
② from scratch는 '맨 처음부터'라는 뜻의 관용어구이다.
③ even은 much, still, (by far) 등과 마찬가지로 비교급 앞에서 '훨씬'의 뜻으로 쓰여 비교급을 강조하는 역할을 한다.
④ 비교급에서 비교대상끼리 형태가 동일해야 하므로 making pumpkin과 동일하게 동명사 making을 써서 나타내었다.

6

When you find your tongue ① <u>twisted</u> as you seek to explain to your ② <u>six-year-old</u> daughter why she can't go to the amusement park ③ <u>that</u> has been advertised on television, then you will understand why we find it difficult ④ <u>wait</u>.

☑ **[단어]** amusement park : 놀이공원

☑ **[해석]** 텔레비전에 광고된 놀이공원에 갈 수 없는 이유를 여섯 살짜리 딸에게 설명할 방법을 찾다가 당신의 혀가 꼬이는 것을 발견하면, 그때 당신은 우리가 기다리는 걸 어렵게 생각하는 이유가 무엇인지 이해할 것이다.

☑ **[TIP]** ① find your tongue twisted에서 find는 5형식 동사로 쓰일 수 있으므로 your tongue는 목적어, twisted는 목적보어가 된다. 목적어와 목적보어가 수동관계(혀가 꼬이는 것)에 있으므로 p.p형 twisted로 쓴 것이 맞다.
② six-year-old는 '여섯 살짜리, 여섯 살의' 형용사로 쓰였으며, 하이픈(-)으로 이어져 하나의 한정용법으로 쓰이는 단어를 이룰 때 year를 복수명사로 쓰지 않는 것에 주의한다.
③ 주어가 선행사 the amusement park로 쓰인 관계대명사절이며, 관계대명사 that이 바르게 쓰였다.
④ wait → to wait
목적어로 쓰인 why 명사절에서 it은 가목적어로 쓰였다. 진목적어는 to부정사의 형태를 취하므로 to wait으로 고쳐준다.

7

> Lewis Alfred Ellison, a small-business owner and ① a construction foreman, died in 1916 after an operation to cure internal wounds ② suffering after shards from a 100-lb ice block ③ penetrated his abdomen when it was dropped while ④ being loaded into a hopper.

☑ **단어** foreman : 감독   operation : 수술   wound : 상처   suffering : 고통   shard : 조각, 파편   penetrate : 관통하다   abdomen : 배, 복부   hopper : 호퍼(V자형 용기. 곡물·석탄·짐승 사료를 담아 아래로 내려 보내는 데 씀)

☑ **해석** 중소기업 대표이자 건설현장 감독인 Lewis Alfred Ellison은 1916년 100파운드짜리 얼음 덩어리가 호퍼로 운반되는 도중 그것이 떨어져 그 얼음의 날카로운 부분이 그의 복부를 관통하여 고통 받다가 내부 상처를 치료하기 위한 수술을 받은 후 사망하였다.

☑ **TIP** ① and를 기준으로 두 명사(a small-business owner, a construction foreman)가 주어를 수식하고 있다. 각각의 명사에 부정관사 a가 오는 것이 가능하다.
② suffering → suffered
   wounds를 수식하면서 능동형 suffering으로 쓰기 위해서는 suffering from ~(~로 고통 받다)이 되거나 타동사로서 목적어를 취해야 한다. 그러나 목적어 없이 after부사절이 왔으므로 목적어를 가지는 타동사로는 쓸 수 없다. 따라서 wounds를 수동의 의미로 수식해주는 suffered가 되어야 맞는 표현이 된다.
③ 접속사로 쓰인 after절에서 주어는 shards, 동사는 penetrated이다. 과거시제 능동형으로 알맞게 썼다.
④ while 절에서 주어 it(=the 100-lb ice block)을 생략하고, 동사 load는 (주어와 수동의 관계이므로) be+p.p(be loaded)에 -ing를 써줌으로써 while being loaded~로 시작하는 분사구문이 되었다.

✎ **ANSWER** 5.① 6.④ 7.②

8

> A : You don't know about used cars, Ned. Whew! 70,000 miles.
> B : Oh, that's a lot of miles! We have to take a close look at the engine, the doors, the tires, everything …
> A : It's too expensive, Ned. _____
> B : You have to watch these used car salesmen.

① Let's buy it.

② I'll dust it down.

③ What model do you want?

④ I don't want to get ripped off.

☑ **단어** dust down : (먼지 등을 없애려고) ~을 털다 rip (사람) off : ~에게 바가지를 씌우다

☑ **해석** A : 당신은 중고차에 대해 모르잖아. Ned, 어유! 7만 마일이나 되네.
B : 오, 너무 많이 달렸네! 우리가 엔진, 도어, 타이어 등 모든 것을 자세히 살펴보아야 할 것 같아.
A : 이건 너무 비싸잖아. Ned, 바가지 쓰고 싶지 않아.
B : 중고차 판매상을 조심해야 해.

① 이걸로 사자.
② 내가 먼지를 털어낼게.
③ 원하는 모델이 뭐니?
④ 바가지를 쓰고 싶지 않다.

9

> The term combines two concepts—"bionic" which means to give a living thing an artificial capability like a bionic arm, and "nano" which _____ particles smaller than 100 nanometers that can be used to imbue the living thing with its new capability.

① breaks in   ② refers to

③ originates from   ④ lays over

☑ 단어 bionic : 생체 공학적인   artificial : 인공의, 인위적인   capability : 능력, 역량   imbue : 가득 채우다

☑ 해석 그 단어는 두 가지 개념, 즉 생명체에게 생체 공학적 팔과 같이 인공적인 능력을 주는 것을 의미하는 "생명 공학" 개념과 생명체에 새로운 능력으로 가득 채우기 위해 사용될 수 있는 100 나노미터보다 작은 입자들을 가리키는 "나노" 개념을 결합시킨다.

① 길들이다, 침입하다, 끼어들다
② 나타내다, 언급하다, 지칭하다
③ 기원하다, 비롯되다. 생기다
④ 머물다, 덮어씌우다

10 어법상 가장 옳은 것은?

① If the item should not be delivered tomorrow, they would complain about it.

② He was more skillful than any other baseball players in his class.

③ Hardly has the violinist finished his performance before the audience stood up and applauded.

④ Bakers have been made come out, asking for promoting wheat consumption.

☑ 단어 applaud : 박수를 치다, 갈채를 보내다   consumption : 소비

☑ 해석 ① 그 상품이 내일까지 배송되지 않는다면, 그들은 그것에 대해 불만을 나타낼 것이다.
② 그는 그의 학급에서 다른 어떤 야구 선수들보다 실력이 더 좋다.
③ 바이올리니스트가 연주를 끝내자마자 관객들은 일어서서 박수를 쳤다.
④ 제빵사들은 밖으로 나와, 밀 소비의 촉진을 요구했다.

☑ TIP ① if절에 tomorrow가 쓰였고, '혹시라도 ~한다면'의 희박한 가능성을 나타내기 위해서 가정법 미래를 썼다. 가정법 미래는 'if S'+should/were to V'(원형), S+조동사 과거형+V' 구문으로 쓴다.
② any other baseball players → any other baseball player
'비교급+than any other 단수명사' 구문은 '다른 어떤 ~보다도 더 ~한'의 뜻으로 최상급의 표현이다.
③ Hardly has the violinist → Hardly had the violinist
'hardly had p.p +when/before S+과거V'는 '~하자마자 ~하다'의 뜻으로 쓰이는 구문이다.
④ have been made come out → have been made to come out
사역동사 have는 능동형으로 쓰일 때 목적보어로 동사원형(수동의미일 때는 과거분사형)을 취하지만, have 동사가 수동태로 쓰여 목적어 없이 보어만 남게 되면 to부정사로 쓴다.

11 〈보기〉 문장이 들어갈 곳으로 가장 적절한 것은?

〈보기〉

If you are unhappy yourself, you will probably be prepared to admit that you are not exceptional in this.

(①) Animals are happy so long as they have health and enough to eat. Human beings, one feels, ought to be, but in the modern world they are not, at least in a great majority of cases. (②) If you are happy, ask yourself how many of your friends are so. (③) And when you have reviewed your friends, teach yourself the art of reading faces ; make yourself receptive to the moods of those whom you meet in the course of an ordinary day. (④)

✅ **단어** exceptional : 이례적일 정도로 우수한, 극히 예외적인 receptive : 수용적인

☑ **해석** 동물들은 건강하고 먹을 게 충분히 있다면 항상 행복하다. 사람들이 느끼기에 사람도 반드시 그래야 한다고 생각하지만 현대 사회에서는 그렇지 않다. 적어도 대다수의 경우에는 말이다. 만약 당신 자신이 불행하다면, 당신은 아마도 이 점에 있어서 극히 예외적인 사람이 아니라는 것을 인정할 준비가 되어 있을 것이다. 만약 당신 자신이 행복하다면, 당신의 친구들에게 얼마나 그러한지 물어보아라. 그리고 당신이 친구들을 살펴 볼 때, 그들의 표정을 읽는 기술을 길러보아라 ; 일상 중에 당신이 만나는 사람들의 기분을 받아들이도록 해라.

12 글의 흐름상 가장 적절하지 않은 문장은?

Tighter regulations on cigarette products have spilled over to alcohol, soda and other consumer products, which has restricted consumer choices and made goods more expensive. ①Countries have taken more restrictive measures, including taxation, pictorial health warnings and prohibitions on advertising and promotion, against cigarette products over the past four decades. ②Regulatory measures have failed to improve public health, growing cigarette smuggling. ③Applying restrictions first to tobacco and then to other consumer products have created a domino effect, or what is called a "slippery slope", for other industries. ④At the extreme end of the slippery slope is plain packaging, where all trademarks, logos and brand-specific colors are removed, resulting in unintended consequences and a severe infringement of intellectual property rights.

☑ **단어** tight : 엄격한 spill over : 번지다, 넘치다 restrictive : 제한하는 taxation : 조세 regulatory : (산업·상업 분야의) 규제 (단속)력을 지닌 smuggling : 밀수, 밀반입 infringement : 침해행위, 위반 intellectual property right : 지적재산권, 지적 소유권

☑ **해석** 담배 제품에 대한 더 엄격한 규제는 주류, 탄산음료, 그리고 다른 소비제품으로 번져갔고, 이것은 소비자의 선택권을 제한하고 상품들을 더 비싸게 만드는 요인이 되었다. ① 여러 국가들은 지난 40년 동안 담배 제품에 대해 조세, 그림으로 된 건강 경고문구, 그리고 광고와 홍보 금지 등을 포함해 더욱 제한적인 조치를 취해 왔다. (② 규제 조치들은 국민 건강을 증진시키는 데 실패했고, 결과적으로 담배 밀수를 증가시켰다.) ③ 담배에 먼저 규제를 가하고 그 다음에 다른 소비재 제품에 규제를 가하는 것은 도미노 효과 즉, 다른 산업들에 대해 "미끄러운 경사"를 만들어 냈다. ④ 미끄러운 경사의 가장 극단적인 사례는 모든 상표, 로고 및 특정 브랜드 색상이 제거된 단순한 포장인데, 이것은 의도하지 않은 결과와 심각한 지적 재산권의 심각한 침해를 초래하고 있다.

13

Language changes when speakers of a language come into contact with speakers of another language or languages. This can be because of migration, perhaps, because they move to more fertile lands, or because they are displaced on account of war or poverty or disease. It can also be because they are invaded. Depending on the circumstances, the home language may succumb completely to the language of the invaders, in which case we talk about replacement. _____, the home language might persist side-by-side with the language of the invaders, and depending on political circumstances, it might become the dominant language.

① Typically

② Consistently

③ Similarly

④ Alternatively

☑ **단어** migration : 이주, 이송 fertile : 비옥한, 풍부한 displace : 대체하다, 쫓아내다 on account of : ~ 때문에 circumstance : 환경, 상황 succumb : 굴복하다 persist : 지속되다

☑ **해석** 언어는 한 언어의 사용자가 다른 언어 또는 여러 언어의 사용자와 접촉할 때 변한다. 이것은 아마도 그들이 더 비옥한 땅으로 이주하거나 전쟁, 가난, 질병 때문에 쫓겨나 이주하는 것 때문일 것이다. 또한 그들이 침략을 당했기 때문일 수도 있다. 상황에 따라 모국어는 침략자들의 언어에 완전히 굴복할 수도 있는데, 그 경우 우리는 대체 언어에 대해 이야기한다. 그렇지 않으면, 모국어는 침략자들의 언어와 나란히 지속될 수도 있고, 정치적 상황에 따라 지배적인 언어가 될 수도 있다.

① 일반적으로, 늘 그렇듯이
② 지속적으로, 항상
③ 비슷하게, 유사하게
④ 그 대신에, 그렇지 않으면

14

The notion that a product tested without branding is somehow being more objectively appraised is entirely _____. In the real world, we no more appraise things with our eyes closed and holding our nose than we do by ignoring the brand that is stamped on the product we purchase, the look and feel of the box it comes in, or the price being asked.

① correct

② reliable

③ misguided

④ unbiased

☑ 해석 브랜드를 가리고 테스트한 제품이 다소 더 객관적으로 평가되고 있다는 생각은 완전히 <u>잘못 이해한 것</u>이다. 현실에서 우리가 구매하는 제품에 부착된 브랜드와 그 제품 상자의 모양과 느낌, 가격 등을 무시하지 않는 것처럼, 눈을 감고 코를 부여잡은 채 제품을 평가하지도 않는다.

① 정확한, 옳은   ② 믿을 수 있는
③ 잘못 이해한   ④ 편견 없는

15 〈보기〉 글의 제목으로 가장 적절한 것은?

<보기>

Many visitors to the United States think that Americans take their exercise and free time activities too seriously. Americans often schedule their recreation as if they were scheduling business appointments. They go jogging every day at the same time, play tennis two or three times a week, or swim every Thursday. Foreigners often think that this kind of recreation sounds more like work than relaxation. For many Americans, however, their recreational activities are relaxing and enjoyable, or at least worthwhile, because they contribute to health and physical fitness.

① Health and fitness

② Popular recreational activities in the United States

③ The American approach to recreation

④ The definition of recreation

◎ 단어 relaxation : 휴식, 완화 worthwhile : 가치 있는, ~할 가치가 있는

☑ 해석 미국에 가는 많은 방문객들은 미국인들이 자신들의 운동과 여가활동을 지나치게 고려한다고 생각한다. 미국인들은 종종 사업 약속을 잡는 것처럼 그들의 여가 시간을 계획한다. 그들은 매일 같은 시간에 조깅을 하고, 일주일에 두세 번 테니스를 치고, 매주 목요일마다 수영을 한다. 외국인들은 종종 이런 종류의 여가활동이 휴식이라기보다는 오히려 일처럼 보인다고 생각한다. 그러나 많은 미국인들에게 그들의 여가 활동은 편안하고, 즐길 만하고, 최소한 건강과 신체적 단련에 기여하기 때문에 가치가 있다고 여겨진다.

① 건강과 신체단련
② 미국의 인기 있는 여가 활동
③ 여가 활동에 대한 미국인의 접근법
④ 여가 활동의 정의

✎ ANSWER 13.④ 14.③ 15.③

16 〈보기〉 글의 요지로 가장 적절한 것은?

〈보기〉

Feelings of pain or pleasure or some quality in between are the bedrock of our minds. We often fail to notice this simple reality because the mental images of the objects and events that surround us, along with the images of the words and sentences that describe them, use up so much of our overburdened attention. But there they are, feelings of myriad emotions and related states, the continuous musical line of our minds, the unstoppable humming of the most universal of melodies that only dies down when we go to sleep, a humming that turns into all-out singing when we are occupied by joy, or a mournful requiem when sorrow takes over.

---

① Feelings are closely associated with music.

② Feelings are composed of pain and pleasure.

③ Feelings are ubiquitous in our minds.

④ Feelings are related to the mental images of objects and events.

☑ **단어** bedrock : 기반   overburden : 과중한 부담을 주다   myriad : 무수함, 무수히 많음   unstoppable : 막을 수 없는   die down : 차츰 잦아들다   mournful : 애절한   requiem : 진혼곡   sorrow : 슬픔

☑ **해석** 고통이나 기쁨의 감정 혹은 그 사이의 어떤 상태는 우리 마음의 기반이다. 우리는 종종 이러한 단순한 현실을 인식하지 못하는데, 그 이유는 우리를 둘러싸고 있는 사물과 사건들의 정신적 이미지가 그것들을 묘사하는 단어와 문장들의 이미지와 함께 우리의 과도한 관심을 너무 많이 쓰기 때문이다. 그러나 무수한 감정과 관련된 상태의 느낌이 존재한다. 우리 마음에 계속되는 음악적 선율, 우리가 잠자리에 들 때 비로소 잦아드는 가장 보편적인 멜로디의 울림, 우리가 기쁨으로 가득 차 있을 때 완전한 노래가 되는 콧노래 또는 슬픔이 가득 찰 때의 애절한 진혼곡이.

① 감정은 음악과 밀접한 관련이 있다.
② 감정은 고통과 기쁨으로 이루어져 있다.
③ 감정은 우리 마음 속 어디에나 있다.
④ 감정은 사물과 사건의 정신적 이미지와 관련이 있다.

17 〈보기〉 글의 분위기로 가장 적절한 것은?

> 〈보기〉
>
> I go to the local schoolyard, hoping to join in a game. But no one is there. After several minutes of standing around, dejected under the netless basketball hoops and wondering where everybody is, the names of those I expected to find awaiting me start to fill my mind. I have not played in a place like this for years. What was that? What was I thinking of, coming here? When I was a child, a boy, I went to the schoolyard to play. That was a long time ago. No children here will ever know me. Around me the concrete is empty except for pebbles, bottles, and a beer can that I kick, clawing a scary noise out of the pavement.

① calm and peaceful

② festive and merry

③ desolate and lonely

④ horrible and scary

✓ **단어** deject : 낙담시키다   pebble : 조약돌, 자갈   claw : (발톱으로) 할퀴다   pavement : 인도, 보도, 노면

✓ **해설** 나는 경기에 참가하기를 바라며 지역 학교 운동장에 간다. 하지만 아무도 없었다. 그물 없는 농구 골대 밑에서 낙담한 채 모두 어디에 있는 건지 궁금해하며 몇 분을 우두커니 서 있은 후에 나를 기다릴 거라고 생각되는 사람들의 이름들이 내 마음을 채우기 시작했다. 나는 몇 년 동안 이런 장소에서 놀아보지 못했다. 그게 뭐였을까? 나는 무엇 때문에 여기에 온 건가? 어렸을 때, 나는 놀기 위해 학교 운동장에 갔다. 이미 오래전 일이다. 이곳의 어떤 아이도 나를 알지 못할 것이다. 사실 내 주변에는 자갈, 빈병 그리고 내가 발로 차서 인도에서 무시무시한 소음을 내고 있는 맥주캔 말고는 아무것도 없다.

① 평온하고 평화로운
② 즐겁고 기쁜
③ 황량하고 외로운
④ 끔찍하고 무서운

18 글의 흐름상 빈칸에 들어갈 단어를 순서대로 고른 것은?

Often described as the _____ "rags to riches" tale, the story of steel magnate Andrew Carnegie's rise begins in 1835 in a small one-room home in Dunfermline, Scotland. Born into a family of _____ laborers, Carnegie received little schooling before his family emigrated to America in 1848. Arriving in Pennsylvania, he soon got a job in a textile mill, where he earned only $1.20 per week.

① quintessential — destitute

② exceptive — devout

③ interesting — meticulous

④ deleterious — impoverished

☑ **단어** magnate : 거물, 왕, 큰손   emigrate : 이민을 가다, (다른 나라로) 이주하다   textile : 직물, 옷감

☑ **해석** 종종 전형적인 "무일푼에서 부자가 되기" 이야기로 알려진 철강업계 재벌 Andrew Carnegie의 출세 이야기는 1835년 스코틀랜드 던퍼믈린에 있는 작은 방 하나짜리 집에서 시작된다. 궁핍한 노동자 가정에서 태어난 Carnegie는 1848년 그의 가족이 미국으로 이민가기 전까지 거의 교육을 받지 못했다. 펜실베이니아에 도착해서 그는 곧 직물 공장에서 일자리를 얻었는데, 그는 그곳에서 일주일에 겨우 1달러 20센트밖에 벌지 못했다.

① 본질적인, 전형의 – 극빈한, 궁핍한
② 제외의, 예외적인 – 독실한
③ 흥미로운 – 꼼꼼한, 세심한
④ 해로운, 유해한 – 빈곤한, 결핍된

19 다음 글의 내용과 일치하는 것은?

> In the American Southwest, previously the Mexican North, Anglo-America ran into Hispanic America. The meeting involved variables of language, religion, race, economy, and politics. The border between Hispanic America and Anglo-America has shifted over time, but one fact has not changed : it is one thing to draw an arbitrary geographical line between two spheres of sovereignty ; it is another to persuade people to respect it. Victorious in the Mexican-American War in 1848, the United States took half of Mexico. The resulting division did not ratify any plan of nature. The borderlands were an ecological whole ; northeastern Mexican desert blended into southeastern American desert with no prefiguring of nationalism. The one line that nature did provide —the Rio Grande —was a river that ran through but did not really divide continuous terrain.

① The borderlands between America and Mexico signify a long history of one sovereignty.

② While nature did not draw lines, human society certainly did.

③ The Mexican-American War made it possible for people to respect the border.

④ The Rio Grande has been thought of as an arbitrary geographical line.

✅ **단어** arbitrary : 임의적인, 제멋대로인 sphere : 영역, 구체 sovereignty : 자주권, 독립 division : 분할, 분열 ratify : 승인하다 borderland : 국경지방, 중간 blend into : (구별이 어렵게) ~와 뒤섞이다 prefigure : 예시하다 nationalism : 민족주의 terrain : 지형, 지역 signify : 의미하다

☑️ **해석** 이전에는 멕시코 북쪽이었던 미국 남서부에서 앵글로-아메리카인들은 히스패닉 아메리카인들과 만났다. 그 만남에는 언어, 종교, 인종, 경제, 정치라는 변수들이 포함되었다. 히스패닉 아메리카와 앵글로 아메리카의 경계는 시간이 흐르면서 바뀌었지만, 한 가지 사실은 변하지 않았다 : 하나는 자주권이 있는 두 영역 사이에 임의적인 지형학적 선을 긋는 것이고, 다른 하나는 사람들에게 그것을 존중하도록 설득하는 것이다. 1848년 멕시코-미국 간의 전쟁에서 승리한 미국은 멕시코의 절반을 차지했다. 그 결과로 초래된 영토 분할은 자연의 지형을 조금도 따른 것이 아니었다. 국경지방은 완전한 생태학적 공간이 되었고, 민족주의를 조장하지 않으며 멕시코 북동쪽 사막은 미국 남동부의 사막과 어우러졌다. 자연이 제공한 단 하나의 경계는 리오 그랑데 강이었는데 이어져 있는 지형을 가로질러 흐르기는 해도 지형을 실제로 분할하지는 않았다.

① 미국과 멕시코 사이의 국경은 하나의 주권의 긴 역사를 의미한다.
② 자연은 선을 긋지 않았지만 인간 사회는 확실히 그렸다.
③ 멕시코-미국 간의 전쟁은 사람들이 국경을 존중하는 것을 가능하게 했다.
④ 리오 그랑데 강은 임의적인 지정학적 경계로 간주되었다.

20 다음 글을 문맥에 가장 어울리게 순서대로 배열한 것은?

㉠ The trigger for the aggressive driver is usually traffic congestion coupled with a schedule that is almost impossible to meet.

㉡ Unfortunately, these actions put the rest of us at risk. For example, an aggressive driver who resorts to using a roadway shoulder to pass may startle other drivers and cause them to take an evasive action that results in more risk or even a crash.

㉢ As a result, the aggressive driver generally commits multiple violations in an attempt to make up time.

㉣ Aggressive driving is a traffic offense or combination of offenses such as following too closely, speeding, unsafe lane changes, failing to signal intent to change lanes, and other forms of negligent or inconsiderate driving.

---

① ㉠ － ㉢ － ㉡ － ㉣

② ㉠ － ㉣ － ㉢ － ㉡

③ ㉣ － ㉠ － ㉢ － ㉡

④ ㉣ － ㉡ － ㉢ － ㉠

✅ **단어** trigger : 계기, 도화선 coupled with : ~와 결부된 traffic congestion : 교통 혼잡 startle : 깜짝 놀라게 하다 take evasive action : 회피 작전을 쓰다 violation : 위반, 방해 attempt : 시도, 도전 negligent : 태만한, 부주의한 inconsiderate : 사려 깊지 못한

☑️ **해석** ㉣ 난폭 운전은 하나의 교통위반 혹은 지나치게 붙어서 따라가거나 과속하기, 안전하지 못한 차선 변경, 차선 변경을 위한 신호를 보내지 않는 것, 그리고 부주의하거나 사려 깊지 못한 여러 형태의 운전과 같은 위반 행위들의 결합이다.
㉠ 난폭 운전자를 유발하는 요인은 시간 맞추기가 거의 불가능한 일정과 겹친 교통 혼잡이다.
㉢ 결과적으로 난폭 운전자는 부족한 시간을 보충하기 위해 여러 가지 위반을 저지르게 되는 것이 일반적이다.
㉡ 불행하게도, 이러한 행동들은 우리를 위험에 빠뜨린다. 예를 들어, 도로 갓길을 이용하여 추월하는 난폭 운전자는 다른 운전자를 깜짝 놀라게 만들고 더 큰 위험이나 심지어 충돌을 초래하게 되는 회피적인 행동을 취하게 할 수 있다.

※ 밑줄 친 부분에 들어갈 말로 가장 적절한 것을 고르시오. 【1~2】

1

A : Can I ask you for a favor?

B : Yes, what is it?

A : I need to get to the airport for my business trip, but my car won't start. Can you give me a lift?

B : Sure. When do you need to be there by?

A : I have to be there no later than 6 : 00.

B : It's 4 : 30 now. _____. We'll have to leave right away.

① That's cutting it close

② I took my eye off the ball

③ All that glitters is not gold

④ It's water under the bridge

☑ **단어** cut it close : 시간이 아슬아슬하다

☑ **해석** A : 부탁 하나만 드려도 될까요?

　　　B : 네, 뭔가요?

　　　A : 제가 출장 때문에 공항에 가야 하는데 차가 시동이 걸리질 않네요. 태워다 주실 수 있을까요?

　　　B : 그럼요. 언제까지 도착해야 하나요?

　　　A : 늦어도 6시까지 도착해야 합니다.

　　　B : 지금이 4시 30분이네요. <u>시간이 아슬아슬하네요</u>. 지금 당장 출발해야겠어요.

　　　① 시간이 아슬아슬하네요.

　　　② 저는 가장 중요한 것에서 눈을 뗐습니다.

　　　③ 반짝이는 모든 것이 금은 아니다.

　　　④ 이미 다 지나간 일이다.

2

Fear of loss is a basic part of being human. To the brain, loss is a threat and we naturally take measures to avoid it. We cannot, however, avoid it indefinitely. One way to face loss is with the perspective of a stock trader. Traders accept the possibility of loss as part of the game, not the end of the game. What guides this thinking is a portfolio approach ; wins and losses will both happen, but it's the overall portfolio of outcomes that matters most. When you embrace a portfolio approach, you will be _____ because you know that they are small parts of a much bigger picture.

① more sensitive to fluctuations in the stock market

② more averse to the losses

③ less interested in your investments

④ less inclined to dwell on individual losses

☑ **단어** take measures : 조치를 취하다   indefinitely : 무기한으로   be with : ~에 지지하다   perspective : 관점   embrace : 포용하다 fluctuation : 변동   averse to : ~을 싫어하는   be inclined to : ~하는 경향이 있다   dwell on : 숙고하다, 곱씹다

☑ **해석** 손실에 대한 두려움은 인간의 가장 기본적인 부분이다. 뇌에게 손실은 위협이며, 우리는 자연스럽게 그것을 피하려는 조치를 취한다. 그러나 우리는 무기한으로 그것을 피할 수는 없다. 손실을 마주하는 한 가지 방법은 주식 거래자의 관점을 갖는 것이다. 주식 거래자들은 손실의 가능성을 경기의 목적이 아닌 게임의 일부로 받아들인다. 이런 생각을 이끄는 것은 포트폴리오 접근법이다 ; 즉, 이익과 손실은 둘 다 일어날 것이지만, 가장 중요한 것은 전체적인 포트폴리오의 결과이다. 당신이 포트폴리오 접근법을 수용하게 되면, 그것들이 더 큰 그림을 위한 작은 부분이라는 것을 알고 있기 때문에 당신은 개별적인 손실을 깊게 생각하는 경향이 더 적어질 것이다.

① 주식 시장의 변동에 더 민감해질 것이다
② 손실을 더 싫어하게 될 것이다
③ 당신의 투자에 관심을 거의 갖지 않을 것이다
④ 개별적 손실을 깊게 생각하는 경향이 더 적어질 것이다

3 다음 글의 제목으로 가장 적절한 것은?

> Over the last years of traveling, I've observed how much we humans live in the past. The past is around us constantly, considering that, the minute something is manifested, it is the past. Our surroundings, our homes, our environments, our architecture, our products are all past constructs. We should live with what is part of our time, part of our collective consciousness, those things that were produced during our lives. Of course, we do not have the choice or control to have everything around us relevant or conceived during our time, but what we do have control of should be a reflection of the time in which we exist and communicate the present. The present is all we have, and the more we are surrounded by it, the more we are aware of our own presence and participation.

① Travel : Tracing the Legacies of the Past

② Reflect on the Time That Surrounds You Now

③ Manifestation of a Hidden Life

④ Architecture of a Futuristic Life

✅ **단어** the minute (that) : ~하자마자   manifest : 나타나다, 분명해지다   construct : 건설하다 ; 구성체, 구조물, 개념relevant : 관련있는, 사람들의 (삶 등에) 의의가 있는conceive : 마음속으로 그리다   legacy : 유산   manifestation : 명시, 징후 futuristic : 초현대적인

☑ **해석** 지난 몇 년 동안의 여행을 통해, 나는 우리 인간이 얼마나 많이 과거 속에 살고 있는지를 관찰했다. 어떤 것이 나타나자마자 그것이 과거가 된다는 것을 고려해보면, 과거는 계속해서 우리 주변에 머문다. 우리의 주변 상황, 우리의 집, 우리의 환경, 우리의 건축물, 우리의 물건들 모두 과거의 구성물이다. 우리는 우리 시대의 일부이며, 우리의 공동체 의식의 일부, 우리의 삶에서 만들어진 것들과 함께 살아야 한다. 물론 우리는, 살아가는 동안 우리 주변의 모든 것들을 의미있게 하거나 구상할 수 있도록 선택하거나 통제할 수는 없지만, 우리가 통제하는 것은 그 시간ㅡ우리가 존재하고 있고 현재를 전하는ㅡ을 돌아보는 것이어야 한다. 현재는 우리가 가진 모든 것이며, 우리가 그것들에 의해 둘러싸여 있으면 있을수록, 더욱 더 우리 자신의 존재와 참여에 대해 알게 된다.

① 여행 : 과거의 유산들을 추적하는 것
② 지금 당신을 둘러싸고 있는 시간을 되돌아보라
③ 숨겨진 삶의 징후
④ 초현대적인 삶의 건축학

4 밑줄 친 부분 중 어법상 옳지 않은 것은?

It would be difficult ①to imagine life without the beauty and richness of forests. But scientists warn we cannot take our forest for ②granted. By some estimates, deforestation ③has been resulted in the loss of as much as eighty percent of the natural forests of the world. Currently, deforestation is a global problem, ④affecting wilderness regions such as the temperate rainforests of the Pacific.

⊘ **단어** take ~ for granted : ~을 당연하게 생각하다   estimate : 추정   deforestation : 삼림 벌채   wilderness region : 환경 보전 지역   temperate rainforest : 온대 강우림

☑ **해석** 숲의 아름다움과 풍요로움이 없는 삶을 상상하는 것은 어려울 것이다. 그러나 과학자들은 우리가 우리의 숲을 당연한 것으로 여길 수 없다고 경고한다. 일부 추산에 따르면, 삼림 벌채는 세계 자연림의 80%에 달하는 상실을 초래해 왔다. 현재, 삼림 벌채는 태평양 연안의 온대 우림과 같은 환경 보전 지역에 영향을 미치는 세계적인 문제이다.

⊘ **TIP** ① it은 가주어이고, 진주어로 to부정사(to imagine)가 왔으므로 맞는 문장이다.
② take ~ for granted는 '~을 당연하게 여기다' 뜻의 관용어구이다.
③ has been resulted in → has resulted in
　　result는 자동사로만 쓰이므로 수동태 형식이 불가능하다. 'result from (원인) : ~의 결과로 발생하다/result in (결과) : ~을 야기하다'와 같이 쓰인다.
④ 분사구문으로, 생략된 의미상 주어는 deforestation이다. wilderness regions에 영향을 주는 능동의 의미이므로 현재분사로 표현하였다. 또, affect 동사 자체가 '~에 영향을 미치다'라는 뜻을 가진 타동사이므로 목적어 앞에 전치사를 쓰지 않도록 주의한다.

5 밑줄 친 부분의 의미와 가장 가까운 것은?

> Robert J. Flaherty, a legendary documentary filmmaker, tried to show how <u>indigenous</u> people gathered food.

① itinerant

② impoverished

③ ravenous

④ native

✓ **단어** indigenous : 토착의, 토종의   itinerant : 순회하는, 전전하는   impoverished : 가난해진, 허약해진   ravenous : 배가고파 죽을 지경인

☑ **해석** 전설적인 다큐멘터리 영화 제작자인 Robert J. Flaherty는 어떻게 토착민들이 음식을 모았는지를 보여주려고 노력했다.
　① 떠돌아다니는
　② 빈곤한
　③ 배가고파 죽을 지경인
　④ 토박이의

6 밑줄 친 부분에 들어갈 말로 가장 적절한 것은?

> Listening to music is ＿＿＿＿＿＿＿＿＿ being a rock star. Anyone can listen to music, but it takes talent to become a musician.

① on a par with

② a far cry from

③ contingent upon

④ a prelude to

✓ **단어** talent : 재능, 재주

☑ **해석** 음악을 듣는 것은 록 스타가 되는 것과는 전혀 다른 것이다. 누구나 음악을 들을 수 있지만 음악가가 되는 것은 재능을 필요로 한다.
　① ~와 동등한
　② ~와 현저히 다른
　③ ~여하에 달린
　④ ~의 서막

✎ **ANSWER** 4.③ 5.④ 6.②

7 다음 글의 흐름상 가장 어색한 문장은?

Biologists have identified a gene that will allow rice plants to survive being submerged in water for up to two weeks—over a week longer than at present. Plants under water for longer than a week are deprived of oxygen and wither and perish. ①The scientists hope their discovery will prolong the harvests of crops in regions that are susceptible to flooding. ②Rice growers in these flood-prone areas of Asia lose an estimated one billion dollars annually to excessively waterlogged rice paddies. ③They hope the new gene will lead to a hardier rice strain that will reduce the financial damage incurred in typhoon and monsoon seasons and lead to bumper harvests. ④This is dreadful news for people in these vulnerable regions, who are victims of urbanization and have a shortage of crops. Rice yields must increase by 30 percent over the next 20 years to ensure a billion people can receive their staple diet.

⊘ **단어** submerge : 가라앉다   deprive : 박탈하다   oxygen : 산소   wither : 시들다   perish : 죽다   prolong : 연장하다, 지연시키다 susceptible : 취약한   flooding : 홍수   prone : 당하기 쉬운   annually : 매년   waterlogged : 물에 잠긴   rice paddy : 논 hardy : 강인한   bumper harvest : 풍작   dreadful : 끔찍한, 지독한   vulnerable : 취약한, 연약한   urbanization : 도시화 yield : 생산   staple : 주된, 주요한

☑ **해석** 생물학자들은 벼가 현재보다 일주일 더 긴 2주일 동안 물속에 잠긴 상태로 생존할 수 있게 하는 유전자를 발견해 냈다. – 일주일 이상을 물속에 있는 식물들은 산소가 부족하여 시들어서 죽게 된다. ① 과학자들은 그들의 발견이 홍수에 취약한 지역에서 농작물 수확하는 것을 지연시킬 수 있기를 바란다. ② 아시아의 홍수에 취약한 지역에 있는 쌀 재배자들은 과도하게 물에 잠긴 논 때문에 매년 10억 달러의 손실을 보고 있다. ③ 그들은 이 새로운 유전자가 태풍과 장마철에 발생되는 재정적인 피해를 줄여주고 더 강인한 쌀 종자를 만들어서 풍작을 초래하기를 희망한다. (④ 이것은 도시화의 희생자이고 농작물이 부족한 취약한 지역에 살고 있는 사람들에게 끔찍한 소식이다.) 쌀 수확량은 향후 20년 동안 30% 가량 증가해서 10억 명이 쌀을 주식으로 먹을 수 있도록 보장되어야 한다.

8 밑줄 친 부분에 들어갈 말로 가장 적절한 것은?

A : Do you know how to drive?

B : Of course. I'm a great driver.

A : Could you teach me how to drive?

B : Do you have a learner's permit?

A : Yes, I got it just last week.

B : Have you been behind the steering wheel yet?

A : No, but I can't wait to _____.

---

① change a flat tire

② get an oil change

③ get my feet wet

④ take a rain check

✓ **단어** learner's permit : 임시 면허증   behind the steering wheel : 운전하다   take a rain check : 다음을 기약하다

✓ **해석** A : 운전할 줄 아세요?
　　B : 물론이죠. 운전 잘 합니다.
　　A : 운전하는 방법을 알려주실 수 있나요?
　　B : 임시면허증이 있습니까?
　　A : 네, 지난주에 받았습니다.
　　B : 운전해본 적 있습니까?
　　A : 아뇨, 하지만 빨리 <u>시작하고</u> 싶습니다.

　　① 펑크 난 타이어를 갈다
　　② 엔진오일을 교체하다
　　③ 시작하다
　　④ 다음을 기약하다

9 다음 글의 내용과 일치하는 것은?

Sharks are covered in scales made from the same material as teeth. These flexible scales protect the shark and help it swim quickly in water. A shark can move the scales as it swims. This movement helps reduce the water's drag. Amy Lang, an aerospace engineer at the University of Alabama, studies the scales on the shortfin mako, a relative of the great white shark. Lang and her team discovered that the mako shark's scales differ in size and in flexibility in different parts of its body. For instance, the scales on the sides of the body are tapered—wide at one end and narrow at the other end. Because they are tapered, these scales move very easily. They can turn up or flatten to adjust to the flow of water around the shark and to reduce drag. Lang feels that shark scales can inspire designs for machines that experience drag, such as airplanes.

① A shark has scales that always remain immobile to protect itself as it swims.

② Lang revealed that the scales of a mako shark are utilized to lessen drag in water.

③ A mako shark has scales of identical size all over its body.

④ The scientific designs of airplanes were inspired by shark scales.

✓ 단어 scale : 비늘 aerospace : 우주항공 shortfin mako : 청상아리 great white shark : 대백상어 taper : 점점 가늘어지다 flatten : 납작해지다 drag : 항력, 끌림

☑ 해석 상어는 이빨과 같은 물질로 만들어진 비늘로 덮여 있다. 이 유연한 비늘은 상어를 보호해주고 물에서 빨리 헤엄칠 수 있도록 도와준다. 상어는 헤엄치면서 비늘을 움직일 수 있다. 이러한 움직임은 물의 저항력을 줄여준다. Alabama대학의 항공우주 산업 기술자인 Amy Lang은 대백상어와 친척관계인 청상아리의 비늘을 연구했다. Lang과 그녀의 팀은 청상아리 비늘이 몸의 부위마다 크기와 유연성이 다르다는 것을 발견했다. 예를 들면, 몸의 측면에 있는 비늘은 한쪽 끝에서 가늘다가 넓어지고 다른 끝에서는 좁아진다. 비늘들이 더 가늘어지기 때문에 이러한 비늘들은 매우 쉽게 움직인다. 이것들은 상어 주변 물의 흐름에 따르고 항력을 줄이기 위해서 위로 향하거나 평평해질 수 있다. Lang은 상어 비늘은 비행기와 같이 저항을 겪는 기계들의 디자인에 영감을 줄 수 있다고 생각한다.

① 상어는 수영할 때 자신을 보호하기 위해서 항상 움직이지 않는 비늘을 가지고 있다.
② Lang은 청상아리의 비늘이 물속에서 저항을 줄이기 위해 사용된다는 것을 밝혀냈다.
③ 청상아리는 몸 전체에 걸쳐 똑같은 크기의 비늘을 가지고 있다.
④ 비행기의 과학적 디자인들은 상어 비늘에서 영감을 받았다.

10 밑줄 친 부분 중 어법상 옳지 않은 것은?

> Focus means ①getting stuff done. A lot of people have great ideas but don't act on them. For me, the definition of an entrepreneur, for instance, is someone who can combine innovation and ingenuity with the ability to execute that new idea. Some people think that the central dichotomy in life is whether you're positive or negative about the issues ②that interest or concern you. There's a lot of attention ③paying to this question of whether it's better to have an optimistic or pessimistic lens. I think the better question to ask is whether you are going to do something about it or just ④let life pass you by.

[단어] entrepreneur : 사업가 combine A with B : A와 B를 결합하다 ingenuity : 독창성 dichotomy : 이분 optimistic : 낙관적인 pessimistic : 비관적인 pass by : 지나치다

[해석] 집중은 할 일을 하는 것을 의미한다. 많은 사람들이 뛰어난 아이디어를 가지고 있지만 그것을 실천하지는 않는다. 예를 들어, 나에게 있어 사업가란, 혁신과 독창성을 새로운 아이디어를 실행하는 능력과 결합할 수 있는 사람이다. 몇몇 사람들은 삶에서 가장 중요한 이분법이 당신에게 흥미를 일으키거나 걱정을 끼치는 일들에 대해 당신이 긍정적인지 혹은 부정적인지에 대한 것이라고 생각한다. 낙관적인 시선을 갖는 것이 좋은지 또는 비관적인 시선을 갖는 게 좋은지에 관한 의문에 많은 관심이 쏠리고 있다. 내 생각에 더 나은 질문은 당신이 그것에 대해 무엇인가를 할 것인지 아니면 그냥 지나가게 할 것인지이다.

[TIP]
① get은 사역의 의미로 쓰일 때 목적보어 자리에 to부정사 혹은 과거분사(수동 의미일 경우)를 쓰는데 stuff와 do에서 수동의 의미이므로 done이 맞다. 또한 동사 mean의 목적어로 동명사가 올 수 있다.
② interest와 concern 모두 타동사로서 전치사 없이 목적어를 바로 취한다. 또한 that 절 안에서 주어였을 선행사 the issues 복수 명사에 맞춰 복수형 동사로 맞게 쓰였다.
③ paying to this question → paid to this question
　pay attention to라는 구문에서 pay의 목적어였던 명사 attention이 앞으로 나가면서 pay가 뒤에서 수식하게 되었다. attention이 pay의 주체가 아니고 객체이므로 paid로 고쳐주어야 한다.
④ whether you are going to do ~ or let에서 or를 기준으로 병렬을 이루고 있다. you are going to do ~ or (you are going to) let ~에서 공통부분은 생략되었다. 또 let은 사역동사로 쓰여 목적어로 동사원형을 취하므로 pass by 역시 맞게 쓰였다. 대명사 you는 '동사+부사'로 이루어진 동사구에서 목적어가 되며 동사와 부사 사이에 올 수 있다.

✐ **ANSWER** 9.② 10.③

11 밑줄 친 부분 중 글의 흐름상 가장 어색한 것은?

Most people like to talk, but few people like to listen, yet listening well is a ①rare talent that everyone should treasure. Because they hear more, good listeners tend to know more and to be more sensitive to what is going on around them than most people. In addition, good listeners are inclined to accept or tolerate rather than to judge and criticize. Therefore, they have ②fewer enemies than most people. In fact, they are probably the most beloved of people. However, there are ③exceptions to that generality. For example, John Steinbeck is said to have been an excellent listener, yet he was hated by some of the people he wrote about. No doubt his ability to listen contributed to his capacity to write. Nevertheless, the result of his listening didn't make him ④unpopular.

✔ **단어** treasure : 귀중히 여기다   tolerate : 인내하다   generality : 일반론

✔ **해석** 대부분의 사람들은 말하는 것은 좋아하지만 듣는 것을 좋아하는 사람은 거의 없다. 그러나 잘 듣는 것은 모든 사람들이 소중하게 여겨야 하는 ①귀중한 재능이다. 훌륭한 청취자들은 더 많은 것을 듣기 때문에, 대부분의 사람들보다 그들 주변에서 일어나는 것들을 더 많이 알고 그것들에 더욱 민감하게 반응하는 경향이 있다. 게다가 남의 말을 잘 듣는 사람들은 판단하거나 비판하는 것보다는 차라리 받아들이거나 인내하는 경향이 있다. 따라서 그들은 대부분의 사람들보다 적이 ②거의 없다. 사실, 그들은 사람들 중 가장 사랑받는 이들일 것이다. 그러나 이러한 일반화에도 ③예외들은 있다. 예를 들어 John Steinbeck은 훌륭한 청취자였다고 알려져 있지만, 그는 그의 글에서 언급했던 몇몇 사람들에게 미움을 받았다고 한다. 틀림없이 그의 청취능력은 그의 글쓰기 능력에 기여했다. 그럼에도 불구하고 그의 경청의 결과는 그를 ④인기 없게(→ 인기 있게) 만들지는 못했다.

✔ **TIP** ④ unpopular → popular
good listeners는 the most beloved of people이라고 하면서, 예외로 John Steinbeck을 들고 있다. he was hated 등으로 보아 그는 인기가 없었음을 알 수 있다. 마지막 문장이 부정문(didn't make)임을 주의해야 한다.

12 다음 글의 주제로 가장 적절한 것은?

> Worry is like a rocking horse. No matter how fast you go, you never move anywhere. Worry is a complete waste of time and creates so much clutter in your mind that you cannot think clearly about anything. The way to learn to stop worrying is by first understanding that you energize whatever you focus your attention on. Therefore, the more you allow yourself to worry, the more likely things are to go wrong! Worrying becomes such an ingrained habit that to avoid it you consciously have to train yourself to do otherwise. Whenever you catch yourself having a fit of worry, stop and change your thoughts. Focus your mind more productively on what you do want to happen and dwell on what's already wonderful in your life so more wonderful stuff will come your way.

① How do we cope with worrying?

② When should we worry?

③ Where does worry originate from?

④ What effects does worry have on life?

☑ **단어** clutter : 혼란   energize : 북돋우다   ingrained : 뿌리 깊은   have a fit of : ~이 북받치다   dwell on : ~을 깊이 생각하다
originate from : ~에서 비롯되다

☑ **해석** 걱정은 흔들 목마와 같다. 당신이 아무리 빨리 가도 당신은 아무데도 가지 않는다. 걱정은 완벽한 시간 낭비이며, 마음 속에 너무나 많은 혼란을 만들어 내기 때문에 어떤 것도 분명하게 생각할 수 없게 된다. 걱정을 그만두는 것을 배우는 방법은 당신이 집중하는 것이 무엇이든지 그것에 에너지를 쏟아야 한다는 것을 먼저 이해하는 것이다. 그러므로 당신이 스스로 걱정을 하면 할수록, 더 많은 것들이 잘못될 것이다. 걱정하는 것은 몸에 깊이 밴 습관이어서 그것을 피하기 위해서는 스스로 그렇게 하지 않도록 훈련을 해야 한다. 당신이 걱정으로 가득찬 것을 알아챌 때마다 멈추고 생각을 바꿔라. 당신이 일어나길 원하는 것에 대해 더 생산적으로 집중하고 당신의 인생에 일어났던 멋진 것을 계속 곱씹으면 더 멋진 일들이 당신에게 일어날 것이다.

① 어떻게 걱정에 대처할까?
② 언제 우리는 걱정해야만 할까?
③ 걱정은 어디에서 발생하는 걸까?
④ 걱정은 삶에 어떤 영향을 미칠까?

13 밑줄 친 부분에 들어갈 말로 가장 적절한 것은?

> Kisha Padbhan, founder of Everonn Education, in Mumbai, looks at his business as nation-building. India's student-age population of 230 million (kindergarten to college) is one of the largest in the world. The government spends $83 billion on instruction, but there are serious gaps. "There aren't enough teachers and enough teacher-training institutes," says Kisha. "What children in remote parts of India lack is access to good teachers and exposure to good-quality content." Everonn's solution? The company uses a satellite network, with two-way video and audio _____. It reaches 1,800 colleges and 7,800 schools across 24 of India's 28 states. It offers everything from digitized school lessons to entrance exam prep for aspiring engineers and has training for job-seekers, too.

① to locate qualified instructors across the nation

② to get students familiarized with digital technology

③ to bridge the gap through virtual classrooms

④ to improve the quality of teacher training facilities

☑ **단어** founder : 창립자 nation-building : 국가건설 satellite : (인공)위성 aspiring : 야망을 가진 familiarized : ~에 친숙한

☑ **해석** 뭄바이의 Everonn 교육의 창시자인 kisha Padbhan은 그의 사업을 일종의 국가건설로 여긴다. 인도의 2억 3천만 명(유치원에서 대학까지)의 학생 인구 수는 전 세계에서 가장 큰 규모 중 하나다. 정부는 교육에 830억 달러를 쓰고 있지만 심각한 격차가 존재한다. "교사와 교사 양성 기관이 충분하지 않다"라고 kisha는 말한다. "인도의 먼 지역에 사는 학생들에게 부족한 것은 좋은 선생님을 만나고 양질의 콘텐츠를 접하는 것이다." Everonn의 해결책은? 그 회사는 <u>가상 교실을 통해서 그 격차를 메우기 위해</u> 양방향 비디오와 오디오를 갖춘 위성 네트워크를 사용한다. 그것은 인도의 28개 주 중 24개 주에 있는 1,800개의 대학과 7,800개의 학교에 이른다. 이것은 디지털화된 학교 수업에서부터 장래의 기술자들을 위한 입학시험 준비까지 모든 것을 제공해주고 구직자들을 위한 교육도 제공한다.

① 전국에서 능력 있는 교사를 발굴하도록
② 학생들이 디지털 기술에 익숙해지도록 하는 것
③ 가상 교실을 통해 차이를 좁히는 것
④ 교사 훈련 기관의 질을 향상시키는 것

14 다음 글의 내용과 일치하지 않는 것은?

> Students at Macaulay Honors College (MHC) don't stress about the high price of tuition. That's because theirs is free. At Macaulay and a handful of other service academies, work colleges, single-subject schools and conservatories, 100 percent of the student body receive a full tuition scholarship for all four years. Macaulay students also receive a laptop and $7,500 in "opportunities funds" to pursue research, service experiences, study abroad programs and internships. "The most important thing is not the free tuition, but the freedom of studying without the burden of debt on your back," says Ann Kirschner, university dean of Macaulay Honors College. The debt burden, she says, "really compromises decisions students make in college, and we are giving them the opportunity to be free of that." Schools that grant free tuition to all students are rare, but a greater number of institutions provide scholarships to enrollees with high grades. Institutions such as Indiana University Bloomington offer automatic awards to high-performing students with stellar GPAs and class ranks.

① MHC에서는 모든 학생이 4년간 수업료를 내지 않는다.

② MHC에서는 학생들에게 컴퓨터 구입 비용과 교외활동 비용을 합하여 $7,500를 지급한다.

③ 수업료로 인한 빚 부담이 있으면 학생들이 자유롭게 공부할 수 없다고 Kirschner 학장은 말한다.

④ MHC와 달리 학업 우수자에게만 장학금을 주는 대학도 있다.

☑ **단어** service academy : 사관학교   conservatory : 음악학교   compromise : ~을 위태롭게 하다, 타협하다, (원칙 등을) 굽히다
stella : 뛰어난 scholarship : 장학금

☑ **해석** MHC의 학생들은 비싼 수업료에 스트레스를 받지 않는다. 왜냐하면 수업료가 무료이기 때문이다. MHC와 소수의 다른 사관학교들, 워크 칼리지, 단과대 학교들과 음악학교들에서는 학생들 100%가 4년 동안 수업료 전액 장학금을 받는다. MHC 학생들은 또한 연구와 서비스 경험, 해외 연수와 인턴십을 할 수 있게 해줄 노트북과 7,500달러의 "기회 펀드"를 받는다. "정말 중요한 것은 무료 학비가 아니라 돈에 대한 부담 없이 자유롭게 공부하는 것이다"라고 MHC의 학장 Ann Kirschner는 말한다. 그녀는 부채 부담이 학생들이 대학에서 하는 결정들을 방해하고 있고, 그래서 우리는 그들에게 그것으로부터 자유로워질 기회를 제공하고 있다고 말한다. 모든 학생들에게 무료 수업료를 제공하는 학교는 매우 드물지만, 점점 더 많은 기관들이 높은 학점으로 입학한 학생들에게 장학금을 제공하고 있다. Indiana University Bloomington과 같은 기관에서는 뛰어난 평점과 우수한 등급 순위를 가진 학생들에게 자동으로 상을 수여한다.

☑ **TIP** MHC 학생들은 노트북과 기회펀드 형태로 7,500 달러를 받는다고 했으므로 ②는 옳지 않다.

15

> The police spent seven months working on the crime case but were never able to determine the identity of the <u>malefactor</u>.

① culprit

② dilettante

③ pariah

④ demagogue

✅ **단어** spend A ~ing : ~하는 데 A를 소요하다 determine : 밝히다   malefactor : 악인   culprit : 범인, 원인   dilettante : 호사가
  pariah : 버림받는 사람 demagogue : 정치 선동가

☑ **해석** 경찰은 7개월 동안 범죄사건을 조사했지만, 결국 <u>범인</u>의 신원을 밝혀낼 수 없었다.

16

> While at first glance it seems that his friends are just leeches, they prove to be the ones he can depend on <u>through thick and thin</u>.

① in good times and bad times

② in pleasant times

③ from time to time

④ in no time

✅ **단어** at first glance : 언뜻 보기에는   leech : 거머리

☑ **해석** 처음에는 그의 친구들이 거머리처럼 보이긴 하지만, 그들은 <u>좋을 때나 안 좋을 때나</u> 그가 의존할 수 있는 사람들임을 알게 된다.
  ① 좋을 때나 나쁠 때나
  ② 행복한 순간에
  ③ 이따금
  ④ 당장에

17 주어진 문장이 들어갈 위치로 가장 적절한 것은?

> Some remain intensely proud of their original accent and dialect words, phrases and gestures, while others accommodate rapidly to a new environment by changing their speech habits, so that they no longer "stand out in the crowd."

> Our perceptions and production of speech change with time. (①) If we were to leave our native place for an extended period, our perception that the new accents around us were strange would only be temporary. (②) Gradually, we will lose the sense that others have an accent and we will begin to fit in-to accommodate our speech patterns to the new norm. (③) Not all people do this to the same degree. (④) Whether they do this consciously or not is open to debate and may differ from individual to individual, but like most processes that have to do with language, the change probably happens before we are aware of it and probably couldn't happen if we were.

✓ **단어** intensely : 강렬하게 dialect : 방언 accommodate to : ∼ 에 맞추다 stand out : 눈에 띄다 perception : 이해 norm : 표준
temporary : 일시적인 fit in : 어울리다 debate : 토론

☑ **해석** 언어에 대한 우리의 인식과 생성은 시간에 따라 변한다. ①만약 우리가 오랜 기간 동안 고향을 떠나게 된다면, 우리 주위의 새로운 억양이 낯설다는 우리의 인식은 일시적일 뿐이다. ② 차츰, 우리는 다른 사람들이 억양이 있다는 생각을 안 하게 되고 우리의 말투를 새로운 표준에 맞추어 적응하기 시작할 것이다. ③ 모든 사람들이 같은 정도로 이렇게 되는 것은 아니다. ④ 어떤 사람들은 그들의 언어 습관을 고쳐 빠르게 새로운 환경에 적응하며 더 이상 "눈에 띄지 않게" 되는 반면에, 어떤 사람들은 자신의 고향 억양과 사투리, 어구, 그리고 몸짓들을 여전히 매우 자랑스러워한다. 그들이 이것을 의식적으로 하는지 그렇지 않은지는 논쟁의 여지가 있지만 개인에 따라 다를 수 있다. 그러나 언어와 관련이 있는 대부분의 과정에서처럼 우리가 그것을 의식하기 전에 변화는 발생하며, 만약 우리가 의식한다면 그것은 발생하지 않을 것이다.

18 다음 글의 내용과 일치하지 않는 것은?

Insomnia can be classified as transient, acute, or chronic. Transient insomnia lasts for less than a week. It can be caused by another disorder, by changes in the sleep environment, by the timing of sleep, severe depression, or by stress. Its consequences such as sleepiness and impaired psychomotor performance are similar to those of sleep deprivation. Acute insomnia is the inability to consistently sleep well for a period of less than a month. Acute insomnia is present when there is difficulty initiating or maintaining sleep or when the sleep that is obtained is not refreshing. These problems occur despite adequate opportunity and circumstances for sleep and they can impair daytime functioning. Acute insomnia is also known as short term insomnia or stress related insomnia. Chronic insomnia lasts for longer than a month. It can be caused by another disorder, or it can be a primary disorder. People with high levels of stress hormones or shifts in the levels of cytokines are more likely than others to have chronic insomnia. Its effects can vary according to its causes. They might include muscular weariness, hallucinations, and/or mental fatigue. Chronic insomnia can also cause double vision.

※ cytokines : groups of molecules released by certain cells of theimmune system

① Insomnia can be classified according to its duration.

② Transient insomnia occurs solely due to an inadequate sleep environment.

③ Acute insomnia is generally known to be related to stress.

④ Chronic insomnia patients may suffer from hallucinations.

☑ **단어** insomnia : 불면증   transient : 일시적인   acute : 급성의   chronic : 만성의   disorder : 질환, 질병   impaired : 손상된 psychomotor : 정신운동의 deprivation : 부족 initiate : 착수시키다 adequate : 적절한 weariness : 피곤함 hallucination : 환각 fatigue : 피로 double vision : 복시 solely : 오로지

☑ **해석** 불면증은 일시적이거나 급성이거나 만성적인 것으로 분류된다. 일시적인 불면증은 일주일 미만의 기간 동안 지속된다. 그것은 다른 질병이나, 수면 환경의 변화, 수면 시간의 선택, 극심한 우울증, 혹은 스트레스에 의해서도 야기된다. 졸음이나 손상된 정신운동수행과 같은 이것의 영향은 수면 부족의 영향과 같다. 급성 불면증은 한 달 이하의 기간 동안 지속적으로 잠을 자지 못하게 한다. 급성 불면증은 잠이 드는 것 혹은 잠을 계속 자는 것에 어려움이 있을 때 혹은 수면이 상쾌하지 않은 경우이다. 이러한 문제들은 수면의 충분한 기회와 환경에도 불구하고 발생하며, 낮 동안의 기능에 방해가 될 수 있다. 급성 불면증은 또한 단기간의 불면증 혹은 스트레스 관련 불면증으로도 알려져 있다. 만성 불면증은 한 달 이상 지속된다. 그것은 다른 질환에 의해 생길 수도 있거나 이것이 주요한 질병일 수도 있다. 시토카인 수치의 변화나 스트레스 호르몬의 높은 수치를 가진 사람들이 다른 사람들보다 만성 불면증을 겪을 가능성이 더 많다. 이 만성 불면증의 영향은 원인에 따라 다르다. 그 원인으로는 근육 피로, 환각, 혹은 정신적 피로들이 있다. 만성 불면증은 또 복시를 야기할 수 있다.

① 불면증은 지속 기간에 따라 분류될 수 있다.
② 일시적 불면증은 오로지 적절치 않은 수면 환경 때문에 발생한다.
③ 급성 불면증은 일반적으로 스트레스와 관련된 것으로 알려져 있다.
④ 만성 불면증 환자는 환각을 겪을 수 있다.

19 주어진 문장 다음에 이어질 글의 순서로 가장 적절한 것은?

A technique that enables an individual to gain some voluntary control over autonomic, or involuntary, body functions by observing electronic measurements of those functions is known as biofeedback.

(A) When such a variable moves in the desired direction (for example, blood pressure down), it triggers visual or audible displays—feedback on equipment such as television sets, gauges, or lights.

(B) Electronic sensors are attached to various parts of the body to measure such variables as heart rate, blood pressure, and skin temperature.

(C) Biofeedback training teaches one to produce a desired response by reproducing thought patterns or actions that triggered the displays.

① (A) − (B) − (C)　　　　　② (B) − (C) − (A)

③ (B) − (A) − (C)　　　　　④ (C) − (A) − (B)

☑ **단어** autonomic : 자율적인　involuntary : 본의 아닌　biofeedback : 생체 자기 제어　attach : 붙이다　variable : 가변적인 변수
trigger : 유발하다

☑ **해석** 이러한 기능들(자율적이거나 비자율적인 신체 기능들)의 전자적 측정치를 관찰함으로써 개인이 자율적이거나 혹은 비자율적인 신체 기능들에 어떤 자발적 조절 능력을 얻도록 하는 기술을 바이오피드백(생체자기제어)이라고 한다.
(B) 전자 센서는 심장박동, 혈압, 체온 등과 같은 변수들을 측정하기 위해 신체의 다양한 부분에 붙여진다.
(A) 이러한 가변적인 변수가 원하는 방향(예 : 혈압 강하)으로 이동하면 텔레비전 세트, 측정기나 조명과 같은 장치에 시각적 또는 청각적 신호를 유발시킨다.
(C) 생체 자기 제어 훈련은 표시장치를 촉발시킨 생각의 패턴이나 행동을 재현하여 원하는 반응을 도출하도록 가르친다.

20 우리말을 영어로 잘못 옮긴 것은?

① 그 연사는 자기 생각을 청중에게 전달하는 데 능숙하지 않았다.

→The speaker was not good at getting his ideas across to the audience.

② 서울의 교통 체증은 세계 어느 도시보다 심각하다.

→The traffic jams in Seoul are more serious than those in any other city in the world.

③ 네가 말하고 있는 사람과 시선을 마주치는 것은 서양 국가에서 중요하다.

→Making eye contact with the person you are speaking to is important in western countries.

④ 그는 사람들이 생각했던 만큼 인색하지 않았다는 것이 드러났다.

→It turns out that he was not so stingier as he was thought to be.

⊘ **단어** stingy : 인색한　turn out : ~인 것으로 드러나다

⊘ **TIP** ① be good at(~를 잘하다)에서 전치사(at) 뒤에는 명사가 와야 하므로 동사 get을 동명사 getting으로 바르게 표현하였다. 또한 get across (to somebody)는 '(의미가) ~에게 전달되다, 이해되다'라는 뜻으로 쓰인다.
② 'more ~ than ~ any other 단수명사' 비교급으로 최상급 의미를 나타냈고, 비교 대상 the traffic jams를 than 뒤에서 those로 받아 복수형 수일치가 바르게 이루어졌다.
③ 주어 역할을 하는 명사구 Making eye contact with the person you are speaking to에서 the person (whom/who) you are speaking to는 관계대명사가 생략되고 you are speaking to가 선행사 the person을 뒤에서 수식하고 있다. 관계대명사가 생략될 때 전치사 to는 관계대명사 앞으로 가지 않고 함께 생략되지도 않는다. 동명사구 전체를 단수 동사 is로 받은 것 또한 맞다.
④ not so stingier as → not so stingy as
'as(so) 형용사/부사 as'로 쓰인 원급비교 구문이다. 비교급 형태로 쓰인 형용사 stingier를 원급 형태로 고쳐주어야 한다.

※ 밑줄 친 부분의 의미와 가장 가까운 것을 고르시오. 【1~2】

1

The paramount duty of the physician is to do no harm. Everything else—even healing—must take second place.

① chief

② sworn

③ successful

④ mysterious

☑ **단어** paramount : 다른 무엇보다 중요한

☑ **해석** 의사의 가장 중요한 의무는 해를 끼치지 않는 것이다. 치료와 같은 그 밖의 모든 것은 2순위이다.

① 주된 ② 선서를 한 ③ 성공적인 ④ 의문의

2

It is not unusual that people get cold feet about taking a trip to the North Pole.

① become ambitious

② become afraid

③ feel exhausted

④ feel saddened

☑ **단어** get cold feet : 겁이 나다, 용기를 잃다

☑ **해석** 사람들이 북극으로 여행하는 것에 대해 겁을 먹는 것은 이상한 일이 아니다.

① 야심적이게 되다 ② 겁을 먹다
③ 기진맥진하다 ④ 슬픔을 느끼다

3 밑줄 친 부분 중 어법상 옳지 않은 것은?

I am writing in response to your request for a reference for Mrs. Ferrer. She has worked as my secretary ① for the last three years and has been an excellent employee. I believe that she meets all the requirements ② mentioned in your job description and indeed exceeds them in many ways. I have never had reason ③ to doubt her complete integrity. I would, therefore, recommend Mrs. Ferrer for the post ④ what you advertise.

✓ **단어** integrity : 진실성   post : 지위

✓ **해석** Mrs. Ferrer에 대한 문의를 요청하신 데에 대한 답장을 씁니다. 그녀는 지난 3년 동안 저의 비서로 일했고 훌륭한 직원이었습니다. 저는 그녀가 당신의 직무기술서에 언급된 모든 요구 조건들을 충족시키고 정말로 여러 면에서 그것들을 능가한다고 믿습니다. 저는 결코 그녀의 완전한 성실성을 의심할 이유를 가져본 적 없습니다. 그러므로 저는 Mrs. Ferrer를 당신이 공고하는 그 자리에 추천합니다.

✓ **TIP** ① has worked 현재완료형과 맞춰 for the last three years는 '지난 3년간'이라는 뜻으로 맞게 쓰였다.

② believe의 목적절 that절 안에서 동사는 meets이므로 mentioned는 동사가 될 수 없고 all the requirements를 수식하는 형용사구로 쓰였다. 또 따로 목적어를 가지고 있지 않고, 의미상으로도 '언급된 모든 요구사항들'이 되어야 하므로 과거분사 형태로 수동의 뜻을 나타내었다.

③ 동사 have never had, 목적어 reason의 3형식에서 앞의 명사 reason을 수식하는 형용사 용법으로 쓰인 to부정사이다.

④ for the post what you advertise → for the post that/which you advertise
관계대명사 what(=the thing that 등)은 선행사를 포함하고 있는 개념으로 선행사 없이 그 자체로 명사절을 이끌 수 있다. 여기서는 앞에 the post라는 선행사가 있고 뒤에서 수식하는 형용사절이 되어야 하므로 that 혹은 which로 바꾸어준다.

4 우리말을 영어로 잘못 옮긴 것은?

① 모든 정보는 거짓이었다.

→ All of the information was false.

② 토마스는 더 일찍 사과했어야 했다.

→ Thomas should have apologized earlier.

③ 우리가 도착했을 때 영화는 이미 시작했었다.

→ The movie had already started when we arrived.

④ 바깥 날씨가 추웠기 때문에 나는 차를 마시려 물을 끓였다.

→ Being cold outside, I boiled some water to have tea.

⊘ **단어** apologize : 사과하다

⊘ **TIP** ① information은 셀 수 없는 명사이다. 따라서 all of information에서 informations로 쓸 수 없고, 동사 또한 단수형 (was)으로 써주어야 한다.

② should have p.p(~했어야 했다) 가정법 구문이 바르게 쓰였다.

③ 주절의 주어가 when we arrived 보다 더 과거임(already)을 알 수 있으므로 과거완료형을 써서 had started로 나타내었다.

④ Being cold outside → It being cold outside

분사구문을 만들 때 주절의 주어와 일치할 때에만 분사구문 내에서 주어를 생략할 수 있다. Being cold outside로 표현하게 되면 주절의 주어 I가 생략된 것으로 보아, 주어진 '바깥 날씨가 춥다' 지문과 다른 뜻이 된다. 날씨를 나타낼 때는 비인칭 주어 it을 써서 It was cold outside로 나타내므로, 주절의 주어와 같지 않아서 생략할 수 없다.

5 밑줄 친 부분의 의미와 가장 가까운 것은?

The student who finds the state-of-the-art approach <u>intimidating</u> learns less than he or she might have learned by the old methods.

① humorous

② friendly

③ convenient

④ frightening

⊘ **단어** state-of-the-art : 최첨단의 approach : 접근법 intimidating : 위협하는

☑ **해석** 최신식 접근법이 <u>위협적이라고</u> 생각하는 학생들은 그들이 구식 방법으로 배운 것보다 덜 배우게 된다.

① 재미있는 ② 친근한 ③ 편리한 ④ 위협하는

6 밑줄 친 부분에 들어갈 말로 가장 적절한 것은?

> Since the air-conditioners are being repaired now, the office workers have to _____ electric fans for the day.

① get rid of   ② let go of

③ make do with   ④ break up with

☑ **단어** electric fan : 선풍기

☑ **해석** 에어컨이 현재 수리 중이기 때문에, 사무실 직원들은 오늘 하루 동안은 <u>아쉬운 대로</u> 선풍기를 <u>써야 한다</u>.
  ① ~을 제거하다   ② ~를 놓다
  ③ ~으로 임시 변통하다   ④ ~와 헤어지다

7 어법상 옳은 것은?

① Please contact to me at the email address I gave you last week.

② Were it not for water, all living creatures on earth would be extinct.

③ The laptop allows people who is away from their offices to continue to work.

④ The more they attempted to explain their mistakes, the worst their story sounded.

☑ **단어** extinct : 멸종한   attempt : 시도하다

☑ **해석** ① 제가 지난주에 알려드린 이메일 주소로 연락 부탁드립니다.
  ② 물이 없다면, 지구상의 모든 살아있는 생물들은 멸종할 것이다.
  ③ 노트북 컴퓨터는 사무실 밖에서도 계속해서 일을 할 수 있도록 해 준다.
  ④ 그들이 자신들의 실수에 대해서 설명하려고 하면 할수록, 그들의 이야기는 더 안 좋게 들렸다.

☑ **TIP** ① <u>contact to</u> me → <u>contact</u> me
  contact는 전치사를 취하지 않는 완전타동사이다. 목적어 me가 전치사 없이 바로 와야 한다.
  ② Were it not for~는 '~이 없다면'의 가정을 나타내는 구문이다. 원래 형태는 if it were not for이다. 주절에서 '조동사 과거형(would)+동사원형'이 쓰여 가정법 과거로 알맞게 쓰였다. 가정법 과거완료형에서 '~이 없다면' 조건절 구문은 had it not been for로 쓴다.
  ③ people who <u>is</u> away from → people who <u>are</u> away from
  선행사 people(복수형)에 맞춰 관계사절 안의 동사 또한 복수형으로 수일치를 해주어야 한다. allow people ~ to continue에서는 allow A to B(동사원형)의 형태로 바르게 쓰였다.
  ④ the more ~, the <u>worst</u> → the more ~, the <u>worse</u>
  'the 비교급, the 비교급(~할수록 ~하다)' 구문이므로 bad-worse-worst에서 최상급 worst가 아닌 비교급 worse로 써야 한다.

8 우리말을 영어로 옳게 옮긴 것은?

① 그는 며칠 전에 친구를 배웅하기 위해 역으로 갔다.

　→ He went to the station a few days ago to see off his friend.

② 버릇없는 그 소년은 아버지가 부르는 것을 못 들은 체했다.

　→ The spoiled boy made it believe he didn't hear his father calling.

③ 나는 버팔로에 가본 적이 없어서 그곳에 가기를 고대하고 있다.

　→ I have never been to Buffalo, so I am looking forward to go there.

④ 나는 아직 오늘 신문을 못 읽었어. 뭐 재미있는 것 있니?

　→ I have not read today's newspaper yet. Is there anything interested in it?

☑ **단어** see off : ~를 배웅하다

☑ **TIP** ① 며칠 전(a few days ago)이라는 특정 과거 시점이므로 과거 시제(went)가 맞다.
　② made it believe → made believe
　　'~인 체하다' 뜻은 make believe (that)으로 나타낸다.
　③ looking forward to go → looking forward to going
　　looking forward to(~하기를 고대하다, 기다리다)에서 to는 전치사이다. 따라서 뒤에 오는 동사 형태는 동명사이어야 한다.
　④ anything interested → anything interesting
　　'재미, 흥미를 느끼게 하다' 동사 interest의 주체가 anything이므로 현재분사 형태(-ing)로 써준다.

9 다음 글의 흐름상 가장 어색한 문장은?

The Renaissance kitchen had a definite hierarchy of help who worked together to produce the elaborate banquets. ①At the top, as we have seen, was the scalco, or steward, who was in charge of not only the kitchen, but also the dining room. ②The dining room was supervised by the butler, who was in charge of the silverware and linen and also served the dishes that began and ended the banquet—the cold dishes, salads, cheeses, and fruit at the beginning and the sweets and confections at the end of the meal. ③This elaborate decoration and serving was what in restaurants is called "the front of the house." ④The kitchen was supervised by the head cook, who directed the undercooks, pastry cooks, and kitchen help.

✔ **단어** definite : 확실한   hierarchy : 계급, 위계질서 elaborate : 정교한   banquet : 연회   scalco : 식탁에서 고기를 잘라주는 사람   steward : 집사장   in charge of : ~을 맡아서   supervise : 감독하다   butler : 집사   silverware : 은제품   linen : 아마 섬유, 리넨   undercook : (휘하 요리사), 설익히다   pastry cook : 페이스트리 요리사

✔ **해설** 르네상스 시대 주방에는 정교한 만찬을 만들어내기 위해서 함께 일하는 조력자들의 명확한 위계질서가 있었다. ① 우리가 보아왔던 것처럼 꼭대기에는 집사 또는 집사장이 있었고 그는 주방뿐 아니라 식당까지도 책임을 지고 있었다. ② 식당은 집사에 의해서 감독되었다. 그는 은식기와 식탁용 리넨제품을 담당하고 있었으며 연회를 시작하고 마치는 요리, 즉 식사를 시작할 때는 차가운 요리, 샐러드, 치즈, 과일을, 그리고 식사를 마칠 때는 스위츠와 단 음식들을 서빙했다. (③ 이렇게 정교한 장식과 접객은 레스토랑에서 "FoH"라고 불리는 것이다.) ④ 그 주방은 수석 주방장에 의해서 감독되었으며, 그는 휘하 요리사들과 페이스트리 요리사들, 주방 보조들을 감독했다.

✔ **TIP** ③은 주방과 식당의 책임자들에 대한 설명과 어울리는 문장이 아니다.

10 다음 글의 요지로 가장 적절한 것은?

My students often believe that if they simply meet more important people, their work will improve. But it's remarkably hard to engage with those people unless you've already put something valuable out into the world. That's what piques the curiosity of advisers and sponsors. Achievements show you have something to give, not just something to take. In life, it certainly helps to know the right people. But how hard they go to bat for you, how far they stick their necks out for you, depends on what you have to offer. Building a powerful network doesn't require you to be an expert at networking. It just requires you to be an expert at something. If you make great connections, they might advance your career. If you do great work, those connections will be easier to make. Let your insights and your outputs—not your business cards—do the talking.

① Sponsorship is necessary for a successful career.

② Building a good network starts from your accomplishments.

③ A powerful network is a prerequisite for your achievement.

④ Your insights and outputs grow as you become an expert at networking.

☑ **단어** pique : 불쾌하게 하다, 언짢게 하다   advance one's career : 출세하다

☑ **해석** 나의 학생들은 종종 더 중요한 사람들을 만나면 그들의 업무 성과가 좋아질 거라고 생각한다. 하지만 당신이 먼저 이 세상에 무언가 가치를 더하지 않은 이상 이런 사람들과 관계를 맺는 것은 상당히 어렵다. 이것이 바로 조언자들과 후원자들의 호기심을 불러일으키는 것이다. 성취는 당신이 무언가를 그저 취하는 것뿐만 아니라 무언가 줄 것이 있다는 것을 보여준다. 물론 우리가 살아가면서 꼭 필요한 사람들을 만나는 것은 도움이 된다. 하지만 이들이 얼마나 여러분을 위해 팔을 걷어붙일지, 얼마나 큰 위험을 감수할지는 당신이 그들에게 무엇을 제공할 수 있느냐에 달려있다. 강력한 인맥을 구축하는 것은 당신으로 하여금 인맥 전문가가 되기를 요구하는 것은 아니다. 단지 어떤 분야에서 전문가가 되어야 한다는 것을 의미한다. 좋은 사람들과 관계를 맺으면 당신은 출세할지도 모른다. 당신이 대단한 성과를 낼 수 있다면 이러한 좋은 사람들과 더 쉽게 이어질 수 있다. 당신의 명함이 아닌 통찰력과 결과물이 당신의 실력을 대변할 수 있도록 해라.

① 후원은 성공적인 경력을 쌓기 위해 필수적이다.
② 좋은 인맥을 구축하는 것은 당신의 성취로부터 시작된다.
③ 영향력 있는 인맥은 당신의 성취를 위한 전제조건이다.
④ 인맥 쌓기의 전문가가 되면 당신의 통찰력과 결과물도 커지게 된다.

11 밑줄 친 부분에 들어갈 말로 가장 적절한 것은?

> A : My computer just shut down for no reason. I can't even turn it back on again.
> B : Did you try charging it? It might just be out of battery.
> A : Of course, I tried charging it.
> B : _____
> A : I should do that, but I'm so lazy.

① I don't know how to fix your computer.

② Try visiting the nearest service center then.

③ Well, stop thinking about your problems and go to sleep.

④ My brother will try to fix your computer because he's a technician.

✓ **단어** shut down : 멈추다   charge : 충전하다

☑ **해석** A : 내 컴퓨터가 이유도 없이 멈췄어. 심지어 다시 켤 수도 없네.
　　　 B : 충전했어? 배터리가 거의 방전됐을지도 몰라.
　　　 A : 물론 충전도 다시 해봤지.
　　　 B : 그럼 가장 가까운 서비스센터를 가봐.
　　　 A : 그래야 하는데, 내가 너무 게을러.

　　　 ① 어떻게 네 컴퓨터를 고쳐야 할지 모르겠어.
　　　 ② 그럼 가장 가까운 서비스센터를 가봐.
　　　 ③ 글쎄, 문제에 대한 걱정 그만하고 자러 가.
　　　 ④ 내 동생이 기술자니까 네 컴퓨터 고쳐 보라고 할게.

12 다음 글에 나타난 화자의 심경으로 가장 적절한 것은?

My face turned white as a sheet. I looked at my watch. The tests would be almost over by now. I arrived at the testing center in an absolute panic. I tried to tell my story, but my sentences and descriptive gestures got so confused that I communicated nothing more than a very convincing version of a human tornado. In an effort to curb my distracting explanation, the proctor led me to an empty seat and put a test booklet in front of me. He looked doubtfully from me to the clock, and then he walked away. I tried desperately to make up for lost time, scrambling madly through analogies and sentence completions. "Fifteen minutes remain," the voice of doom declared from the front of the classroom. Algebraic equations, arithmetic calculations, geometric diagrams swam before my eyes. "Time! Pencils down, please."

① nervous and worried

② excited and cheerful

③ calm and determined

④ safe and relaxed

✓ **단어** white as a sheet : 백지장처럼 창백하다 convincing : 설득력 있는 tornado : 분출 curb : 억제하다, 제한하다 proctor : 시험 감독관 desperately : 필사적으로 arithmetic : 연산 scramble : 허둥지둥 해내다 doom : 운명 declare : 선언하다 algebraic : 대수학 swim : 빙빙 돌듯 보이다 geometric : 기하학

✓ **해석** 내 얼굴은 창백해졌다. 나는 시계를 쳐다보았다. 지금쯤 시험은 거의 끝나갈 것이다. 나는 완전한 공황상태로 시험장에 도착했다. 나는 내 사정을 이야기하려고 노력했지만 내 말과 설명하려는 몸짓이 너무 혼란스러워 나는 감정이 폭발하는 상황에서 설득력 있는 무엇도 전달할 수 없었다. 나의 산만한 설명을 제지하고자 시험 감독관은 나를 빈 좌석으로 이끌었고 시험지를 내 앞에 놓아두었다. 그는 미심쩍게 나로부터 시계로 눈을 돌렸고, 걸어서 나로부터 멀어져갔다. 나는 필사적으로 놓친 시간을 만회하려고 했고, 미친 듯이 허둥지둥 유사점들과 문장 완성들을 이어갔다. "15분 남았습니다." 운명의 목소리가 교실을 울렸다. 대수 방정식과 산술 계산, 기하학도표가 내 눈앞에서 빙빙 도는 것 같이 보였다. "끝. 연필 내려놓으세요."

① 긴장되고 걱정하는
② 흥분되어 들뜬
③ 차분하고 단호한
④ 편안하고 안전한

13 주어진 문장 다음에 이어질 글의 순서로 가장 적절한 것은?

> Devices that monitor and track your health are becoming more popular among all age populations.

(A) For example, falls are a leading cause of death for adults 65 and older. Fall alerts are a popular gerotechnology that has been around for many years but have now improved.

(B) However, for seniors aging in place, especially those without a caretaker in the home, these technologies can be lifesaving.

(C) This simple technology can automatically alert 911 or a close family member the moment a senior has fallen.

※ gerotechnology : 노인을 위한 양로 기술

① (B) — (C) — (A) 　　　　　② (B) — (A) — (C)

③ (C) — (A) — (B) 　　　　　④ (C) — (B) — (A)

☑ **단어** device : 장치　the moment S+V : ~하자마자

☑ **해석** 건강상태를 모니터링하고 추적하는 장치가 모든 연령층에서 인기를 얻고 있다.

(B) 하지만 살던 곳에서 노후를 맞이하는 노인들, 특히 가정 내에 돌보는 사람이 없는 경우에 이러한 기술들은 생명을 구할 수도 있다.

(A) 예를 들어, 낙상은 65세 이상 성인들에게 있어 사망의 주된 원인이다. 낙상 경고 장치는 수년 동안 있어 왔던 대중적인 노인을 위한 양로 기술이지만 지금은 개선되었다.

(C) 이 간단한 기술은 노인이 넘어지자마자 자동으로 911 또는 가까운 가족에게 알려준다.

☑ **TIP** 제시된 글은 건강을 감시 및 추적하는 장치들이 인기를 얻고 있다고 했다. (B)의 'these technologies'는 이런 장치들을 뜻한다. (A)는 낙상 경보 기술이 필요한 이유를 설명하고, (C)에서는 낙상 경보 기술을 연결하여 설명하고 있다.

14

> A : Where do you want to go for our honeymoon?
> B : Let's go to a place that neither of us has been to.
> A : Then, why don't we go to Hawaii?
> B : _____

① I've always wanted to go there.

② Isn't Korea a great place to live?

③ Great! My last trip there was amazing!

④ Oh, you must've been to Hawaii already.

✓ **단어** neither of : ~의 어느 쪽도 아니다

✓ **해석** A : 신혼여행 어디 가고 싶어?
  B : 우리 둘 다 한 번도 간 적 없는 곳으로 가자.
  A : 그럼 하와이에 가는 거 어때?
  B : 나도 늘 그곳에 가고 싶었어.

  ① 난 늘 그곳에 가고 싶었어.
  ② 한국은 살기 좋은 곳 아니니?
  ③ 좋았어! 지난번에 갔던 여행은 정말 멋졌어!
  ④ 오, 넌 하와이에 벌써 가본 게 틀림없구나.

15

The secret of successful people is usually that they are able to concentrate totally on one thing. Even if they have a lot in their head, they have found a method that the many commitments don't impede each other, but instead they are brought into a good inner order. And this order is quite simple : _____. In theory, it seems to be quite clear, but in everyday life it seems rather different. You might have tried to decide on priorities, but you have failed because of everyday trivial matters and all the unforeseen distractions. Separate off disturbances, for example, by escaping into another office, and not allowing any distractions to get in the way. When you concentrate on the one task of your priorities, you will find you have energy that you didn't even know you had.

① the sooner, the better

② better late than never

③ out of sight, out of mind

④ the most important thing first

✅ **단어** commitment : 약속, 헌신, 책무   impede : 지연시키다, 방해하다   unforeseen : 예측하지 못한   get in the way : 방해되다
distraction : 부주의

☑️ **해석** 성공한 사람들의 비결은 대개 그들은 한 가지 일에 완전히 집중할 수 있다는 데에 있다. 그들은 그들의 머릿속이 복잡하더라도 이 많은 일들이 서로 방해하기는커녕 훌륭한 내적 질서를 이루도록 하는 방법을 찾아냈다. 그리고 이러한 질서는 매우 단순하다 : <u>가장 중요한 것 먼저</u>. 이론상으로 이것은 매우 명확해 보인다. 그러나 일상의 삶에서 이것은 다소 다른 것 같다. 당신은 우선순위를 결정하려고 시도했을지도 모른다. 하지만 당신은 일상의 사소한 문제와 예측하지 못한 방해요소들로 인해 실패했을 것이다. 예를 들어, 다른 사무실로 탈출하여 산만한 상황들에서 벗어나라. 당신이 당신의 우선순위에 있는 한 가지 과제에 집중할 때, 당신은 심지어 당신이 갖고 있으면서도 알지도 못했던 당신의 에너지를 발견할 것이다.

① 바쁠수록 좋다
② 안 하는 것보다 늦게라도 하는 것이 낫다
③ 눈에서 멀어지면 마음에서도 멀어진다
④ 가장 중요한 것이 먼저다

16 다음 글의 제목으로 가장 적절한 것은?

> With the help of the scientist, the commercial fishing industry has found out that its fishing must be done scientifically if it is to be continued. With no fishing pressure on a fish population, the number of fish will reach a predictable level of abundance and stay there. The only fluctuation would be due to natural environmental factors, such as availability of food, proper temperature, and the like. If a fishery is developed to take these fish, their population can be maintained if the fishing harvest is small. The mackerel of the North Sea is a good example. If we increase the fishery and take more fish each year, we must be careful not to reduce the population below the ideal point where it can replace all of the fish we take out each year. If we fish at this level, called the maximum sustainable yield, we can maintain the greatest possible yield, year after year. If we catch too many, the number of fish will decrease each year until we fish ourselves out of a job. Examples of severely overfished animals are the blue whale of the Antarctic and the halibut of the North Atlantic. Fishing just the correct amount to maintain a maximum annual yield is both a science and an art. Research is constantly being done to help us better understand the fish population and how to utilize it to the maximum without depleting the population.

① Say No to Commercial Fishing
② Sea Farming Seen As a Fishy Business
③ Why Does the Fishing Industry Need Science?
④ Overfished Animals : Cases of Illegal Fishing

✅ **단어** abundance : 풍부 fluctuation : 변동 fishery : 어장 mackerel : 고등어 sustainable : 유지 가능한 blue whale : 흰 긴수염 고래 halibut : 큰 넙치 deplete : 고갈시키다

✅ **해석** 과학자들의 도움으로 상업적 어업은 어획을 계속하려면 과학적으로 수행해야 한다는 사실을 알아냈다. 물고기 개체 수에 대한 어획의 압력이 없다면, 물고기의 개체 수는 예측 가능한 풍부한 수준에 도달하고 그대로 유지될 것이다. 유일한 변동은 음식의 가용성, 적절한 온도 등과 같은 자연적인 환경 요인 때문일 것이다. 만일 어업이 이러한 물고기를 잡도록 발전하고, 어획량이 적다면, 그것의 개체 수는 유지될 수 있다. 북해의 고등어가 좋은 예이다. 우리가 매년 어업을 늘리고 물고기를 더 많이 잡는다면, 해마다 우리가 잡는 모든 물고기를 대체할 수 있는 이상적인 수준 이하로 개체 수를 줄이지 않도록 주의해야 한다. 만약 우리가 '최대 유지 생산량'이라고 하는 이러한 수준에서 물고기를 어획한다면, 우리는 가능한 최대의 생산량을 매년 유지할 수 있다. 너무 많이 잡는다면 우리가 어업을 할 수 없게 되기까지 물고기의 수는 매년 줄어들 것이다. 과도하게 남획된 물고기의 사례로는 대서양의 흰 긴수염 고래와 북대서양의 넙치가 있다. 최대 연간 산출량을 유지하기 위해 꼭 정확한 양의 물고기를 잡는 것은 과학인 동시에 기술이다. 우리로 하여금 물고기 개체 수를 더 잘 이해하고 개체 수를 고갈시키지 않으면서 최대한 활용하는 방법에 대한 연구는 끊임없이 진행되고 있다.

① 상업적 어업을 거부하라
② 수산업으로 간주되는 양식 어업
③ 어업에 과학이 필요한 이유는 무엇인가?
④ 남획된 물고기들 : 불법 어업의 사례들

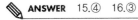 **ANSWER** 15.④ 16.③

17 밑줄 친 (A), (B)에 들어갈 말로 가장 적절한 것은?

Does terrorism ever work? 9/11 was an enormous tactical success for al Qaeda, partly because it involved attacks that took place in the media capital of the world and the actual capital of the United States, _____(A)_____ ensuring the widest possible coverage of the event. If terrorism is a form of theater where you want a lot of people watching, no event in human history was likely ever seen by a larger global audience than the 9/11 attacks. At the time, there was much discussion about how 9/11 was like the attack on Pearl Harbor. They were indeed similar since they were both surprise attacks that drew America into significant wars. But they were also similar in another sense. Pearl Harbor was a great tactical success for Imperial Japan, but it led to a great strategic failure : Within four years of Pearl Harbor the Japanese empire lay in ruins, utterly defeated. _____(B)_____, 9/11 was a great tactical success for al Qaeda, but it also turned out to be a great strategic failure for Osama bin Laden.

	(A)	(B)
①	thereby	Similarly
②	while	Therefore
③	while	Fortunately
④	thereby	On the contrary

☑ **단어** tactical : 전술적인 thereby : 그렇게 함으로써 take place : 발생하다 ensure : 반드시 ~하게 하다, 보장하다 coverage : 보도 significant : 중요한 empire : 제국

☑ **해석** 테러는 정말 효과가 있는 것인가? 9·11 테러는 알카에다에게는 엄청난 전술상의 성공이었는데, 그 이유 중 하나는 세계의 미디어 수도와 미국의 실제 수도에서 일어난 공격들과 관련있었기 때문이었고, (A) <u>그것으로 인해</u> 이 사건의 가능한 한 가장 광범위한 보도를 보장했기 때문이다. 만약 테러가 많은 사람들이 보고 싶어하는 극장의 한 형태라면 9·11 테러보다 인류 역사상 더 많은 전 세계 관객들에게 알려진 사건은 없었을 것이다. 그 당시에는 9·11 테러가 진주만 공격과 얼마나 유사한지에 대해 많은 논의가 있었다. 그것들은 둘 다 미국을 심각한 전쟁으로 몰아 넣은 기습 공격이었기 때문에 정말로 비슷했다. 하지만 그것들은 다른 의미에서도 비슷했다. 진주만 공격은 제국주의 일본의 커다란 전술적인 성공이었지만, 그 전략은 커다란 전략적 실패로 이어졌다. 진주만에서 4년 만에 일본 제국은 완전히 파괴되어 폐허가 되었다. (B) <u>마찬가지로</u> 9·11 테러는 알카에다에게 커다란 전술적 성공이었지만, 오사마 빈 라덴에게는 전략적으로 큰 실패로 판명되었다.

18 다음 글의 내용과 일치하지 않는 것은?

We entered a new phase as a species when Chinese scientists altered a human embryo to remove a potentially fatal blood disorder—not only from the baby, but all of its descendants. Researchers call this process "germline modification." The media likes the phrase "designer babies." But we should call it what it is, "eugenics." And we, the human race, need to decide whether or not we want to use it. Last month, in the United States, the scientific establishment weighed in. A National Academy of Sciences and National Academy of Medicine joint committee endorsed embryo editing aimed at genes that cause serious diseases when there is "no reasonable alternative." But it was more wary of editing for "enhancement," like making already-healthy children stronger or taller. It recommended a public discussion, and said that doctors should "not proceed at this time." The committee had good reason to urge caution. The history of eugenics is full of oppression and misery.

※ eugenics : 우생학

---

① Doctors were recommended to immediately go ahead with embryo editing for enhancement.

② Recently, the scientific establishment in the U.S. joined a discussion on eugenics.

③ Chinese scientists modified a human embryo to prevent a serious blood disorder.

④ "Designer babies" is another term for the germline modification process.

✓ **단어** human embryo : 인간 배아 descendant : 자손 germline : 생식세포계열 modification : 수정, 변경 eugenics : 우생학 weigh in : ~에 끼어들다, 거들다 endorse : 지지하다, 보증하다 embryo editing : 배아 수정 aim at : 겨냥하다 be wary of : ~을 조심하다

✓ **해설** 우리는 중국의 과학자들이 잠재적으로 치명적인 혈액 질병을 – 단지 아이에게서뿐만 아니라 아이의 자손 모두로부터 – 제거하기 위해 인간 배아를 변형시켰을 때 하나의 종으로서 새로운 국면에 접어들었다. 연구자들은 이 과정을 유전자 변형이라고 부른다. 언론은 "designer babies(맞춤 아기)"라고 부르길 좋아한다. 그러나 우리는 그것을 있는 그대로 "우생학"이라고 불러야 한다. 그리고 우리 인류는 그것을 사용하길 원하는지 아닌지 결정해야 한다. 지난달 미국의 과학계가 관여하였다. 국립 과학원과 국립 의학연구원 합동위원회는 "합리적 대안이 없을 때" 심각한 질병을 일으키는 유전자를 겨냥하는 배아 수정을 승인했다. 하지만 이미 건강한 아이들을 더 강하거나 더 키가 크게 만드는 것 같은 "향상"을 위한 수정에 대해 더 신중해야 한다. 위원회 측은 공개 토론을 권고하면서 "의사들은 이 시점에서 진행해서는 안 된다"고 말했다. 이 위원회는 신중을 강요할 충분한 이유가 있었다. 우생학의 역사는 억압과 불행으로 가득하다.

① 의사들은 향상을 위한 배아 수정을 즉시 진행할 것을 권고 받았다.
② 최근에 미국의 과학계가 우생학에 대한 논의를 시작했다.
③ 중국 과학자들은 심각한 혈액 질환을 예방하기 위해 인간 배아를 변형시켰다.
④ "Designer babies"는 일반 수정 과정에 대한 또 다른 용어이다.

19 주어진 문장이 들어갈 위치로 가장 적절한 것은?

If neither surrendered, the two exchanged blows until one was knocked out.

The ancient Olympics provided athletes an opportunity to prove their fitness and superiority, just like our modern games. (①) The ancient Olympic events were designed to eliminate the weak and glorify the strong. Winners were pushed to the brink. (②) Just as in modern times, people loved extreme sports. One of the favorite events was added in the 33rd Olympiad. This was the pankration, or an extreme mix of wrestling and boxing. The Greek word pankration means "total power." The men wore leather straps with metal studs, which could make a terrible mess of their opponents. (③) This dangerous form of wrestling had no time or weight limits. In this event, only two rules applied. First, wrestlers were not allowed to gouge eyes with their thumbs. Secondly, they could not bite. Anything else was considered fair play. The contest was decided in the same manner as a boxing match. Contenders continued until one of the two collapsed. (④) Only the strongest and most determined athletes attempted this event. Imagine wrestling "Mr. Fingertips," who earned his nickname by breaking his opponents' fingers!

☑ **단어** eliminate : 제거하다 brink : (어떤 상황이 발생하기) 직전, 끝, 벼랑 glorify : 미화하다, 찬미하다 wrestling : 레슬링 leather : 가죽 stud : 징, 못 gouge : 찌르다 contender : 경쟁자 collapse : 무너지다, 붕괴되다 surrender : 항복하다, 투항하다

☑ **해석** 고대 올림픽은 현대 경기와 마찬가지로 선수들에게 그들의 체력과 우월성을 증명할 수 있는 기회를 제공했다. ① 고대 올림픽 경기들은 약한 자들을 제거하고, 강한 자를 찬양하기 위해 만들어졌다. 우승자들은 벼랑으로 내몰렸다. ② 현 시대와 마찬가지로 사람들은 극한 스포츠를 좋아했다. 가장 좋아하는 경기들 중 하나가 33회 올림픽 경기에 추가되었다. 판크라티온이라는 것으로 레슬링과 복싱의 극단적인 조합이었다. 그리스어로 판크라티온은 전체적인 힘을 의미한다. 선수들은 징이 박힌 가죽 끈을 착용했는데 이것이 상대방을 처참하게 엉망으로 만들어버릴 수 있었다. ③ 이 위험한 형태의 레슬링은 시간과 체중 제한이 없었다. 이 경기에서는 오직 두 가지 규칙만이 적용되었다. 첫째, 레슬러는 엄지손가락으로 눈을 찌르는 것이 허용되지 않았다. 둘째로, 그들은 깨물 수 없었다. 그 외에는 어떤 것이라도 공정한 경기로 간주되었다. 그 경기는 권투와 동일한 방식으로 결정되었다. 경쟁자는 두 사람 중 하나가 쓰러질 때까지 경기를 계속했다. ④ 만일 어느 쪽도 항복하지 않으면, 두 사람은 한 사람이 쓰러질 때까지 주먹을 휘둘렀다. 가장 강하고 가장 결의 있는 선수들만이 이 경기에 참가했다. 상대의 손가락을 부러뜨려 "Mr. Fingertips"라는 별명을 얻은 선수와 레슬링 한다는 것을 상상해 보아라.

20 밑줄 친 부분에 들어갈 말로 가장 적절한 것은?

> In our time it is not only the law of the market which has its own life and rules over man, but also the development of science and technique. For a number of reasons, the problems and organization of science today are such that a scientist does not choose his problems; the problems force themselves upon the scientist. He solves one problem, and the result is not that he is more secure or certain, but that ten other new problems open up in place of the single solved one. They force him to solve them; he has to go ahead at an ever-quickening pace. The same holds true for industrial techniques. The pace of science forces the pace of technique. Theoretical physics forces atomic energy on us; the successful production of the fission bomb forces upon us the manufacture of the hydrogen bomb. We do not choose our problems, we do not choose our products; we are pushed, we are forced-by what? By a system which has no purpose and goal transcending it, and which _____.

① makes man its appendix

② creates a false sense of security

③ inspires man with creative challenges

④ empowers scientists to control the market laws

☑ **단어** rule over : 지배하다   in place of : ～를 대신하여   physics : 물리학   atomic : 원자의   fission bomb : 원자 폭탄   hydrogen : 수소   transcend : 초월하다   appendix : 맹장, 부록   empower : 권한을 주다

☑ **해석** 우리 시대에 자체적인 생명력을 가지고 인간을 지배하는 것은 시장의 법칙만 그런 것이 아니라 과학과 기술의 발전 역시 그러하다. 여러 가지 이유들로, 오늘날 과학의 문제들과 구조는 과학자가 그의 문제점들을 선택하는 것이 아니라 문제점들이 과학자에게 그들 자신을 받아들이도록 강요하는 그런 것이다. 그가 하나의 문제를 해결하면, 그 결과로 그가 더 안심하고 확신하게 되는 것이 아니라 열 가지 다른 새로운 문제들이 해결된 한 문제를 대신하여 나타나게 된다. 그것들은 그 과학자에게 그것들을 해결할 것을 강요한다 ; 그는 전례 없이 빠른 속도로 계속해야 한다. 산업 기술 분야에서도 그렇다. 과학의 속도는 기술의 속도에도 영향을 준다. 이론 물리학은 우리에게 원자력 에너지를 강요한다 ; 원자 폭탄의 성공적인 생산은 우리에게 수소 폭탄 제조를 강요한다. 우리가 우리의 문제를 선택하지 않으며, 우리가 우리의 생산품을 선택하지 않는다. 우리는 강요받고, 강요받는다. - 무엇에 의해서? 그것을 초월하는 목표와 목적이 없는, 그리고 인간을 그것의 부속물로 만드는 시스템에 의해서.

① 인간을 그것의 부속물로 만드는
② 보안에 대한 거짓된 관념을 창조하는
③ 창조적인 도전 과제들로 인간에게 영감을 주는
④ 과학자들에게 시장 규칙을 통제할 권한을 주는

※ 밑줄 친 부분과 의미가 가장 가까운 것은? 【1~3】

1

> Man has continued to be disobedient to authorities who tried to <u>muzzle</u> new thoughts and to the authority of long-established opinions which declared a change to be nonsense.

① express ② assert

③ suppress ④ spread

✓ **단어** disobedient : 반항하는, 거역하는 authority : 당국, 관계자 muzzle : 재갈을 물리다, 억압하다

☑ **해석** 인간은 새로운 사상을 <u>퍼뜨리지 못하게 한</u> 정부 당국에도, 그리고 변화를 무의미한 것으로 선언한 오랫동안 확립된 의견의 권위에도 계속해서 복종하지 않았다.

① 표현하다, 나타내다 ② 주장하다
③ 진압하다, 억제하다 ④ 펼치다, 퍼뜨리다

2

> Don't be <u>pompous</u>. You don't want your writing to be too informal and colloquial, but you also don't want to sound like someone you're not—like your professor or boss, for instance, or the Rhodes scholar teaching assistant.

① presumptuous ② casual

③ formal ④ genuine

✓ **단어** pompous : 젠체하는, 거만한 informal : 일상적인, 편안한 colloquial : 구어의, 일상적인 대화체의 teaching assistant : 조교

☑ **해석** 잘난 척하지 마십시오. 당신은 당신의 글이 너무 일상적인 구어체가 되는 것을 원하지 않겠지만, 예를 들어 여러분의 교수, 상사 같은 사람이나 로즈 장학생 조교 같이 당신이 아닌 다른 사람처럼 말하고 싶지도 않을 겁니다.

① 주제넘은, 건방진 ② 무심한, 평상시의
③ 정중한, 형식적인 ④ 진짜의, 진실한

3

> Surgeons were forced to <u>call it a day</u> because they couldn't find the right tools for the job.

① initiate   ② finish

③ wait   ④ cancel

☑ **단어** call it a day : ~을 그만하기로 하다 initiate : 개시되게 하다, 착수시키다

☑ **해석** 외과 의사들은 그들의 일에 적합한 도구를 찾을 수 없었기 때문에 어쩔 수 없이 그 날 일을 끝낼 수밖에 없었다.

4 대화 중 가장 어색한 것은?

① A : I'd like to make a reservation for tomorrow, please.

     B : Certainly. For what time?

② A : Are you ready to order?

     B : Yes, I'd like the soup, please.

③ A : How's your risotto?

     B : Yes, we have risotto with mushroom and cheese.

④ A : Would you like a dessert?

     B : Not for me, thanks.

☑ **단어** reservation : 예약

☑ **해석** ① A ; 내일 날짜로 예약을 하려고 합니다.
         B : 물론이죠. 시간을 말씀해 주시겠어요?
    ② A ; 주문하시겠습니까?
         B : 네, 수프를 주시겠어요.
    ③ A ; 리소토는 어떤가요?
         B : <u>네, 버섯과 치즈를 곁들인 리소토가 있습니다.</u>
    ④ A ; 후식 드시겠습니까?
         B : 전 괜찮습니다. 감사합니다.

5 밑줄 친 부분 중 어법상 가장 옳지 않은 것은?

His survival ①over the years since independence in 1961 does not alter the fact that the discussion of real policy choices in a public manner has hardly ②never occurred. In fact, there have always been ③a number of important policy issues ④which Nyerere has had to argue through the NEC.

✓ **단어** alter : 변하다, 바꾸다 discussion : 논의

✓ **해석** 1961년 독립 이후 수년 간 그의 생존은 실질적인 정책 결정에 대한 공개적인 논의가 거의 일어나지 않았다는 사실을 바꾸지 않는다. 사실, Nyerere가 국가집행위원회를 통해 논쟁해 왔던 많은 중요한 정책에는 항상 문제가 있었다.

✓ **TIP** ② hardly 자체에 '거의 ~ 아니다'라는 부정의 의미가 포함되어 있기 때문에 never와 같은 부정부사를 중복하여 쓰지 않는다.

6 밑줄 친 부분 중 어법상 가장 옳은 것은?

More than 150 people ①have fell ill, mostly in Hong Kong and Vietnam, over the past three weeks. And experts ②are suspected that ③another 300 people in China's Guangdong province had the same disease ④begin in mid-November.

✓ **단어** fall ill : 병에 걸리다 mostly : 주로, 일반적으로

✓ **해석** 지난 3주 동안 주로 홍콩과 베트남에 사는 150명 이상의 사람들이 병에 걸렸다. 전문가들은 중국 광동성에 사는 다른 300명의 사람들이 11월 중순부터 같은 병을 앓고 있는 것으로 의심하고 있다.

✓ **TIP** ① have fell ill → have fallen ill
　　　fall-fell-fallen으로 형태 변화가 일어난다.
　② are suspected → suspect/have suspected
　　　주어 experts가 주체가 되어 행하는 것이므로 능동이어야 한다. 또한 suspect는 진행형으로는 쓰이지 않으므로 전체 문맥에 맞게 현재형 또는 현재완료형으로 나타낸다.
　③ another 자체로는 단수개념을 가진 명사이지만, 다른 명사를 꾸며주는 형용사로 쓰일 때는 복수명사 역시 수식할 수 있다. 300이라는 수에 맞춰 복수명사 people이 왔고 '또다른 300명'의 뜻이 되었다.
　④ begin in → beginning
　　　that절 안에서 동사는 had이므로 또다시 본동사 형태로 올 수 없다. 형용사구나 부사구 형태로 바꿔줘야 한다. beginning in mid-November로 표현하여 '11월 중순부터 시작하여'라는 뜻으로 나타낼 수 있다.

7 글의 흐름상 빈칸에 들어갈 단어로 가장 옳은 것은?

> Social learning theorists offer a different explanation for the counter-aggression exhibited by children who experience aggression in the home. An extensive research on aggressive behavior and the coercive family concludes that an aversive consequence may also elicit an aggressive reaction and accelerate ongoing coercive behavior. These victims of aggressive acts eventually learn via modeling to _____ aggressive interchanges. These events perpetuate the use of aggressive acts and train children how to behave as adults.

① stop

② attenuate

③ abhor

④ initiate

✓ **단어** counter-aggression : 반격
  coercive : 강압적인
  aversive : 혐오의, 회피적인
  elicit : (반응을) 끌어내다
  perpetuate : 영구화하다, 영속시키다

☑ **해석** 사회적 학습 이론가들은 가정에서 폭력을 경험한 아이들이 보이는 반격행동에 대해 다른 설명을 제시한다. 공격적인 행동과 강압적인 가족에 대한 광범위한 연구는 피하려고 한 결과가 오히려 공격적인 반응을 이끌어 내고 계속적인 강압 행동을 가속화할 수도 있다는 결론을 내린다. 공격적인 행동의 피해자들은 모델링을 통해 결국 공격적인 행동교환을 <u>시작하도록</u> 배운다. 이러한 사건들은 공격적인 행동의 사용을 영속시키고 아이들에게 어른으로서 행동하는 방법을 훈련시킨다.

① 멈추다
② 약화시키다, 희석시키다
③ 혐오하다
④ 착수시키다, 접하게 하다

8 밑줄 친 인물(Marcel Mauss)에 대한 설명으로 가장 옳지 않은 것은?

> <u>Marcel Mauss</u> (1872–1950), French sociologist, was born in Épinal (Vosges) in Lorraine, where he grew up within a close-knit, pious, and orthodox Jewish family. Emile Durkheim was his uncle. By the age of 18 Mauss had reacted against the Jewish faith; he was never a religious man. He studied philosophy under Durkheim's supervision at Bordeaux ; Durkheim took endless trouble in guiding his nephew's studies and even chose subjects for his own lectures that would be most useful to Mauss. Thus Mauss was initially a philosopher (like most of the early Durkheimians), and his conception of philosophy was influenced above all by Durkheim himself, for whom he always retained the utmost admiration.

① He had a Jewish background.

② He was supervised by his uncle.

③ He had a doctrinaire faith.

④ He was a sociologist with a philosophical background.

단어 a close-knit : 긴밀하게 조직된 공동체   pious : 경건한, 독실한   orthodox : 정통의, 전통적인   Jewish : 유대인의, 유대교인인   philosophy : 철학   supervision : 감독, 지휘   take trouble : 수고하다, 노고를 아끼지 않다   nephew : 조카   retain : 간직하다, 보유하   다   utmost : 최고의, 극도의   admiration : 감탄, 존경   doctrinaire : 교조적인

해석 프랑스 사회학자인 마르셀 모스는 로레인의 에피날(보주)에서 태어났는데, 그곳에서 그는 친족들로 이루어진 경건하며 정통적인 유대인 가정에서 자랐다. 에밀 뒤르켐은 그의 삼촌이었다. 18살까지 모스는 유대적 신앙에 반대하는 반응을 나타냈다. 그는 결코 종교인이 아니었다. 그는 보르도에서 뒤르켐의 지휘 아래 철학을 공부했다. 뒤르켐은 조카의 학업을 지도하는 데 끊임없이 매진하였으며 심지어 모스에게 가장 유용할 것 같은 강의 주제를 선택했다. 그래서 모스는 처음에는 (대부분의 초기 뒤르켐주의자들과 마찬가지로) 철학자였으며, 철학에 대한 신념은 무엇보다도, 그가 항상 최고로 존경했던 뒤르켐에게 직접 영향을 받았다.

① 그는 유대인 출생이다.
② 그는 삼촌의 지도를 받았다.
③ 그는 교리를 믿었다.
④ 그는 철학적 배경을 가진 사회학자였다.

9 글의 문맥에 가장 어울리는 순서대로 배열한 것은?

ⓐ Today, however, trees are being cut down far more rapidly. Each year, about 2 million acres of forests are cut down. That is more than equal to the area of the whole of Great Britain.

ⓑ There is not enough wood in these countries to satisfy the demand. Wood companies, therefore, have begun taking wood from the forests of Asia, Africa, South America, and even Siberia.

ⓒ While there are important reasons for cutting down trees, there are also dangerous consequences for life on earth. A major cause of the present destruction is the worldwide demand for wood. In industrialized countries, people are using more and more wood for paper.

ⓓ There is nothing new about people cutting down trees. In ancient times, Greece, Italy, and Great Britain were covered with forests. Over the centuries those forests were gradually cut back. Until now almost nothing is left.

---

① ⓐ − ⓑ − ⓒ − ⓓ

② ⓓ − ⓐ − ⓑ − ⓒ

③ ⓑ − ⓐ − ⓒ − ⓓ

④ ⓓ − ⓐ − ⓒ − ⓑ

☑ **단어** satisfy : 충족시키다, 채우다   gradually : 서서히

☑ **해석** ⓓ 사람들이 나무를 베는 것에는 새로울 것이 없다. 고대에는 그리스, 이탈리아 그리고 영국이 숲으로 덮여 있었다. 수 세기를 거치면서 그 숲들은 서서히 축소되었다. 지금까지 거의 남아 있는 것이 없다.

　ⓐ 하지만 오늘날 나무들은 훨씬 더 빠르게 잘려 나가고 있다. 매년 약 2백 만 에이커 면적의 숲이 벌채되고 있다. 그것은 영국 전체의 면적과 동일하다.

　ⓒ 나무를 베는 데는 중요한 이유가 있지만, 지구상의 생명체에는 위험한 결과가 따르기도 한다. 현재 파괴의 주요 원인은 목재에 대한 전 세계적인 수요이다. 산업화된 국가에서는 사람들이 종이를 사용하기 위해 목재를 점점 더 많이 사용하고 있다.

　ⓑ 이 나라들에는 수요를 충족시킬 만큼 목재가 충분하지 않다. 따라서 목재 회사들은 아시아, 아프리카, 남미, 심지어 시베리아의 숲에서 목재를 벌채하기 시작했다.

10 글의 흐름상 빈칸에 들어갈 표현으로 가장 옳은 것은?

Contemporary art has in fact become an integral part of today's middle class society. Even works of art which are fresh from the studio are met with enthusiasm. They receive recognition rather quickly—too quickly for the taste of the surlier culture critics. _____, not all works of them are bought immediately, but there is undoubtedly an increasing number of people who enjoy buying brand new works of art. Instead of fast and expensive cars, they buy the paintings, sculptures and photographic works of young artists. They know that contemporary art also adds to their social prestige. _____, since art is not exposed to the same wear and tear as automobiles, it is a far better investment.

① Of course — Furthermore

② Therefore — On the other hand

③ Therefore — For instance

④ Of course — For example

☑ **단어** contemporary : 현대의, 당대의 fresh from : ~를 갓 나온 integral : 필수적인, 완전한 enthusiasm : 열광, 열정 surly : 성질 못된, 무례한

☑ **해석** 현대 미술은 실제로 오늘날 중산층 사회의 필수적인 부분이 되었다. 심지어 스튜디오에서 갓 나온 예술 작품들에도 열광하게 된다. 그들은 꽤 빨리 인정받게 되는데, 무례한 비평가들 취향에 비해 너무 빠르다. 물론, 모든 작품을 즉시 구입할 수 있는 것은 아니지만, 확실히 새로운 예술 작품을 구입하는 것을 즐기는 사람들의 수가 증가하고 있다. 빠르고 값비싼 자동차 대신 그들은 젊은 예술가들의 그림, 조각품, 사진 작품을 산다. 그들은 현대 미술이 그들의 사회적 명성을 높여 준다는 것을 안다. 게다가, 예술은 자동차처럼 마모와 파손에 노출되지 않기 때문에, 훨씬 더 나은 투자이다.

11 밑줄 친 부분과 의미가 가장 먼 것은?

> As a prerequisite for fertilization, pollination is <u>essential</u> to the production of fruit and seed crops and plays an important part in programs designed to improve plants by breeding.

① crucial   ② indispensable

③ requisite   ④ omnipresent

☑ **단어** prerequisite : 전제 조건   fertilization : 수정, 수태   pollination : 수분   breed : 재배하다, 새끼를 낳다

☑ **해석** 수정을 위한 전제 조건으로, 수분은 과일과 종자식물의 생산에 <u>필수적</u>이며, 번식을 통해 식물을 개량하기 위해 고안된 프로그램에서 중요한 역할을 한다.
    ① 중대한, 결정적인   ② 필수적인
    ③ 필요한, 필수품   ④ 편재하는, 어디에나 있는

12 글의 흐름상 빈칸에 들어갈 단어로 가장 옳은 것은?

> Mr. Johnson objected to the proposal because it was founded on a _____ principle and also was _____ at times.

① faulty − desirable   ② imperative − reasonable

③ conforming − deplorable   ④ wrong − inconvenient

☑ **단어** object to : ~에 반대하다   proposal : 제안, 제의   principle : 원칙, 신조

☑ **해석** 존슨 씨는 그 제안이 <u>잘못된</u> 원칙에 근거하고 있다는 이유로, 그리고 때때로 <u>불편하다는</u> 이유로 반대했다.
    ① 불완전한, 잘못된 − 바람직한, 가치있는
    ② 긴요한, 위엄 있는 − 합리적인, 적정한
    ③ 따르는, 순응하는 − 개탄스러운
    ④ 잘못된, 틀린 − 불편한, 곤란한

※ 밑줄 친 부분 중 어법상 가장 옳지 않은 것은? 【13~14】

13

> I'm ① pleased that I have enough clothes with me. American men are generally bigger than Japanese men so ② it's very difficult to find clothes in Chicago that ③ fits me. ④ What is a medium size in Japan is a small size here.

☑ **단어** fit : 맞다, 가봉하다

☑ **해석** 나는 내가 충분한 옷을 가지고 있어서 기쁘다. 미국 사람들은 일반적으로 일본 사람들보다 커서 시카고에서 나에게 맞는 옷을 찾기가 매우 어렵다. 일본에서의 M사이즈가 여기에서는 S사이즈이다.

☑ **TIP** ① please는 동사로 쓰일 때 '~을 기쁘게 하다'라는 뜻을 가진다. 주어(I)가 기쁜 것이므로 be pleased 형태를 써서 주어의 감정을 나타낸다.
② 뒤에 나오는 to find clothes~가 보어 difficult의 진주어이므로 가주어 it을 쓴 것이 맞다.
③ fits → fit
that fits me 관계사절에서 선행사는 clothes이다. 복수명사이므로 동사 역시 수 일치시켜 fit으로 고쳐준다.
④ what is medium size in Japan까지가 주어이며 명사절이다. what은 선행사 없이 명사절을 이끌 수 있으므로 맞는 표현이다.

14

> Blue Planet II, a nature documentary ① produced by the BBC, left viewers ② heartbroken after showing the extent ③ to which plastic ④ affects on the ocean.

☑ **단어** heartbroken : 비통해 하는   extent : 정도, 크기

☑ **해석** BBC가 제작한 자연 다큐멘터리인 블루 플래닛II는 플라스틱이 어느 정도까지 바다에 영향을 미치는지 보여 준 후 시청자들에게 비통함을 남겼다.

☑ **TIP** ① 삽입구에서 a nature documentary를 수식하는 것으로, 과거분사형 produced로 써서 수동의 의미를 잘 나타내었다.
② leave는 5형식의 형태로 쓰일 때 '(목적어)를 (목적보어)한 상태로 있게 놔두다'라는 뜻이며 목적보어에는 to부정사, 동명사, 형용사 등이 올 수 있다. left viewers heartbroken에서 viewers의 목적보어로 heartbroken 형용사가 왔다.
③ plastic affects the ocean to the extent에서 the extent는 선행사로 쓰이고 관계사절 which로 연결되었다. the extent which plastic affects the ocean to에서 전치사 to는 관계사 which 앞에 위치할 수 있다.
④ affects on → affects
affect는 그 자체로서 '~에 영향을 미치다'라는 뜻을 가진 타동사로 전치사 없이 바로 목적어를 취한다.

15 글의 흐름상 빈칸에 들어갈 가장 적절한 문장은?

> What became clear by the 1980s, however, as preparations were made for the 'Quincentenary Jubilee', was that many Americans found it hard, if not impossible, to see the anniversary as a 'jubilee'. There was nothing to celebrate the legacy of Columbus. _____

① According to many of his critics, Columbus had been the harbinger not of progress and civilization, but of slavery and the reckless exploitation of the environment.

② The Chicago World's Fair of 1893 reinforced the narrative link between discovery and the power of progress of the United States.

③ This reversal of the nineteenth-century myth of Columbus is revealing.

④ Columbus thus became integrated into Manifest Destiny, the belief that America's progress was divinely ordained.

⊘ **단어** preparation : 준비　Quincentenary Jubilee : 500주년 기념일　anniversary : 기념일　harbinger : 조짐　reckless : 무모한, 난폭한　exploitation : 착취　slavery : 노예제도　reinforce : 보강하다, 강화하다　reversal : 반전, 역전　revealing : 흥미로운 사실을 드러내는　integrate : 통합시키다, 통합되다　divinely : 거룩하게　ordain : (성직자로) 임명하다

☑ **해설** 그러나 '500주년 기념일'을 준비하면서 1980년대에 명확해진 것은 많은 미국인들이 그 기념일을 '기념일로 보는 것이, 불가능한 것은 아니지만, 힘들다는 것을 발견하게 되었다는 것이다. 콜럼버스의 유산을 기념할 만한 것은 아무것도 없었다. <u>많은 비평가들에 따르면, 콜럼버스는 진보와 문명의 선구자가 아니라 노예제도와 환경의 무모한 착취의 선구자였다.</u>

① 많은 비평가들에 따르면, 콜럼버스는 진보와 문명의 선구자가 아니라 노예제도와 환경의 무모한 착취의 선구자였다.
② 1893년 시카고 세계 박람회는 미국의 발견과 진보의 힘 사이에 서술적인 관련성을 강화시켰다.
③ 19세기 콜럼버스의 신화의 이러한 반전은 흥미로운 사실을 보여주고 있다.
④ 따라서 콜럼버스는 미국의 진보가 거룩하게 이루어졌다는 믿음인 매니 페스트 운명에 통합되었다.

16 글의 흐름상 빈칸에 들어갈 단어로 가장 옳지 않은 것은?

Following his father's imprisonment, Charles Dickens was forced to leave school to work at a boot-blacking factory alongside the River Thames. At the run-down, rodent-ridden factory, Dickens earned six shillings a week labeling pots of "blacking," a substance used to clean fireplaces. It was the best he could do to help support his family. Looking back on the experience, Dickens saw it as the moment he said goodbye to his youthful innocence, stating that he wondered "how he could be so easily cast away at such a young age." He felt _____ by the adults who were supposed to take care of him.

① abandoned

② betrayed

③ buttressed

④ disregarded

✔ **단어** imprisonment : 투옥, 감금 run-down : 황폐한 rodent : 설치류 be supposed to : ~하기로 되어 있다, ~할 의무가 있다

✔ **해석** 그의 아버지가 투옥된 후, 찰스 디킨스는 학교를 떠나 템즈 강 옆에 있는 구두 닦는 공장에서 일할 수밖에 없었다. 폐허가 되고 설치류가 들끓는 공장에서, 디킨즈는 벽난로를 청소하는 데 사용되는 물질인 "블래킹" 항아리에 라벨을 붙이면서 일주일에 6실링을 벌었다. 그게 그가 가족을 부양하는 것을 도울 수 있는 최선이었다. 그 경험을 돌아보면서 디킨스는 "그가(디킨스 자신이) 그렇게 너무 쉽게 버려질 수 있는가"에 대해 의아해하면서 그 시절을 어린 시절의 순수함에 작별을 고하는 순간으로 보았다. 그는 자신을 돌봐줄 의무가 있었던 어른들에게 <u>배신감</u>을 느꼈다.

① 버려진, 유기된
② 배신당한, 저버린
③ 지지된, 힘을 실어 주는
④ 무시된, 묵살된

17 글의 내용과 일치하는 것은?

> A family hoping to adopt a child must first select an adoption agency. In the United States, there are two kinds of agencies that assist with adoption. Public agencies generally handle older children, children with mental or physical disabilities, or children who may have been abused or neglected. Prospective parents are not usually expected to pay fees when adopting a child from a public agency. Fostering, or a form of temporary adoption, is also possible through public agencies. Private agencies can be found on the Internet. They handle domestic and international adoption.

① Public adoption agencies are better than private ones.

② Parents pay huge fees to adopt a child from a foster home.

③ Children in need cannot be adopted through public agencies.

④ Private agencies can be contacted for international adoption.

☑ **단어** adopt : 입양하다, 채택하다　handle : 다루다, 만지다　disability : 장애　abuse : 학대하다　neglect : 방치하다　prospective : 곧 있을, 유망한　foster : 위탁 양육하다　temporary : 일시적인, 임시의

☑ **해석** 아이를 입양하고 싶어하는 가정은 먼저 입양 기관을 선택해야 한다. 미국에는 입양을 돕는 두 종류의 기관이 있다. 공공 기관은 일반적으로 나이 든 어린이, 정신적 또는 신체적 장애가 있는 어린이, 또는 학대 당하거나 방치된 어린이들을 다루고 있다. 곧 아이를 입양할 부모들은 공공 기관에서 아이를 입양할 때 보통은 비용을 지불할 것으로 예상하지 않는다. 임시 입양의 형태인 위탁 양육 역시 공공 에이전시를 통해 가능하다. 민간 기관은 인터넷에서 찾을 수 있다. 그들은 국내와 국제 입양을 다룬다.

① 공공 입양 기관은 민간 기관보다 낫다.
② 부모들은 위탁 가정으로부터 아동을 입양하기 위해 엄청난 비용을 지불한다.
③ 도움이 필요한 아이들은 공공 기관을 통해 입양될 수 없다.
④ 민간 기관은 국제 입양을 위해 연락될 수 있다.

18 글의 흐름상 빈칸에 들어갈 단어로 가장 옳은 것은?

Moths and butterflies both belong to the order Lepidoptera, but there are numerous physical and behavioral differences between the two insect types. On the behavioral side, moths are _____ and butterflies are diurnal (active during the day). While at rest, butterflies usually fold their wings back, while moths flatten their wings against their bodies or spread them out in a "jet plane" position.

① nocturnal   ② rational

③ eternal   ④ semi-circular

✓ 단어 **moth** : 나방   **Lepidoptera** : 인시목(나비나 나방류를 포함하는 곤충강의 한 목)   **numerous** : 많은   **diurnal** : 주행성의   **flatten** : 반반하게 만들다   **spread** : 펼치다

✓ 해석 나방과 나비는 모두 인시목에 속하지만 두 곤충 유형 사이에는 많은 물리적 및 행동상의 차이가 있다. 행동 측면에서, 나방은 <u>야행성</u>이고 나비는 주행성(낮에 활동적인)이다. 휴식을 취하는 동안, 나비는 보통 날개를 뒤로 접는 반면, 나방은 날개를 몸에 반반하게 만들거나 "제트기" 자세로 날개를 펼친다.

① 야행성의   ② 합리적인   ③ 영원한   ④ 반원형의

19 글의 흐름상 빈칸에 들어갈 표현으로 가장 옳은 것은?

The idea of clowns frightening people started gaining strength in the United States. In South Carolina, for example, people reported seeing individuals wearing clown costumes, often hiding in the woods or in cities at night. Some people said that the clowns were trying to lure children into empty homes or the woods. Soon, there were reports of threatening-looking clowns trying to frighten both children and adults. Although there were usually no reports of violence, and many of the reported sightings were later found to be false, this _____.

① benefited the circus industry

② promoted the use of clowns in ads

③ caused a nationwide panic

④ formed the perfect image of a happy clown

☑ **단어** clown : 광대 frightening : 무서운 lure : 유인하다 violence : 폭행, 폭력 sighting : 목격

☑ **해설** 광대가 사람들을 무섭게 한다는 생각이 미국에서 힘을 얻기 시작했다. 예를 들어, 사우스캐롤라이나 주에서는 사람들이 종종 밤에 광대 복장을 하고 숲속이나 도시에 숨어있는 이상한 사람들을 보았다고 보고했다. 어떤 사람들은 광대들이 아이들을 빈 집이나 숲으로 유인하려 한다고 말했다. 곧, 어린이와 어른들 모두를 무섭게 하려는 위협적인 모습을 한 광대에 대한 보고가 있었다. 일반적으로 폭력에 대한 보고는 없었고, 보고된 많은 목격들이 나중에 거짓인 것으로 밝혀졌지만, 이것은 <u>전국적으로 공황을 일으켰다.</u>

① 서커스 산업에 이득이 되었다.
② 광고에 광대의 사용을 장려했다.
③ 전국적으로 공황을 일으켰다.
④ 행복한 광대의 완벽한 이미지를 형성했다.

20 글의 내용과 가장 부합하는 속담은?

> It is one thing to believe that our system of democracy is the best, and quite another to impose it on other countries. This is a blatant breach of the UN policy of non-intervention in the domestic affairs of independent nations. Just as Western citizens fought for their political institutions, we should trust the citizens of other nations to do likewise if they wish to. Democracy is also not an absolute term—Napoleon used elections and referenda to legitimize his hold on power, as do leaders today in West Africa and Southeast Asia. States with partial democracy are often more aggressive than totally unelected dictatorships which are too concerned with maintaining order at home. The differing types of democracy make it impossible to choose which standards to impose. The U.S. and European countries all differ in terms of restraints on government and the balance between consensus and confrontation.

① The grass is always greener on the other side of the fence.

② One man's food is another's poison.

③ There is no rule but has exceptions.

④ When in Rome, do as the Romans do.

☑ **단어** impose : 부과하다　blatant : 노골적인, 뻔한　breach : 위반, 파기　non-intervention : 내정 불간섭, 불개입　institution : 기구, 제도　referenda : (referendum의 복수형) 국민 투표, 총선거　legitimize : 정당화하다　dictatorship : 독재 국가　restraint : 규제　consensus : 의견 일치, 합의　confrontation : 대립

☑ **해석** 우리의 민주주의 체제가 최고라고 믿는 것과 다른 나라에 그것을 강요하는 것은 전혀 다른 문제다. 이것은 독립 국가의 국내 문제에 개입하지 않는다는 유엔 정책에 대한 노골적인 위반이다. 서구 시민들이 그들의 정치 제도를 위해 싸운 것처럼, 다른 나라의 시민들도 원한다면 그렇게 할 것이라고 믿어야 한다. 민주주의는 절대적인 용어도 아니다. – 나폴레옹은 오늘날 서아프리카와 동남아시아의 지도자들처럼 권력 장악을 정당화하기 위해 선거와 투표를 이용하였다. 국내 질서를 유지하는 것에 너무 많은 관심을 두는 완전히 비선출적인 독재국가들보다 부분적인 민주주의를 취하고 있는 국가들이 종종 더 공격적이다. 민주주의의 서로 다른 유형들은 어떤 규범을 도입할지 결정하는 것을 불가능하게 한다. 미국과 유럽 국가들은 정부에 대한 규제 면과 합의와 대립 사이의 균형 면에서 모두 다르다.

① 남의 떡이 더 커 보인다.
② 갑의 약은 을에게는 독이 된다(사람마다 기호가 다르다).
③ 예외 없는 법칙 없다.
④ 로마에 가면 로마법에 따르라.

1 다음 밑줄 친 부분 중 어법상 옳지 않은 것은?

> We live in a democratic age. Over the last century the world has been shaped by one trend above all others—the rise of democracy. In 1900, not a single country had ①what we would today consider a democracy: a government created by elections ②which every adult ③citizen could vote. Today this is done by over 60 percent of all countries in the world. ④What was once a peculiar practice of a handful of states around the North Atlantic ⑤has become the standard form of government for humankind.

☑ 단어 peculiar : 특유한

☑ 해석 우리는 민주주의 시대에 살고 있다. 지난 세기를 걸쳐 세계는 모든 것들을 뛰어 넘어 '민주주의의 대두'라는 한 가지 트렌드로 틀이 잡혀졌다. 1900년대에 어떤 한 국가도 오늘날 우리가 민주주의라고 생각하는 부분, −예를 들면 성인인 시민이 투표해서 선거로 세워진 정부− 을 갖고 있지 못했다. 오늘날 이것은 전 세계 60% 이상의 국가에서 행해지고 있다. 한때 대서양 북부 근처 몇몇 주들의 고유한 관례였던 것이 인류 정부의 표준 형태가 된 것이다.

☑ TIP every adult citizen could vote in elections에서 elections가 생략되었으므로 in which가 되어야 한다.

2 다음 밑줄 친 부분의 의미와 가장 가까운 것은?

> He launched into the crowd to grapple his unfortunate prey.

① identify   ② avoid

③ evoke   ④ exploit

⑤ seize

☑ **단어** grapple : 붙잡고 싸우다

☑ **해석** 그는 운이 없는 피해자를 <u>붙잡고 싸우기</u> 위해 군중 속으로 뛰어들었다.

     ① 확인하다
     ② 회피하다
     ③ 환기시키다
     ④ 착취하다
     ⑤ 움켜잡다, 폭력으로 장악하다

3 다음 밑줄 친 부분의 의미와 가장 가까운 것은?

> Conciliatory gestures, such as an apology or offer of compensation, were shown to reduce anger and promote forgiveness after a conflict.

① assured   ② punitive

③ flattering   ④ appeasing

⑤ acquiescing

☑ **단어** conciliatory : 회유하기 위한   compensation : 보상

☑ **해석** 사과나 보상을 하는 것 같은 회유의 행동들은 충돌 후 화를 달래고 용서를 베풀도록 하는 것으로 나타났다.

     ① 장담하는
     ② 처벌을 위한
     ③ 아첨하는
     ④ 달래주는
     ⑤ 묵인하는

4 다음 밑줄 친 부분 중 어법상 옳지 않은 것은?

① Affording a home in one of Britain's opulent seaside towns has long been way out of reach, even for ② the moderately rich. But now it seems that house prices in two of the smartest resorts have tumbled significantly in the last year. In the boating haven of Salcombe in South Devon, prices ③ have fallen 8.2%, according to the Halifax. And in Sandbanks in Dorset, ④ renowned for being the UK's most expensive resort, prices ⑤ being down 5.6%.

⊘ **단어** opulent : 부유한   renowned : 유명한

☑ **해석** 영국의 호화로운 바닷가 마을 중 한 곳에 집을 마련하는 것은 적당히 부유한 사람들 조차 오랫동안 어림없는 일이었다. 하지만 작년 일 년 동안 가장 세련된 리조트 두 곳에서 집값이 상당히 폭락한 것으로 보인다. Halifax에 따르면 Devon 남쪽의 Salcombe의 보트선착장에서도 8.2%가 떨어졌고, 또 Dorset에 있는 영국에서 가장 비싼 리조트로 유명한 Sandbanks에서 그 값이 5.6% 하락했다.

⊘ **TIP** 문장의 주어는 prices이고, 밑줄 친 부분은 본동사가 되어야 한다. 작년 동안 집값이 연속적으로 하락하고 있는 사실을 나타내고 있으므로 have p.p로 나타내어 have been down이 옳다.

5 다음 밑줄 친 부분에 들어갈 가장 적절한 표현은?

Men have always used fashion to attract attention and satisfy a desire for personal display. Women are not the only ones to turn to clothing to enhance, adorn and modify their bodies. Nevertheless, social norms have long required that men's interest in fashion be _____. Too great a concern with fashion and personal appearance may be interpreted as not only vain, but also unmanly, while too little interest is considered equally questionable.

① documented thoroughly
② removed completely
③ carefully balanced
④ initially ignored
⑤ fairly rewarded

☑ **단어** adorn : 꾸미다 norm : 규범

☑ **해석** 남성들은 항상 관심을 끌고 개인적인 과시욕을 채우기 위해 패션을 이용해왔다. 여성들만 그들의 신체를 향상시키고 꾸미고, 달라보이게 하기 위해 옷에 의지한 것이 아니다. 그럼에도 불구하고 사회적 규범은 오랫동안 패션에 대한 남자들의 관심이 <u>세심하게 균형 잡히기</u>를 요구해왔다. 패션과 외모에 관한 너무 과한 관심은 허영뿐 아니라 남자답지 못하다고 이해되는데, 반대로 너무 관심이 없어도 똑같이 미심쩍게 여겨진다.

① 철저히 문서화 된
② 완전히 제거된
③ 세심하게 균형이 잡힌
④ 본래부터 무시된
⑤ 공정하게 보상받은

☑ **TIP** 패션에 관한 과한 관심과 부족함 모두 지양되기를 요구되는 사회규범이 마지막에 설명되었으므로, carefully balanced 가 알맞다.

6 다음 밑줄 친 부분에 들어갈 가장 적절한 단어는?

> Almost all babies start smiling at a very young age. One might think that babies learn to smile by observing others and imitating the facial expressions they see, but evidence argues against this proposal. One study compared the facial expressions of three groups of athletes receiving their award medals at the 2004 Paralympic Games. One group had been blind since birth; a second group had some years of visual experience but was now fully blind; a third group had normal sight. The study showed essentially no _____ among these groups in their facial expressions.

① difference   ② change

③ match   ④ effect

⑤ link

☑ **해석** 거의 모든 아기들은 아주 어린 나이에서 웃기 시작한다. 어떤 사람은 아기들이 다른 사람을 관찰하고 그들이 보게 되는 얼굴 표정을 따라하면서 웃는 것을 배운다고 생각할지도 모르지만 증거가 이런 생각을 부정한다. 한 연구에서 2004년 장애인올림픽 경기에서 메달을 받은 운동선수들 세 그룹의 얼굴 표정을 비교했다. 한 그룹은 선천적으로 시각 장애를 가지고 있었고, 두 번째 그룹은 이제는 완전히 시각 장애를 가지고 있지만, 몇 년 동안은 시각적으로 경험을 했었고, 세 번째 그룹은 정상적인 시각을 가지고 있었다. 그 연구는 이 그룹들 사이에 얼굴 표정의 <u>차이</u>가 기본적으로 없었다고 밝혔다.

　　① 차이
　　② 변화
　　③ 경기
　　④ 영향
　　⑤ 연결

✐ **TIP** 빈칸의 내용은 아기들이 타인의 미소를 시각적으로 관찰하고 모방했을 것이라는 주장을 반박하는 내용이므로 세 집단 간의 '차이'가 없는 것이 적절하다.

7 다음 밑줄 친 (A), (B)에 들어갈 가장 적절한 표현은?

> "Leisure" refers to "unobligated" time wherein we are free from work or maintenance responsibilities. (A)_____, a teacher who brings home his or her students' assignments to grade at home is not engaged in a leisure activity. Also mowing the lawn and shopping for groceries are not leisure pursuits because they are necessary maintenance tasks. (B)_____, attending a ball game, window shopping at the mall, going to the movies, and feeding the ducks at a pond are leisure activities because we are not obligated to do these things.

	(A)	(B)
①	Otherwise	On the other hand
②	Therefore	In a similar vein
③	Otherwise	For instance
④	Thus	In a similar vein
⑤	Thus	On the other hand

☑ **단어** obligated : 의무가 있는 pursuit : 취미

☑ **해석** "여가"는 우리가 일이나 생활비를 벌어야 하는 책임에서 자유로운 시점인 "의무가 없는 상태"를 지칭한다. (A) <u>따라서</u>, 집에 학생들의 과제를 점수 매기려고 가져온 한 선생님은 여가활동과 관련 없는 사람이다. 또한 잔디 깎기와 장보기도 여가활동이 아니다. 왜냐하면 그것들은 필수적인 유지 업무이기 때문이다. (B) <u>반면에</u> 야구경기에 참여하기, 상점에서 윈도쇼핑, 영화 보러 가기, 연못에서 오리 먹이주기가 여가활동이다. 왜냐하면 우리가 이런 것들은 꼭 해야 할 의무가 있는 것이 아니기 때문이다.

☑ **TIP**   (A)   /   (B)
⑤ Thus 따라서 / On the other hand 반면에

8 다음 밑줄 친 부분에 들어갈 가장 적절한 표현은?

Much like in a heavy snowfall, data is piling up at a high speed and in a gigantic volume. You could think that it's good: more data means more reliable insights. But in reality, huge volumes of data don't necessarily mean huge volumes of actionable insights. Sometimes, the data you have—despite all the information it contains—statistically just isn't _____.
For example, opinions on Twitter vs. opinions of the population on the whole. Let alone the bias of the former, it doesn't even contain the viewpoints of the entire population (for example, the elderly and the introverts often get excluded). This way, you can get wrong analysis results easily. Besides that, in such 'heavy snowfalls', it simply gets more challenging to find what you need while eliminating the data that bears no use whatsoever.

① state-of-the-art enough to find correlations with the population
② the representative sample of the data you need to analyze
③ an impediment in your way of solving the target problem
④ analyzable to come to a meaningful conclusion due to sorted information
⑤ intact because some key information has already been eliminated

☑ **단어** gigantic : 거대한 statistically : 통계상으로 bias : 성향 let alone : ~은 고사하고 correlation : 연관성 impediment : 장애

☑ **해석** 데이터는 폭설의 만큼이나, 빠른 속도로 거대한 양으로 쌓이고 있다. 당신은 좋다고 생각할 수도 있다. 더 많은 자료는 더 많이 믿을만한 통찰을 의미한다고 말이다. 하지만 현실에서는 매우 많은 양의 자료가 꼭 실행력 있는 통찰을 의미하지는 않는다. 때론 당신이 모든 정보를 담고 있는 자료를 갖고 있다 하더라도, 통계상으로 그것들은 <u>당신이 분석해야 하는 자료를 대표하는 표본</u>이 아니다. 예를 들어, 트위터의 의견들과 인류전반에 걸친 사람들의 의견들이 그러하다. 이전의 성향들은 고사하고, 전체 인구의 관점조차 포함하지 못한다. 예를 들어 노인들이나 성격이 내성적인 사람들은 자주 포함되지 못한다. 이런 식으로 당신은 쉽게 잘못된 분석결과를 얻게 된다. 그밖에 '폭설과 같이 쉽게 말해 어쨌든 쓸모가 없는 자료를 제거하느라, 당신이 필요로 하는 것을 찾는 것은 더 힘들어진다.

① 인구와의 연관성을 찾기 충분히 최신식
② 당신이 분석해야 하는 자료를 대표하는 표본
③ 지정된 문제를 해결하는 당신의 방법에서 장애물
④ 정리된 정보로 인하여 중요한 결론에 이르도록 분석할 수 있는
⑤ 일부 핵심정보가 이미 제거되어졌기 때문에 완전한

☑ **TIP** 본문 전반적으로 정보가 아무리 많더라도 그 점이 당신이 생각한 만큼 좋은 것은 아니라는 결론지어지고 있다. 따라서 갖고 있는 많은 정보가 찾고 있는 표본이 아닐 확률이 높기 때문에 ②번이 알맞다.

✎ **ANSWER** 7.⑤ 8.②

9 다음 글의 내용과 가장 거리가 먼 것은?

> Maps of the world in older times used to fill in the blanks of exploration with an array of fantastic creatures, dragons, sea monsters, fierce winged beasts. It appears that the human mind cannot bear very much blankness—where we do not know, we invent, and what we invent reflects our fear of what we do not know. Fairies are born of that fear. The blank spaces on the village map, too, need to be filled; faced with woods and mountains, seas and streams that could never be fully charted, human beings saw blanks, blanks they hastened to fill with a variety of beings all given different names, yet all recognizable as fairies. Our fairies have become utterly benign only nowadays, when electric light and motorways and mobile phones have banished the terror of the lonely countryside. Used as we are to benign fairies, it is very hard for us to understand the fairies of the past.

① Human beings do not like to see things void and unfilled.

② Fairies reflect the human fear over the indecipherable things in nature.

③ There is not much historical change in our perception of the fairies.

④ The margins of maps are often decorated with fantastic creatures.

⑤ The idea of benevolent fairies is very modern.

✅ **단어** hasten : 서둘러 하다   utterly : 완전히   benign : 유순한   banish : 제거하다 void : ~이 전혀 없는   indecipherable : 이해할 수 없는   margin : 여백   benevolent : 자애로운

✅ **해석** 옛 시대의 세계지도들은 탐험되어야 할 빈자리를 환상의 생명체들, 용들, 바다괴물들, 날개달린 무서운 야수들로 채우곤 했었다. 인간의 심성은 그렇게 많은 공백을 참을 수 없었다. 우리가 알지 못하는 곳, 우리가 지어낸 곳, 우리가 지어낸 것은 우리가 알지 못하는 것에 대한 두려움을 반영한다. 요정들은 그런 두려움으로 탄생한다. 마을 지도에 있는 알지 못하는 곳들 역시 채워져야 했다. 나무, 산, 바다, 개울로는 결코 지도를 채울 수 없다는 사실을 직면할 때, 인간은 빈자리를 알게 됐고, 그 공백은 여러 다른 이름이 주어진 존재들의 다양성으로 서둘러 채웠다. 그렇더라도 요정같이 모든 알아볼 수 있는 형태로 말이다. 우리가 아는 요정들은 전구, 고속도로, 휴대전화가 인적이 드문 시골의 공포를 사라지게 하는 오늘날이 되어서야 아주 유순하게 되었다. 유순한 요정에 익숙해졌기 때문에, 우리가 과거의 요정들을 이해하기는 아주 힘든 일이다.

① 인간은 비어있고 채워지지 않은 것을 보고 싶어하지 않는다.
② 요정은 자연에 있는 이해할 수 없는 것들에 대한 인간의 공포를 반영한다.
③ 요정에 대한 인간의 인식은 역사적으로 큰 변화는 없었다.
④ 지도의 여백들은 보통 환상의 생명체들로 꾸며진다.
⑤ 자애로운 요정들에 대한 생각은 아주 현대적이다.

✅ **TIP** 본문에서 요정들은 인간의 두려움을 바탕으로 만들어졌지만, 문물의 발달로 그 두려움이 사라지고 존재가 유순해졌다고 언급하고 있으므로 ③번 글의 내용과 거리가 멀다.

10 대화의 흐름으로 보아 밑줄 친 부분에 들어갈 가장 적절한 표현은?

> A : Are you going to the market today?
> B : No, I'm not. I have to see my doctor today. Why? Do you need something?
> A : _____ I'll go tomorrow.
> B : No, no, I can drop by the market on my way home.

① Oh, never mind.

② Yeah. I have to see my doctor, too.

③ No, I don't need anything.

④ Can you get some eggs for me?

⑤ I would appreciate it if you could buy some eggs.

☑ **해석** A : 너 오늘 시장에 갈거니?
　　　　 B : 아니. 오늘 병원에 가야 해. 왜? 뭔가가 필요하니?
　　　　 A : <u>오, 신경 쓰지마.</u> 내가 내일 갈게.
　　　　 B : 아니야, 집에 가는 길에 시장에 들러도 돼.

　　　　 ① 오, 신경 쓰지마.
　　　　 ② 응. 나도 병원에 가야 해.
　　　　 ③ 아니, 나는 필요한건 없어.
　　　　 ④ 달걀 좀 사다줄 수 있니?
　　　　 ⑤ 달걀을 좀 사다준다면 고맙겠어.

☑ **TIP** 마지막 문장 B의 대답으로 보아 A는 B가 신경 쓰지 않고 자신의 계획대로 하길 바랐을 것이다. 따라서 ①번이 적절한 표현이다.

11 다음 밑줄 친 부분의 의미와 가장 가까운 것은?

> The medical resistance to death may seem entirely <u>laudable</u>, since we expect doctors to enhance health and to preserve life.

① compelling   ② intrepid

③ praiseworthy   ④ audacious

⑤ sagacious

✓ **[단어]** laudable : 칭찬할 만한

✓ **[해석]** 의사들이 건강을 향상시키고 생명을 보존해 준다고 기대해서, 죽음에 대한 의학적 저항은 완전 칭찬할 만한 것으로 보인다.
> ① 눈을 뗄 수 없는
> ② 두려움을 모르는
> ③ 칭찬할 만한
> ④ 대담한
> ⑤ 현명한

12 다음 밑줄 친 부분 중 어법상 옳지 않은 것은?

> Democracy, after all, is not just ①<u>a set of practices but a culture.</u> It lives not only ②<u>in so formal mechanisms</u> as party and ballot ③<u>but in the instincts and expectations of citizens.</u> Objective circumstances—jobs, war, competition from abroad—shape ④<u>that political culture</u>, but ⑤<u>so do the words and deeds of leaders.</u>

✓ **[해석]** 결국 민주주의는 단지 일련의 관행이 아니라 문화이다. 민주주의는 정당과 무기명투표와 같은 공식적인 구조일 뿐 아니라, 직감과 시민들의 기대 속에서 행해진다. 직업, 전쟁, 외국과의 경쟁 같은 객관적인 상황은 정치적 문화로 형태를 갖추며, 지도자들의 말과 행동 역시 마찬가지이다.

✓ **[TIP]** ② in so formal mechanisms은 명사구로서 such+명사구로 사용되어야 하므로 in such formal mechanism이 되어야 한다.

13 다음 문장 중 어법상 옳지 않은 것은?

① Attached is the document file you've requested.

② Never in my life have I seen such a beautiful woman.

③ Should you need further information, please contact me.

④ Hardly has the situation more serious than now.

⑤ Now is the time to start living the life you have always imagined.

☑ **해석** ① 당신이 요청했던 문서 파일이 첨부되어 있습니다.
② 내 인생에서 그런 아름다운 여인을 본적이 없다.
③ 더 많은 정보가 필요하다면 나에게 연락 주세요.
④ 그 상황은 지금보다 더 심각해질 수 없어요.
⑤ 지금이 당신이 항상 꿈꿔오던 삶을 살기 시작할 때다.

☑ **TIP** ④ Hardly has the situation more serious than now는 부정어구 도치구문으로 the situation 의 동사로 내용상 현재완료가 사용되어야 하고 more serious가 형용사이므로 been이 자리해야 한다. Hardly has the situation been more serious than now가 알맞다.

14 다음 밑줄 친 부분의 의미와 가장 가까운 것은?

> Inertia is not a place you want to be in your life. I say this with extreme fervor because if you allow yourself to stay inert, I feel, you are giving up on your goals.

① distracted   ② fragile

③ allured   ④ irresponsible

⑤ listless

☑ **단어** inertia : 타성, 관성   inert : 기력이 없는   fervor : 열정

☑ **해석** 타성이 당신의 삶에 자리잡는 것을 바라지 않을 것이다. 나는 당신이 자신을 <u>무기력한</u> 상태로 둔다면 당신의 목표를 포기하게 될 거라고 강력히 말하고 싶다.

    ① 산만한   ② 취약한
    ③ 매력있는   ④ 무책임한
    ⑤ 무기력한

15 다음 밑줄 친 (A), (B), (C)에 들어갈 가장 적절한 표현은?

Anecdotes about elephants (A)_____ with examples of their loyalty and group cohesion. Maintaining this kind of togetherness calls for a good system of communication. We are only now beginning to appreciate (B)_____ complex and far-reaching this system is. Researcher Katharine Payne first started to delve into elephant communication after a visit to Portland's Washington Park Zoo. Standing in the elephant house, she began to feel (C)_____ vibrations in the air, and after a while realized that they were coming from the elephants. What Katharine felt, and later went on to study, is a low-frequency form of sound called infrasound.

	(A)	(B)	(C)
①	abound	how	throbbing
②	abound	that	throbbed
③	abound	that	throbbing
④	are abounded	how	throbbing
⑤	are abounded	that	throbbed

☑ **단어** anecdote : 일화   cohesion : 화합   abound : 풍부하다   delve into : ~을 철저히 조사하다   throb : 고동치다

☑ **해석** 코끼리에 대한 일화에는 집단 내 유대감과 그들의 충성심에 대한 사례가 (A) 아주 많이 있다. 이런 종류의 단란함을 유지하기 위해서는 좋은 의사소통 시스템을 필요로 한다. 우리는 이제 겨우 이 시스템이 (B) 얼마나 복잡하고 광범위한지 그 진가를 알아보기 시작했다. 연구가 Katharine Payne은 포틀랜드에 있는 워싱턴 동물원을 방문한 이후로 처음 코끼리의 의사소통을 철저히 조사하기 시작했다. 그녀는 코끼리 우리에 서서 공기가 (C) 고동치는 진동을 느끼기 시작했고, 잠시 후 그 요동이 코끼리들 때문이라는 것을 깨달았다. Katharine은 그 무언가를 느낀 후 초저주파 불가음이라 불리는 초저파수 소리형태 연구를 시작했다.

　① (A)abound 풍부하다 / (B)how 얼마나 / (C)throbbing 고동치는

☑ **TIP** (A) abound는 '아주 많다, 풍부하다'의 의미를 가진 자동사로 능동의 형태로 쓴다.
　(B) How가 이끄는 의문절이 간접의문문 형태로 삽입되면서, 의문문의 본래 어순(How+형용사+동사+주어)에서 주어와 동사가 서로 도치된 것이다.
　(C) 의미상 진동이 '고동치는' 것이므로 능동의 의미를 갖도록 동명사 형태 throbbing을 써야 한다.

16 다음의 밑줄 친 부분에 들어갈 가장 적절한 단어는?

> If you are having trouble going somewhere or doing something, don't give up. You just haven't found the best solution or met the right person yet. Don't listen to those who say it can't be done. _____ pays off. I can't tell you how many times I've been told what I want isn't possible, only to prove it wrong later when I don't give up and keep trying.

① Anxiety　　　　　　　② Cooperation
③ Speculation　　　　　④ Perseverance
⑤ Convention

☑ 해석 당신이 만약 어딘가에 가거나 무언가를 하는데 어려움이 있다면, 포기하지 마라. 당신은 그저 최선의 해결책을 찾자 못했거나 맞는 사람을 아직 만나지 못한 것이다. 잘 될 리 없다고 말하는 사람들 말을 듣지 마라. 인내가 성과를 낸다. 나는 내가 원하는 것이 불가능하다고 몇 번이나 들었는지 당신에게 말할 수는 없지만, 나중에 내가 포기하지 않고 계속했을 때 그것이 틀렸다는 것을 결국 증명하게 된다고 말할 수는 있다.

① 불안
② 협력
③ 추측
④ 인내
⑤ 관습

다음 밑줄 친 부분에 들어갈 가장 적절한 표현은?

Equality and social justice are dependent on recognizing that we live and work in a diverse society, and that such diversity is an asset to be valued rather than a problem to be solved. However, this presents some degree of complication when it comes to communication. This is because communication can be seen to work best when people are similar, or at least on a similar wave length. We have to recognize, then, that there is a tension between communication and diversity. We should not be defeatists and challenge this tension. This means that the valuing of diversity is something that _____.

① is reluctant to be accepted from the perspective of social harmony

② should be pursued in different languages and cultures

③ should not be abandoned in favor of effective communication

④ forms a conflict that operates within interpersonal interactions

⑤ can work against our efforts of communication in society

✓ **단어** complication : 문제, 합병증   defeatist : 패배주의자   reluctant : 꺼려하는   interpersonal : 인간관계에 관련된

☑ **해석** 평등과 사회정의는 우리가 다양한 사회에서 살아가고 일하며 그러한 다양성은 해결되어야 할 문제라기보다 귀중한 자산이라는 것을 인식하는 데에 달려있다. 하지만, 이것은 의사소통에 관한 한 약간의 복잡한 문제가 보인다. 이것은 의사소통이 사람들이 비슷하거나 적어도 비슷한 파장일 때 최고로 잘 이루어지는 것처럼 보이기 때문이다. 그렇다면 우리는 의사소통과 다양성 사이에 갈등이 있다는 것을 인정해야 한다. 우리는 쉽게 포기하는 사람이 되지 말고, 이런 갈등에 도전해봐야 한다. 이것은 다양성의 가치가 <u>효과적인 의사소통을 위하여 포기되면 안 된다</u>는 것을 의미한다.

① 사회적인 조화의 관점에서 인정되는 것이 꺼려진다.
② 다른 언어와 문화로 추구되어져야 한다.
③ 효과적인 의사소통을 위하여 포기되면 안 된다.
④ 인간관계에 관한 상호작용에서 작용하는 충돌이 생긴다.
⑤ 사회에서 우리의 의사소통 노력에 반하여 효과가 나타날 수 있다.

✓ **TIP** 다양성이 의사소통과 상충할 수 없을 것 같지만, 사회적 평등과 정의를 위하여 포기하지 말고 추구해야 한다는 문맥을 따라 ③번이 가장 적절한 표현이다.

18 다음 밑줄 친 부분에 들어갈 가장 적절한 표현은?

> Gray, which is neither black nor white but a combination of these two opposites, is an ambiguous, indefinite color. It suggests fog, mist, smoke and twilight—conditions that blur shapes and colors. An all-gray costume can indicate a modest, retiring individual, someone who prefers not to be noticed or someone who whether they wish it or not merges with their background, like Lily Briscoe in Virginia Woolf's To the Lighthouse. When a livelier, prettier girl enters the room, the narrator reports, Lily Briscoe "became _____ than ever, in her little grey dress."

① more resonant　　　　　　　② more distinguished

③ more sullen　　　　　　　　④ more sophisticated

⑤ more inconspicuous

☑ **단어** ambiguous : 애매모호한　　retiring : 내성적인

☑ **해석** 회색은 검은색도 흰색도 아니지만 이 두 가지 반대색들의 조합이고 애매모호하며 정의되지 않는 색이다. 회색은 옅고 짙은 안개, 연기, 황혼기 같은 흐릿한 모양과 색의 상태를 나타낸다. 위아래 회색인 의상은 Virginia Woolf의 소설 '등대로'에서 Lily Briscoe처럼, 수수하고 내성적인 사람, 눈에 띄는 것을 선호하지 않는 사람 혹은 주변에 섞여 조용히 있던 혹은 그것을 바라는 그런 사람들을 나타낼 수 있다. 더 활기차고 예쁜 소녀가 방으로 들어왔을 때, 서술자는 Lily Briscoe가 "작은 회색 드레스를 입고서 평소보다 더 눈에 안 띄게 되었다"라고 말했다.

　① 더 낭랑한, 공감을 일으키는
　② 더 구별되는
　③ 더 침울한
　④ 더 교양 있는
　⑤ 눈에 더욱 잘 안 띄는

☑ **TIP** 회색의 이미지와 비슷한 lily Briscoe가 활기차고 예쁜 소녀와 대조적으로 눈에 띄지 않았다는 내용이 자연스럽기 때문에, ⑤번이 적절한 표현이다.

19 다음 밑줄 친 (A)와 (B)에 들어갈 가장 적절한 단어는?

> For many, the demands of college are the greatest challenges they have yet faced. Every day, students are exposed to a barrage of new ideas that they must grasp to meet ever present deadline. This (A)_____ process is made more difficult with schedule conflicts with work, financial difficulties, and other personal problems. Many are overwhelmed by it all, yet every year people graduate while others drop out. In most cases, only one thing separates those who graduate from those who drop out. Those who graduate have (B)_____. They won't quit when confronted by tough obstacles or even when failing. It is found in all people who succeed and it has benefits even in failure.

	(A)	(B)
①	unflinching	versatility
②	unrelenting	tenacity
③	impeccable	flexibility
④	irreversible	punctuality
⑤	unprecedented	conformity

✅ **단어** barrage : 연속

✅ **해석** 많은 사람들에게 대학의 요구들은 그들이 여태껏 직면한 가장 큰 시험대이다. 매일 학생들은 그들이 늘 마감기간을 맞추기 위해 완전히 이해해야 하는 쏟아지는 새로운 개념에 노출된다. 이 (A)끊임없는 과정은 일, 경제적 어려움, 다른 인간관계 문제와 일정의 충돌로 더욱 어려워진다. 다수는 그런 일로 완전히 어쩔 줄 몰라 하지만, 일부 사람들은 자퇴하는 반면에 해마다 사람들은 졸업한다. 대부분의 경우에, 오직 한 가지 것이 졸업하는 사람과 자퇴하는 사람을 구분 짓는다. 졸업하는 사람들은 (B)끈기를 가지고 있다. 그들은 어려운 장애물 때문에 맞닥뜨리거나 심지어 그들이 실패할 때도 그만두지 않을 것이다. 그 점은 성공한 사람들에게서 공통으로 발견되고, 그런 사람들은 실패에서 조차 이점을 찾는다.

(A)	/	(B)
① unflinching 위축되지 않는	/	versatility 융통성
② unrelenting 끊임없는	/	tenacity 끈기
③ impeccable 흠 잡을 데 없는	/	flexibility 융통성
④ irreversible 되돌릴 수 없는	/	punctuality 정확함
⑤ unprecedented 전례 없는	/	conformity 순응

20 다음 밑줄 친 부분에 들어갈 가장 적절한 문장은?

A person's handwriting has long been recognized as a form of human identification. This fact is the reason people are required to sign checks, wills, and contracts. _____.
For example, the serial killer Ted Bundy used several methods of killing his victims. Authorities first thought they were dealing with several different killers. With the help of handwriting identification, officials later realized they were seeking one serial killer. The Nazi war criminal, Josef Mengele, traveled to South America, and took the identity of another German man. After his death it was discovered that the handwriting of this man matched the handwriting of Mengele. Mengele had altered everything including his name, profession, and fingerprints, but he could not change his handwriting.

① Handwriting identification has played important roles in some criminal cases.

② Questioned handwriting may be found on a will, a contract, or a letter.

③ Handwriting identification is developed by forensic document examiners.

④ One type of a questioned signature is a deliberately altered signature.

⑤ There are two types of writing, request writing and non-request writing.

✓ **단어** wills : 유언   forensic : 범죄 과학 수사의

✓ **해석** 사람의 필적은 오랫동안 개인의 신원 확인 형식으로 공인되어 왔다. 이 점이 사람들이 수표, 유언장, 계약서에 서명하도록 요청 받은 이유이다. 친필로 신원 확인 하는 것은 어떤 범법 상황에서 중요한 역할을 해왔다. 예를 들어, 연쇄살인마 Ted Bundy는 그 희생자들을 살해할 때 여러 방법들을 이용했다. 당국은 먼저 그 희생자들이 다른 몇몇의 살인자들에게 당했다고 생각했다. 필적 으로 신원 확인하는 것이 도움이 되어, 나중에 경찰관들은 그들이 한 연쇄살인마를 쫓고 있음을 깨달았다. 나치전범 Josef Mengele은 미 남부로 이동해서 다른 독일 남성의 신원을 취했다. 그가 죽은 후에 이 남자와 Mengele의 필적이 같다는 것이 밝 혀졌다. Mengele은 그의 이름, 직업, 지문을 포함하여 전부 바꿨지만, 그는 그의 필적은 바꿀 수 없었다.

① 친필로 신원 확인 하는 것은 어떤 범법 상황에서 중요한 역할을 해왔다.
② 의문이 제기 되는 필적이 유언장이나 계약서, 편지에서 발견될 수도 있다.
③ 필적을 이용한 신원 확인은 법정 필적감정가에 의해 개발 되었다.
④ 의문이 제기되는 서명의 한 종류는 의도적으로 고친 서명이다.
⑤ 요청 받아 적는 것과 그냥 적는 두 가지 종류의 쓰기가 있다.

✓ **TIP** 연쇄살인마와 나치전범의 예를 들어 범죄를 다룰 때에도 필적으로 신원확인이 이용되는 사실을 보여주었으므로 ①번이 적절한 문장이다.

1 다음 글의 밑줄 친 부분 중 어법상 틀린 것은?

Recent research reveals that some individuals are genetically ①predisposed to shyness. In other words, some people are born shy. Researchers say that between 15 and 20 percent of newborn babies show signs of shyness : they are quieter and more vigilant. Researchers have identified physiological differences between sociable and shy babies ②that show up as early as two months. In one study, two-month-olds who were later identified as shy children ③reacting with signs of stress to stimuli such as moving mobiles and tape recordings of human voices : increased heart rates, jerky movements of arms and legs, and excessive crying. Further evidence of the genetic basis of shyness is the fact that parents and grandparents of shy children more often say that they were shy as children ④than parents and grandparents of non-shy children.

◎ **단어** predispose : 하는 성향을 갖게 하다   vigilant : 바짝 경계하는   physiological : 생리학의   jerky : 갑자기 움직이는

☑ **해 석** 최근 연구는 어떤 사람들은 유전적으로 수줍은 성향이 있다고 밝혔다. 다른 말로, 어떤 사람들은 수줍은 성향으로 태어난 것이다. 연구가들은 15%와 20% 사이의 신생아들이 부끄러워하는 신호를 보인다고 말한다. 그들은 더 조용하고 더 경계한다. 연구가들은 사교적인 아기들과 수줍은 많은 아기들 사이에 이미 생 후 두 달 안에 나타나는 생리학적인 차이점들을 밝혀왔다. 한 연구에서, 후에 수줍음 많은 어린이로 밝혀진 두 달 된 아기들은 이동하는 물체와 녹음된 사람 목소리 같은 자극에 심장박동과 갑작스런 팔다리의 움직임, 과도한 울음의 증가 같은 스트레스를 받는다는 신호로 반응했다. 수줍음에 관한 유전적으로 더 강한 증거는 수줍음 많은 아이들의 부모와 조부모들이 안 그런 아이들의 부모, 조부모들 보다 그들이 어렸을 때 수줍음이 많았었다고 더 빈번하게 말한다는 점이다.

◎ **TIP** ③번이 있는 문장의 주어는 two-month-olds who were later identified as shy children이고 ③번은 동사자리이며 문맥상 reacted가 알맞다.

2 다음 밑줄 친 (A), (B), (C)에서 문맥에 맞는 낱말로 가장 적절한 것은?

South Korea is one of the only countries in the world that has a dedicated goal to become the world's leading exporter of popular culture. It is a way for Korea to develop its "soft power." It refers to the (A)[tangible / intangible] power a country wields through its image, rather than through military power or economic power. Hallyu first spread to China and Japan, later to Southeast Asia and several countries worldwide. In 2000, a 50-year ban on the exchange of popular culture between Korea and Japan was partly lifted, which improved the (B)[surge / decline] of Korean popular culture among the Japanese. South Korea's broadcast authorities have been sending delegates to promote their TV programs and cultural contents in several countries. Hallyu has been a blessing for Korea, its businesses, culture and country image. Since early 1999, Hallyu has become one of the biggest cultural phenomena across Asia. The Hallyu effect has been tremendous, contributing to 0.2% of Korea's GDP in 2004, amounting to approximately USD 1.87 billion. More recently in 2014, Hallyu had an estimated USD 11.6 billion (C)[boost / stagnation] on the Korean economy.

	(A)	(B)	(C)
①	tangible	surge	stagnation
②	intangible	decline	boost
③	intangible	surge	boost
④	tangible	decline	stagnation

✅ **단어** wield : (권력) 행사하다 tangible : 유형의 surge : (감정) 치밀어 오름 decline : 감소 delegate : 대표 tremendous : 엄청난 boost : (신장시키는)힘 stagnation : 침체

✅ **해석** 남한은 전 세계에서 대중문화를 세계적으로 이끄는 수출국가가 되는 목표에 공을 들이는 몇 안되는 국가들 중 하나이다. 그것은 한국이 'soft power'를 발달시키는 방식이다. 'soft power'는 군사적 힘 또는 경제적 힘을 통하기 보다는 국가의 이미지를 통해 권력을 행사하는 (A) 무형의 힘을 나타낸다. 한류는 처음 중국과 일본으로 퍼졌고, 나중에는 세계적으로 남부 아시아와 몇몇 국가들로 나아갔다. 2000년도에, 50년 동안 교류가 금지되었던 한국과 일본 사이의 대중문화는 부분적으로 열렸고, 그것은 일본인들 사이에 한국 대중문화 (B) 열풍을 일으켰다. 한국의 방송 관계자들은 몇몇 국가들로 TV프로그램들과 문화 컨텐츠들을 홍보하기 위해 대표들을 보내고 있다. 한류는 한국과 한국의 사업, 문화, 나라 이미지에 축복이 되어왔다. 1999년 이후 한류는 아시아 전역에서 가장 큰 문화 현상이 되었다. 한류는 2004년 한국의 GDP의 0.2%, 18억 7천 달러 가까이 기여하는 엄청난 효과를 보여 왔다. 더 최근인 2014년에는 한류가 한국 경제에서 116억 달러의 (C) 신장을 일으킨 것으로 추산되었다.

✅ **TIP** ③ (A)intangible - (B)surge - (C)boost

✏️ **ANSWER** 1.③ 2.③

3 다음 글에서 전체의 흐름과 가장 관계 없는 문장은?

The immortal operatically styled single Bohemian Rhapsody by Queen was released in 1975 and proceeded to the top of the UK charts for 9 weeks. ① A song that was nearly never released due to its length and unusual style but which Freddie insisted would be played became the instantly recognizable hit. ② By this time Freddie's unique talents were becoming clear, a voice with a remarkable range and a stage presence that gave Queen its colorful, unpredictable and flamboyant personality. ③ The son of Bomi and Jer Bulsara, Freddie spent the bulk of his childhood in India where he attended St. Peter's boarding school. ④ Very soon Queen's popularity extended beyond the shores of the UK as they charted and triumphed around Europe, Japan and the USA where in 1979 they topped the charts with Freddie's song Crazy Little thing Called Love.

⊘ **[단어]** operatically : 오페라 풍으로   flamboyant : 이색적인   the bulk of : ~의 대부분

☑ **[해석]** 1975년에 Queen의 오페라 스타일의 보헤미안 랩소디 싱글이 발매되었고, 9주 동안 영국 음반 순위에서 계속 1위를 유지했다. ① Freddie가 고집했던 곡이지만, 곡의 길이와 남다른 스타일로 인해 거의 발매되지 못하고 있던 한 곡이 연주되자마자 즉시 눈에 띌 만한 히트를 했다. ② 그 당시 Freddie의 특별한 재능들은 분명해지고 있었고, 주목할 만한 음역의 목소리와 무대 존재감은 그룹 Queen에 다채롭고 예측할 수 없으며 이색적인 성격을 더했다. (③ Bomi와 Jer Bulsara의 아들인 Freddie는 그가 다녔던 성 베드로 기숙학교가 있는 인도에서 유년시절 대부분을 보냈다.) ④ Queen의 인기는 아주 빨리 그들이 차트를 기록한 영국의 경계를 넘어 확장됐고, 유럽과 일본, 미국에서 대성공을 거뒀다. 그리고 그곳에서 그들은 1979년에 Freddie의 곡 'Crazy Little thing Called Love'으로 차트에서 1위를 차지하였다.

⊘ **[TIP]** ③번 문장은 지문과 어울리지 않는 Freddie의 어린 시절을 담고 있으므로, 전체 흐름과 관계 없는 문장이다.

4 (A), (B), (C)의 각 부분에서 어법에 맞는 표현으로 가장 적절한 것은?

Mel Blanc, considered by many industry experts to be the inventor of cartoon voice acting, began his career in 1927 as a voice actor for a local radio show. The producers did not have the funds to hire many actors, so Mel Blanc resorted to (A) [create / creating] different voices and personas for the show as needed. He became a regular on The Jack Benny Program, (B) [where / which] he provided voices for many characters – human, animal, and nonliving objects such as a car in need of a tune-up. The distinctive voice he created for Porky Pig fueled his breakout success at Warner Bros. Soon Blanc was closely associated with many of the studio's biggest cartoon stars as well as characters from Hanna-Barbera Studios. His longest running voice-over was for the character Daffy Duck – about 52 years. Blanc was extremely protective of his work – screen credits reading "Voice Characterization by Mel Blanc" (C) [was / were] always under the terms of his contracts.

*personas (극·소설 등의) 등장인물

	(A)	(B)	(C)
①	create	where	was
②	create	which	were
③	creating	where	were
④	creating	which	was

◎ **단어** persona : 모습 distinctive : 독특한

☑ **해석** 많은 산업 전문가들이 만화영화 성우 연기의 창시자로 여기는 Mel Blanc은 1927년에 한 지역 라디오 프로그램에서 성우로 일을 시작했다. 프로듀서들은 많은 성우들을 고용할 자금이 없어서 Mel Blanc은 라디오 쇼를 위해 필요에 따라 다른 목소리와 모습들을 만들어 캐릭터들을 살렸다. 그는 The jack Benny Program에서 고정이 되었고, 그는 인간, 동물, 조율이 필요한 자동차처럼 살아있지 않은 사물 같은 많은 역할들을 위해 연기하였다. Porky Pig에서 그가 만들어낸 독특한 목소리는 Warner Bros에서 그의 성공을 더욱 부추겼다. 곧 Blanc은 Hanna-Barbera 스튜디오의 캐릭터들 뿐 아니라 스튜디오에서 잘나가는 다수의 만화 스타들과 밀접한 관계를 맺게 되었다. 그의 가장 오랜 더빙은 약 52년간 Daffy Duck 캐릭터를 연기한 것이다. Blanc은 그의 작업에 심하게 방어적이었는데, "목소리 연기-Mel Blanc"라는 크레딧 영상이 나온다는 조건이 그의 계약 조건에 항상 포함되었다.

◎ **TIP**   (A) / (B) / (C)
③ creating / where / were
restored 뒤의 to는 전치사이고 뒤에 명사구가 와야 하므로 (A)에는 동명사 creating, 그리고 (B)를 포함한 문장을 보면 The jack Benny Program이 중복되어 생략 되었고 문장 마지막이나 which 앞에 on이 사라졌으므로 관계부사 계속적 용법으로 where이 적절하다. (C)에서 screen credits가 복수주어이므로 were가 알맞다.

✎ **ANSWER** 3.③ 4.③

5 다음 빈칸에 들어갈 말로 가장 적절한 것은?

> With the present plummeting demand market for office buildings, resulting in many vacant properties, we need to develop plans that will enable some future exchange between residential and commercial or office functions. This vacancy has reached a historic level; at present the major towns in the Netherlands have some five million square metres of unoccupied office space, while there is a shortage of 160,000 homes. At least a million of those square metres can be expected to stay vacant, according to the association of Dutch property developers. There is a real threat of 'ghost towns' of empty office buildings springing up around the major cities. In spite of this forecast, office building activities are continuing at full tilt, as these were planned during a period of high returns. Therefore, it is now essential that _____.

① a new design be adopted to reduce costs for the maintenance of buildings

② a number of plans for office buildings be redeveloped for housing

③ residential buildings be converted into commercial buildings

④ we design and deliver as many shops as possible

⊘ **단어** plummet : 급락하다 at full tilt : 전속력으로

☑ **해석** 최근 사무실 건물의 시장 수요 급락의 결과로 비어있는 건물들이 발생하였고, 우리는 미래에 거주시설과 상업시설 혹은 사무용 건물들 사이에 전환을 쉽게 해 줄 계획을 세울 필요가 있다. 이런 공실은 기록적인 단계에 이르렀다. 현재 네덜란드의 큰 마을들은 500만 평방미터의 비어있는 사무실들이 있는 반면에 집은 16만 채가 부족한 상황이다. 네덜란드의 부동산 개발자 협회에 따라 적어도 100만 평방미터가 공실로 있을 거라 예상할 수 있다. 주요 도시들 근방에 갑자기 생겨나는 빈 사무 건물들의 '유령 마을'에 대한 실제적인 위협이 있다. 이런 전망에도 불구하고, 사무 건물들이 고 수익률 시기 동안에 계획되었기 때문에 사무 건물 건설은 빠른 속도로 계속되고 있다. 그러므로 사무 건물들이 주거용으로 재개발 되어야 한다는 여러 계획들이 이제 필수적이다.

① 건물 유지비용을 줄이기 위해 새로운 디자인이 채택되다.
② 사무 건물들이 주거용으로 재개발 되어야 한다는 여러 계획들
③ 주거용 건물들이 상업용으로 전환되어야 한다.
④ 우리는 가능한 많은 상점들을 계획하고 내놓는다.

6　다음 글의 내용과 가장 일치하는 것은?

> Child psychologists concentrate their efforts on the study of the individual from birth through age eleven. Developmental psychologists study behavior and growth patterns from the prenatal period through maturity and old age. Many clinical psychologists specialize in dealing with the behavior problems of children. Research in child psychology sometimes helps shed light on work behavior. For example, one study showed that victims of childhood abuse and neglect may suffer long-term consequences. Among them are lower IQs and reading ability, more suicide attempts, and more unemployment and low-paying jobs. Many people today have become interested in the study of adult phases of human development. The work of developmental psychologists has led to widespread interest in the problems of the middle years, such as the mid-life crisis. A job-related problem of interest to developmental psychologists is why so many executives die earlier than expected after retirement.

① 아동심리학의 연구대상은 주로 사춘기 이후의 아동이다.

② 발달심리학자들은 인간의 일생의 행동과 성장을 연구한다.

③ 아동기에 학대 받은 성인의 실업률이 더 낮은 경향이 있다.

④ 임원들의 은퇴 후 조기 사망이 최근 임상심리학의 관심사이다.

✓ **단어** psychologist : 심리학자　prenatal : 태아기의　maturity : 성숙함

✓ **해석** 아동 심리학자들은 출생부터 11세가지 개인에 관한 연구에 공을 들인다. 발달 심리학자들은 태아기부터 성인기, 노년기에 이르는 행동과 성장 패턴을 연구한다. 많은 임상 심리학자들은 어린이들의 행동장애를 다루는데 특화되었다. 아동 심리 연구는 때로로 근로 행태를 밝히는데 도움이 된다. 예를 들어, 한 연구는 아동 학대와 방치를 당한 사람들은 장기간 그 결과로 고통을 받을 것이라고 밝혔다. 그들 중 일부는 더 낮은 IQ와 독해능력을 가졌고, 더 많은 자살시도를 하고, 실직자수가 더 많으며 더 낮은 연봉의 직업을 가진다. 오늘날 많은 사람들이 인간 발달에서 성인 시기 연구에 관심을 갖게 되었다. 발달 심리학의 연구는 중년의 위기 같은 중년에 나타나는 문제들에 대한 관심을 넓히는데 앞장선다. 발달 심리학자들에게 직무 관련 관심사는 왜 그렇게 많은 임원들이 은퇴 후에 기대한 것 보다 일찍 죽는지에 대한 것이다.

✓ **TIP** ② 발달심리학자들은 인간의 일생의 행동과 성장을 연구한다.

7 다음 글의 내용을 한 문장으로 요약하고자 한다. 빈칸 (A), (B)에 들어갈 말로 가장 적절한 것은?

One presentation factor that can influence decision making is the contrast effect. For example, a $70 sweater may not seem like a very good deal initially, but if you learn that the sweater was reduced from $200, all of a sudden it may seem like a real bargain. It is the contrast that "seals the deal." Similarly, my family lives in Massachusetts, so we are very used to cold weather. But when we visit Florida to see my aunt and uncle for Thanksgiving, they urge the kids to wear hats when it is 60 degree outside − virtually bathing suit weather from the kids' perspective! Research even shows that people eat more when they are eating on large plates than when eating from small plates; the same portion simply looks larger on a small plate than a large plate, and we use perceived portion size as a cue that tells us when we are full.

↓

The contrast effect is the tendency to ___(A)___ a stimulus in different ways depending on the salient comparison with ___(B)___.

	(A)	(B)
①	perceive	previous experience
②	provide	predictive future
③	perceive	unexpected events
④	provide	initial impressions

☑ **단어** virtually : 사실상   perceive : 감지하다   salient : 핵심적인

☑ **해석** 결정하는데 영향을 끼치는 표현 요소는 대조적 효과가 있다. 예를 들면 70달러의 스웨터가 처음에는 그렇게 좋은 거래로 보이지 않지만, 만약 당신이 그 스웨터가 200달러에서 값이 떨어졌다는 것을 알게 되면 갑자기 엄청 싸게 보일 것이다. "거래를 성사시킨 것"은 대조이다. 비슷하게 나의 가족은 Massachusetts에 살아서 추운 날씨에 아주 익숙하다. 하지만 우리가 추수감사절에 Florida에 있는 이모와 삼촌을 보러 방문했을 때, 그들은 밖이 60도인데 아이들에게 모자를 쓰라고 강요했다. 사실상 아이들 관점에서는 수영복을 입어야 하는 날씨였는데도 말이다. 연구는 심지어 사람들이 큰 접시에 음식을 두고 먹을 때 작은 접시에 먹을 때 보다 더 많이 먹는다는 것을 보여준다. 같은 양의 음식이 큰 접시보다 작은 접시에서 간단히 더 크게 보이고, 우리는 감지된 부분의 크기를 우리가 배부를 때 그렇다고 말해주는 신호로서 사용한다.

↓

[대조적 효과는 (B) 이전 경험과 가장 눈에 띄는 비교에 의존하는 여러 방식으로 자극을 (A) 감지하는 성향이다.]

☑ **TIP**   (A) /   (B)
perceive / previous experience 이전 경험
provide / predictive future 예측 가능한 미래
perceive / unexpected events 예상치 못한 사건들
provide / initial impressions 첫 인상

8 다음 글의 밑줄 친 부분 중 문맥상 낱말의 쓰임이 가장 적절하지 않은 것은?

Most of the fatal accidents happen because of over speeding. It is a natural subconscious mind of humans to excel. If given a chance man is sure to achieve infinity in speed. But when we are sharing the road with other users we will always remain behind some or other vehicle. ①Increase in speed multiplies the risk of accident and severity of injury during accident. Faster vehicles are more prone to accident than the slower one and the severity of accident will also be more in case of faster vehicles. ②Higher the speed, greater the risk. At high speed the vehicle needs greater distance to stop-i.e., braking distance. A slower vehicle comes to halt immediately while faster one takes long way to stop and also skids a ③short distance because of The First Law of Motion. A vehicle moving on high speed will have greater impact during the crash and hence will cause more injuries. The ability to judge the forthcoming events also gets ④reduced while driving at faster speed which causes error in judgment and finally a crash.

*severity : 심함

☑ **단어** be prone to : ~하기 쉽다 halt : 세우다 skid : 미끄러지다 forthcoming : 다가오는

☑ **해석** 대부분의 치명적인 사고들은 과속으로 발생한다. 과속하는 것은 인간의 자연스런 무의식적인 정신이다. 만약 인간에게 기회가 주어진다면 분명 무한대로 속도를 낼 것이다. 하지만 우리가 다른 운전자들과 도로를 공유하고 있을 때 우리는 항상 어떤 운송수단이든 다른 차량들이 뒤에 있음을 기억해야 할 것이다. 속도를 ①높이는 것은 사고 위험과 사고 도중 부상의 심각성을 증가시킨다. 빠른 차량은 저속 운행 차량보다 사고 나기가 더 쉽고, 사고의 심각성 또한 빠른 차량들의 경우가 더 심할 것이다. ②더 고속일수록 더 큰 위험이 존재한다. 고속 주행하는 차량은 정지하기 위해 더 긴 거리, 즉 차간거리가 필요하다. 저속으로 운행하는 차량은 즉시 세우게 되는 반면 고속 운행 차량이 제1 운동 법칙 때문에 정지하기 위해 긴 거리가 필요하고 ③긴 거리를 미끄러진다. 고속으로 이동하는 차량은 충돌 도중 엄청난 충격을 받을 것이고 이런 이유로 더 심한 부상을 낼 것이다. 앞으로 다가올 상황을 판단하는 능력 또한 더 빠른 속도로 운전하는 동안 ④감소하게 되며, 판단의 착오를 야기하고 마침내 충돌에 이르게 된다.

☑ **TIP** ③ short distance는 차량이 고속으로 주행할 때 더 긴 거리가 필요하고 더 멀리 미끄러진다는 내용과 맞지 않으므로 쓰임이 적절하지 않다.

✎ **ANSWER** 7.① 8.③

9 다음 글의 요지로 가장 적절한 것은?

It is first necessary to make an endeavor to become interested in whatever it has seemed worth while to read. The student should try earnestly to discover wherein others have found it good. Every reader is at liberty to like or to dislike even a masterpiece; but he is not in a position even to have an opinion of it until he appreciates why it has been admired. He must set himself to realize not what is bad in a book, but what is good. The common theory that the critical faculties are best developed by training the mind to detect shortcoming is as vicious as it is false. Any carper can find the faults in a great work; it is only the enlightened who can discover all its merits. It will seldom happen that a sincere effort to appreciate good book will leave the reader uninterested.

① Give attention to a weakness which can damage the reputation of a book.

② Try to understand the value of the book while to read before judging it.

③ Read books in which you are not only interested but also uninterested.

④ Until the book is finished, keep a critical eye on the theme.

✓ **단어** endeavor : 시도, 노력   earnestly : 진지하게   faculty : 능력   vicious : 악랄한   carper : 혹평가   enlightened : 깨우친

☑ **해석** 읽어 볼 가치가 있어 보이는 어떤 것이든 흥미가 생기도록 노력하는 것이 먼저 필요하다. 학생들은 다른 사람들이 훌륭한 점이 있다고 찾아낸 것을 발견하려고 진지하게 노력해야 한다. 모든 독자들은 명작이라 할지라도 좋아하거나 싫어할 자유가 있다. 하지만 그 사람은 그 명작이 왜 존경받는지 그 진가를 알아보기 전까지는, 그 명작에 대해 의견까지 표현할 처지는 아니다. 그 사람은 그 책에서 무엇이 별로인가가 아닌 무엇이 훌륭한가를 스스로 깨달아야 한다. 단점을 발견하려는 정신적 훈련을 통해 비판적인 능력이 가장 잘 개발된다는 흔한 이론은 거짓처럼 악랄하다. 어떤 혹평가라도 훌륭한 작품에서도 오점을 찾아낼 수 있다. 그 작품의 모든 장점을 발견할 수 있는 사람은 오직 계몽된 사람뿐이다. 훌륭한 책의 진가를 볼 수 있는 진정한 노력이 독자가 관심을 잃도록 하는 일은 거의 일어나지 않는다.

① 책의 명성에 흠을 낼 단점에 집중해라.
② 그 책을 판단하기 전에 읽는 동안 그 책의 가치를 이해하려고 노력해라.
③ 당신이 흥미가 있는 책뿐 아니라 그렇지 않은 책들도 읽어봐라.
④ 책을 다 읽을 때까지 주제에 비판적 시점을 유지해라.

10 다음 도표의 내용과 가장 일치하지 않는 문장은?

Majority of Americans say organic produce is healthier than conventionally grown produce

% of U.S. adults who say organic fruits and vegetables are _____ than conventionally grown produce

■ Better for health   ■ Neither better nor worse   Worse for health

| 55 | 41 | 3 |

■ Taste better   ■ Taste about the same   Taste worse

| 32 | 59 | 5 |

Note : Respondents who did not give an answer are not shown.
Source : Survey conducted May 10-June 6, 2016.
" The New Food Fights : U.S. Public Divides Over Food Science "

PEW RESEARCH CENTER

Most Americans are buying organic foods because of health concerns. ① More than half of the public says that organic fruits and vegetables are better for one's health than conventionally grown produce. ② More than forty percent say organic produce is neither better nor worse for one's health and the least number of people say that organic produce is worse for one's health. ③ Fewer Americans say organic produce tastes better than conventionally grown fruits and vegetables. ④ About one-third of U.S. adults say that organic produce tastes better, and over two-thirds of people says that organic and conventionally grown produce taste about the same.

☑ 해석 [대다수 미국인들은 재래식 재배 농산물 보다 유기농 재배 농산물이 더 건강하다고 말한다.]
대부분의 미국인들은 건강을 생각해서 유기농 음식을 구매하고 있다. ① 대중의 반 이상이 사람의 건강에 유기농 과일과 채소가 재래식 재배 농산물보다 더 좋다고 말한다. ② 40% 이상은 유기농 농산물이 사람의 건강에 더 좋지도 나쁘지도 않다고 대답하고 가장 적은 수가 유기농 농산물이 사람의 건강에 더 좋지 않다고 말한다. ③ 그 보다 적은 수의 미국인들은 유기농 농산물이 재래식 재배 농산물보다 맛이 더 좋다고 답한다. ④ 미국 성인의 약 $\frac{1}{3}$이 유기농 농산물의 맛이 더 좋고, $\frac{2}{3}$ 넘는 사람들은 유기농과 재래식 재배 농산물의 맛이 같다고 말한다.

☑ TIP 표를 보면 taste about the same-맛에 차이가 없다고 말한 비율이 $\frac{2}{3}$를 넘지 못하기 때문에, over가 사용되어 ④번이 일치하지 않는 문장이다.

✎ **ANSWER**   9.②   10.④

11 밑줄 친 brush them off가 다음 글에서 의미하는 바로 가장 적절한 것은?

Much of the communication between doctor and patient is personal. To have a good partnership with your doctor, it is important to talk about sensitive subjects, like sex or memory problems, even if you are embarrassed or uncomfortable. Most doctors are used to talking about personal matters and will try to ease your discomfort. Keep in mind that these topics concern many older people. You can use booklets and other materials to help you bring up sensitive subjects when talking with your doctor. It is important to understand that problems with memory, depression, sexual function, and incontinence are not necessarily normal parts of aging. A good doctor will take your concerns about these topics seriously and not brush them off. If you think your doctor isn't taking your concerns seriously, talk to him or her about your feelings or consider looking for a new doctor.

*incontinence : (대소변)실금

① discuss sensitive topics with you

② ignore some concerns you have

③ feel comfortable with something you say

④ deal with uncomfortable subjects seriously

✓ **단어** brush ~off : ~를 무시하다

☑ **해설** 의사와 환자 사이의 많은 의사소통은 개인적이다. 당신의 의사와 원만한 관계를 갖기 위해 당신이 부끄럽거나 불편하더라도 섹스나 기억력 문제 같은 민감한 주제들에 관해 이야기하는 것이 중요하다. 대부분의 의사들은 개인적인 문제에 관해 이야기를 나누는 것에 익숙하고 당신의 불편함을 덜어주려 노력할 것이다. 많은 노인들이 이런 주제와 관련되어 있다는 것을 명심해라. 당신은 당신이 의사와 이야기 할 때 민감한 주제를 꺼내는데 도움이 되도록 소책자와 다른 자료들을 활용할 수 있다. 기억력 문제, 우울증, 성기능 문제, 요실금이 불가피한 의 정상적인 증상이 아님을 이해하는 것이 중요하다. 훌륭한 의사는 이런 화제에 관해 당신의 걱정들을 진지하게 다루고, 그것들을 무시하지 않을 것이다. 만약 당신이 의사가 당신의 걱정을 진지하게 듣지 않는다고 생각된다면, 당신의 감정을 의사에게 말하던지 새로운 의사를 찾는 것을 고려해봐라.

① 당신과 민감한 화제를 의논하다.
② 당신이 갖고 있는 걱정들을 무시한다.
③ 당신이 말하는 것에 편안해하다.
④ 불변한 주제를 진지하게 다루다.

12 다음 빈칸에 들어갈 말로 가장 적절한 것은?

> Although we all possess the same physical organs for sensing the world – eyes for seeing, ears for hearing, noses for smelling, skin for feeling, and mouths for tasting – our perception of the world depends to a great extent on the language we speak, according to a famous hypothesis proposed by linguists Edward Sapir and Benjamin Lee Whorf. They hypothesized that language is like a pair of eyeglasses through which we "see" the world in a particular way. A classic example of the relationship between language and perception is the word snow. Eskimo languages have as many as 32 different words for snow. For instance, the Eskimos have different words for falling snow, snow on the ground, snow packed as hard as ice, slushy snow, wind-driven snow, and what we might call "cornmeal" snow. The ancient Aztec languages of Mexico, in contrast, used only one word to mean snow, cold, and ice. Thus, if the Sapir-Whorf hypothesis is correct and we can perceive only things that we have words for, the Aztecs perceived snow, cold, and ice as _____.

① one and the same phenomenon

② being distinct from one another

③ separate things with unique features

④ something sensed by a specific physical organ

⊘ **단어** hypothesis : 가설   linguist : 언어학자

☑ **해석** 언어학자 Edward Sapir와 Benjamin Lee Whorf가 제안한 유명한 가설에 따르면, 우리 모두가 세상을 감지하기 위한 동일한 신체 기관 – 보기 위해서 눈, 듣기 위해 귀, 냄새를 맡기 위해 코, 느끼기 위해 피부, 맛을 보기 위해 입을 갖고 있다 하더라도, 세계를 인지하는 것은 우리가 말하는 언어에 상당부분 달려있다. 그들은 언어가 특정한 방식으로 세상을 "보게"끔 하는 안경과 같다고 가정했다. 언어와 인지의 연관관계의 전형적인 예는 '눈'이라는 단어이다. 에스키모 언어는 눈을 무려 32가지나 되는 다른 단어로 가지고 있다. 예를 들어, 에스키모인들은 내리는 눈, 땅 위의 눈, 얼음만큼 단단히 쌓인 눈, 바람에 날리는 눈, 그리고 우리가 '옥수수가루눈'이라고 부를지도 모르는 것을 뜻하는 다른 단어들이 있다. 반대로 멕시코의 고대 아즈텍 언어는 눈, 추위, 얼음을 뜻하는 단 하나의 단어를 사용했다. 따라서 Sapir와 Whorf의 가설은 옳다면, 우리는 우리가 갖고 있는 단어들이 뜻하는 것들만 인지할 수 있다. 아즈텍 사람들이 눈, 추위, 얼음을 <u>동일한 현상</u>으로 받아들인 것처럼 말이다.

① 동일한 현상
② 서로 구별되기
③ 사물들을 고유의 특징들로 분류
④ 특정 신체 기관으로 감지한 것

⊘ **TIP** 위 언급된 가설에 따라 아즈텍 사람들이 눈, 추위, 얼음을 오직 한 단어를 사용해 표현한 것은 그들이 그 현상을 모두 동일한 현상으로 받아들였기 때문이다.

✎ **ANSWER** 11.② 12.①

13 글의 흐름으로 보아, 주어진 문장이 들어가기에 가장 적절한 곳을 고르시오.

"Soft power" on the contrary is "the ability to achieve goals through attraction and persuasion, rather than coercion or fee."

The concept of "soft power" was formed in the early 1990s by the American political scientist, deputy defense of the Clinton's administration, Joseph Nye, Jr. The ideas of the American Professor J. Nye allowed to take a fresh look at the interpretation of the concept of "power," provoked scientific debate and stimulated the practical side of international politics. (①) In his works he identifies two types of power: "hard power" and "soft power." (②) He defines "hard power" as "the ability to get others to act in ways that contradict their initial preferences and strategies." (③) The "soft power" of the state is its ability to "charm" other participants in the world political process, to demonstrate the attractiveness of its own culture (in a context it is attractive to others), political values and foreign policy (if considered legitimate and morally justified). (④) The main components of "soft power" are culture, political values and foreign policy.

*contradict : 부인하다, 모순되다

☑ **단어** coercion : 강제 deputy : ~부 provoke : 유발하다 contradict : 부인하다 legitimate : 합법적인 component : 요소

☑ **해석** [그와 반대로 '소프트 파워'는 강요나 벌금 보다는 유도와 설득력으로 목적을 성취하는 힘이다.]
'소프트 파워'의 개념은 미국 정치학자이자 Clinton 행정의 국방부원인 Joseph Nye Jr.에 의해 1990년 초에 형성되었다. 미국인 교수인 J. Nye의 개념들은 '파워'의 개념 이해에서 새로운 관점으로 보게 하였고, 과학적 논란을 일으켰으며 국제 정치학의 실용적 측면을 고무시켰다. (①) 그가 밝혀낸 작업에서는 그는 권력의 두 유형으로 '하드 파워'와 '소프트 파워'를 구별했다. (②) 그는 '하드 파워'를 '타인의 본질적 선호와 전략을 반대되는 방식으로 타인을 동하게 하는 힘으로 정의했다. (③ 그와 반대로 '소프트 파워'는 강요나 벌금 보다는 유도와 설득력으로 목적을 성취하는 힘이다.) '소프트 파워'의 실정은 세계 정치협상 과정에서 다른 참가자들 '마음을 사기', 고유의 문화로 이목 끌기와(어떤 상황에서 다른 사람들 마음을 끈다) ,정치적 가치, 외국인 정책(도덕적으로 정당하고 합법적으로 고려될 때)을 보여 줄 능력이 있음을 말한다. (④) '소프트 파워'의 주요 요소들은 문화와 정치적 가치, 외국인 정책이다.

☑ **TIP** ③번 이전 문장에서 '하드 파워'에 대하여 설명하고 그와 대조되는 '소프트 파워'를 ③번 자리에서 설명하는 것이 적절하다.

14 다음 글의 주제로 가장 적절한 것은?

> The rapidity of AI deployment in different fields depends on a few critical factors: retail is particularly suitable for a few reasons. The first is the ability to test and measure. With appropriate safeguards, retail giants can deploy AI and test and measure consumer response. They can also directly measure the effect on their bottom line fairly quickly. The second is the relatively small consequences of a mistake. An AI agent landing a passenger aircraft cannot afford to make a mistake because it might kill people. An AI agent deployed in retail that makes millions of decisions every day can afford to make some mistakes, as long as the overall effect is positive. Some smart robot technology is already happening in retail. But many of the most significant changes will come from deployment of AI rather than physical robots or autonomous vehicles.

① dangers of AI agent

② why retail is suited for AI

③ retail technology and hospitality

④ critical factors of AI development

☑ **단어** deployment : 배치 retail giant : 대형 할인마트 passenger aircraft : 여객기 autonomous : 자율적인

☑ **해석** 여러 다른 분야들에서 인공지능의 배치 속도는 몇 가지 중요한 요인에 달려있다. 소매업체가 특히 몇 가지 이유로 적합하다. 첫 번째는 시험하고 측정하는 능력이다. 적절한 안전장치로 대형 할인마트는 인공지능을 배치하고 소비자 반응을 확인하고 측정할 수 있다. 그들은 또한 최종 결산의 결과를 정말 빠르게 측정할 수 있다. 두 번째는 실수의 비교적 작은 결과들이다. 여객기를 착륙시키는 한 인공지능 에이전트는 사람이 죽을 수도 있기 때문에 절대 실수할 수 없다. 한 인공지능 에이전트는 매일 수 없이 많은 결정을 해야 하는 소매업체에 투입했고 전반적인 결과가 긍정적인 한, 실수를 좀 해도 괜찮다. 어떤 스마트 로봇기술은 이미 소매업체에서 활용되고 있다. 하지만 가장 중요한 변화의 대다수가 물리적 로봇이나 자율주행차량 보다는 인공지능의 배치에서 일어날 것이다.

① 인공지능 에이전트의 위험
② 소매업체가 인공지능에 적합한 이유
③ 소매 기술과 접대
④ 인공지능 개발의 중요한 요소

☑ **TIP** 글 전반적으로 소매업체에서 인공지능 활용이 얼마나 적합한지 설명하고 있으므로 ②번이 글의 주제로 적절하다.

✎ **ANSWER** 13.③ 14.②

15 다음 빈칸에 들어갈 말로 가장 적절한 것은?

> "_____" is the basic understanding of how karma works. The word karma literally means "activity." Karma can be divided up into a few simple categories — good, bad, individual and collective. Depending on one's actions, one will reap the fruits of those actions. The fruits may be sweet or sour, depending on the nature of the actions performed. Fruits can also be reaped in a collective manner if a group of people together perform a certain activity or activities. Everything we say and do determines what's going to happen to us in the future. Whether we act honestly, dishonestly, help or hurt others, it all gets recorded and manifests as a karmic reaction either in this life or a future life. All karmic records are carried with the soul into the next life and body.

① It never rains but it pours

② A stitch in time saves nine

③ Many hands make light work

④ What goes around comes around

✓ **단어** collective : 집단의 manifest : 나타나다

✓ **해석** "남에게 한 대로 되받게 된다."는 카르마가 어떻게 작용하는지에 대한 기본 이해이다. 카르마라는 단어는 문자 그대로 '활동'을 의미한다. 카르마는 좋은, 나쁜, 개인적인, 집단적인 같은 몇 가지 간단한 종류로 나눌 수 있다. 사람의 행동에 따라, 그런 행동들의 열매를 거둘 것이다. 그 열매들은 행해진 행동들의 성질에 따라 달거나 신 맛이 날것이다. 한 그룹이 함께 특정한 활동이나 행사를 할 때, 열매도 집단적인 방식으로 수확될 수 있다. 우리가 말하고 행동하는 모든 것들이 미래에 우리에게 무슨 일이 일어날지 결정한다. 우리가 정직하게, 정직하지 않게, 도움이 되게 혹은 타인을 해하던지, 그것 모두가 기록되고 이번 생이나 다음 생에서 카르마 반응으로 드러난다. 모든 카르마 기록은 영혼과 함께 다음 생과 그 육체로 옮겨진다.

　① 불운은 한꺼번에 닥친다.
　② 제 때의 한 땀이 나중 아홉 땀을 던다.
　③ 일손이 많으면 일이 가벼워진다.
　④ 남에게 한 대로 되받게 된다.

✓ **TIP** 우리가 말하고 행동하는 대로 그 결과를 거두게 된다는 카르마의 개념을 설명하고 있으므로 ④번이 빈 칸에 들어갈 말로 적절하다.

16 다음 글에서 필자가 주장하는 바로 가장 적절한 것은?

Creating a culture that inspires out-of-the-box thinking is ultimately about inspiring people to stretch and empowering them to drive change. As a leader, you need to provide support for those times when change is hard, and that support is about the example you set, the behaviors you encourage and the achievements you reward. First, think about the example you set. Do you consistently model out-of-the-box behaviors yourself? Do you step up and take responsibility and accountability, focus on solutions and display curiosity? Next, find ways to encourage and empower the people who are ready to step out of the box. Let them know that you recognize their efforts; help them refine their ideas and decide which risks are worth taking. And most importantly, be extremely mindful of which achievements you reward. Do you only recognize the people who play it safe? Or, do you also reward the people who are willing to stretch, display out-of-the-box behaviors and fall short of an aggressive goal?

*mindful : 신경을 쓰는, 염두에 두는

① 책임감 있는 리더가 되기 위해서는 보편적 윤리관을 가져야 한다.
② 구성원에 따라 다양한 전략과 전술을 수립하고 적용해야 한다.
③ 팀원들의 근무 환경 개선을 위해 외부의 평가를 받아야 한다.
④ 팀원에게 창의적인 사고를 할 수 있는 토대를 만들어줘야 한다.

☑ **단어** empower : 권한을 주다 accountability : 책임 fall short of : 미흡하다

☑ **해설** 독창적으로 생각하도록 도와주는 문화를 만드는 것은 궁극적으로 사람들이 더 나아가도록 동기부여 하고 변화하도록 권한을 주는 일이다. 당신은 리더로서 변화가 힘든 그런 시기에 지원을 해줘야 한다. 그리고 그런 지원은 당신이 격려한 행동들과 보상받을 성취들이 당신이 보여 줄 예이다. 먼저, 당신이 설정한 예들에 관해 생각해 보라. 당신은 스스로가 지속적으로 독창적인 행동의 모범이 되도록 하고 있는가? 당신은 나아가 의무와 책임을 다하고 문제 해결에 집중하며, 호기심을 보이는가? 그 다음, 틀에서 벗어날 준비가 된 사람들을 격려하고 힘을 실어줄 방법을 찾아라. 그들에게 당신이 그들의 노력을 보아왔음을 알게끔 해라. 그들이 그들의 생각들을 개선하도록, 위험을 감수할 가치가 있는 것을 결심하도록 도와줘라. 그리고 가장 중요한 것은, 당신이 보상해 줄 성취들을 강하게 상기시켜 줘라. 당신은 단지 탈 없이 행동하는 사람들만 인정하는가? 아니면 당신은 또한 다소 높은 목표에 미치지 못하지만 기꺼이 나아가고 독창적인 행동을 보여 줄 의지가 있는 사람들에게 보상을 하고 있는가?

☑ **TIP** 리더로서 팀원들이 독창적인 사고를 할 수 있도록 도와야 함을 강조하는 글이므로 필자가 주장하는 바는 ④번이 적절하다.

※ 다음 글을 읽고 물음에 답하시오. 【17~18】

The dictionary defines winning as "achieving victory over others in a competition, receiving a prize or reward for achievement." However, some of the most meaningful wins of my life were not victories over others, nor were there prizes involved. To me, winning means overcoming obstacles.

My first experience of winning occurred in elementary school gym. Nearly every day, after the warm up of push-ups and squat thrusts, we were forced to run relays. Although I suffered from asthma as a child, my team won many races. My chest would burn terribly for several minutes following theses races, but it was worth it to feel so proud, not because I'd beaten others, but because I had overcome a handicap. By the way, I (A) "outgrew" my chronic condition by age eleven.

In high school, I had another experience of winning. Although I loved reading about biology, I could not bring myself to dissect a frog in lab. I hated the smell of anything dead, and the idea of cutting open a frog (B) disgusted me. Every time I tried to take the scalpel to the frog, my hands would shake and my stomach would turn. Worst of all, my biology teacher reacted to my futile attempts with contempt. After an (C) amusing couple of weeks, I decided get hold of myself. I realized that I was overreacting. With determination, I swept into my next lab period, walked up to the table, and with one swift stroke, slit open a frog. After that incident, I (D) excelled in biology. I had conquered a fear of the unknown and discovered something new about myself. I had won again.

Through these experiences, I now know that I appreciate life more if have to sacrifice to overcome these impediments. This is a positive drive for me, the very spirit of winning.

*asthma : 천식 *dissect : 해부하다 *futile : 헛된, 효과 없는

☞ **단어** asthma : 천식 chronic : 만성적인 bring oneself to : ~할 생각이 나게하다 dissect : 해부하다 scalpel : 메스 futile : 헛된 contempt : 경멸, 무시 slit : 길게 자르다 impediment : 장애

☑ **해석** 사전에서 '이기는 것은 경쟁에서 다른 사람들을 제치고 승리를 취하는 것이나 상을 받는 것, 성취를 보상하는 것으로 정의한다. 하지만, 내 인생에서 가장 뜻 깊은 승리 중 일부는 다른 사람을 이기거나, 받게 될 상이 있었을 때가 아니다. 내게 승리는 장애물을 극복하는 것을 의미한다.
나의 처음 승리한 경험은 초등학교 체육관에서 일어났다. 거의 매일 팔굽혀펴기와 버피로 준비운동을 한 후에, 우리는 이어 달리기를 지시 받았다. 비록 나는 어렸을 때 천식 때문에 힘들었지만, 나의 팀은 많은 경기에서 우승했다. 이런 경기들을 나갈 때마다 나의 가슴은 몇 분 동안 아주 심하게 타는 듯 아팠지만, 내가 다른 선수들을 이겨서가 아니라 나의 불리한 조건을 극복했기 때문에 벅찬 자랑스러움으로 이겨낼 가치가 있었다. 나는 그런 식으로 11살에 나의 만성질환에서 (A) 벗어났다.
고등학교 시절, 나는 또 하나의 승리의 경험을 했다. 비록 나는 생물학 공부하는 것을 좋아했지만, 나는 실험실에서 개구리를 해부할 생각이 들지 않았다. 나는 뭐든 죽은 냄새가 싫었고, 해부되어 배가 갈린 개구리 상상은 날 (B) 역겹게 했다. 내가 개구리 쪽으로 메스를 가져가려고 할 때 마다, 내 손은 떨리고 위는 뒤집어졌다. 그 중 최악은, 생물학 선생님이 나의 헛된 시도에 경멸하는 반응을 보인 것이다. (C) 놀라운 몇 주가 지난 후에 나는 나 자신에 대해 알아가기로 결심했다. 나는 내가 과민반응하고 있

었다는 것을 깨달았다. 나는 투지를 갖고서 다음 실험시간에 들어가 탁자로 다가가서 개구리를 단번에 잘라 열었다. 그 일 이후 나는 생물학을 (D)더 잘하게 되었다. 나는 나 자신의 알지 못하고 발견하지 못했던 새로운 두려움을 정복하게 되었다. 나는 또 이겨냈다.

이런 경험들을 통해 나는 장애물들을 극복하기 위해 참아내야 할지라도 내가 삶을 더 제대로 인식하고 있음을 이제는 안다. 그것 이 나에게 긍정적으로 작용했고 그게 바로 승리 정신이다.

17 윗글의 제목으로 가장 적절한 것은?

① What Winning Is to Me

② The Pursuit of Happiness

③ Winners in the Second Half

④ Narratives of Positive Thinking

✓ **TIP** ① 승리란 나에게 무엇인가
② 행복의 추구
③ 후반전의 승자들
④ 긍정적 사고의 기법

18 밑줄 친 (A)~(D) 중에서 문맥상 낱말의 쓰임이 가장 적절하지 않은 것은?

① (A)　　　　　　　　　　② (B)

③ (C)　　　　　　　　　　④ (D)

✓ **TIP** ③번 (C) amusing은 화자가 생물학 실험에서 힘든 시간을 보냈던 이야기와 어울리지 않으므로 적절하지 않다.

✎ **ANSWER** 17.① 18.③

19 다음 글의 내용을 요약할 때 빈칸 (A),(B)에 들어갈 말로 가장 적절한 것은?

One classic psychology study involved mothers and their twelve-month-old babies. Each mother was with her baby throughout the study, but the mothers were divided into two groups, A and B. Both groups A and B were exposed to the same situation, the only difference being that group B mothers had to positively encourage their baby to continue playing with the thing in front of them, whereas the mothers in group A just had to be themselves in response to what their baby was playing with.

What were these babies playing with? An extremely large but tame python. The study went as follows: the children from group A were placed on the floor so the python could slither among them. As the fear of snakes is innate in humans but isn't activated until approximately the age of two, these babies saw the python as a large toy. As the group A babies started playing with the live python, they looked up to see what their mothers were doing. The mothers, who were told to be themselves, naturally looked horrified. Seeing the fear on their mothers' faces, the babies burst into tears. When it was group B's turn, as instructed the mothers laughed and encouraged their babies to keep playing with the python. As a result these babies were grabbing and chewing on the python, all because their mothers were supportive of their new toy.

*slither : 미끄러져 가다

↓

_____(A)_____ are learned, usually by children watching a parent's _____(B)_____ to certain things.

	(A)	(B)
①	Rules of the game	support
②	Preferences for toys	participation
③	All phobias	reaction
④	Various emotions	encouragement

✔ **단어** python : 비단뱀   slither : 매끄럽게 기어가다   innate : 선천적인

☑ **해석** 한 고전적인 심리학 연구에 엄마들과 12 개월 된 아기들이 포함되었다. 각 엄마와 그녀의 아기는 연구 내내 함께 있었지만, 엄마들은 A와 B 두 집단으로 나뉘었다. A와 B 집단 모두 같은 상황에 노출되었고, 딱 하나 다른 점은 B집단의 엄마들은 아기들이 그들 앞에 놓여 있는 것을 가지고 계속 놀도록 긍정적으로 호응해줘야 했지만, 집단 A의 엄마들은 아기들이 무엇을 가지고 놀던 원래 본인들이 하던 대로 하면 되었다.

이 아기들은 무엇을 가지고 놀았을까? 그건 바로 정말 크지만 길들여진 비단뱀이었다. 그 연구는 다음과 같이 진행되었다. A집단에 있던 아이들은 바닥에 있었고 그래서 비단뱀이 어린이들 사이를 스르르 기어 다닐 수 있었다. 뱀에 대한 공포를 인간은 타고나지만, 2살까지는 그 공포심이 거의 나타나지 않기 때문에, 이 아이들은 그 비단뱀을 커다란 장난감으로 보았다. A집단의 아이들이 그 살아있는 비단뱀을 가지고 놀기 시작할 때, 그들은 자신들의 엄마가 무엇을 하고 있는지 보려고 고개를 들었다. 본인 자체로 있어보라고 지시 받은 엄마들은 자연히 공포에 질려 보였다. 엄마 얼굴의 공포를 보자 아이들은 울기 시작했다. B집단의 차례가 되었고, 지시받은 대로 엄마들은 웃으며 아이들이 계속 비단뱀과 놀도록 장려했다. 결과적으로 이 아이들은 그 비단뱀을 잡아들고 물고 있었다. 왜냐하면 자신들의 엄마가 그들의 새 장난감을 지지했었기 때문이다.

↓

[(A) 모든 공포증은 아이들이 보통 부모의 특정한 것에 대한 (B) 반응을 보면서 학습된다.]

✔ **TIP**
	(A)	/	(B)
	게임의 규칙들	/	지지
	장난감 선호	/	참여
	모든 공포증	/	반응
	다양한 감정	/	격려

✎ **ANSWER** 19.③

20 다음 글의 밑줄 친 부분 중, 문맥상 낱말의 쓰임이 가장 적절하지 않은 것은?

According to the modernization theory of aging, the status of older adults declines as societies become more modern. The status of old age was low in hunting-and-gathering societies, but it ① rose dramatically in stable agricultural societies, in which older people controlled the land. With the coming of industrialization, it is said, modern societies have tended to ② revalue older people. The modernization theory of aging suggests that the role and status of older adults are ③ inversely related to technological progress. Factors such as urbanization and social mobility tend to disperse families, whereas technological change tends to devalue the wisdom or life experience of elders. Some investigators have found that key elements of modernization were, in fact, broadly related to the ④ declining status of older people in different societies.

☑ **단어** revalue : 평가 절상하다　inversely : 반대로　urbanization : 도시화　disperse : 해산시키다　devalue : 평가 절하하다

☑ **해석** 노화의 근대적 이론에 따르면, 사회가 더 현대화됨에 따라 노년층의 지위는 하락한다. 노년기의 지위는 사냥 채집 시절에도 낮았지만, 안정된 농경사회에서 부쩍 ① 올랐고 노인들이 토지를 관리했다. 산업화가 진행되면서, 현대사회는 노인들을 ② 평가 절하하는 경향이 있다고 한다. 노화의 근대적 이론은 노인들의 역할과 지위가 기술 진척과 ③ 반비례적으로 관련되어 있다고 말한다. 도시화와 사회적 유동성 같은 요인들은 가족을 해체시키는 반면, 기술 변화는 노인들의 지혜와 인생 경험을 평가 절하하게 만들었다. 어떤 투자자들은 현대화의 기본적인 요소가 사실상 여러 사회에서 노인들의 지위 ④ 하락과 대체적으로 관련되어 있다는 것을 발견하였다.

☑ **TIP** 본문은 시대가 변화하며 노인들의 지위가 오르기도 내리기도 하지만, 현대사회에 이르며 그들에 대한 평가가 낮아지고 그것이 현대화와 관련되어 있다고 보여주므로 ②번 revalue는 쓰임이 적절하지 않다.

21 다음 글의 밑줄 친 부분 중 어법상 틀린 것은?

Rice stalks lower their heads when they are mature and corn kernels remain on the shoots even when they are ripe. This may not seem strange, but, in reality, these types of rice and corn should not survive in nature. Normally, when they mature, seeds should fall down to the ground in order to germinate. However, rice and corn are mutants, and they have been modified to keep their seeds ①attached for the purpose of convenient and efficient harvesting. Humans have continuously selected and bred such mutants, through breeding technology, in order ②for these phenomena to occur. These mutant seeds have been spread intentionally, ③which means that the plants have become artificial species not found in nature, ④having bred to keep their seeds intact. By nurturing these cultivars, the most preferred seeds are produced.

*germinate : 발아하다 **cultivar : 품종

✓ **단어** stalk : 줄기 kernel : 알맹이 germinate : 싹트다 mutant : 변종 nurture : 양성하다 cultivar : 품종

✓ **해석** 쌀의 줄기는 무르익을 때 머리를 낮추고, 옥수수 알맹이는 다 익었을 때도 생장상태 그대로 남는다. 이것은 낯설어 보이지 않지만, 현실적으로 쌀이나 옥수수 타입은 자연에서 살아남아선 안 된다. 보통, 이 작물들이 무르익었을 때, 씨앗이 발아하기 위해 땅으로 떨어져야 한다. 하지만 현재 쌀과 옥수수는 변종이고, 편리하고 효율적인 수확을 위해 씨앗이 ①붙어있도록 개량되었다. 인간들은 꾸준히 ②이런 현상이 나타나도록 품종 개량 기술을 통해 그런 변종을 선택하고 개량해왔다. 씨앗을 손상 없이 유지하기 위해 ④개량해가며, 이런 변종 씨앗들은 의도적으로 확산되었고, ③그리고 이 사실은 식물들이 자연에 없는 인공적인 종이 되어왔음을 의미한다. 이런 품종들을 장려함으로 가장 선호하는 씨앗들이 생산된다.

✓ **TIP** 어법상 틀린 부분은 ④번 having bred이고 이것은 분사구문으로 생략된 주어는 위의 these mutant seeds이다. 능동으로 사용되어 틀렸으므로 수동인 having been bred가 되어야 한다.

22 (A), (B), (C)에서 어법에 맞는 표현으로 가장 적절한 것은?

First impression bias means that our first impression sets the mold (A) [which / by which] later information we gather about this person is processed, remembered, and viewed as relevant. For example, based on observing Ann-Chinn in class, Loern may have viewed her as a stereotypical Asian woman and assumed she is quiet, hard working, and unassertive. (B) [Reached / Having reached] these conclusions, rightly or wrongly, he now has a set of prototypes and constructs for understanding and interpreting Ann-Chinn's behavior. Over time, he fits the behavior consistent with his prototypes and constructs into the impression (C) [that / what] he has already formed of her. When he notices her expressing disbelief over his selection of bumper stickers, he may simply dismiss it or view it as an odd exception to her real nature because it doesn't fit his existing prototype.

	(A)	(B)	(C)
①	which	reached	that
②	which	having reached	what
③	by which	having reached	that
④	by which	reached	what

☑ **단어** unassertive : 내성적인

☑ **해석** 첫인상 편견은 우리가 처음 받는 인상이 그 사람에 관련되어 우리가 모은 나중 정보가 처리되고, 기억되고, 생각하게끔 틀을 설정함을 의미한다. 예를 들어, 수업시간에 Ann-Chinn을 관찰한 한 것을 바탕으로 Loern은 그녀를 전형적인 아시아 여성으로 생각하고, 그녀가 조용하고 열심히 공부하며 내성적이라고 짐작할지도 모른다. 이런 결론에 이르렀기 때문에, 옳든 그르든 그는 이제 기본형태를 정하고 Ann-Chinn의 행동을 이해하고 해석하기 위해 구상을 한다. 시간이 지나고 그는 그가 생각한 그녀의 모습과 처음 그가 이미 그녀라는 사람의 틀을 형성한 그 인상과 일관되게 그녀의 행동을 끼워 맞추고 있다. 그는 그가 고른 범퍼에 붙인 스티커를 그녀가 미덥지 못하다고 표현하는 것을 알아차렸을 때, 그는 간단히 그 일을 넘겨버리거나, 그녀의 천성에서 이상하게 제외되는 일로 볼지도 모른다. 왜냐하면 그 일이 그가 생각하는 그녀의 이미지에 맞지 않기 때문이다.

☑ **TIP** ③ (A) by which − (B) Having reached − (C) that
(A)에서 which 이하의 주어 later information we gather about this person이고 동사는 수동태로 이어지고 있으므로 뒤에 이 동사의 주체가 생략되어도 by는 남아 있어야 한다.
(B) 분사구문으로 As he have reached these conclusions에서 as he가 생략되며 Having reached가 되어야 한다.
(C) 관계대명사 what은 선행사를 가질 수 없기 때문에 that이 적절하다.

23 다음 글의 밑줄 친 부분 중, 어법상 틀린 것은?

The wave of research in child language acquisition led language teachers and teacher trainers to study some of the general findings of such research with a view to drawing analogies between first and second language acquisition, and even to ①justifying certain teaching methods and techniques on the basis of first language learning principles. On the surface, it is entirely reasonable to make the analogy. All children, ②given a normal developmental environment, acquire their native languages fluently and efficiently. Moreover, they acquire them "naturally," without special instruction, ③despite not without significant effort and attention to language. The direct comparisons must be treated with caution, however. There are dozens of salient differences between first and second language learning; the most obvious difference, in the case of adult second language learning, ④is the tremendous cognitive and affective contrast between adults and children.

⊘ **단어** acquisition : 습득 analogy : 유사점 salient : 현저한 tremendous : 대단한 cognitive : 인지의 affective : 정서적인

☑ **해석** 아동 언어 습득에 관한 연구의 물결은 언어 교사들과 교사 트레이너들로 하여금 모국어 습득과 제2언어 습득 사이의 유사점을 그리고 심지어 제1언어 학습 원리에 기초하여 특정한 교수법과 기법을 정당화하려는 목적으로 그러한 연구의 일반적인 발견의 일부를 연구하게 했다. 표면적으로, 유사점을 만드는 것을 완전히 합리적이다. 정상적인 발달 환경에서 모든 아이들은 그들의 모국어를 유창하고 효율적이게 습득한다. 게다가 그들이 언어에 대한 상당한 노력과 주의가 없는 것은 아니지만, 그것을 특별한 지도 없이도 자연스럽게 습득한다. 그러나 직접적 비교는 주의 깊게 다뤄져야 한다. 모국어와 제2언어 습득 사이에는 수 십 개의 두드러진 차이점이 있다. - 성인이 제2언어를 배우는 경우 가장 눈에 띄는 차이점은 어른과 어린이 사이의 엄청난 인식과 정서적 대조이다.

⊘ **TIP** ③ despite가 어법상 틀렸다. 양보부사절 it is not without에서 it is가 생략된 절이고, not without은 전치사 despite 뒤에 목적어로 올 수 없기 때문에, 접속사 although가 적절하다.

---

24 다음 글의 밑줄 친 부분 중 문맥상 낱말의 쓰임이 가장 적절하지 않은 것은?

The American physiologist Hudson Hoagland saw scientific mysteries everywhere and felt it his calling to solve them. Once, when his wife had a fever, Hoagland drove to the drugstore to get her aspirin. He was quick about it, but when he returned, his normally ①reasonable wife complained angrily that he had been slow as molasses. Hoagland wondered if her fever had ②distorted her internal clock, so he took her temperature, had her estimate the length of a minute, gave her the aspirin, and continued to have her estimate the minutes as her temperature dropped. When her temperature was back to normal he plotted the logarithm and found it was ③linear. Later, he continued the study in his laboratory, artificially raising and lowering the temperatures of test subjects until he was certain he was right: higher body temperatures make the body clock go faster, and his wife had not been ④justifiably cranky.

*molasses : 당밀   **logarithm : (수학) 로그

✓ **단어** physiology : 생리학 distort : 왜곡하다 logarithm : 로그 justifiably : 정당화되어 linear : 순차적

☑ **해석** 미국 생리학자인 Hudson Hoagland는 어디에서나 과학적 미스터리를 보았고, 그것들을 푸는 것이 그의 소명이라고 느꼈다. 한번은 그의 아내가 열이 났을 때, Hoagland는 그녀에게 아스피린을 사다주려고 약국으로 운전해 갔다. 그는 재빨리 갔다 왔지만, 그가 돌아 왔을 때 보통은 ①합리적인 그의 아내가 그가 너무 느렸다며 화나서 불평했다. Hoagland는 그녀의 열이 그녀 내부의 시계를 ②왜곡시켰는지 궁금했고, 그래서 그는 그녀의 체온을 측정하고, 그녀가 일 분 길이를 어림하도록 했으며 아스피린을 주고서 열이 떨어질 때까지 그녀가 일 분씩 어림해 보도록 시키기를 계속했다. 그녀의 체온이 정상으로 돌아오자 그는 로그를 짜고 그 결과가 ③순차적이라는 것을 발견했다. 후에도 그는 그가 옳다고 확신할 때까지 실험자들 체온을 인위적으로 높이고 낮추면서, 그의 실험실에서 연구를 계속했다. 더 고온인 체온은 신체시간이 더 빨리 가도록 만든다. 그리고 그의 아내는 ④정당하게 짜증이 났던 것이 아니다.

✓ **TIP** 체온이 오르면 신체시간이 더 빨리 가는 것처럼 느껴지기 때문에 글쓴이의 아내는 남편이 약국에 오래 걸려 갔다 온 것처럼 느꼈을 것이다. 그래서 그녀가 짜증이 난 것이 정당하지 않다고 나타낸 ④번이 적절하지 않다.

25 다음 빈칸에 들어갈 말로 가장 적절한 것은?

Saint Paul said the invisible must be understood by the visible. That was not a Hebrew idea, it was Greek. In Greece alone in the ancient world people were preoccupied with the visible; they were finding the satisfaction of their desires in what was actually in the world around them. The sculptor watched the athletes contending in the games and he felt that nothing he could imagine would be as beautiful as those strong young bodies. So he made his statue of Apollo. The storyteller found Hermes among the people he passed in the street. He saw the god "like a young men at that age when youth is loveliest," as Homer says. Greek artists and poets realized how splendid a man could be, straight and swift and strong. He was the fulfillment of their search for beauty. They had no wish to create some fantasy shaped in their own minds. All the art and all the thought of Greece _____.

① had no semblance of reality

② put human beings at the center

③ were concerned with an omnipotent God

④ represented the desire for supernatural power

✓ **단어** preoccupied : 사로잡힌 sculptor : 조각가 contend : 겨루다 semblance : 외관 omnipotent : 전능한

☑ **해석** 성 바울은 보이지 않는 것은 보이는 것에 의해 이해되어야 한다고 말했다. 그것은 히브리인의 사고가 아니고, 그리스인의 사고이다. 고대 사회에서도 오직 그리스에서만 사람들은 보이는 것에 집착했다. 그들은 그들 주위의 세계에 실존하는 것에서 자신들의 욕구의 만족을 찾고 있었다. 조각가는 경기를 겨루고 있는 선수들을 지켜보고, 그들의 강하고 젊은 육체만큼 아름다운 것을 상상할 수도 없음을 느꼈다. 그래서 그는 아폴로 조각상을 만들었다. 작가는 그가 길에서 지나쳤던 사람들 중에서 헤르메스를 발견했다. 그는 "젊음이 가장 아름다운 시기의 젊은이들처럼"이라고 호머가 말한 것처럼 그 신을 보았다. 그리스의 예술가와 시인들은 사람이 얼마나 아름답고 올곧고, 재빠르며 강할 수 있는지 깨달았다. 그는 아름다움을 찾는 그들의 성취였다. 그들은 자신들 마음 속에 있는 상상의 형태를 만들어낼 생각이 없었다. 그리스의 모든 예술과 사고는 <u>인간을 중심에 두었다.</u>

① 현실의 모습이 없었다.
② 인간을 중심에 두었다.
③ 전능한 신에 관심을 가졌다.
④ 초능력의 갈망을 나타낸다.

✓ **TIP** 그리스에서 예술가들과 시인들이 인간에서 아름다움을 발견한 예를 보여주고 있기 때문에 ②번 인간이 중심에 있다는 말이 가장 적절하다.

※ 밑줄 친 부분의 의미와 가장 가까운 것을 고르시오. 【1~2】

1

> Natural Gas World subscribers will receive accurate and reliable key facts and figures about what is going on in the industry, so they are fully able to <u>discern</u> what concerns their business.

① distinguish　　　　　　　　　② strengthen

③ undermine　　　　　　　　　④ abandon

☑ **단어** subscriber : 구독자　accurate : 정확한　reliable : 믿을 만한　figure : 수치, 숫자　discern : 알다, 식별하다　concern : 관련 시키다, 영향을 미치다

☑ **해석** Natural Gas World 구독자들은 산업에서 무슨 일이 일어나고 있는지에 대해 정확하고 믿을 만한 중요한 사실과 수치를 받게 될 것입니다. 그래서 그들은 그들의 사업과 관련된 것을 충분히 알 수 있습니다.

　① 구별하다, 알아보다　　② 강화하다
　③ 약화시키다　　　　　　④ 포기하다

2

> Ms. West, the winner of the silver in the women's 1,500 m event, <u>stood out</u> through the race.

① was overwhelmed　　　　　　② was impressive

③ was depressed　　　　　　　④ was optimistic

☑ **단어** event : 경기　stand out : 두드러지다

☑ **해석** 여자 1,500미터 경기에서 은메달을 딴 West는 경기 내내 <u>두각을 나타냈다.</u>

　① 압도되었다　② 인상적이었다
　③ 우울했다　　④ 낙관적이었다

3 두 사람의 대화 중 가장 어색한 것은?

① A : I'm traveling abroad, but I'm not used to staying in another country.

　 B : Don't worry. You'll get accustomed to it in no time.

② A : I want to get a prize in the photo contest.

　 B : I'm sure you will. I'll keep my fingers crossed!

③ A : My best friend moved to Sejong City. I miss her so much.

　 B : Yeah. I know how you feel.

④ A : Do you mind if I talk to you for a moment?

　 B : Never mind. I'm very busy right now.

☑ **단어** be used to N : ~에 익숙해지다　get accustomed to N : ~에 익숙해지다　keep one's fingers crossed : 행운을 빌어주다

☑ **해석** ① A : 나는 해외 여행을 할 계획이지만, 나는 다른 나라에 머무르는 게 익숙하지 않아.

　　 B : 걱정하지마, 곧 익숙해질 거야.

② A : 나는 사진 콘테스트에서 상을 받고 싶어.

　　 B : 네가 받게 될 거라고 확신해. 행운을 빌어줄게.

③ A : 친한 친구가 세종시로 이사했어. 나는 그녀가 매우 그리워.

　　 B : 그래, 네가 어떤 느낌인지 알겠어.

④ A : 잠깐 당신과 얘기 좀 나눌 수 있을까요?

　　 B : 네, 괜찮습니다. <u>나는 지금 매우 바쁩니다.</u>

✎ **ANSWER** 1.① 2.② 3.④

4 밑줄 친 부분에 들어갈 말로 가장 적절한 것은?

A: Would you like to try some dim sum?
B: Yes, thank you. They look delicious. What's inside?
A: These have pork and chopped vegetables, and those have shrimps.
B: And, um, _____?
A: You pick one up with your chopsticks like this and dip it into the sauce. It's easy.
B: Okay. I'll give it a try.

① how much are they ② how do I eat them
③ how spicy are they ④ how do you cook them

☑ **단어** dim sum : 딤섬 pork : 돼지고기 chop : 잘게 썰다 dip : 담그다 sauce : 소스

☑ **해석** A : 딤섬 좀 드시겠습니까?
　　B : 네, 감사합니다. 맛있어 보이는군요. 안에 뭐가 들어 있나요?
　　A : 이것들은 돼지고기와 잘게 썰은 야채가 들어 있고, 저것들은 새우가 들어 있습니다.
　　B : 음, 그러면 이것들을 어떻게 먹나요?
　　A : 이렇게 젓가락으로 하나를 들어서 소스에 찍어서 먹으면 됩니다. 쉽습니다.
　　B : 알겠습니다. 한번 먹어보죠.
　　① 그것들은 얼마나 많은가요
　　② 이것들을 어떻게 먹나요
　　③ 그것들은 얼마나 맵나요
　　④ 어떻게 요리하나요

※ 우리말을 영어로 잘못 옮긴 것을 고르시오. 【5 ~6】

5 ① 제가 당신께 말씀드렸던 새로운 선생님은 원래 페루 출신입니다.
　　　→The new teacher I told you about is originally from Peru.
　② 나는 긴급한 일로 자정이 5분이나 지난 후 그에게 전화했다.
　　　→I called him five minutes shy of midnight on an urgent matter.
　③ 상어로 보이는 것이 산호 뒤에 숨어 있었다.
　　　→What appeared to be a shark was lurking behind the coral reef.
　④ 그녀는 일요일에 16세의 친구와 함께 산 정상에 올랐다.
　　　→She reached the mountain summit with her 16-year-old friend on Sunday.

◇ TIP ① I told you about이 the new teacher를 수식하고 있다. about의 목적어인 the new teacher가 선행사로 가고 관계
　　대명사(who/whom)가 생략되어 있는 형태이다.

　② shy of는 '~이 부족한, 모자라는'의 뜻이다. five minutes shy of midnight은 '자정이 되기 5분 전'으로 해석될 수
　　있으므로 보기 지문의 '5분이나 지난 후'라는 뜻과 맞지 않다.

　③ what appeared to be a shark가 주어로 쓰였다. what(=the thing which)은 선행사 없이 관계사절을 이끌 수 있다.
　　appear (to)는 '~인 것 같다'는 뜻으로 쓸 수 있다.

　④ reach는 타동사로 '~에 닿다, 도달하다' 뜻을 가진다. 따라서 전치사 없이 목적어를 바로 취해야 한다. 16-year-old
　　는 명사 friend를 수식하는 형용사구로 쓰였다. 복수형태 years로 쓰지 않도록 주의한다.

6 ① 개인용 컴퓨터를 가장 많이 가지고 있는 나라는 종종 바뀐다.

　　→The country with the most computers per person changes from time to time.

　② 지난여름 나의 사랑스러운 손자에게 일어난 일은 놀라웠다.

　　→What happened to my lovely grandson last summer was amazing.

　③ 나무 숟가락은 아이들에게 매우 좋은 장난감이고 플라스틱 병 또한 그렇다.

　　→Wooden spoons are excellent toys for children, and so are plastic bottles.

　④ 나는 은퇴 후부터 내내 이 일을 해 오고 있다.

　　→I have been doing this work ever since I retired.

◇ TIP ① per person은 '1인당'이라는 뜻이다. 개인용 컴퓨터는 personal computers이다.

　② 동사는 was이며 그 앞까지 what절이 명사절로서 주어 역할을 하고 있다. what 절 안에는 불완전한 문장이 와야 하
　　는데 주어가 나타나 있지 않으므로 옳은 문장이다.

　③ 앞 문장에 긍정하면서 '~도 그러하다'는 뜻을 나타내기 위해 'so+동사+주어'의 표현을 쓴다. and 이하의 원래 문장
　　은 plastic bottles are excellent toys for children, too이다. and so are plastic bottles에서 주어가 복수(plastic
　　bottles)이므로 동사 are를 맞게 썼으며, 순서가 도치되어 맞는 표현이다.

　④ since가 '~이후로'의 의미로 쓰였고, 은퇴 이후 계속 해오고 있으므로 현재완료진행형으로 썼다. since 구/절은 특정
　　과거 시점을 나타내는 표현으로 쓴다.

✎ ANSWER 4.② 5.② 6.①

7

Domesticated animals are the earliest and most effective 'machines' ①available to humans. They take the strain off the human back and arms. ②Utilizing with other techniques, animals can raise human living standards very considerably, both as supplementary foodstuffs (protein in meat and milk) and as machines ③to carry burdens, lift water, and grind grain. Since they are so obviously ④of great benefit, we might expect to find that over the centuries humans would increase the number and quality of the animals they kept. Surprisingly, this has not usually been the case.

✓ **단어** domesticated : 길들인   take off : 제거하다   strain : 무거운 짐   utilize : 이용하다   considerably : 상당히   supplementary : 보충의, 추가의   foodstuff : 식료품   burden : 짐

✓ **해석** 가축은 인간에게 이용 가능한 가장 초기의 그리고 가장 효과적인 '기계'이다. 그들은 인간의 등과 팔의 무거운 짐을 덜어준다. 다른 기술들과 함께 이용될 때, 동물들은 보충 식량제(육류에서의 단백질과 우유)로서 그리고 물건을 나르고 물을 길어 올리고 곡식을 갈기 위한 기계로서 매우 상당히 인간의 삶의 수준을 향상시킬 수 있다. 그들은 너무 명백하게 유용했기 때문에, 우리는 인간이 수 세기 동안 그들이 보유한 동물의 수와 품질을 향상시켰을 거라고 기대할지도 모른다. 놀랍게도, 이것은 대개 그렇지만은 않았다.

✓ **TIP** ① "형용사/부사"를 묻는 문제이다. 앞에 있는 machines를 수식할 수 있는 형용사가 오는 것이 적절하다. available앞에 "which are"가 생략된 것으로 볼 수 있다.
② "능동태/수동태"를 묻는 문제이다. utilize의 목적어가 없는 것으로 봐서 수동태의 형태가 오는 것이 적절하다. utilized로 고쳐야 한다.
③ 앞에 있는 machines을 수식해주는 to carry의 형태가 적절하다. to 부정사의 형용사적 용법이다.
④ "of + 추상명사"는 형용사의 역할을 한다. 따라서 of great benefit은 very beneficial과 같은 의미이다.

8

A myth is a narrative that embodies – and in some cases ① <u>helps to explain</u> – the religious, philosophical, moral, and political values of a culture. Through tales of gods and supernatural beings, myths ② <u>try to make</u> sense of occurrences in the natural world. Contrary to popular usage, myth does not mean "falsehood." In the broadest sense, myths are stories – usually whole groups of stories – ③ <u>that can be</u> true or partly true as well as false; regardless of their degree of accuracy, however, myths frequently express the deepest beliefs of a culture. According to this definition, the *Iliad* and the *Odyssey*, the Koran, and the Old and New Testaments can all ④ <u>refer to as</u> myths.

✓ **단어** narrative : 이야기 embody : 구현하다 philosophical : 철학적인 moral : 도덕적인 political : 정치적인 supernatural : 초자연적인 occurrence : 사건 contrary to : ~와 반대로 usage : 사용, (단어의) 용법 falsehood : 거짓 regardless of : ~와 상관없이 accuracy : 정확성 frequently : 빈번히 refer to A as B : A를 B로 부르다(지칭하다)

☑ **해석** 신화는 문화의 종교적, 철학적, 도덕적, 정치적인 가치를 구현하는 – 몇몇 경우에 있어서는 이를 설명하는 데 도움을 주는 – 이야기이다. 신과 초자연적인 존재에 대한 이야기를 통해서, 신화는 자연에서 사건을 이해하려고 노력한다. 대중적으로 사용되는 의미와는 다르게, 신화는 거짓을 의미하지 않는다. 가장 넓게 보면, 신화는 사실이거나 혹은 부분적으로 거짓이기도 하며 부분적으로 사실일 수도 있는 이야기 – 대개는 이야기들의 전체적인 묶음들 – 이다. 하지만 그들의 정확함의 정도와 상관없이, 신화는 빈번하게 한 문화의 가장 깊은 믿음을 표현한다. 이러한 정의에 따르면, 일리아드와 오디세이, 코란, 구약과 신약 모두 신화로 간주될 수 있다.

✓ **TIP** ① helps의 주어는 a myth로서 3인칭 단수 주어로 받아서 helps가 되는 것이 적절하다.
② try to v 는 '~하려고 노력하다'라는 의미로서 적절한 표현이다.
③ that은 주격 관계대명사로서 앞에 첫 번째 하이픈 앞에 있는 strories를 선행사로 받는 것으로서 적절한 표현이다.
④ refer to A as B는 'A를 B로 부르다'라는 표현으로서 문장에 있는 주어(일리아드와 오디세이, 코란, 구약과 신약)가 '불려지는' 것이기 때문에 수동태 be referred to as로 고쳐야 한다.

9 다음 글의 제목으로 가장 적절한 것은?

> Mapping technologies are being used in many new applications. Biological researchers are exploring the molecular structure of DNA ("mapping the genome"), geophysicists are mapping the structure of the Earth's core, and oceanographers are mapping the ocean floor. Computer games have various imaginary "lands" or levels where rules, hazards, and rewards change. Computerization now challenges reality with "virtual reality," artificial environments that stimulate special situations, which may be useful in training and entertainment. Mapping techniques are being used also in the realm of ideas. For example, relationships between ideas can be shown using what are called concept maps. Starting from a general or "central" idea, related ideas can be connected, building a web around the main concept. This is not a map by any traditional definition, but the tools and techniques of cartography are employed to produce it, and in some ways it resembles a map.

① Computerized Maps vs. Traditional Maps

② Where Does Cartography Begin?

③ Finding Ways to DNA Secrets

④ Mapping New Frontiers

✓ **단어** application : 응용 프로그램 molecular : 분자의 genome : 유전체 geophysicist : 지구물리학자 core : 핵 oceanographer : 해양학자 imaginary : 가상의 hazard : 위험 computerization : 컴퓨터화 virtual reality : 가상현실 artificial : 인공의 realm : 영역 cartography : 지도 제작법 definition : 정의 employ : 이용하다 resemble : ~을 닮다frontier : 경계, 한계

✓ **해석** 매핑(mapping) 기술은 많은 새로운 응용분야에 사용되고 있다. 생물학 연구자들은 DNA의 분자 구조를 분석("유전체 지도 작성")하고 있고, 지구물리학자는 지구의 핵의 구조를 지도화하고 있고, 해양학자는 해양 바닥을 지도화하고 있다. 컴퓨터 게임은 규칙, 위험, 그리고 보상이 바뀌는 다양한 가상의 땅과 고도를 가지고 있다. 컴퓨터화는 이제 특별한 상황을 불러일으키는 인공적인 환경인 "가상 현실"로 현실세계에 도전하는데, 이는 훈련과 오락에 유용할지도 모른다. 매핑 기술은 생각의 영역에서도 사용된다. 예를 들어서, 생각들 간의 관계가 개념지도라고 불리는 것을 통해서 표현될 수 있다. 일반적이거나 중심적인 사고로부터 시작해서 관련 아이디어들이 연결될 수 있고, 주된 개념 주위에 망을 만든다. 이것은 어떤 전통적인 정의에 의한 지도는 아니지만, 지도 제작법의 도구와 기법이 그것을 만들어 내기 위해서 이용되고 있고 어떤 면에 있어서 그것은 지도를 닮아 있다.

① 컴퓨터화된 지도 대 전통적인 지도
② 지도제작법은 어디서 시작되었나?
③ DNA 비밀로 가는 길을 찾아서
④ 새로운 미개척 분야들의 매핑

✓ **TIP** 첫 번째 문장 'Mapping technologies are being used in many new applications.'을 통해서 ④번 '새로운 미개척 분야들의 매핑'이 정답이라는 것을 알 수 있다.

10 다음 글의 요지로 가장 적절한 것은?

> When giving performance feedback, you should consider the recipient's past performance and your estimate of his or her future potential in designing its frequency, amount, and content. For high performers with potential for growth, feedback should be frequent enough to prod them into taking corrective action, but not so frequent that it is experienced as controlling and saps their initiative. For adequate performers who have settled into their jobs and have limited potential for advancement, very little feedback is needed because they have displayed reliable and steady behavior in the past, knowing their tasks and realizing what needs to be done. For poor performers — that is, people who will need to be removed from their jobs if their performance doesn't improve — feedback should be frequent and very specific, and the connection between acting on the feedback and negative sanctions such as being laid off or fired should be made explicit.

① Time your feedback well.

② Customize negative feedback.

③ Tailor feedback to the person.

④ Avoid goal-oriented feedback.

✓ **단어** performance : 수행   recipient : 받는 사람   estimate : 추정치   frequency : 빈도   prod A into B : A를 재촉해서 B하게 하다
corrective : 바로잡는   sap : 약화시키다   initiative : 진취성   adequate : 적당한   settle into : 자리잡다   advancement : 발전
reliable : 믿을 만한   steady : 꾸준한   sanction : 제재   lay off : 해고하다   fire : 해고하다   explicit : 명백한

✓ **해석** 수행 결과에 대한 피드백을 줄 때, 당신은 그것의 빈도, 양, 내용을 설계하는 데 있어서 (피드백을) 받는 사람의 과거 수행과 그 또는 그녀의 미래 잠재력에 대한 추정치를 고려해야 한다. 성장을 위한 잠재력을 가지고 있는 높은 수행자들에게는, 피드백이 그들을 재촉해서 수정할 수 있는 조치를 취할 정도로 충분히 빈번해야만 하지만, 그것이 통제하는 것으로 받아들여지고 그들의 진취성을 약화시킬 정도로 빈번해서는 안된다. 일에 자리잡고 발전에 제한된 잠재력을 가지고 있는 적당한 정도의 수행자들에게는 매우 적은 피드백만이 필요하다. 왜냐하면 그들은 자신의 일을 알고 어떤 일이 수행되어야 할지 알고 있으며, 과거에 믿을 만하고 꾸준한 행동을 보여 왔기 때문이다. 형편없는 수행자, 즉 만약 그들의 실적이 향상되지 않는다면 해고될 필요가 있을 사람들에게, 피드백은 빈번하고 매우 구체적이어야 하고, 피드백대로 행동하는 것과 휴직이나 해고와 같은 부정적인 제재 사이의 관계는 명확해야 한다.

① 피드백의 시기를 잘 맞춰라
② 부정적인 피드백을 그 사람에게 맞춰라
③ 피드백을 그 사람에게 맞춰라
④ 목표 지향적인 피드백을 피하라

✓ **TIP** 첫 번째 문장(When giving performance feedback, you should consider the recipient's past performance and your estimate of his or her future potential in designing its frequency, amount, and content.)을 통해서 정답이 ③번 "피드백을 그 사람에게 맞춰라"라는 것을 알 수 있다.

✏ **ANSWER** 9.④   10.③

11 다음 글의 내용과 일치하지 않는 것은?

> Langston Hughes was born in Joplin, Missouri, and graduated from Lincoln University, in which many African-American students have pursued their academic disciplines. At the age of eighteen, Hughes published one of his most well-known poems, "Negro Speaks of Rivers." Creative and experimental, Hughes incorporated authentic dialect in his work, adapted traditional poetic forms to embrace the cadences and moods of blues and jazz, and created characters and themes that reflected elements of lower-class black culture. With his ability to fuse serious content with humorous style, Hughes attacked racial prejudice in a way that was natural and witty.

① Hughes는 많은 미국 흑인들이 다녔던 대학교를 졸업하였다.

② Hughes는 실제 사투리를 그의 작품에 반영하였다.

③ Hughes는 하층 계급 흑인들의 문화적 요소를 반영한 인물을 만들었다.

④ Hughes는 인종편견을 엄숙한 문체로 공격하였다.

✅ **단어** pursue : 추구하다　academic discipline : 학과　publish : 출판하다　experimental : 실험적인　incorporate : 포함시키다　authentic : 진짜의　dialect : 방언　adapt : 각색하다, 조정하다　poetic : 시적인　embrace : 포용하다　cadence : 억양　character : 등장인물　lower-class : 하층 계급　fuse : 융합하다　racial : 인종적인　prejudice : 편견　witty : 재치있는

✅ **해석** Langston Hughes는 Missouri주, Joplin에서 태어났고, 많은 아프리카계 미국 학생들이 학업을 추구하는 링컨 대학을 졸업하였다. 18살의 나이에, Hughes는 그의 가장 잘 알려진 시집 중 하나인, "Negro Speaks of Rivers(흑인, 강에 대해 말하다)."를 출간했다. 창의적이고 실험적인 Hughes는 그의 작품에 진짜 방언을 포함시켰으며 블루스와 재즈의 억양과 분위기를 포용하기 위해 전통적인 시적 형태를 각색하였고 하층민의 흑인들의 문화 요소를 반영하는 등장인물과 주제를 만들어 내었다. 유머러스한 스타일과 진지한 내용을 융합할 수 있는 그의 능력으로, Hughes는 자연스럽고 재치 있게 인종 편견을 공격하였다.

✅ **TIP** 마지막 문장에서 인종편견을 자연스럽고 재치 있는(natural and witty) 방식으로 공격하였다고 하였다.

12 밑줄 친 부분 중 글의 흐름상 가장 어색한 것은?

> In 2007, our biggest concern was "too big to fail." Wall Street banks had grown to such staggering sizes, and had become so central to the health of the financial system, that no rational government could ever let them fail. ① Aware of their protected status, banks made excessively risky bets on housing markets and invented ever more complicated derivatives. ② New virtual currencies such as bitcoin and ethereum have radically changed our understanding of how money can and should work. ③ The result was the worst financial crisis since the breakdown of our economy in 1929. ④ In the years since 2007, we have made great progress in addressing the too-big-to-fail dilemma. Our banks are better capitalized than ever. Our regulators conduct regular stress tests of large institutions.

☑ **단어** concern : 관심, 우려   staggering : 믿기 어려운   rational : 이성적인   status : 지위   make a bet : 내기(도박)를 하다
excessively : 과도하게   risky : 위험한   complicated : 복잡한   derivative : 파생상품   virtual : 가상의   currency : 화폐, 통
화 crisis : 위기   breakdown : 붕괴   make progress : 발전하다   address : 다루다   capitalize : 자본화하다   regulator : 규제자

☑ **해석** 2007년에, 우리의 가장 큰 염려는 "실패하기엔 너무 크다"는 것이었다. Wall Street에 있는 은행들은 믿기 어려운 규모까지 성장했
고 금융 시스템의 건전성에 너무 중요해져서, 어떠한 이성적인 정부도 그 은행들이 실패하도록 놔둘 수 없었다. ① 그들의 보호받
는 지위를 알고, 은행들은 주택시장에서 과도하게 위험한 도박을 하고 더 복잡한 파생상품을 만들어 냈다. (②비트코인과 이더리
움과 같은 새로운 가상 화폐는 돈이 어떻게 작동할 수 있고 어떻게 작동해야 하는지에 대한 이해를 빠르게 바꿔놓고 있다.) ③ 그
결과는 1929년의 경제 붕괴 이후 최악의 금융 위기로 나타났다. ④ 2007년 이후로 몇 년 동안, 우리는 너무 커서 실패할 수 없는
딜레마를 다루는 데 큰 발전을 이뤄왔다. 은행들은 이전보다 더 자본주의화되었다. 우리의 규제당국은 거대 기관들을 대상으로 정
기적인 스트레스 테스트를 수행한다.

☑ **TIP** 위의 글은 은행들이 너무 커져서 생기는 문제점에 관한 글로 ②번은 비트코인과 이더리움과 같은 가상화폐에 관한 글로
주제와는 거리가 멀다.

13 다음 글의 주제로 가장 적절한 것은?

Imagine that two people are starting work at a law firm on the same day. One person has a very simple name. The other person has a very complex name. We've got pretty good evidence that over the course of their next 16 plus years of their career, the person with the simpler name will rise up the legal hierarchy more quickly. They will attain partnership more quickly in the middle parts of their career. And by about the eighth or ninth year after graduating from law school the people with simpler names are about seven to ten percent more likely to be partners – which is a striking effect. We try to eliminate all sorts of other alternative explanations. For example, we try to show that it's not about foreignness because foreign names tend to be harder to pronounce. But even if you look at just white males with Anglo–American names – so really the true in-group, you find that among those white males with Anglo names they are more likely to rise up if their names happen to be simpler. So simplicity is one key feature in names that determines various outcomes.

① the development of legal names

② the concept of attractive names

③ the benefit of simple names

④ the roots of foreign names

✓ **단어** pretty : 꽤   over the course of~ : ~하는 동안   hierarchy : 계급, 서열   attain : 획득하다   eliminate : 제거하다
alternative : 대안   explanation : 설명   foreignness : 이질성   pronounce : 발음하다   simplicity : 단순함   feature : 특징
determine : 결정하다   outcome : 결과

☑ **해석** 두 사람이 같은 날 법률회사에서 일을 시작한다고 상상해 봐라. 한 사람은 매우 단순한 이름을 가지고 있다. 다른 사람은 매우 복잡한 이름을 가지고 있다. 우리는 그들의 다음 16년간 경력의 과정 동안 더 단순한 이름을 가지고 있는 사람이 더 빨리 법조계 서열을 올릴 만한 꽤 타당한 증거를 가지게 된다. 그들은 그들의 경력을 쌓는 중간쯤에 더 빨리 파트너십을 얻게 된다. 그리고 로스쿨을 졸업한 후 대략 8년 또는 9년이 지났을 쯤에 더 단순한 이름을 가지고 있는 사람들은 파트너가 될 가능성이 7~10퍼센트 더 많은데, 이것은 놀라운 효과이다. 우리는 모든 종류의 다른 대안적 설명을 제거하려고 노력한다. 예를 들어서 우리는 외국 이름들은 발음하기에 더 힘든 경향이 있기 때문에 그것이 이질성에 대한 것이 아니라는 것을 보여주려고 노력한다. 하지만 비록 당신이 정말로 진정한 내집단에 있는 영미의 이름을 가진 백인 남성을 볼지라도, 당신은 백인의 이름을 가진 그러한 백인 남성들 중에서 만약에 그들의 이름이 우연찮게 더 단순하다면 그들이 더 올라갈 가능성이 있다는 것을 발견한다. 그래서 단순함은 이름에 있어서 다양한 결과를 결정하는 하나의 중요한 특징이다.

① 법률상의 이름의 발달
② 매력적인 이름의 개념
③ 단순한 이름의 이점
④ 외국 이름의 근원

✓ **TIP** We've got pretty good evidence that over the course of their next 16 plus years of their career, the person with the simpler name will rise up the legal hierarchy more quickly.의 문장을 통해서 ③번 "단순한 이름의 이점"이 정답임을 알 수 있다.

※ 밑줄 친 부분의 의미와 가장 가까운 것을 고르시오. 【14~15】

14

Schooling is <u>compulsory</u> for all children in the United States, but the age range for which school attendance is required varies from state to state.

① complementary   ② systematic

③ mandatory   ④ innovative

✅ **단어** compulsory : 강제적인   attendance : 출석   vary : 다양하다

☑ **해석** 학교교육은 미국에서 모든 아이들에게 <u>강제적</u>이지만, 학교 출석이 요구되는 나이의 범위는 주마다 다르다.

     ① 보완적인   ② 체계적인   ③ 강제적인   ④ 혁신적인

15

Although the actress experienced much turmoil in her career, she never <u>disclosed</u> to anyone that she was unhappy.

① let on   ② let off

③ let up   ④ let down

✅ **단어** turmoil : 혼란   disclose : 말하다, 폭로하다

☑ **해석** 비록 그 여배우는 그녀의 경력에 있어서 많은 혼란을 경험했지만, 그녀는 결코 누구에게도 그녀가 행복하지 않다는 것을 <u>폭로하지</u> 않았다.

     ① 말하다   ② 발사하다   ③ 약해지다   ④ 내리다

✏ **ANSWER** 13.③   14.③   15.①

16 밑줄 친 (A), (B)에 들어갈 말로 가장 적절한 것은?

Visionaries are the first people in their industry segment to see the potential of new technologies. Fundamentally, they see themselves as smarter than their opposite numbers in competitive companies – and, quite often, they are. Indeed, it is their ability to see things first that they want to leverage into a competitive advantage. That advantage can only come about if no one else has discovered it. They do not expect, ___(A)___, to be buying a well-tested product with an extensive list of industry references. Indeed, if such a reference base exists, it may actually turn them off, indicating that for this technology, at any rate, they are already too late. Pragmatists, ___(B)___, deeply value the experience of their colleagues in other companies. When they buy, they expect extensive references, and they want a good number to come from companies in their own industry segment.

	(A)	(B)
①	therefore	on the other hand
②	however	in addition
③	nonetheless	at the same time
④	furthermore	in conclusion

☑ **단어** visionary : 선지자　segment : 분야　fundamentally : 기본적으로　competitive : 경쟁하는　leverage : 차입금을 이용하여 투자하다　come about : 발생하다　discover : 밝혀내다　extensive : 광범위한　reference : 참조　turn off : 끄다, 잠그다　indicate : 나타내다　at any rate : 어쨌든　pragmatist : 실용주의자　value : 소중하게 여기다

☑ **해석** 선견지명이 있는 사람들은 그들의 산업 분야에서 새로운 기술의 잠재력을 볼 수 있었던 최초의 사람들이다. 기본적으로 그들은 그들 자신을 경쟁 회사에서의 상대방보다 더 똑똑하다고 여긴다. 그리고 꽤 자주, 그들은 실제로 그러하다. 사실, 그들이 경쟁력 있는 이점으로 이용하여 투자하려고 했던 것이 바로 사물을 처음으로 볼 수 있는 그들의 능력이었다. 그 이점은 오직 어느 누구도 그것을 발견하지 못한 경우에서만 생길 수 있다. (A) 그러므로 그들은 광범위한 목록의 산업계에서 검증한 참조를 가지고 있는, 잘 검증된 상품을 사는 것을 기대하지 않는다. 사실 만약 그러한 참조 기반이 존재한다면, 그것은 사실 어쨌든 이러한 기술에 대해 그들은 이미 늦었다는 것을 나타내며, 그들을 기능하지 못하게 만들지도 모른다. (B) 반면에, 실용주의자들은 다른 회사에 있는 그들의 동료들의 경험을 매우 소중하게 여긴다. 그들은 구매할 때, 광범위한 참조를 기대하고 굉장히 많은 수의 상품이 그들 자신의 산업 분야에 있는 회사에서 나오기를 원한다.

17 주어진 문장이 들어갈 위치로 가장 적절한 것은?

> Some of these ailments are short-lived; others may be long-lasting.

For centuries, humans have looked up at the sky and wondered what exists beyond the realm of our planet. (①) Ancient astronomers examined the night sky hoping to learn more about the universe. More recently, some movies explored the possibility of sustaining human life in outer space, while other films have questioned whether extraterrestrial life forms may have visited our planet. (②) Since astronaut Yuri Gagarin became the first man to travel in space in 1961, scientists have researched what conditions are like beyond the Earth's atmosphere, and what effects space travel has on the human body. (③) Although most astronauts do not spend more than a few months in space, many experience physiological and psychological problems when they return to the Earth. (④) More than two-thirds of all astronauts suffer from motion sickness while traveling in space. In the gravity-free environment, the body cannot differentiate up from down. The body's internal balance system sends confusing signals to the brain, which can result in nausea lasting as long as a few days.

☑ **단어** ailment : 질병   short-lived : 일시적인   long-lasting : 장기간 지속되는   wonder : 궁금하게 여기다   realm : 영역
astronomer : 천문학자   sustain : 유지하다   extraterrestrial : 외계의   astronaut : 우주비행사   atmosphere : 대기
physiological : 생리학의   psychological : 심리학의   motion sickness : 멀미   gravity : 중력   differentiate : 구별하다
nausea : 메스꺼움

☑ **해석** 수 세기 동안 인간들은 하늘을 올려다보고 지구의 영역 위에 무엇이 존재하는지 궁금하게 여겼다. 고대 천문학자들은 우주에 대해 더 많은 것을 알고자 희망하면서 밤 하늘을 연구했다. 더 최근에는, 어떤 영화들은 외계의 생명체의 형태가 우리의 행성을 방문했는지 의문을 제기한 반면에, 몇몇 영화들은 바깥 세계에서 인간의 삶을 유지할 수 있는 가능성을 탐구했다. 우주 비행사 Yuri Gagarin이 1961년에 우주를 여행한 최초의 인간이 된 이래로, 과학자들은 지구 너머의 상태가 어떤 상태일지, 그리고 우주여행이 인간 신체에 어떤 영향을 미칠지를 연구해 왔다. 비록 대부분의 우주 비행사들이 단지 몇 개월 미만의 시간을 우주에서 보내지만, 많은 우주비행사들은 지구에 돌아올 때 심리적인 그리고 생리적인 문제들을 경험한다. <u>몇몇 이런 질병은 잠깐 지속이 되지만 다른 질병들은 오래 지속될지도 모른다.</u> 모든 우주비행사들의 3분의 2 이상이 우주에서 이동하는 동안 멀미로 고통 받는다. 중력이 없는 환경에서, 신체는 위아래를 구분할 수 없다. 신체의 내부 균형 체계는 혼란스러운 신호를 뇌로 보내고, 그 결과 며칠씩이나 지속되는 멀미를 야기한다.

☑ **TIP** physiological and psychological problems를 주어진 문장에서 some of these ailments로 이어지기 때문에 ④번에 들어가는 것이 가장 적절하다.

18 밑줄 친 부분에 들어갈 말로 가장 적절한 것은?

Why bother with the history of everything? _____. In literature classes you don't learn about genes; in physics classes you don't learn about human evolution. So you get a partial view of the world. That makes it hard to find *meaning* in education. The French sociologist Emile Durkheim called this sense of disorientation and meaninglessness *anomie*, and he argued that it could lead to despair and even suicide. The German sociologist Max Weber talked of the "disenchantment" of the world. In the past, people had a unified vision of their world, a vision usually provided by the origin stories of their own religious traditions. That unified vision gave a sense of purpose, of meaning, even of enchantment to the world and to life. Today, though, many writers have argued that a sense of meaninglessness is inevitable in a world of science and rationality. Modernity, it seems, means meaninglessness.

---

① In the past, the study of history required disenchantment from science

② Recently, science has given us lots of clever tricks and meanings

③ Today, we teach and learn about our world in fragments

④ Lately, history has been divided into several categories

✓ **단어** fragment : 조각 literature : 문학 gene : 유전자 physics : 물리학 evolution : 진화 sociologist : 사회학자 disorientation : 혼미 meaninglessness : 무의미함 anomie : 사회적 무질서 despair : 절망 suicide : 자살 disenchantment : 각성 unified : 통일된 enchantment : 황홀감 inevitable : 피할 수 없는 rationality : 이성 modernity : 현대성

✓ **해석** 왜 모든 역사에 대해서 신경을 쓰는가? 오늘날 우리는 우리의 세계에 대해서 단편적으로 가르치고 배운다. 문학 수업에서 당신은 유전자에 대해서 배우지 않는다. (마찬가지로) 물리학 수업에서 당신은 인간의 진화에 대해서 배우지 않는다. 그래서 당신은 세상을 부분적인 시각으로 보게 된다. 그것이 교육에 있어서 '의미'를 찾는 것을 어렵게 만든다. 프랑스 사회학자 Emile Durkheim은 이 혼미와 무의미함을 아노미(사회적 무질서)라고 불렀고 그는 그것이 절망과 심지어 자살을 초래할 수 있다고 주장했다. 독일 사회학자 Max Weber는 세계의 각성에 대해서 얘기했다. 과거에 사람들은 대개 그들 자신의 종교적 전통의 기원이 되는 이야기에 의해 제공된 시각인, 그들의 세계에 대한 통일된 시각을 가졌다. 그 통일된 시각은 목적, 의미, 그리고 심지어 세상과 삶에 대한 각성에 대한 의미를 주었다. 하지만, 오늘날 많은 작가들은 무의미에 대한 의식이 과학과 이성의 세계에서 불가피하다고 주장한다. 현대성은 무의미함을 의미하는 것처럼 보인다.

① 과거에, 역사 연구는 과학으로부터의 각성을 요구했다.
② 최근에, 과학은 우리에게 많은 기발한 비법과 의의를 주었다.
③ 오늘날, 우리는 우리의 세계를 부분으로 가르치고 배운다.
④ 최근에, 역사는 여러 개의 범주로 나누어진다.

✓ **TIP** 빈칸문장 뒤에 나오는 So you get a partial view of the world.라는 문장을 통해서 ③번이 정답이라는 것을 알 수 있다.

19 다음 글의 내용과 일치하지 않는 것은?

The earliest government food service programs began around 1900 in Europe. Programs in the United States date from the Great Depression, when the need to use surplus agricultural commodities was joined to concern for feeding the children of poor families. During and after World War II, the explosion in the number of working women fueled the need for a broader program. What was once a function of the family - providing lunch - was shifted to the school food service system. The National School Lunch Program is the result of these efforts. The program is designed to provide federally assisted meals to children of school age. From the end of World War II to the early 1980s, funding for school food service expanded steadily. Today it helps to feed children in almost 100,000 schools across the United States. Its first function is to provide a nutritious lunch to all students; the second is to provide nutritious food at both breakfast and lunch to underprivileged children. If anything, the role of school food service as a replacement for what was once a family function has been expanded.

① The increase in the number of working women boosted the expansion of food service programs.
② The US government began to feed poor children during the Great Depression despite the food shortage.
③ The US school food service system presently helps to feed children of poor families.
④ The function of providing lunch has been shifted from the family to schools.

✅ **단어** Great Depression : 대공황 surplus : 과잉(의) agricultural : 농업의 commodity : 상품 explosion : 폭발 fuel : 가속화하다 shift : 옮기다   federally : 연방 차원에서   steadily : 꾸준히   function : 기능(하다)   nutritious : 영양분이 풍부한 underprivileged : 불우한 if anything : 오히려 replacement : 대체(물)

✅ **해석** 가장 초기의 정부 음식 서비스 프로그램은 유럽에서 대략 1900년도에 시작되었다. 미국에서의 프로그램은 대공황으로 거슬러 올라가는데, 그때 과잉의 농업 상품을 사용하고자 하는 필요가 가난한 집 아이들을 먹이고자 하는 관심과 결합되었다. 제2차 세계 대전 기간 동안 그리고 그 후에, 노동할 수 있는 여성의 수가 폭발적으로 증가하면서 더 광범위한 프로그램의 필요성이 대두되었다. 한때 가족의 기능이었던 것 – 점심을 제공하는 것 – 이 학교 음식 서비스 시스템으로 옮겨왔다. 전국적인 학교 급식 프로그램이 이러한 노력들의 결과이다. 그 프로그램은 취학 나이의 아이들에게 연방 차원에서 지원받는 식사를 제공하도록 설계되었다. 제2차 세계 대전이 끝날 때부터 1980년대 초까지, 학교 급식 서비스에 대한 자금조달이 꾸준히 확대되었다. 오늘날 그것은 미국 전역에서 거의 10만 개 학교의 아이들을 먹이는 데 도움을 준다. 그 첫 번째 기능은 모든 학생들에게 영양이 풍부한 점심을 제공하는 것이다. 두 번째 기능은 혜택을 못 받는 아이들에게 아침과 점심에 영양이 풍부한 음식을 제공하는 것이다. 오히려, 한때 가족의 기능을 위한 대체물이었던 학교의 음식 서비스의 역할이 확대되어 왔다.
① 일하는 여성 수의 증가가 음식 서비스 프로그램의 확장을 촉진시켰다.
② 미국 정부는 음식 부족에도 불구하고 대공황 동안 가난한 아이들을 먹이기 시작했다.
③ 미국 학교 음식 서비스 시스템은 현재 가난한 가정의 아이들을 먹이는 데 도움을 준다.
④ 점심을 제공하는 기능은 가정에서 학교로 옮겨져 왔다.

✅ **TIP** 두 번째 문장인 Programs in the United States date from the Great Depression, when the need to use surplus agricultural commodities was joined to concern for feeding the children of poor families.에서 음식 부족이 아닌 과잉의 음식을 사용하기 위해서 가난한 아이들을 먹였다는 것을 알 수 있다.

 ANSWER 18.③ 19.②

20 주어진 문장 다음에 이어질 글의 순서로 가장 적절한 것은?

South Korea boasts of being the most wired nation on earth.

(A) This addiction has become a national issue in Korea in recent years, as users started dropping dead from exhaustion after playing online games for days on end. A growing number of students have skipped school to stay online, shockingly self-destructive behavior in this intensely competitive society.

(B) In fact, perhaps no other country has so fully embraced the Internet.

(C) But such ready access to the Web has come at a price as legions of obsessed users find that they cannot tear themselves away from their computer screens.

① (A) - (B) - (C)　　　　　　　　② (A) - (C) - (B)

③ (B) - (A) - (C)　　　　　　　　④ (B) - (C) - (A)

☑ 단어 boast of : ~을 뽐내다, 자랑하다　wired : 네트워크를 사용할 수 있는 환경의　addiction : 중독　drop dead : 급사하다 exhaustion : 탈진　for days on end : 여러 날 동안　shockingly : 깜짝 놀랄 만큼　self-destructive : 자기 파괴적인 intensely : 심하게　competitive : 경쟁적인　embrace : 포용하다　come at a price : 대가가 따르다　legion : 군단, 부대, 무리　obsessed : 중독된, 빠진　tear away : 떼어놓다

☑ 해석 남한은 지구상에서 인터넷이 가장 잘 보급된 나라가 된 것을 자랑스럽게 여긴다. (B) 사실, 아마 다른 어떤 나라들도 그렇게 완전하게 인터넷을 포용하진 않았을 것이다. (C) 하지만 많은 중독된 사용자들이 그들의 컴퓨터 스크린으로부터 그들 자신을 떼어낼 수 없다는 것을 발견하면서 그러한 즉각적인 웹 접근성은 대가가 따르게 되었다. (A) 사용자들이 며칠 동안 쉬지 않고 온라인 게임을 한 후에 지쳐서 급사하기 시작하면서, 이러한 중독이 최근 몇 년 동안 한국에서 국가적 문제가 되었다. 점점 더 많은 학생들이 인터넷에 접속해 있기 위해 학교를 빠지고 있는데, 이는 이렇게나 심각한 경쟁적인 사회에서 말도 안 되게 자기 파괴적인 행동이다.

☑ TIP 주어진 문장에 인터넷이 가장 잘 보급된 내용이 제시되고 (B)에서 다른 나라들은 이러한 인터넷을 갖추지 못했다는 내용이 이어진다. 또 (C)에서는 이러한 인터넷의 많은 보급이 온라인 게임에 중독된 사용자들에 대해 언급하고 (A)에서 그것이 사회적인 문제가 된다는 내용으로 마무리가 된다.

※ 밑줄 친 부분의 의미와 가장 가까운 것을 고르시오. 【1~2】

1

> I came to see these documents as relics of a sensibility now dead and buried, which needed to be excavated.

① exhumed

② packed

③ erased

④ celebrated

✓ **단어** relic : 유물, 유적   sensibility : 감성, 정서   buried : 파묻힌   excavate : 발굴하다   exhume : 파내다, 발굴하다   pack : (짐을)꾸리다

☑ **해석** 나는 이 문서들을 이제 죽어서 파묻힌 감성의 유물로서 보게 됐는데, 그것은 발굴될 필요가 있었다.

2

> Riding a roller coaster can be a joy ride of emotions: the nervous anticipation as you're strapped into your seat, the questioning and regret that comes as you go up, up, up, and the sheer adrenaline rush as the car takes that first dive.

① utter

② scary

③ occasional

④ manageable

✓ **단어** joy ride : 폭주   anticipation : 기대   strap : ~를 끈으로 묶다   sheer : 완전한, 순전한

☑ **해석** 롤러코스터를 타는 것은 감정의 폭주일 수 있다. 다시 말해서, 당신이 좌석벨트를 맬 때의 초조한 기대감, 당신이 높이, 높이, 높이 올라갈 때 오는 의문과 후회, 그리고 롤러코스터가 첫 번째 하강할 때의 완전한 아드레날린의 쇄도와 같은 것들 말이다.

① 완전한   ② 무서운   ③ 가끔   ④ 관리할 수 있는

ANSWER 20.④ / 1.① 2.①

3 두 사람의 대화 중 가장 어색한 것은?

① A : What time are we having lunch?

    B : It'll be ready before noon.

② A : I called you several times. Why didn't you answer?

    B : Oh, I think my cell phone was turned off.

③ A : Are you going to take a vacation this winter?

    B : I might. I haven't decided yet.

④ A : Hello. Sorry I missed your call.

    B : Would you like to leave a message?

☑ 해석 ① A: 우리 몇 시에 점심 먹나요?
       B: 정오 전에는 준비가 될 거예요.
    ② A: 제가 당신에게 여러 번 전화했었어요. 왜 안 받았어요?
       B: 아, 제 핸드폰이 꺼졌던 것 같아요.
    ③ A: 올 겨울에 휴가 가실 건가요?
       B: 아마도요. (하지만) 아직 결정하지 않았어요.
    ④ A: 여보세요. 전화를 못 받아서 미안해요.
       B: <u>메시지를 남기시겠습니까?</u>

4 밑줄 친 부분에 들어갈 말로 가장 적절한 것은?

A : Hello. I need to exchange some money.

B : Okay. What currency do you need?

A : I need to convert dollars into pounds. What's the exchange rate?

B : The exchange rate is 0.73 pounds for every dollar.

A : Fine. Do you take a commission?

B : Yes, we take a small commission of 4 dollars.

A : _____?

B : We convert your currency back for free. Just bring your receipt with you.

① How much does this cost

② How should I pay for that

③ What's your buy-back policy

④ Do you take credit cards

☑ 해석 A: 안녕하세요. 제가 돈을 좀 환전해야 해요.

B: 그래요. 어떤 통화가 필요하세요?

A: 달러를 파운드로 바꿔야 해요. 환율이 어떻게 되죠?

B: 환율은 달러당 0.73파운드입니다.

A: 좋아요. 수수료를 받으시나요?

B: 네, 우리는 4달러의 약간의 수수료를 받습니다.

A: <u>재매입 방침은 어떻게 되나요?</u>

B: 우리는 당신의 통화를 무료로 바꿔드려요. 그냥 영수증만 가져오세요.

① 이거 얼마입니까?

② 제가 그것을 어떻게 결제하면 됩니까?

③ 재매입 방침은 어떻게 되나요?

④ 신용카드도 되나요?

5 밑줄 친 부분 중 어법상 옳지 않은 것은?

> Each year, more than 270,000 pedestrians ①<u>lose</u> their lives on the world's roads. Many leave their homes as they would on any given day never ②<u>to return</u>. Globally, pedestrians constitute 22% of all road traffic fatalities, and in some countries this proportion is ③<u>as high as</u> two thirds of all road traffic deaths. Millions of pedestrians are non-fatally ④<u>injuring</u> – some of whom are left with permanent disabilities. These incidents cause much suffering and grief as well as economic hardship.

⊘ 단어 pedestrian : 보행자 constitute : 구성하다 fatality : 사망자, 치사율 proportion : 비율 grief : 슬픔

☑ 해석 매년 270,000명 이상의 보행자들이 전 세계의 도로에서 생명을 잃는다. 많은 사람들은 어떤 날에 (평소처럼) 떠나듯이 그들의 집을 나서지만 결코 집에 돌아오지 못한다. 전 세계적으로, 보행자들은 모든 도로 교통 사망자 중에 22%를 차지하고, 몇몇 국가에서는 이 비율이 모든 도로 교통 사망자의 3분의 2만큼 높다. 수백만 명의 보행자들이 치명상을 당하지는 않는다 – (하지만) 그들 중 일부에게는 영구적인 장애가 남게 된다. 이런 사고들은 경제적 어려움뿐만 아니라 많은 고통과 슬픔을 야기한다.

⊘ TIP ① 주어 more than 270,000 pedestrians가 복수 주어이기 때문에 복수형 동사인 lose가 올바르다.

② never to는 '결코 ~하지 못하다'라는 뜻으로, to부정사의 부사적 용법 중 결과를 의미한다. 올바른 표현이다.

③ as ~ as 사이에 들어갈 수 있는 품사는 형용사와 부사의 원급이다. high가 올바르게 쓰였다.

④ 주어인 millions of pedestrians가 부상을 당하는 것이므로 능동(injuring)이 아니라 수동(injured)이 되어야 한다.

6 어법상 옳은 것은?

① The paper charged her with use the company's money for her own purposes.

② The investigation had to be handled with the utmost care lest suspicion be aroused.

③ Another way to speed up the process would be made the shift to a new system.

④ Burning fossil fuels is one of the lead cause of climate change.

✓ **단어** utmost : 극도의, 최고의 suspicion : 의심, 혐의 arouse : 불러일으키다

✓ **해석** ① 그 신문은 그녀를 그녀 자신의 목적을 위해 회사의 돈을 사용한 것으로 기소했다.
② 그 조사는 의심을 사지 않기 위해서 매우 주의 깊게 다뤄져야만 했다.
③ 그 과정의 속도를 높이는 또 다른 방법은 새로운 체계로의 변화를 만드는 것일 것이다.
④ 화석연료를 태우는 것이 기후변화의 주요한 원인들 중 하나다.

✓ **TIP** ① use → using
　　charge A with B는 'B라는 이유로 A를 비난하다'라는 뜻이며 전치사 with 뒤에는 명사가 와야 한다. 보기 지문에서 use가 the company's money를 목적어로 취하고 있어 동사 역할도 하고 있으므로 동명사 형태 using으로 써주어야 한다.
② 부사절 접속사인 lest는 'lest S(주어) (should)+동사원형'의 형태로 사용되어 '~하지 않도록 하기 위해'라는 부정의 의미를 나타낸다. 보기 지문에서는 should가 생략되고 be동사가 원형의 형태로 남았다. 올바른 표현이다.
③ made → to make
　　be made를 수동태로 본다면 the shift가 목적어로 남게 되어 문법상 틀리게 되며, 해석 또한 어색하다. to부정사 형태를 취해 be동사의 보어로 오게 할 수 있으며 'S(주어)+be동사+to부정사' 형태가 되어 'S는 ~이다/~하는 것이다' 뜻이 된다.
④ one of the lead cause → one of the leading causes
　　'one of 복수명사'로 써주어야 한다. cause는 셀 수 있는 명사이므로 복수형이 가능하다. lead는 causes라는 명사를 수식하므로 형용사 형태인 leading으로 쓰는 것이 적절하다.

7 주어진 글 다음에 이어질 글의 순서로 가장 적절한 것은?

> There is a thought that can haunt us: since everything probably affects everything else, how can we ever make sense of the social world? If we are weighed down by that worry, though, we won't ever make progress.

> (A) Every discipline that I am familiar with draws caricatures of the world in order to make sense of it. The modern economist does this by building *models*, which are deliberately stripped down representations of the phenomena out there.
>
> (B) The economist John Maynard Keynes described our subject thus: "Economics is a science of thinking in terms of models joined to the art of choosing models which are relevant to the contemporary world."
>
> (C) When I say "stripped down," I really mean stripped down. It isn't uncommon among us economists to focus on one or two causal factors, exclude everything else, hoping that this will enable us to understand how just those aspects of reality work and interact.

① (A) − (B) − (C)

② (A) − (C) − (B)

③ (B) − (C) − (A)

④ (B) − (A) − (C)

☑ **단어** haunt : 출몰하다, 괴롭히다   weigh down : 무겁게 짓누르다   discipline : 학문, 훈련, 훈육   deliberately : 고의로   strip down : 해체하다, ~를 벗겨내다   representation : 설명, 발표   phenomenon : 현상   relevant : 관련있는   contemporary : 동시대의   causal : 인과관계의   exclude : 배제하다   interact : 상호작용하다

☑ **해석** 우리를 괴롭힐 수 있는 생각이 있다: 모든 것들이 아마도 다른 모든 것들에 영향을 주고 있는데 어떻게 우리가 사회 세계를 이해할 수 있을까? 그러나 만약 우리가 그런 걱정으로 짓눌린다면, 우리는 나아가지 못할 것이다. (A) 내가 익숙한 모든 학문들은 그것(세상)을 이해하기 위해 세상의 캐리커처를 그린다. 현대의 경제학자들은 모델(모형)을 만듦으로써 세상을 이해하는데, 여기에는 바깥 세상의 현상들에 대한 설명이 의도적으로 배제되어 있다. (C) 내가 "벗겨냈다(배제했다)"라고 말할 때, 나는 정말 '벗겨냈다'는 걸 뜻하는 거다. 우리 경제학자들 사이에서는 우리가 현실의 바로 그러한 측면들이 어떻게 작용하고 상호작용하는지 이해할 수 있게 해주기를 바라면서, 한두 개의 인과 관계에만 초점을 맞추고, 다른 것들을 배제하는 것은 드문 일이 아니다. (B) 경제학자 John Maynard Keynes는 우리의 주제를 다음과 같이 묘사했다: "경제학은 동시대와 관련있는 모델을 선별하는 기술과 연관되어 있는 모델 관점으로 사고하는 과학이다."

☑ **TIP** 주어진 문장의 the social world를 (A)의 make sense of it에서 it으로 받고 있다. (A)의 후반부에 나오는 stripped down을 (C) 첫 문장에서 에서 다시 언급하고 있고 (B)에서 경제학자 John, When I say "stripped down,"이라는 말로 풀어 설명하는 것으로 (C)가 뒤따름을 알 수 있다. (B)에서 경제학자 John Maynard Keynes의 말을 인용해 마무리를 짓고 있다.

8 다음 글의 내용과 일치하는 것은?

> Prehistoric societies some half a million years ago did not distinguish sharply between mental and physical disorders. Abnormal behaviors, from simple headaches to convulsive attacks, were attributed to evil spirits that inhabited or controlled the afflicted person's body. According to historians, these ancient peoples attributed many forms of illness to demonic possession, sorcery, or the behest of an offended ancestral spirit. Within this system of belief, called *demonology*, the victim was usually held at least partly responsible for the misfortune. It has been suggested that Stone Age cave dwellers may have treated behavior disorders with a surgical method called *trephining*, in which part of the skull was chipped away to provide an opening through which the evil spirit could escape. People may have believed that when the evil spirit left, the person would return to his or her normal state. Surprisingly, trephined skulls have been found to have healed over, indicating that some patients survived this extremely crude operation.
>
> *convulsive : 경련의 *behest : 명령

① Mental disorders were clearly differentiated from physical disorders.

② Abnormal behaviors were believed to result from evil spirits affecting a person.

③ An opening was made in the skull for an evil spirit to enter a person's body.

④ No cave dwellers survived trephining.

☑ **단어** prehistoric : 선사시대의 distinguish : 구분하다 disorder : 장애 abnormal : 비정상의 inhabit : 살다 afflicted : 고통받는 demonic possession : 악령 빙의 sorcery : 마법, 마술 behest : 명령, 훈령 offend : 기분 상하게 하다 ancestral : 조상의 demonology : 귀신학 misfortune : 불운 surgical : 외과의 trephine : 머리수술을 하다 chip away : 조금씩 잘라내다 crude : 막된, 대충의

☑ **해석** 약 오십만 년 전쯤의 선사시대의 사회들은 정신적 질환과 신체적 질환들을 정확히 구분하지 못했다. 단순한 두통에서 경련성 발작까지의 비정상적인 행동은 고통 받는 사람의 몸에 살거나 통제하는 악령들의 탓으로 여겨졌다. 역사가들에 따르면, 이 고대 사람들은 많은 형태의 질병들을 악령 빙의, 마법, 또는 화가 난 조상의 영혼의 명령 탓으로 돌렸다. 귀신학이라고 불리는 이런 신념 체계 안에서, 희생자는 대개 최소한 부분적으로 그 불행에 대한 책임이 있었다. 석기시대의 동굴 거주자들은 행동 장애를 trephining(머리수술)이라고 불리는 외과적 (수술) 방법으로 치료했을지도 모르는데, 그 외과 수술에서 두개골의 일부가 악령이 도망갈 수 있는 구멍을 만들어 내기 위해 잘려졌다. 사람들은 악령이 떠날 때, 그 사람이 정상 상태로 돌아올 것이라고 믿었을지도 모른다. 놀랍게도, 두개골 시술을 받은 두개골들이 치료된 것으로 밝혀졌는데, 이것은 일부 환자들이 이렇게 극도로 조잡한 수술에서 생존했었다는 것을 나타낸다.

① 정신 장애들은 신체장애와 분명히 구분되었다.
② 비정상적 행동들은 사람에게 영향을 미치는 악령으로부터 기인한다고 믿어졌다.
③ 악령이 들어올 수 있도록 두개골에 구멍이 만들어졌다.
④ 어떤 동굴 거주자들도 머리수술로부터 생존하지 못했다.

☑ **TIP** ① 첫 번째 문장에서 정신 장애와 신체장애는 명확히 구분되지 않았다고 했다.
③ 다섯 번째 문장에서 악령이 들어오는 게 아니라 나가도록 구멍을 뚫었다고 했다.
④ 마지막 문장에서 생존한 경우가 발견되었다고 하였다.

9 다음 글의 주제로 가장 적절한 것은?

As the digital revolution upends newsrooms across the country, here's my advice for all the reporters. I've been a reporter for more than 25 years, so I have lived through a half dozen technological life cycles. The most dramatic transformations have come in the last half dozen years. That means I am, with increasing frequency, making stuff up as I go along. Much of the time in the news business, we have no idea what we are doing. We show up in the morning and someone says, "Can you write a story about (pick one) tax policy/immigration/climate change?" When newspapers had once-a-day deadlines, we said a reporter would learn in the morning and teach at night — write a story that could inform tomorrow's readers on a topic the reporter knew nothing about 24 hours earlier. Now it is more like learning at the top of the hour and teaching at the bottom of the same hour. I'm also running a political podcast, for example, and during the presidential conventions, we should be able to use it to do real-time interviews anywhere. I am just increasingly working without a script.

① a reporter as a teacher

② a reporter and improvisation

③ technology in politics

④ fields of journalism and technology

✓ **단어** upend : 근본적인 영향을 주다   frequency : 빈도   immigration : 이주, 이민   at the top of the hour : 매 정시에   at the bottom of the hour : 매시 30분에   presidential : 대통령의   convention : 전당 대회, 관습

✓ **해석** 디지털 혁명이 전국적으로 뉴스룸에 근본적으로 영향을 주면서, 여기 기자들을 위한 나의 충고들이 있다. 나는 25년 동안 기자였다. 그래서 여섯 번의 기술적 라이프 사이클을 겪었다. 가장 극적인 변화들은 마지막 6년 동안에 왔다. 그것은 내가 점점 증가하는 빈도로 순조롭게 진행하면서 무엇인가를 만들어가고 있다는 것을 의미한다. 뉴스 업계에서의 많은 시간 동안, 우리는 우리가 하고 있는 것에 관해 모른다. 우리가 아침에 나타나면, 누군가 "세금 정책, 이민, 기후변화 중 하나 골라서 글을 써 주실 수 있나요?"라고 말한다. 신문이 하루에 한 번씩 마감이 있었을 때, 우리는 기자가 아침에는 배우고 밤에는 가르칠 것이라고들 말했다 — 24시간 전에는 그 기자도 전혀 알지 못했던 주제에 관해 내일의 독자에게 알려줄 수 있는 이야기를 기사로 쓰는 것이다. 이제 이것은 마치 매 정시에 배워서 같은 시간 30분마다 가르치는 것과 같다. 예를 들어, 나는 정치 팟캐스트도 운영하고 있는데, 대선 전당대회 기간 동안 실시간 인터뷰를 하기 위해서 어디에서든 그것을 이용할 수 있어야만 한다. 나는 점점 더 대본 없이 일하고 있다.

① 교사로서의 기자 　　② 기자와 즉흥성
③ 정치학에서의 기술 　④ 저널리즘과 기술의 분야들

✓ **TIP** 마지막 문장인 I am just increasingly working without a script.를 통해서 정답이 ②번이라는 것을 알 수 있다.

10 글의 흐름상 가장 어색한 문장은?

Children's playgrounds throughout history were the wilderness, fields, streams, and hills of the country and the roads, streets, and vacant places of villages, towns, and cities. ① The term *playground* refers to all those places where children gather to play their free, spontaneous games. ② Only during the past few decades have children vacated these natural playgrounds for their growing love affair with video games, texting, and social networking. ③ Even in rural America few children are still roaming in a free-ranging manner, unaccompanied by adults. ④ When out of school, they are commonly found in neighborhoods digging in sand, building forts, playing traditional games, climbing, or playing ball games. They are rapidly disappearing from the natural terrain of creeks, hills, and fields, and like their urban counterparts, are turning to their indoor, sedentary cyber toys for entertainment.

✓ **단어** wilderness : 황무지   stream : 시내, 개울   vacant : 텅빈   spontaneous : 자발적인   vacate : 비게 하다   roam : 배회하다   creek : 개울   counterpart : 상대물   sedentary : 앉은 채 있는

✓ **해석** 전 역사에 걸쳐서 아이들의 놀이터는 시골의 황야와 들판, 개울, 언덕이었고 마을과 도시의 도로, 거리, 공터였다. ① 놀이터라는 용어는 아이들이 그들의 자유롭고 자발적인 게임을 하기 위해서 모이는 모든 장소들을 일컫는다. ② 아이들이 비디오 게임, 문자 메시지, 소셜 네트워크에 대한 그들의 커져가는 과도한 사랑을 위해서 자연의 놀이터를 비워둔 것은 단지 지난 몇십 년에 불과했다. ③ 심지어 미국 시골에서도 어른과 함께하지 않고는 자유롭게 돌아다니는 아이들이 거의 없다. (④ 학교 밖에 있을 때, 그들은 모래를 파거나, 요새를 짓거나, 전통 게임을 하거나, 등산을 하거나, 공놀이를 하면서 동네에서 흔히 발견된다.) 그들은 계곡, 언덕, 그리고 들판의 자연 지형에서 빠르게 사라지고 있고, 도시 아이들처럼 오락을 위해 실내에서, 앉아서 하는 사이버 장난감으로 향하고 있다.

✓ **TIP** 자연 속에서 뛰어 놀던 과거와는 달리 현대 사회의 아이들은 실내 오락에 파묻혀 있다는 내용의 글이다. 따라서 모래를 파는 것과 같은 전통적인 게임을 한다는 ④번의 내용은 주제와 거리가 멀다.

11

Time does seem to slow to a trickle during a boring afternoon lecture and race when the brain is <u>engrossed in</u> something highly entertaining.

① enhanced by

② apathetic to

③ stabilized by

④ preoccupied with

✅ **단어** slow to a trickle : 눈곱만큼으로 줄어들다 engross : 몰두시키다 apathetic : 무관심한, 심드렁한 stabilize : 안정되다, 안정시키다 preoccupy : 뇌리를 떠나지 않다, 사로잡다

☑ **해석** 시간은 지루한 오후 강의 동안에는 눈곱만큼 줄어드는 것 같고, 뇌가 매우 재미있는 것에 몰두할 때에는 빠르게 가는 것 같다.

12

These daily updates were designed to help readers <u>keep abreast of</u> the markets as the government attempted to keep them under control.

① be acquainted with

② get inspired by

③ have faith in

④ keep away from

✅ **단어** keep abreast of : ~을 잘 챙겨 알아두다 keep A under control : A를 통제하다

☑ **해석** 이러한 매일의 업데이트는 정부가 그들을 통제하려고 시도하면서 독자들이 시장을 잘 아는 것을 돕기 위해서 고안됐다.

　　① ~을 잘 알다
　　② ~에 의해 영감을 받다
　　③ ~에 믿음을 갖다
　　④ ~와 멀리 하다

※ 밑줄 친 (A), (B)에 들어갈 말로 가장 적절한 것을 고르시오. 【13~14】

13

In the 1840s, the island of Ireland suffered famine. Because Ireland could not produce enough food to feed its population, about a million people died of _____(A)_____; they simply didn't have enough to eat to stay alive. The famine caused another 1.25 million people to _____(B)_____; many left their island home for the United States; the rest went to Canada, Australia, Chile, and other countries. Before the famine, the population of Ireland was approximately 6 million. After the great food shortage, it was about 4 million.

	(A)	(B)
①	dehydration	be deported
②	trauma	immigrate
③	starvation	emigrate
④	fatigue	be detained

☑ **단어** famine : 기근 approximately : 대략 shortage : 부족 dehydration : 탈수, 건조 deport : 강제 추방하다 immigrate : 이민을 오다 starvation : 기아, 굶주림 emigrate : 이민 가다 fatigue : 피로, 피곤함 detain : 구금하다, 억류하다

☑ **해석** 1840년대에, 아일랜드 섬은 기근을 경험했다. 아일랜드는 국민들을 먹여 살릴 만큼의 충분한 식량을 생산할 수 없었기 때문에, 약 백만 명의 사람들이 (A)굶어 죽었다. 그들은 살아있을 만큼 충분히 먹지 못했다. 그 기근은 또다른 125만 명의 사람들이 (B)이민을 가도록 야기했다. 많은 사람들은 그들의 고국인 섬을 떠나 미국으로 갔고, 나머지는 캐나다, 호주, 칠레, 그리고 다른 나라들로 갔다. 기근 이전에 아일랜드의 인구는 대략 6백만 명이었다. 엄청난 식량 부족 이후에는 약 4백만 명이 되었다.

14

Today the technology to create the visual component of virtual-reality (VR) experiences is well on its way to becoming widely accessible and affordable. But to work powerfully, virtual reality needs to be about more than visuals. ____(A)____ what you are hearing convincingly matches the visuals, the virtual experience breaks apart. Take a basketball game. If the players, the coaches, the announcers, and the crowd all sound like they're sitting midcourt, you may as well watch the game on television – you'll get just as much of a sense that you are "there." ____(B)____, today's audio equipment and our widely used recording and reproduction formats are simply inadequate to the task of re-creating convincingly the sound of a battlefield on a distant planet, a basketball game at courtside, or a symphony as heard from the first row of a great concert hall.

	(A)	(B)
①	If	By contrast
②	Unless	Consequently
③	If	Similarly
④	Unless	Unfortunately

✓ **단어** component : 구성요소　on one's way to~ : ~로 가는 길에　affordable : 가격이 적당한　convincingly : 설득력 있게　break apart : 망가지다　may as well : ~하는 것이 낫다　inadequate : 부적합한　by contrast : 대조적으로　consequently : 결과적으로　similarly : 마찬가지로

☑ **해석** 오늘날 가상현실(VR) 경험의 시각적 구성요소를 만들 수 있는 기술은 널리 접근 가능하고 가격이 저렴해지는 중에 있다. 그러나 강력하게 효과가 있기 위해서는, 가상현실은 시각적인 것 이상이 될 필요가 있다. (A) 만약 당신이 듣고 있는 것이 시각적인 것과 설득력 있게 들어맞지 않는다면, 가상현실은 엉망이 된다. 농구 시합을 생각해 보라. 만약 선수들, 코치들, 아나운서들, 그리고 관중들 모두가 그들이 미드코트에 있는 것처럼 들린다면, 여러분은 텔레비전으로 경기를 보는 게 낫다 – 여러분은 그곳에 있는 기분처럼 느낄 것이다. (B) 불행히도, 오늘날의 청각 장비와 널리 사용되는 녹음 그리고 재생 포맷은 먼 거리 행성의 전쟁터, 코트 사이드의 농구 경기, 혹은 거대한 콘서트홀의 첫 번째 줄에서 들리는 교향곡의 소리를 설득력 있게 재창조하는 일에는 그저 부적합하다.

15 주어진 문장이 들어갈 위치로 가장 적절한 것은?

> The same thinking can be applied to any number of goals, like improving performance at work.

The happy brain tends to focus on the short term. (①) That being the case, it's a good idea to consider what short-term goals we can accomplish that will eventually lead to accomplishing long-term goals. (②) For instance, if you want to lose thirty pounds in six months, what short-term goals can you associate with losing the smaller increments of weight that will get you there? (③) Maybe it's something as simple as rewarding yourself each week that you lose two pounds. (④) By breaking the overall goal into smaller, shorter-term parts, we can focus on incremental accomplishments instead of being overwhelmed by the enormity of the goal in our profession.

ⓒ **단어** that being the case : 사정이 그렇다면 associate : 관련짓다 incremental : 증가하는 enormity : 거대함 profession : 직업

☑ **해석** 행복한 두뇌는 단기간에 집중하는 경향이 있다. 사정이 그렇다면, 결국에는 장기적인 목표를 성취하도록 만드는, 우리가 해낼 수 있는 단기 목표는 무엇일지 고려하는 것이 좋다. 예를 들어, 만약 당신이 6개월 안에 30파운드를 감량하기를 원한다면, 어떤 단기 목표를 그 목표에 이르게 해 줄 더 작은 무게 증가분을 빼는 것과 연관시킬 수 있는가? 아마도 그것은 매주 당신이 2파운드를 감량할 때 당신 자신에게 보상하는 것만큼 간단한 일이다. 동일한 생각이 직장에서의 성과를 향상시키는 것과 같은 어떤 종류의 목표에서도 적용될 수 있다. 전체적인 목표를 더 작고 단기적인 부분으로 나눔으로써, 우리는 우리의 직업에서 목표의 거대함에 의해 압도되는 대신에 점진적인 성취에 초점을 맞출 수 있다.

ⓒ **TIP** 주어진 문장에 '그 같은 생각(the same thinking)'이 ④번 앞에 있는 2파운드와 같은 작은 목표로 시작하는 것을 의미한다. 따라서 삽입문장이 ④번에 들어가는 것이 가장 알맞다.

16 우리말을 영어로 잘못 옮긴 것은?

① 혹시 내게 전화하고 싶은 경우에 이게 내 번호야.

　→ This is my number just in case you would like to call me.

② 나는 유럽 여행을 준비하느라 바쁘다.

　→ I am busy preparing for a trip to Europe.

③ 그녀는 남편과 결혼한 지 20년 이상 되었다.

　→ She has married to her husband for more than two decades.

④ 나는 내 아들이 읽을 책을 한 권 사야 한다.

　→ I should buy a book for my son to read.

✎ **단어** decade : 10년

✎ **TIP** ① just in case(~인 경우에 한해서, 혹시라도 ~인 경우에)는 접속사로, 절을 이끌 수 있다.
　② be busy ~ing(~하느라 바쁘다) 표현이 바르게 쓰였다.
　③ has married to → has been married to
　　marry는 전치사 없이 목적어를 바로 취하는 타동사이다. 따라서 능동태에서는 marry 동사 다음에 목적어가 와야 한다. 수동형으로 쓴다면, be married to로 써서 '~와 결혼하다, ~와 결혼생활을 하다'라는 뜻으로 쓸 수 있다. for more than two decades이므로 현재완료형 표현과 함께 나타내어 has been married to로 쓰는 것이 알맞다.
　④ to read의 주체가 주절의 주어 I가 아니므로 의미상의 주어를 나타내기 위해 for my son을 써 주었다.

17 다음 글의 내용과 일치하지 않는 것을 고르시오

In the nineteenth century, the most respected health and medical experts all insisted that diseases were caused by "miasma," a fancy term for bad air. Western society's system of health was based on this assumption: to prevent diseases, windows were kept open or closed, depending on whether there was more miasma inside or outside the room; it was believed that doctors could not pass along disease because gentlemen did not inhabit quarters with bad air. Then the idea of germs came along. One day, everyone believed that bad air makes you sick. Then, almost overnight, people started realizing there were invisible things called microbes and bacteria that were the real cause of diseases. This new view of disease brought sweeping changes to medicine, as surgeons adopted antiseptics and scientists invented vaccines and antibiotics. But, just as momentously, the idea of germs gave ordinary people the power to influence their own lives. Now, if you wanted to stay healthy, you could wash your hands, boil your water, cook your food thoroughly, and clean cuts and scrapes with iodine.

① In the nineteenth century, opening windows was irrelevant to the density of miasma.

② In the nineteenth century, it was believed that gentlemen did not live in places with bad air.

③ Vaccines were invented after people realized that microbes and bacteria were the real cause of diseases.

④ Cleaning cuts and scrapes could help people to stay healthy.

☑ **단어** fancy : 멋진   pass along : 전하다, 알리다   quarters : (하인)숙소   adopt : 채택하다   antiseptic : 방부제   momentously : 중요하게   scrapes : 찰과상, 긁힌 자국

☑ **해석** 19세기에, 가장 존경받는 건강 의학 전문가들 모두 질병은 "miasma(독기)" – 나쁜 공기에 대한 멋진 용어 – 에 의해 야기된다고 주장했다. 서구 사회의 건강 체계가 이 가정을 토대로 하였다: 질병을 막기 위해, 창문은 방 안에 또는 바깥에 더 많은 miasma가 있는지에 따라서 열려 있거나 닫힌 상태를 유지했다. 귀족들은 나쁜 공기가 있는 숙소에 거주하지 않았기 때문에 의사들은 병을 전하지 않는다고 믿어졌다. 그리고 나서 세균이라는 개념이 나왔다. 어느 날, 모든 사람들은 나쁜 공기가 당신을 아프게 한다고 믿었다. 그런 다음 거의 하룻밤 사이에 사람들은 병의 진짜 원인인 병원균과 박테리아라고 불리는 보이지 않는 것들이 있다는 것을 깨닫기 시작했다. 이 새로운 병의 관점은 의사들이 소독약을 채택하고 과학자들이 백신과 항생제를 발명하면서 약에서의 광범위한 변화를 가져왔다. 그러나 같은 중요도로, 병원균이라는 개념은 일반 사람들에게 자신들의 삶에 영향을 주는 힘을 주었다. 이제 건강을 유지하기를 원한다면, 손을 씻거나, 물을 끓이거나, 음식을 완전하게 조리하거나 베이거나 긁힌 상처를 요오드 용액으로 깨끗이 할 수 있다.

① 19세기에 창문을 여는 것은 miasma의 밀도와는 관계가 없었다.
② 19세기에 귀족은 나쁜 공기가 있는 장소에서는 살지 않는다고 믿어졌다.
③ 백신은 사람들이 병원균과 박테리아가 병의 진짜 원인이라는 것을 깨달은 이후에 발명되었다.
④ 베인 상처와 긁힌 상처를 깨끗이 하는 것은 사람들이 건강을 유지하는 데 도움을 줄 수 있을 것이다.

☑ **TIP** ① 두 번째 문장에서 miasma가 방 밖에 많은지 아니면 방 안에 많은지에 따라 문을 열거나 닫은 상태로 둔다고 했다. 따라서 본문의 내용과 다르다.

18 다음 글의 내용과 일치하지 않는 것을 고르시오

> Followers are a critical part of the leadership equation, but their role has not always been appreciated. For a long time, in fact, "the common view of leadership was that leaders actively led and subordinates, later called followers, passively and obediently followed." Over time, especially in the last century, social change shaped people's views of followers, and leadership theories gradually recognized the active and important role that followers play in the leadership process. Today it seems natural to accept the important role followers play. One aspect of leadership is particularly worth noting in this regard: Leadership is a social influence process shared among all members of a group. Leadership is not restricted to the influence exerted by someone in a particular position or role; followers are part of the leadership process, too.

① For a length of time, it was understood that leaders actively led and followers passively followed.

② People's views of subordinates were influenced by social change.

③ The important role of followers is still denied today.

④ Both leaders and followers participate in the leadership process.

✅ **단어** subordinate : 부하, 하수인 obediently : 복종적으로 restrict : 제한하다 exert : 발휘하다

☑️ **해석** 추종자들은 리더십 방정식의 중요한 부분이지만, 그들의 역할이 항상 인식되어 온 것은 아니다. 사실, 오랫동안 "리더십에 대한 공통된 관점은 리더들은 적극적으로 이끌고, 나중에 추종자로 불리는 부하들은 수동적으로 그리고 복종적으로 따른다는 것이었다." 시간이 지나면서, 특히 지난 세기에, 사회적 변화가 추종자들에 대한 사람들의 관점을 형성했고, 리더십 이론들은 점차 추종자들이 리더십 과정에서 적극적이고 중요한 역할을 한다는 것을 인식했다. 오늘날 추종자들이 하는 중요한 역할을 받아들이는 것은 중요하다. 리더십의 한가지 측면은 특히 이러한 점에 있어서 주목할 만한 가치가 있다는 것이다. 다시 말해, 리더십은 한 그룹의 모든 구성원들 사이에 공유되는 사회적 영향 과정이다. 리더십은 특정한 위치나 역할에 있는 누군가에 의해 행사되는 영향에만 제한되지 않는다. 따르는 사람들 역시 리더십 과정의 일부분이다.

① 오랜 기간 동안, 리더들은 적극적으로 이끌고, 따르는 사람들은 수동적으로 따르는 것으로 이해되었다.
② 종속자들에 대한 사람들의 관점은 사회적 변화에 의해 영향을 받았다.
③ 따르는 사람들의 중요한 역할은 오늘날에도 여전히 부정되고 있다.
④ 리더와 따르는 사람들 모두 리더십 과정에 참여한다.

✅ **TIP** ③ 네 번째 문장에서 따르는 사람들 또한 리더십에서 중요한 역할을 한다고 하였다.

19

Language proper is itself double-layered. Single noises are only occasionally meaningful: mostly, the various speech sounds convey coherent messages only when combined into an overlapping chain, like different colors of ice-cream melting into one another. In birdsong also, _____: the sequence is what matters. In both humans and birds, control of this specialized sound-system is exercised by one half of the brain, normally the left half, and the system is learned relatively early in life. And just as many human languages have dialects, so do some bird species: in California, the white-crowned sparrow has songs so different from area to area that Californians can supposedly tell where they are in the state by listening to these sparrows.

① individual notes are often of little value

② rhythmic sounds are important

③ dialects play a critical role

④ no sound-system exists

✓ **단어** proper : (명사 뒤에서 쓰여) 엄밀한 의미의 coherent : 일관된 sequence : 순서, 연속성 sparrow : 참새

✓ **해석** 엄밀한 의미의 언어는 그 자체로 두 개의 층을 이루고 있다. 개별적 소음들은 단지 가끔씩만 의미가 있다; 대개 다양한 말의 소리가 중복되는 고리들과 결합되었을 때에만 일관성 있는 메시지를 전달하게 되는데, 다양한 색깔의 아이스크림이 서로 서로 녹아 들어가는 것과 같다. 새소리에 있어서도, 개별적 음들은 종종 거의 의미가 없다: 순서가 중요한 것이다. 인간과 새 둘 다에게 있어, 이러한 특화된 음성 체계에 대한 조절은 뇌의 절반, 주로 왼쪽 절반에 의해 행하여지며 그 체계는 비교적 삶의 초기에 학습된다. 그리고 인간의 많은 언어가 방언을 가지고 있듯이, 몇몇 새들의 종도 그러하다: 캘리포니아에서 흰줄무늬 참새는 지역마다 너무 다른 노랫소리를 갖고 있어서 캘리포니아 사람들은 아마도 이러한 참새 소리를 듣고 자신이 그 주의 어디에 있는지를 구별할 수 있을 것이다.

① 개별적 음들은 종종 거의 의미가 없다.
② 리듬감 있는 소리가 중요하다.
③ 방언이 중요한 역할을 한다.
④ 어떤 소리 체계도 존재하지 않는다.

✓ **TIP** 빈칸 앞 문장 the various speech sounds convey coherent messages only when combined into an overlapping chain 의 내용으로 보아 개별적 음들은 아무런 의미가 없다는 내용이 들어가야 한다.

20

Nobel Prize-winning psychologist Daniel Kahneman changed the way the world thinks about economics, upending the notion that human beings are rational decision-makers. Along the way, his discipline-crossing influence has altered the way physicians make medical decisions and investors evaluate risk on Wall Street. In a paper, Kahneman and his colleagues outline a process for making big strategic decisions. Their suggested approach, labeled as "Mediating Assessments Protocol," or MAP, has a simple goal: To put off gut-based decision-making until a choice can be informed by a number of separate factors. "One of the essential purposes of MAP is basically to _____ intuition," Kahneman said in a recent interview with *The Post*. The structured process calls for analyzing a decision based on six to seven previously chosen attributes, discussing each of them separately and assigning them a relative percentile score, and finally, using those scores to make a holistic judgment.

① improve

② delay

③ possess

④ facilitate

✓ **단어** upend : 뒤집다   alter : 바꾸다   evaluate : 평가하다   outline : 개요를 잡다   strategic : 전략적인   gut : 배짱   intuition : 직관   analyze : 분석하다   attribute : 특성   separately : 별개로   holistic : 총체적인   possess : 소유하다   facilitate : 가능하게 하다

☑ **해석** 노벨상 수상자이자 심리학자인 Daniel Kahneman은 인간이 이성적 의사결정자라는 개념을 뒤엎으며, 세계가 경제학에 관해 생각하는 방식을 변화시켰다. 그 과정에서, 그의 학문 전반에 걸친 영향력은 의사들이 의학적 결정을 내리는 방식과 투자가들이 월 스트리트에서 위험을 평가하는 방식을 변화시켰다. 한 논문에서, Kahneman과 그의 동료들은 큰 전략적 결정을 내리기 위한 과정의 개요를 만들었다. 'Mediating Assessments Protocol(조정 평가 프로토콜)', 혹은 MAP이라고 이름 붙여진 그들이 제시한 접근법은 한 가지 간단한 목표를 가진다: 하나의 선택이 다수의 별개 요소들에 의해 알려질 때까지 배짱에 근거한 의사결정을 지연시키는 것이다. "MAP의 가장 본질적인 목표 중 하나는 기본적으로 직관을 미루는 것이다."라고 Kahneman은 최근 〈포스트〉와의 인터뷰에서 말했다. 이러한 구조화된 과정은, 그것들 각각을 개별적으로 논의하고 나서, 그들에게 상대적인 백분점수를 부여하고 마지막으로 총체적 판단을 위해 그 점수를 사용하면서, 이전에 선택된 여섯 개에서 일곱 개의 특성들에 근거하여 하나의 결정을 분석하는 것을 요구하는 것이다.

✓ **TIP** 빈칸 앞 문장 To put off gut-based decision-making until a choice can be informed by a number of separate factors.에서 의사 결정을 미룬다(put off)는 내용을 통해서 ②번이 정답이라는 것을 알 수 있다.

※ 밑줄 친 부분의 의미와 가장 가까운 것은? 【1~2】

1

At least in high school she made one decision where she finally <u>saw eye to eye</u> with her parents.

① quarreled

② disputed

③ parted

④ agreed

✓ **단어** see eye to eye : 견해가 일치하다 quarrel : 다투다 dispute : 논쟁하다 part : 나누다

☑ **해석** 적어도 고등학교 때 그녀는 마침내 그녀의 부모님과 견해가 <u>일치하는</u> 하나의 결정을 내렸다.

2

Justifications are accounts in which one accepts responsibility for the act in question, but denies the <u>pejorative</u> quality associated with it.

① derogatory

② extrovert

③ mandatory

④ redundant

✓ **단어** justification : 변명 account : 설명, 해석 in question : 논쟁 중인 deny : 부인하다 pejorative : 가치를 떨어뜨리는, (낱말·발언이) 경멸적인 associated with : ~랑 관련된

☑ **해석** 변명은 사람이 논쟁 중인 행위에 대해서 책임은 받아들이지만, 그것과 관련된 <u>가치를 떨어뜨리는</u> 본질을 부정하는 말이다.
　① 가치를 떨어뜨리는　② 외향적인
　③ 강제적인　④ 여분의

3

Tests ruled out dirt and poor sanitation as causes of yellow fever, and a mosquito was the _____ carrier.

① suspected
② uncivilized
③ cheerful
④ volunteered

☑ **단어** rule out : 배제하다 sanitation : 위생 yellow fever : 황열병 suspected : 의심되는 uncivilized : 미개한

☑ **해석** 검사는 황열병의 원인으로 먼지와 나쁜 위생을 제외했고, 모기가 <u>의심 가는</u> 매개체였다.

4

Generally speaking, people living in 2018 are pretty fortunate when you compare modern times to the full scale of human history. Life expectancy _____ at around 72 years, and diseases like smallpox and diphtheria, which were widespread and deadly only a century ago, are preventable, curable, or altogether eradicated.

① curtails
② hovers
③ initiates
④ aggravates

☑ **단어** life expectancy : 기대수명 smallpox : 천연두 diphtheria : 디프테리아 preventable : 예방할 수 있는 curable : 치료할 수 있는 eradicate : 근절하다 curtail : 생략하다 hover : 하늘에 멈춰 떠 있다 initiate : 시작하다 aggravate : 악화시키다

☑ **해석** 일반적으로 말해서, 당신이 현대를 전체적인 인류 역사에 비교해 봤을 때, 2018년에 사는 사람들은 꽤 운이 좋다. 기대 수명은 약 72세 정도 위에서 <u>맴돌고</u>, 한 세기 전만 해도 널리 퍼져있고 치명적이던 천연두와 디프테리아 같은 질병들은 예방할 수 있거나, 치료할 수 있거나, 혹은 완전히 근절되었다.

✎ **ANSWER** 1.④ 2.① 3.① 4.②

5

To imagine that there are concrete patterns to past events, which can provide _____ for our lives and decisions, is to project on to history a hope for a certainty which it cannot fulfill.

① hallucinations   ② templates

③ inquiries   ④ commotion

☑ **단어** concrete : 구체적인   project : 투영하다   certainty : 확실성   fulfill : 수행하다   hallucination : 환각   template : 본보기 inquiry : 질문   commotion : 동요

☑ **해석** 우리의 삶과 결정을 위한 <u>본보기</u>를 제공할 수 있는, 과거 사건들에 구체적인 패턴이 있다고 상상하는 것은 그것이 수행할 수 없는 확실성에 대한 희망을 역사에 투사하는 것이다.

6 대화 중 가장 어색한 것은?

① A : What was the movie like on Saturday?

    B : Great. I really enjoyed it.

② A : Hello. I'd like to have some shirts pressed.

    B : Yes, how soon will you need them?

③ A : Would you like a single or a double room?

    B : Oh, it's just for me, so a single is fine.

④ A : What time is the next flight to Boston?

    B : It will take about 45 minutes to get to Boston.

☑ **해석** ① A : 토요일 영화는 어땠나요?

      B : 좋았어요. 정말 재밌게 봤어요.

   ② A : 안녕하세요. 셔츠 몇 벌 다림질하기를 원합니다.

      B : 네, 얼마나 빨리 그것들이 필요하신가요?

   ③ A : 싱글룸으로 하시겠습니까, 더블룸으로 하시겠습니까?

      B : 아, 나만을 위한 것이요. 그래서 싱글룸이 좋겠어요.

   ④ A : Boston으로 가는 다음 비행기는 몇 시인가요?

      B : <u>Boston에 가는 데 약 45분 걸릴 것입니다.</u>

7

> Inventor Elias Howe attributed the discovery of the sewing machine ①<u>for</u> a dream ②<u>in which</u> he was captured by cannibals. He noticed as they danced around him ③<u>that</u> there were holes at the tips of spears, and he realized this was the design feature he needed ④<u>to solve</u> his problem.

- ✅ **단어** sewing machine : 재봉틀 cannibal : 식인종 spear : 창

- ☑ **해석** 발명가 Elias Howe는 재봉틀의 발견을 그가 식인종에게 붙잡힌 꿈의 탓으로 돌린다. 그는 그들이 그 주위에서 춤을 출 때 창 끝에 구멍들이 있다는 것을 알아차렸고, 그는 이것이 그가 이 문제를 풀기 위해서 필요로 했던 디자인의 특징이라는 것을 깨달았다.

- ✅ **TIP** ① for a dream → to a dream
  attribute A to B는 'A를 B의 탓으로 돌리다'라는 뜻을 가진 표현이다.
  ② he was captured by cannibals in a dream 문장을 a dream를 선행사로, which를 관계대명사로 하여 앞 문장과 연결하면, ~for a dream which he was captured by cannibals in이 된다. 전치사 in을 which 앞으로 위치시킬 수 있으므로 ~for a dream in which(=where) he was captured by cannibals로 쓸 수 있다.
  ③ notice의 목적어로 that절이 왔다. as they danced around him은 중간에 삽입된 부사절이다.
  ④ '~하기 위해서' 뜻을 나타내기 위해 쓰인 to부정사의 부사적 용법이다.

8

> By 1955 Nikita Khrushchev ①<u>had been emerged as</u> Stalin's successor in the USSR, and he ②<u>embarked on</u> a policy of "peaceful coexistence" ③<u>whereby East and West</u> ④<u>were to continue their competition</u>, but in a less confrontational manner.

- ✅ **단어** embark on : ~에 착수하다 coexistence : 공존 whereby : (그것에 의해) ~하는 confrontational : 대립하는

- ☑ **해석** 1955년쯤 Nikita Khrushchev는 USSR(소비에트 사회주의 공화국 연방)에서 스탈린의 후계자로 나타났고, 그는 "평화공존 정책"에 착수했는데, 그것에 의해 동서양은 그들의 경쟁을 계속 하긴 했어도 덜 대립하는 방식으로 하였다.

- ✅ **TIP** ① emerge는 '나타나다'라는 의미의 자동사이기 때문에 수동태로 쓸 수 없다.
  ② embark (on)은 '~에 착수하다, 관계하다'는 의미로 맞는 표현이다.
  ③ whereby는 관계사의 의미로 '(그것에 의해) ~하는' 이라는 의미이다.
  ④ were to continue는 to부정사의 be to 용법으로 '예정, 가능, 당연, 의무, 의도' 등을 나타낸다.

✏ **ANSWER** 5.② 6.④ 7.① 8.①

9

Squid, octopuses, and cuttlefish are all ①types of cephalopods. ②Each of these animals has special cells under its skin that ③contains pigment, a colored liquid. A cephalopod can move these cells toward or away from its skin. This allows it ④to change the pattern and color of its appearance.

☑ 단어 cuttlefish : 오징어 cephalopod : (오징어, 문어와 같은) 두족류 동물 pigment : 인료, 색소

☑ 해석 (작은) 오징어, 문어 그리고 오징어는 모두 두족류 동물의 종류이다. 이 동물들의 각각은 색소, 즉 색깔을 띠는 색소를 포함하는, 피부 밑 특별한 세포를 가지고 있다. 두족류 동물은 이 세포들을 피부 쪽으로 또는 피부로부터 멀리 이동시킬 수 있다. 이것은 두족류 동물이 그 외양의 패턴과 색깔을 바꾸도록 한다.

☑ TIP ① 모든 종류의 두족류 동물들을 의미하는 "all types of cephalopods"는 맞는 표현이다.
② each는 형용사와 대명사의 쓰임 모두 가능하다. 문제에서는 대명사로 쓰였다.
③ 관계대명사 that의 선행사가 skin이 아닌 cells이기 때문에 수 일치시켜 contains를 contain으로 고쳐준다.
④ allow는 목적보어로 to 부정사를 취해야 한다. to change는 맞는 표현이다.

10

There is a more serious problem than ①maintaining the cities. As people become more comfortable working alone, they may become ②less social. It's ③easier to stay home in comfortable exercise clothes or a bathrobe than ④getting dressed for yet another business meeting!

☑ 단어 bathrobe : 실내복

☑ 해석 도시를 유지하는 것보다 심각한 문제들이 있다. 혼자 일하는 게 더 편하게 되면서, 사람들은 덜 사회적으로 될지 모른다. 편한 운동복이나 실내복으로 집에 머무르는 것이 다른 사업상의 미팅을 위해서 갖추어 입는 것보다 더 쉽다.

☑ TIP ① 비교 대상이 주어인 명사구 (a more serious problem) 이기 때문에 (동)명사구 maintaining the cities는 맞는 표현이다.
② 양, 정도의 비교급을 나타내는 less가 형용사 앞에 쓰였다. 맞는 표현이다.
③ 뒤에 나오는 than과 병치를 이루어서 비교급 easier가 맞는 표현이다.
④ 비교대상이 집에 머무르는 것(to stay)과 옷을 갖추어 입는 것(getting dressed)이기 때문에 비교대상의 형태를 일치시켜 (to) get dressed가 되어야 한다.

11 글의 제목으로 가장 적절한 것은?

Economists say that production of an information good involves high fixed costs but low marginal costs. The cost of producing the first copy of an information good may be substantial, but the cost of producing(or reproducing) additional copies is negligible. This sort of cost structure has many important implications. For example, cost-based pricing just doesn't work: a 10 or 20 percent markup on unit cost makes no sense when unit cost is zero. You must price your information goods according to consumer value, not according to your production cost.

① Securing the Copyright

② Pricing the Information Goods

③ Information as Intellectual Property

④ The Cost of Technological Change

☑ **단어** marginal cost : 한계비용 substantial : 상당한 negligible : 무시할 만한 implication : 암시, 영향 markup : 가격인상

☑ **해석** 경제학자들은 정보재의 생산이 높은 고정비용과 낮은 한계비용을 포함한다고 말한다. 정보재의 초고를 제작하는 비용은 상당할지도 모른다. 하지만 추가적인 사본을 제작(또는 재제작)하는 비용은 무시해도 될 정도다. 이런 종류의 비용 구조는 많은 중요한 영향을 가지고 있다. 예를 들어, 비용을 기반으로 하는 가격책정은 효과가 없다: 단가가 0일 때, 단가에 대해 10퍼센트 혹은 20퍼센트의 가격인상은 말이 되지 않는다. 당신은 당신의 생산비가 아니라, 소비자 가치에 따라 당신의 정보재의 가격을 책정해야 한다.

① 저작권 확보하기
② 정보재 가격 책정하기
③ 지적재산권으로서의 정보
④ 기술적 변화의 비용

☑ **TIP** 마지막 문장인 "You must price your information goods according to consumer value, not according to your production cost."를 통해서 정보재의 가격 책정이 제목이라는 것을 알 수 있다.

✎ **ANSWER** 9.③ 10.④ 11.②

12 밑줄 친 부분이 지칭하는 대상이 다른 것은?

Dracula ants get their name for the way they sometimes drink the blood of their own young. But this week, ①the insects have earned a new claim to fame. Dracula ants of the species *Mystrium camillae* can snap their jaws together so fast, you could fit 5,000 strikes into the time it takes us to blink an eye. This means ②the blood-suckers wield the fastest known movement in nature, according to a study published this week in the journal *Royal Society Open Science*. Interestingly, the ants produce their record-breaking snaps simply by pressing their jaws together so hard that ③they bend. This stores energy in one of the jaws, like a spring, until it slides past the other and lashes out with extraordinary speed and force-reaching a maximum velocity of over 200 miles per hour. It's kind of like what happens when you snap your fingers, only 1,000 times faster. Dracula ants are secretive predators as ④they prefer to hunt under the leaf litter or in subterranean tunnels.

☑ **단어** a claim to fame : 명성을 얻을 자격   wield : 휘두르다, 사용하다   bend : 구부리다   lash out : 채찍질하다, 강타하다   extraordinary : 대단한, 비상한   velocity : 속도   snap : ~를 탕하고 닫다, 물다   secretive : 숨기는   subterranean : 지하의

☑ **해석** 드라큘라 개미들은 그들이 때때로 자기 새끼의 피를 마시는 방식 때문에 그들의 이름을 얻었다. 하지만 이번 주, 이 곤충들은 명성을 얻을 새로운 자격을 얻었다. Mystrium camillae 종의 드라큘라 개미들은 그들의 턱을 아주 빠르게 부딪칠 수 있어서, 당신이 눈을 깜빡이는 데 걸리는 시간에 5,000번의 타격을 맞출 수 있다. 이것은 이번 주에 Royal Society Open Science지에 발표된 한 연구에 따르면, 피를 빨아먹는 그들이(개미들이) 자연에서 가장 빠른 것으로 알려진 동작을 사용한다는 것을 의미한다. 흥미롭게도, 이 개미들은 단순히 그들의 턱을 너무 세게 부딪쳐서 그것들이 구부러지게 함으로써, 그들의 기록적인 부딪침을 만들어 낸다. 이것은 한쪽 턱이 다른 쪽 턱을 미끄러지면서 지나가 엄청난 속도와 힘 – 다시 말해 시속 200마일 이상의 최대 속도에 도달하는 – 으로 강타할 때까지, 스프링처럼 한쪽 턱에 에너지를 저장한다. 그것은 당신이 손가락을 탁 칠 때 발생하는 것과 같은데, 1,000배 더 빠를 뿐이다. 드라큘라 개미들은 그들이 낙엽 밑이나 지하 터널 안에서 사냥하는 것을 더 좋아하기 때문에 비밀스러운 포식자들이다.

☑ **TIP** ①, ②, ④는 개미를, ③은 개미의 턱(their jaws)을 가리킨다.

13 밑줄 친 부분에 들어갈 말로 가장 옳은 것은?

> I am writing to you from a train in Germany, sitting on the floor. The train is crowded, and all the seats are taken. However, there is a special class of "comfort customers" who are allowed to make those already seated _____ their seats.

① give up

② take

③ giving up

④ taken

☑ 해설 나는 독일의 한 기차에서 편지를 쓰고 있는데, 바닥에 앉아서 쓰고 있습니다. 기차는 붐비고, 모든 좌석은 차 있습니다. 하지만, 이미 앉은 사람들이 그들의 자리를 포기하도록 할 수 있는 "comfort customers"라는 특별한 등급이 있습니다.

☑ TIP 빈칸 앞에 있는 사역동사 make로 인해 빈칸은 동사원형 자리이다. 따라서 ① 또는 ②가 올바른데, 문맥상 이미 앉아 있는 사람이 자리를 '차지하는 것'이 아니라 '포기한다'고 하는 것이 맞다.

※ 글의 흐름상 빈칸에 들어갈 말로 가장 적절한 것은? 【14~17】

14

> A country's wealth plays a central role in education, so lack of funding and resources from a nation-state can weaken a system. Governments in sub-Saharan Africa spend only 2.4 percent of the world's public resources on education, yet 15 percent of the school-age population lives there. _____, the United States spends 28 percent of all the money spent in the world on education, yet it houses only 4 percent of the school-age population.

① Nevertheless

② Furthermore

③ Conversely

④ Similarly

☑ 단어 house 수용하다

☑ 해설 한 나라의 부는 교육에 있어서 중심적인 역할을 해서, 국가로부터의 자금과 자원의 부족은 시스템을 약화시킬 수 있다. 사하라 사막 이남 아프리카의 정부들은 세계 공공 자원의 2.4퍼센트만을 교육에 지출하지만, 취학 연령 인구의 15퍼센트가 그곳에 산다. 반면에 미국은 전 세계적으로 교육에 지출되는 모든 돈의 28퍼센트를 지출하지만, 취학 연령 인구의 고작 4퍼센트만을 수용한다.

① 그럼에도 불구하고　② 더욱이, 게다가

③ 반대로　④ 마찬가지로

✎ **ANSWER** 12.③ 13.① 14.③

15

"Highly conscientious employees do a series of things better than the rest of us," says University of Illinois psychologist Brent Roberts, who studies conscientiousness. Roberts owes their success to "hygiene" factors. Conscientious people have a tendency to organize their lives well. A disorganized, unconscientious person might lose 20 or 30 minutes rooting through their files to find the right document, an inefficient experience conscientious folks tend to avoid. Basically, by being conscientious, people _____ they'd otherwise create for themselves.

① deal with setbacks   ② do thorough work

③ follow norms   ④ sidestep stress

☑ **단어** conscientious : 양심적인, 성실한   owe A to B : A는 B의 덕분이다   hygiene : 위생   tendency : 경향   root : 뒤지다, 찾다
　　　folks : 사람들   setback : 차질   thorough : 빈틈없는, 철두철미한   sidestep : 비켜 가다

☑ **해석** "매우 성실한 직원들이 나머지 우리보다 일련의 일들을 더 잘한다"고 성실함을 연구하는 Illinois 대학 심리학자 Brent Roberts는 말한다. Roberts는 그들의 성공을 '위생' 덕분이라고 생각한다. 성실한 사람들은 그들의 생활을 잘 정리하는 경향이 있다. 체계적이지 못하고 불성실한 사람은 올바른 서류를 찾기 위해 그들의 파일들을 구석구석 찾는 데 20분이나 30분을 허비할지도 모르는데, (이것은) 성실한 사람들은 피하는 경향이 있는 비효율적인 경험이다. 근본적으로, 성실함으로써, 사람들은 그들이 만약 그렇지 않았다면 스스로 만들었을지도 모르는 스트레스를 비켜 간다.

　　　① 차질을 처리하다　　　② 철저한 일을 한다
　　　③ 규범을 따른다　　　　④ 스트레스를 비켜 가다

☑ **TIP** 빈칸 앞 문장 Conscientious people have a tendency to organize their lives well. A disorganized, unconscientious person might lose 20 or 30 minutes rooting through their files to find the right document, an inefficient experience conscientious folks tend to avoid.의 내용으로 보아 스트레스를 비켜 간다는 의미인 ④번이 정답이라는 것을 알 수 있다.

16

Climate change, deforestation, widespread pollution and the sixth mass extinction of biodiversity all define living in our world today—an era that has come to be known as "the Anthropocene". These crises are underpinned by production and consumption which greatly exceeds global ecological limits, but blame is far from evenly shared. The world's 42 wealthiest people own as much as the poorest 3.7 billion, and they generate far greater environmental impacts. Some have therefore proposed using the term "Capitalocene" to describe this era of ecological devastation and growing inequality, reflecting capitalism's logic of endless growth and _____.

① the better world that is still within our reach

② the accumulation of wealth in fewer pockets

③ an effective response to climate change

④ a burning desire for a more viable future

✅ **단어** deforestation : 삼림 벌채   biodiversity : 생물 다양성   era : 시대   anthropocene : 인류세   underpin : 지지하다   far from : 전혀 ~이 아닌   devastation : 황폐   inequality : 불평등   capitalism : 자본주의   accumulation : 축적   viable : 실행 가능한, 성공할 수 있는

✅ **해석** 기후변화, 삼림 벌채, 만연한 공해 그리고 생물다양성의 6차 대멸종은 모두 오늘날 우리 세계, 즉 – '인류세'로 알려지게 된 시대 – 에 '산다는 것'을 말한다. 이러한 위기는 세계적인 생태계의 한계를 크게 초과하는 생산과 소비에 의해 뒷받침되고 있는데, 비난은 전혀 고르게 분산되지 않는다. 세계에서 가장 부유한 42명의 사람들이 가장 가난한 37억 명의 사람들이 소유한 것만큼 소유하고, 그들은 훨씬 큰 환경적 영향을 미친다. 그래서 일부의 사람들은 생태학적인 황폐화와 증가하는 불평등의 이 시대를 묘사하기 위해 '자본세'라는 용어를 사용하기를 제안했는데, (그것은) 무한 성장과 <u>더 적은 수의 주머니 안으로 부가 축적되는 것</u>에 대한 자본주의의 논리를 반영하는 것이다.

　① 여전히 우리 손이 닿는 더 나은 세상
　② 더 적은 수의 주머니 안으로 부가 축적되는 것
　③ 기후변화에 대한 효과적인 대응
　④ 더 성공적인 미래를 위한 불타는 욕망

✅ **TIP** 빈칸 바로 앞 문장 The world's 42 wealthiest people own as much as the poorest 3.7 billion, and they generate far greater environmental impacts.를 통해서 ②번이 정답이라는 것을 알 수 있다.

✏️ **ANSWER** 15.④ 16.②

17

Ever since the time of ancient Greek tragedy, Western culture has been haunted by the figure of the revenger. He or she stands on a whole series of borderlines: between civilization and barbarity, between _____ and the community's need for the rule of law, between the conflicting demands of justice and mercy. Do we have a right to exact revenge against those who have destroyed our loved ones? Or should we leave vengeance to the law or to the gods? And if we do take action into our own hands, are we not reducing ourselves to the same moral level as the original perpetrator of murderous deeds?

① redemption of the revenger from a depraved condition

② divine vengeance on human atrocities

③ moral depravity of the corrupt politicians

④ an individual's accountability to his or her own conscience

✓ **단어** haunt : 출몰하다 revenger : 복수하는 사람 borderline : 국경선 barbarity : 야만, 만행 mercy : 자비 exact : 가하다 vengeance : 복수 take action : 조치를 취하다 perpetrator : 가해자, 범인 murderous : 살인의 deed : 행위 redemption : 구원, 구 함deprave : 타락하게 하다 atrocity : 잔혹 행위 accountability : 책임, 의무

✓ **해석** 고대 그리스 비극 시대 이후로 지금까지, 서양 문화에는 복수자의 인물이 등장해 왔다. 그 또는 그녀는 그 모든 일련의 경계선에 서 있는데, 다시 말해서 문명과 야만 사이에, <u>그 또는 그녀 자신의 양심에 대한 개인의 책임</u>과 법규에 대한 공동체의 요구 사이에, 상충되는 정의와 자비의 요구 사이에 서 있다. 우리는 우리의 사랑하는 사람들을 파괴한 사람들에게 복수를 가할 권리가 있는가? 아니면 우리는 복수를 법이나 신들에게 맡겨야 하는가? 그리고 만약 우리가 정말 스스로 조치를 취한다면, 우리는 우리 자신을 살인 행위의 원래 가해자와 같은 도덕적 수준으로 낮추는 것이 아닌가?

① 타락한 상황으로부터의 복수자의 구원
② 인간의 잔학한 행위에 대한 신의 복수
③ 부패한 정치가들의 도덕적 타락
④ 그 또는 그녀 자신의 양심에 대한 개인적 책임

✓ **TIP** 위에 나오는 Do we have a right to exact revenge against those who have destroyed our loved ones? Or should we leave vengeance to the law or to the gods?의 두 개의 문장을 통해서 ④번이 정답이라는 것을 알 수 있다.

18 글의 흐름상 가장 적절하지 않은 문장은?

It seems to me possible to name four kinds of reading, each with a characteristic manner and purpose. The first is reading for information–reading to learn about a trade, or politics, or how to accomplish something. ①We read a newspaper this way, or most textbooks, or directions on how to assemble a bicycle. ②With most of this material, the reader can learn to scan the page quickly, coming up with what he needs and ignoring what is irrelevant to him, like the rhythm of the sentence, or the play of metaphor. ③We also register a track of feeling through the metaphors and associations of words. ④Courses in speed reading can help us read for this purpose, training the eye to jump quickly across the page.

✓ **단어** assemble : 모으다, 조립하다   material : 자료, 내용   irrelevant : 관련없는   metaphor : 은유   register : 나타내다, 등록하다
association : 연합

☑ **해석** 나에게는 네 종류의 독서를 명명하는 것이 가능한 것처럼 보이는데, 각각은 특징적인 형식과 목적을 가지고 있다. 첫 번째는 정보를 위한 독서 – 무역, 정치, 또는 무언가를 성취하는 방법에 관해서 배우기 위한 독서이다. ①우리는 이런 식으로 신문을 읽거나, 대부분의 교과서 또는 자전거를 조립하는 방법에 관한 설명서를 읽는다. ②대부분의 이러한 자료를 가지고, 그가 필요로 하는 것을 생각해 내고 문장의 운율 또는 은유의 사용 같이 그에게 관련없는 것을 무시하면서, 독자는 페이지를 빨리 훑어보는 것을 배울 수 있다. (③우리는 또한 은유와 단어의 연상을 통해서 감정의 경로를 나타낸다.) ④속독에 관한 강좌는 눈이 페이지를 가로질러 빠르게 건너뛰도록 훈련시키면서, 우리가 이 목적을 위해 읽도록 도와줄 수 있다.

✓ **TIP** 글의 주제는 독서의 종류에는 4종류가 있다고 설명해주는 첫 문장 It seems to me possible to name four kinds of reading, each with a characteristic manner and purpose.이다. 따라서 "은유와 단어의 연상을 통해서 감정의 경로를 나타낸다."는 내용의 ③번은 주제에 관한 내용이 아니다.

✎ **ANSWER** 17.④ 18.③

19 〈보기〉의 문장이 들어갈 위치로 가장 적절한 것은?

〈보기〉

In this situation, we would expect to find less movement of individuals from one job to another because of the individual's social obligations toward the work organization to which he or she belongs and to the people comprising that organization.

Cultural differences in the meaning of work can manifest themselves in other aspects as well. (①) For example, in American culture, it is easy to think of works imply as a means to accumulate money and make a living. (②) In other cultures, especially collectivistic ones, work may be seen more as fulfilling an obligation to a larger group. (③) In individualistic cultures, it is easier to consider leaving one job and going to another because it is easier to separate jobs from the self. (④) A different job will just as easily accomplish the same goals.

✓ **단어** manifest : 나타내다, 분명해지다   obligation : 의무   comprise : 구성하다   accumulate : 축적하다   collectivistic : 집산주의적인   fulfill : 성취하다   individualistic : 개인주의적인   separate A from B : A를 B와 구분하다

☑ **해석** 일의 의미에서 문화적 차이는 다른 측면에서도 나타날 수 있다. 예를 들어, 미국 문화에서는, 일을 단지 돈을 모으고 생계를 꾸리는 수단으로 생각하기 쉽다. 다른 문화, 특히 집산주의적 문화에서, 일은 더 큰 그룹에 대한 의무를 성취하는 것으로서 더 여겨질지도 모른다. 이러한 상황에서 우리는 그 또는 그녀가 속한 직장 조직을 향한, 그리고 그 조직을 구성하고 있는 사람들에 대한 개인의 사회적 의무 때문에 한 직장에서 다른 직장으로 이동하는 것이 덜할 거라고 예상한다. 개인주의적 문화에서는, 직업을 자신과 분리하는 것이 더 쉽기 때문에 한 직업을 떠나 다른 직업으로 가는 것을 고려하는 게 더 쉽다. 다른 직업도 그만큼 쉽게 같은 목표를 달성할 것이다.

✓ **TIP** 삽입 문장 앞에 나오는 이러한 상황(this situation)은 앞 문장에서 나왔던 '일이 그룹에 대한 의무를 성취하는 것으로 여겨지는' 상황을 의미한다. 따라서 정답은 ③이다.

20 글을 문맥에 가장 어울리는 순서대로 배열한 것은?

┌───┐
│ ⊙ To navigate in the dark, a microbat flies with its mouth open, emitting high-pitched squeaks that humans cannot hear. Some of these sounds echo off flying insects as well as tree branches and other obstacles that lie ahead. The bat listens to the echo and gets an instantaneous picture in its brain of the objects in front of it.

ⓛ Microbats, the small, insect-eating bats found in North America, have tiny eyes that don't look like they'd be good for navigating in the dark and spotting prey.

ⓒ From the use of echolocation, or sonar, as it is also called, a microbat can tell a great deal about a mosquito or any other potential meal. With extreme exactness, echolocation allows microbats to perceive motion, distance, speed, movement, and shape. Bats can also detect and avoid obstacles no thicker than a human hair.

ⓔ But, actually, microbats can see as well as mice and other small mammals. The nocturnal habits of bats are aided by their powers of echolocation, a special ability that makes feeding and flying at night much easier than one might think.
└───┘

① ㉠ - ㉢ - ㉡ - ㉣
② ㉡ - ㉣ - ㉠ - ㉢
③ ㉡ - ㉢ - ㉣ - ㉠
④ ㉠ - ㉣ - ㉢ - ㉡

✓ **단어** navigate : 항해하다, 조종하다, 길을 찾다　microbat : 작은 박쥐류　emit : 발산하다　squeak : 찍찍 울다　echo : 메아리　instantaneous : 동시의　spot : 발견하다　echolocation : 반향 정위　sonar : 음파 탐지기　exactness : 정확함　perceive : 지각하다, 인식하다　nocturnal : 밤의

☑ **해석** ㉡ 북미에서 발견되는 작고, 곤충을 잡아먹는 박쥐인 소형박쥐들은 어둠속에서 길을 찾고, 먹이를 발견하는 데에 좋지는 않을 것 같은 작은 눈을 갖고 있다. ㉣ 그러나, 사실, 소형박쥐들은 쥐와 다른 작은 포유류만큼 잘 볼 수 있다. 박쥐들의 야행성 습관은 밤에 먹이를 먹는 것과 날아다니는 것을 우리가 생각하는 것보다 훨씬 더 쉽게 만들어주는 특별한 능력인, 그들의 반향 정위의 힘에 의해 도움을 받는다. ㉠ 어둠 속에서 길을 찾기 위해, 소형박쥐는 인간이 들을 수 없는 고음의 찍찍거리는 소리를 내면서, 입을 벌린 채 날아다닌다. 이러한 소리 중 일부는 나뭇가지와 그들 앞에 놓여있는 다른 장애물뿐만 아니라 날아다니는 곤충들로부터도 반향된다. 박쥐는 그 메아리를 듣고, 그것의 앞에 있는 물체의 즉각적인 형상을 뇌에 얻는다. ㉢ 음파탐지기라고도 불리는 반향정위로, 소형박쥐는 모기나 다른 어떤 가능한 먹이에 대해 상당히 많이 알 수 있다. 극도의 정확성으로, 반향정위는 소형박쥐들이 움직임과 거리, 속도, 이동, 그리고 모양을 인식하도록 해 준다. 박쥐들은 또한 인간의 머리카락만큼 가느다란 물체를 감지하고 피할 수 있다.

✓ **TIP** 소형박쥐가 작은 눈을 가지고 있어서 잘 못 볼 것 같다는 내용이 ㉡에서, 그러나 예상과는 달리 잘 볼 수 있다는 내용이 ㉣에서 이어진다. ㉠에서 반향 정위를 그 원리와 함께 설명하고 ㉢에서 반향 정위의 정확성 등에 대해 부가적으로 설명하고 있다.

1 다음 밑줄 친 부분의 의미와 가장 가까운 단어는?

> The commonest and most <u>conspicuous</u> acts of animal altruism are done by parents, especially mothers, towards their children.

① salient   ② pertinent

③ concealed   ④ contingent

⑤ rudimentary

☑ **단어** conspicuous : 눈에 잘 띄는   altruism : 이타심

☑ **해석** 가장 흔하고 <u>또렷한</u> 동물의 이타심의 행동들은 부모들에 의해 행해지는데, 특히 자신들의 아이들을 향한 어머니들이 그러하다.
  ① 가장 두드러진   ② 적절한
  ③ 감추어진   ④ ~의 여부에 달린
  ⑤ 가장 기본적인

2 다음 밑줄 친 부분 중 어법상 옳지 않은 것은?

> The neoliberal attack on the population remains intact, ①<u>though</u> less so in the United States than in Europe. Automation is not a major factor, and industrialization isn't ending, ②<u>just being off-shored</u>. Financialization has of course exploded during the neoliberal period, and the general practices, pretty much global in character, ③<u>designed</u> to enhance private and corporate power. ④<u>That</u> sets off a vicious cycle which in turn yields legislation and administrative practices that carry the process forward. There are countervailing forces, and they might become more powerful. The potential is there, as we can see from the Sanders campaign and even the Trump campaign, if the white working class ⑤<u>to which</u> Trump appeals can become organized to focus on their real interests instead of being in thrall to their class enemy.

- **단어** neoliberal : 신자유주의의 intact : 온전한 vicious : 공격적인 legislation : 제정법 countervail : 상대하다 thrall : ~에 좌우되는

- **해석** 집단에 있어 신자유주의의 타격은 유럽보다 덜 하지만 미국에서도 온전히 남아있다. 자동화가 주된 이유도 아니고 산업화도 끝나지 않았다. 그저 거리가 벌어졌을 뿐이다. 금융화도 물론 신자유주의 시대 동안 큰 확장을 해왔고, 일반적인 관례들도 성격상 상당히 세계적인 것으로 민간과 기업의 힘을 향상시키도록 설계되어 왔다. 이것은 앞으로 과정을 이끌어갈 법제정과 행정상의 관례들을 차례로 만들어내는 악순환으로 나아가고 있다. 상쇄할 만한 힘이 존재하고 그들은 더 강력하게 될 수도 있다. 만약 Trump가 호소하는 백인노동 계층이 그들 계급의 적에게 속하지 않고 그들의 진정한 이익에 집중하도록 정리될 수 있다면 우리가 Sanders와 심지어 Trump의 정치운동에서 볼 수 있듯 잠재력 또한 있다고 본다.

- **TIP** designed의 주어가 the general practies이고 financialization has exploded와 상응하여 has designed가 적절하다.

3 다음 밑줄 친 부분 중 어법상 옳지 않은 것은?

> At the time of writing, it remains unclear ①<u>what</u> this administration's plans are in regard to immigration policing more generally. All names are fictitious names ②<u>to protect</u> the identities of our undocumented research collaborators. These facts run contrary to the common belief that the undocumented ③<u>does</u> not pay taxes on their wages. On the contrary, undocumented workers pay billions of dollars annually in income taxes ④<u>using</u> false documents. Many undocumented workers also have a legitimate Individual Taxpayer Identification Number ⑤<u>with which</u> they pay income taxes.

- **단어** undocumented : 허가증 없는 legitimate : 합법적인 Individual Taxpayer Identification Number : ITIN 납세자 번호

- **해석** 그 글의 작성 시점에서 이민자 관리법에 관해 일반적으로 이번 행정부의 계획인 무엇인지는 불분명하다. 사용된 모든 이름들은 허가 없는 공동연구자들의 신분을 보호할 가명들이다. 이러한 사실들은 미등록 이민자들이 그들의 임금에 대한 세금을 내지 않는다는 일반적인 생각과는 반대로 작용한다. 그와 반대로 미등록 근로자들은 해마다 위조된 서류들에 사용되는 소득세에 수십억 달러를 지불한다.

- **TIP** The undocumented는 복수이므로 do가 적합하다.

4 다음 밑줄 친 부분의 의미와 가장 가까운 단어는?

> The US Congress concluded that, unless the law was reauthorized, "racial and language minority citizens will be deprived of the opportunity to exercise their right to vote, or will have their votes <u>diluted</u>, undermining the significant gains made by minorities in the last 40 years."

① callous   ② restricted

③ belligerent   ④ contentious

⑤ preposterous

✓ **단어** reauthorize : 다시 권한을 부여하다, 다시 재가하다   deprive : 박탈하다   dilute : 희석하다, 약화시키다   undermine : 약화시키다

✓ **해설** 미국 의회는 법이 다시 권한을 부여하지 않는 한, "소수 민족과 언어 소수 시민은 투표권을 행사할 기회를 박탈당하거나 그들의 표를 약화시켜 지난 40년 동안 소수 민족들이 벌어들인 중요한 이득을 손상시킬 것이다."라고 결론지었다.

   ① 냉담한
   ② 제한된
   ③ 적대적인
   ④ 논쟁을 초래할
   ⑤ 파격적인

✓ **TIP** diluted는 문맥 상 제한된(restricted)과 가까운 의미를 갖고 있다.

5 다음 빈칸에 들어갈 가장 적절한 표현은?

> Many baby birds are fed in the nest by their parents. They all gape and scream, and the parent drops a worm or other morsel in the open mouth of one of them. The loudness with which each baby screams is, ideally, proportional to how hungry he is. Therefore, if the parent always gives the food to the loudest screamer, they should all tend to get their fair share, since when one has had enough he will not scream so loudly. At least that is what would happen in the best of all possible worlds, if individuals did not cheat. But in the light of our selfish gene concept we must expect that individuals _____.

① will feed their babies

② will get their fair share

③ will not scream so loudly

④ will tell lies about how hungry they are

⑤ will always give the food to the loudest screamer

✓ **단어** morsel : 작은 조각   proportional : 비례하는

✓ **해석** 많은 아기새들이 둥지에서 그들의 부모가 공급하는 먹이를 먹는다. 그들 모두가 입을 벌리고 소리치면 부모새들이 그 중 하나의 벌려진 입에 벌레나 다른 음식 조각을 떨어트린다. 각 새끼들이 소리치는 소란함은 얼마나 배가 고픈지에 완벽히 비례한다. 한 마리가 충분히 먹었을 때 더는 크게 울지 않기 때문에, 그 부모가 항상 가장 크게 우는 새끼에게 먹이를 준다면 새끼들은 모두 공평한 양을 얻게 될 것이다. 하지만 우리의 이기적인 유전자 개념을 고려하면 우리는 개개인들이 <u>자신들이 얼마나 배고픈지에 대해 거짓말할 것</u>이라고 예상하게 된다.

① 그들의 새끼들에게 먹일 것이다.
② 그들 각 공평한 양을 얻게 될 것이다.
③ 그렇게 크게 소리 지르지 않을 것이다.
④ 그들이 얼마나 배고픈지에 대해 거짓말할 것이다.
⑤ 항상 가장 크게 소리 내는 자에게 음식을 줄 것이다.

✓ **TIP** 마지막 문장은 but으로 시작하여 앞에서 설명한 새의 경우와 다른 내용이 와야 하기 때문에, ④번이 정답이다.

✎ **ANSWER** 4.② 5.④

6 다음 빈칸 (A)와 (B)에 들어갈 가장 적절한 단어는?

> Last week, the World Wildlife Fund released their annual Living Planet Report, which estimated that wildlife populations (including mammals, reptiles, amphibians, birds, and fish) have fallen by 60% between 1970 and 2014. This represents a staggering and tragic loss of non-human life and ecological heritage. But the loss of wildlife means more than that, according to the WWF. "Our health, food and security depend on (A)_____," the report says, and "without healthy natural systems researchers are asking whether continuing human development is possible." Mike Barrett, one of the authors of the report, puts it more bluntly in an interview with The Guardian: "This is far more than just being about losing the wonders of nature, desperately sad though that is. This is actually now (B)_____ the future of people. Nature is not a 'nice to have'—it is our life-support system."

	(A)	(B)
①	instrumentality	negating
②	relativity	enhancing
③	dissimilarity	preserving
④	productivity	eradicating
⑤	biodiversity	jeopardizing

☑ **단어** staggering : 충격적인 bluntly : 직설적으로

☑ **해설** 지난 주, 세계 야생동물 기금에서 그들의 살아있는 지구 보고서를 발표했고, 그것은 포유류, 파충류, 양서류, 조류, 어류를 포함한 야생동물 개체수가 1970년과 2014년 사이에 60%까지 떨어졌다고 추정했다. 이것은 인간이 아닌 동물들의 생명과 생태학적인 유산의 충격적이고 비극적인 손실을 보여준다. 하지만 WWF에 따르면 야생동물의 손실은 그것 이상의 의미를 지닌다. 보고서에 따르면 "우리의 건강, 음식, 안전은 (A) 생물의 다양성에 달려 있다". 그리고 연구가들은 "건강한 자연 체계가 없이 인류 발전의 지속이 가능할 것인지에 대해 의문을 제기하고 있다." 그 보고서의 저자들 중 하나인 Mike Barrett은 가디언의 인터뷰에서 더 직설적으로 표현했다. "이것은 그저 자연의 경이를 잃는 것 훨씬 이상이고 몹시도 슬픈 일이다. 실제로 이 일은 이제 인간의 미래를 (B) 위태롭게 하고 있다. 자연은 단지 '가져서 좋다'가 아닌 우리의 생명자원체계이다."

　　　　　(A)　　　/　　(B)
① instrumentality 수단 / negating 무효화하는
② relativity 상대성　 / enhancing 향상시키는
③ dissimilarity 차이점 / preserving 보존하는
④ productivity 생산성　/ eradicating 근절하는
⑤ biodiversity 생물의 다양성 / jeopardizing 위태롭게 하는

7 다음 빈칸에 들어갈 가장 적절한 표현은?

Consider the results of one well-known psychological study. People were read a word describing a personal attribute that confirmed, countered, or avoided gender stereotypes. They were then given a name and asked to judge whether it was male or female. People responded more quickly when _____; so people were faster to the trigger when it was "strong John" and "gentle Jane" than when it was "strong Jane" and "gentle John." Only when subjects were actively asked to try to counter the stereotype and had a sufficiently low "cognitive constraint" (i.e., enough time) were they able to overcome these automatic responses.

① they were asked to try to counter the stereotype than when they were not

② the stereotypical attribute matched the name than when it did not

③ the word was neutral to gender stereotypes than when it was not

④ they avoided gender stereotypes than when they did not

⑤ the sufficient time was given than when it was not

☑ **단어** attribute : 속성 counter : 논박하다 stereotype : 정형화하다 cognitive : 인지의 constraint : 통제

☑ **해석** 잘 알려진 심리학 연구의 결과를 살펴보자. 사람들이 성별의 고정관념을 확정, 반박 혹은 회피하는 인간속성을 묘사하는 단어를 읽게 된다. 그 후에 그들은 한 이름을 받고 그것이 남성인지 여성인지 판단하도록 요구 받는다. 사람들이 <u>정형화된 속성이 이름과 관련 지어졌을 때 그렇지 않을 때 보다</u> 더 빨리 반응했다. 그래서 사람들은 '강한 Jane'과 '상냥한 John'보다 '강한 John', '상냥한 Jane'일 때 더 빠른 자극을 받는다. 피 실험자들에게 적극적으로 그 고정 관념에 대항해보라고 요청하고 낮은 수준의 인지적 통제(충분한 시간)를 가진다면 사람들은 이러한 반사적인 반응을 넘어설 수 있다.

① 그들이 그렇지 않을 때 보다 고정관념을 논박하도록 요구받았을 때
② 정형화된 속성이 이름과 관련 지어질 때가 그렇지 않을 때 보다
③ 단어가 성별 고정관념에 중립적일 때 그렇지 않을 때 보다
④ 그들은 그렇지 않을 때 보다 성별 고정관념을 피하게 되었을 때
⑤ 충분한 시간이 있을 때 그렇지 않을 때 보다

8 다음 글의 제목으로 가장 적절한 것은?

Science holds its theories to be 'true and proven' under specific circumstances. Science can never state anything with absolute certainty. This causes a problem for us all. We need to hold certain ideas as true and proven in order to carry out our work. Often we come to an arrangement where, for operational reasons, we accept certain things without continually questioning their status, for example we accept that the force of gravity means that objects fall to earth at a rate of 9.81㎧. We understand that this is an average measurement. For school science it is often rounded to 10㎧. The reality of acceleration due to gravity is that this figure will vary according to local conditions, for example it is less off the South coast of India than in the Pacific region. Your mass is approximately 1 per cent less off the coast of India when compared to the average.

① Seeking Absolute Truth

② Science as a Social System

③ What To Be Done in Science

④ The Relativity in Scientific Truth

⑤ The Structure of Scientific Revolutions

☑ **단어** acceleration : 가속   approximately : ~가까이

☑ **해석** 과학은 그 이론들이 분명한 상황 하에 '참이고 입증된' 것이라고 간주한다. 과학은 절대 완벽한 확실성을 가지고 무언가를 진술할 수 없다. 이 점이 우리 모두에게 문제를 일으킨다. 우리는 우리의 작업을 수행하기 위해 분명한 생각들이 사실로 입증되도록 할 필요가 있다. 우리는 종종 실질적인 이유로 계속적인 질문없이 그들의 상태를 특정한 것으로 받아들이는 합의점에 도달한다. 예를 들어, 우리는 중력이 물체가 9.8㎧ 비율로 지상으로 하강하는 것을 의미하고 있다는 것을 받아들인다. 우리는 이것이 평균적인 측정임을 이해한다. 학교 과학에서 그것은 자주 10㎧로 반올림된다. 중력으로 인한 가속도의 현실은 그 수치가 지역에 조건에 따라 달라질 수 있다. 예를 들어, 태평양 연안지역 보다 인도 남부해안에서 중력은 더 적다. 당신이 측정할 질량은 평균에 비교할 때 인도해안에서 1% 가까이 적다.

① 완벽한 진실을 추구하기
② 사회 체계로서의 과학
③ 과학에서 해야 할 일
④ 과학적 진리의 상대성
⑤ 과학적 개혁의 구조

9 다음 빈칸 (A), (B), (C)에 들어갈 가장 적절한 단어는?

This is a really important part of representation-giving people who struggle to play games the ability to join in, and to be visible on screen. (A)_____ and inclusivity are different parts of the same message. It's why charities like Special Effect in the UK and Able Gamers in the US are so vital, building hardware and peripherals to (B)_____ disabled players, and advocating for better support throughout the industry. Games are now a (C)_____ element of childhood and teenage life, it is isolating for people with different abilities or backgrounds to find they can't play, and can't have avatars that represent them. It is isolating not to be thought of or considered in the culture you desperately want to consume and be part of. In a media-saturated environment, where messages of belonging are constantly transmitted via TV, social media and smartphones, inclusivity is a life buoy. If you do not see yourself on Netflix, on Instagram, in games, in forums, where are you? Do you mean anything? It matters.

	(A)	(B)	(C)
①	Accessibility	assist	habitual
②	Allegation	encourage	benign
③	Commitment	exclude	manic
④	Counterculture	pursue	terse
⑤	Misrepresentation	involve	widespread

☑ **단어** inclusivity : 포용력 peripheral : 주변장치 advocate : 지지하다 saturate : 포화시키다 buoy : 부표

☑ **해석** 게임을 하기 위해 분투하는 사람에게 참여하는 능력과 화면에 비추어지는 능력을 부여하는 것은 정말로 중요한 표현의 일부이다. (A) 접근성과 포용성 같은 메시지의 다른 부분이다. 영국의 Special Effect와 미국의 Able Gamers와 같은 자선단체들이 장애인 선수를 (B) 돕기 위해 장비와 주변 장치를 세우고 산업 전반에 걸쳐 더 나은 지원을 지지하는 중요한 이유가 그것이다. 게임은 유년시절과 십대의 삶에 (C) 습관적인 요소이며, 다른 능력이나 배경을 가진 사람들이 게임을 할 수 없고, 그들을 대표하는 아바타를 가질 수 없다는 것을 알게 되는 것은 고립을 양산한다. 그것은 당신이 필사적으로 소비하고 참여하고 싶은 문화에서 생각되거나 고려되지 않는 것을 고립시키고 있다. 미디어가 포화된 환경에서 소속의 메시지가 TV, 소셜 미디어 및 스마트 폰을 통해 끊임없이 전송되는 곳에서 포용성은 생명의 부표이다. 만약 당신이 넷플릭스, 인스타그램, 게임, 포럼에서 자신을 볼 수 없다면, 당신은 어디에 있는 것인가? 무슨 뜻인가? 그것이 문제이다.

      (A)   /   (B)   /   (C)
① accessibility 접근성 / assist 돕다 / habitual 습관적인
② allegation 협의 / encourage 격려하다 / benign 유순한
③ commitment 헌신 / exclude 제외하다 / manic 정신없는
④ counterculture 반체제 / pursue 추적하다 / terse 간결한
⑤ misrepresentation 허위진술 / involve 관련시키다 / widespread 광범위한

✎ **ANSWER** 8.④ 9.①

10 다음 글의 내용과 일치하지 않는 것은?

> In a study published Wednesday, researchers from Sorbonne Paris Cite University, said the consumption of sugary soft drinks—including 100% fruit juice—was "significantly associated with the risk of overall cancer." Artificially —sweetened drinks, like diet soda, were not associated with increased cancer risks, they found. The report's authors followed 101,257 adults over a five-year period, monitoring their intake of sugary and artificially-sweetened beverages. Sugary drinks were defined as beverages that contained more than 5% sugar, which included fruit juices that had no added sugar. During the study, 2,193 cases of cancer were diagnosed among the participants, the equivalent of around 22 cases per 1,000 people. The majority of those cases were among people who regularly consumed sugary drinks.

① Sugary drinks like orange juice may increase the risk of contracting cancer.

② The researchers recorded the study participants' intake of sugary and artificially-sweetened drinks for five years.

③ The researchers defined sugary drinks as beverages with more than 5% sugar.

④ Consuming orange juice with no added sugar for a long period of time may reduce the chance of getting a cancer.

⑤ During the study, about 2.2% of the study participants were diagnosed as cancer patients.

✓ **단어** diagnose : 진단하다 equivalent : 등가물 contract cancer : 암에 걸리다

☑ **해석** Sorbonne Paris Cite University의 연구원들인 Wednesday는 발행된 연구에서 100% 과일 주스를 포함한 당이 든 청량 음료의 소비량이 "전반적인 암의 위험요소와 상당히 관련되어 있다."고 밝혔다. 그들은 다이어트 소다 같이 인공적으로 달게 한 음료수들은 암발생 위험 증가와 관련이 없다는 것을 발견했다. 그 보고서의 저자들은 5년 동안 101,257명의 성인들을 추적하며 설탕과 인공감미료가 든 음료의 섭취를 모니터링 했다. 설탕이 든 음료를 설탕 5% 이상을 함유한 음료로 정의했고, 설탕이 첨가되지 않은 과일 주스도 포함시켰다. 연구 기간 중 2,193건의 암이 참여자들 중에서 진단되었고, 그것은 사람 1,000명 당 약 22건에 상당하는 것이다. 이러한 경우의 대부분이 설탕이 든 음료를 정기적으로 마시는 사람들 중에 있었다.

① 오렌지주스와 같이 단 음료는 암 걸릴 위험을 증가시킬 수도 있다.
② 연구원들은 5년 동안 참가자들의 설탕이 포함되었거나 인공감미료가 들어간 음료 섭취를 기록했다.
③ 연구원들은 설탕이 든 음료를 설탕 5% 이상인 음료라고 정의했다.
④ 오랜 기간 동안 설탕이 첨가되지 않은 오렌지주스를 섭취하는 것은 암 걸릴 확률을 줄일 수도 있다.
⑤ 연구 기간 동안 약 2.2% 의 연구 참가자들이 암환자로 진단 받았다.

✓ **TIP** 본문에서 과일음료도 Sugary Drinks로 정의하였기 때문에 ④번이 일치 하지 않다.

11 다음 밑줄 친 부분의 의미와 가장 가까운 단어는?

> Though they vowed that no girl would ever come between them, Biff and Trevor could not keep acrimony from overwhelming their friendship after they both fell in love with the lovely Teresa.

① malice

② temerity

③ cordiality

④ sympathy

⑤ recollection

✓ **단어** acrimony : 악감정

☑ **해석** Biff와 Travor는 그들 사이에 어떤 여자도 끼어들 수 없다고 맹세했지만, 사랑스러운 Teresa와 둘 모두 사랑에 빠진 후 그들의 우정을 넘어서는 정도가 아니라 악감정까지 가질 수 밖에 없었다.

　① 적의　② 무모함　③ 진심　④ 연민　⑤ 기억

12 다음 밑줄 친 부분 중 어법상 옳지 않은 것은?

> Michael Phelps is one of ①the most decorated athletes of all time. As the first Olympic swimmer to earn a spot on five Olympic teams and ②the oldest individual swimmer to earn Olympic gold, he's earned himself the nickname the "Flying Fish." Swimmers tend to have longer torsos and shorter legs than the average person. ③Standing at 6 feet 4 inches, Phelps has the torso of a man who's 6 feet 8 inches tall, and the legs of a man 8 inches shorter. Double-jointed elbows allow Phelps ④to create more downward thrust in the water. His large hands also act like paddles. Paired with his extra-long wingspan, his arms serve like propellers to shoot ⑤himself through the water.

✓ **단어** torso : 몸통　wingspan : 날개폭

☑ **해석** Michael Phelps는 역대 가장 잘 갖춰진 운동선수들 중 하나이다. 올림픽 5개 팀에서 대표선수 자리를 얻은 최초의 올림픽 수영 선수이자 올림픽 금메달을 획득한 가장 나이 많은 개인부 수영선수로서, 그는 'Flying fish'라는 별명을 얻었다. 수영선수들은 평균적인 사람들보다 긴 상체와 짧은 다리를 가진 경향이 있다. 6피트 4인치를 기준으로 했을 때, Phelps는 6피트 8인치의 상체와 8인치 더 짧은 다리를 가지고 있다. 이중관절인 팔꿈치는 그가 물속에서 더 많이 아래로 내려가는 힘을 만들도록 했다. 또한 그의 커다란 손은 패들 같은 역할을 한다. 그의 보통보다 긴 팔 폭까지 더해 그의 팔은 프로펠러처럼 그가 물살을 헤쳐 힘 있게 나아가게 도와준다.

✓ **TIP** ⑤ 주어가 his arms 이므로 shoot의 목적어로 him이 적절하다.

13 다음 밑줄 친 부분 중 문맥상 낱말의 쓰임이 적절하지 않은 것은?

> When students are asked about what they do when studying, they commonly report underlining, highlighting, or otherwise marking material as they try to learn it. We treat these techniques as ① <u>equivalent</u>, given that, conceptually, they should work the same way. The techniques typically appeal to students because they are simple to use, do not ② <u>entail</u> training, and do not require students to invest much time beyond what is already required for reading the material. The question we ask here is, will a technique that is so ③ <u>complicated</u> to use actually help students learn? To understand any benefits specific to highlighting and underlining, we do not consider studies in which active marking of text was ④ <u>paired</u> with other common techniques, such as note-taking. Although many students report combining multiple techniques, each technique must be evaluated ⑤ <u>independently</u> to discover which ones are crucial for success.

✓ **해석** 학생들이 공부할 때 무엇을 하는지에 대하여 질문을 받을 때, 그들은 흔히 그들이 배우기 위해 애썼던 대로 밑줄 긋기, 하이라이트 표시 외에 다른 재료로 표시한다고 전한다. 우리는 이러한 기술들을 개념적으로 볼 때, 같은 방식으로 작업해야 한다는 점에서 동등하게 취급한다. 이 기술은 이용하기에 간단하고, 훈련을 수반하지 않으며 독해에 요구되는 것 이상의 시간을 투자할 필요가 없기 때문에 학생들에게 매력적이다. 여기서 우리가 물어볼 질문은 이렇게 사용하기 복잡한(→ 단순한) 기술이 학생들이 배우는데 도움이 될것인가 하는 것이다. 우리는 하이라이트 표시나 밑줄 긋기에 구체적인 어떤 이점이 있는지 이해도록 적극적으로 본문에 표시하는 것과 노트 필기 같은 다른 보통의 기법들을 병행하는 학습들은 고려하지는 않고 있다. 비록 많은 학생들이 여러 가지 기법들을 함께 사용한다고 말했지만, 각 기법들은 성공에 어떠한 것들이 중요한지 독립적으로 평가되어져야 한다.

① 상당하는
② 수반하다
③ 복잡한
④ 병행하는
⑤ 자주적으로

✓ **TIP** ③문맥상 사용되는 기법들이 학습을 돕기에 적합한지에 대하여 반문하는 문장이므로 complicated는 어울리지 않는다.

14 다음 빈칸 (A), (B), (C)에 들어갈 가장 적절한 단어는?

> The present report has no other object than to call attention to the alarming fact that the Atlantic Ocean is becoming seriously polluted and that a continued (A) _____ use of the world's oceans as an international dumping ground for (B) _____ human refuse may have (C) _____ effects on the productivity and very survival of plant and animal species.

	(A)	(B)	(C)
①	sensible	imperishable	inviolable
②	indiscriminate	imperishable	irrepairable
③	indiscriminate	imperishable	inviolable
④	indiscriminate	decomposable	irrepairable
⑤	sensible	decomposable	inviolable

☑ **단어** sensible : 합리적인   imperishable : 불멸의   inviolable : 신성한   indiscriminate : 무분별한   irrepairable : 수리 불가능한   decomposable : 분해할 수 있는   refuse : 쓰레기

☑ **해설** 그 최근 보고서는 대서양이 심각하게 오염되어 가고 (B) 썩지 않는 인간들의 쓰레기를 버릴 국제 쓰레기장이 식물과 동물 종들의 실제 생존과 생산성에 (C) 돌이킬 수 없는 영향을 끼치기에, 전 세계 바다를 계속적으로 (A) 무분별한 남용을 하고 있다는 경고를 주는 사실에 주의를 환기시키는 것 외에는 다른 목적이 없었다.

☑ **TIP** (A) indiscriminate 무분별한 – (B) imperishable 불멸의 – (C) irrepairable 수리 불가능한

✎ **ANSWER** 13.③ 14.②

15 다음 빈칸에 들어갈 가장 적절한 표현은?

In a classic study, baby rats were placed in a sensorially deprived environment. Another group was raised in a sensory-rich environment. The sensory-deprived group suffered stunted brain development. They couldn't find their way through a simple maze and were prone to aggressive, violent social behavior. The sensory-rich rodents developed larger, better connected brains. They learned complex mazes quickly and played happily together. Rats are used in experiments like this because their nervous systems show many similarities to ours. So make every effort to create a brain-nourishing environment at home, beginning in the womb. Research by Dr. Thomas Verny and many others shows that your unborn baby will be positively influenced, for example, by listening to Mozart. Once they are born, take every opportunity _____. Lots of loving touch and cuddling is particularly important to your growing child's neurological and emotional development.

① to make them get acquainted with the history of classical music

② to create a rich and refined sensory environment for your children

③ to enhance loving touch and cuddling without sensory stimulation

④ to ensure healthy brain development by providing a safe environment

⑤ to bring your children to the educational environment for physical development

☑ **단어** sensorially : 감각기관으로 deprive : 박탈하다 neurological : 신경의 stunted : 성장을 저해당한 acquainted : 접한적 있는
refined : 교양 있는

☑ **해석** 한 대표적인 연구에서, 새끼 쥐들을 감각적으로 빈곤한 환경에 놓았다. 또 다른 그룹은 감각적으로 풍부한 환경에서 키워졌다. 감각적으로 제한된 그룹은 뇌의 발달에 지장을 초래했다. 그들은 간단한 미로를 통과할 수 없었고 공격적이고 폭력적인 사회 행동의 경향이 있었다. 감각적으로 풍부한 환경의 쥐들은 더 크고 좋은 연계형 뇌가 발달되었다. 그들은 복잡한 미로들을 빨리 익혔고 함께 행복하게 어울려 놀았다. 쥐들의 신경 시스템이 우리의 신경과 유사성을 보여주기 때문에 이 같은 실험에 사용되었다. 그러므로 지궁에서 시작하여 가정에서 뇌에 영양을 공급하는 환경을 만들기 위해 모든 노력을 다해라. Dr. Thomas Verny 와 다수의 다른 연구가들에 의한 연구는 예를 들어 모차르트 음악을 들을 때와 같이 당신의 태아가 긍정적으로 영향 받는 것을 보여준다. 일단 아이들이 태어나면 <u>당신의 자녀들을 위한 풍부하고 교양있는 감각적인 환경을 조성할</u> 모든 기회를 놓치지 마라. 자주 사랑이 담긴 손길과 안아주는 행동은 당신의 성장하는 자녀들의 신경과 감정적 발달에 특히 중요하다.

① 그들이 클래식 음악의 역사를 알게 하기 위해
② 당신의 자녀들을 위한 풍부하고 교양 있는 감각적 환경을 조성하기 위해
③ 감각적인 자극 없이 상냥한 손길과 포옹을 향상시키기 위해
④ 안전한 환경을 제공함으로 건강한 뇌 발달을 보장하기 위해
⑤ 신체 발달을 위해 당신의 자녀들에게 교육적인 환경을 제공하기 위해

16 다음 빈칸에 들어갈 가장 적절한 단어는?

> The geologists who defined the fossil hallmarks of the Permian in the 1840s must have feared Lyell's criticism, for they failed to mention the signs of mass extinction at the end of that period. It seems unlikely that they simply overlooked it. The Permian extinction obliterated ecosystems as complex as any on Earth today. On land, 10-foot-long saber-toothed reptiles succumbed, and grazing, root-grubbing, and insect-eating lizards _____, along with the plants and bugs they ate. In the ocean, reefs teeming with life were reduced to bare skeletons. The Permian even finished off the lowly trilobite-perhaps the one celebrity species of the predinosaur era.

① evolved
② wrested
③ procured
④ vanished
⑤ flourished

✓ **단어** obliterate : 없애다 succumb : 굴복하다 trilobite : 삼엽충

✓ **해석** 1840년대에 이첩기의 화석 특징을 정의한 지질학자들은 그들이 그 시기 말에 있었던 많은 멸종의 흔적들을 언급하지 못했기 때문에 Lyell의 비평을 두려워했음에 틀림없다. 그들이 그것을 쉽게 간과했다고 보여지지는 않는다 이첩기의 멸종은 오늘날 지구 못지않게 복잡한 생태계를 지워버렸다. 육지에서 3미터 길이의 사브르치아파충류들은 <u>없어지고</u> 풀, 뿌리유충, 곤충을 먹는 도마뱀들은 그들이 먹은 식물이나 벌레들과 마찬가지로 <u>사라졌다</u>. 바다에서 생명으로 바글바글하던 암초들은 헐벗은 골격이 되었다. 이첩기는 사라져가던 삼엽충(어쩌면 포식공룡 시대의 한 유명 종이었던) 조차 멸종시켰다.

① 발달되었다
② 비틀었다
③ 구했다
④ 사라졌다
⑤ 번창했다

17 다음 빈칸에 들어갈 가장 적절한 표현은?

Firefighters contained a major fire at Paris' Notre Dame Cathedral on Monday. Throngs of tourists and locals gathered nearby to watch and take images of a massive fire that engulfed parts of the 12th-century landmark. Paris fire commander Jean-Claude Gallet said hundreds of firefighters were able to stop the flames from spreading to the north tower belfry, and _____. Major renovations were underway to address cracks in the foundation which inspectors think is the probable cause of the fire. The many works of art inside the cathedral include three stained-glass rose windows. A Catholic relic, the crown of thorns, was placed on display for Lent, which begins this week. "Like all our countrymen, I'm sad tonight to see this part of us burn," French President Emmanuel Macron said in a tweet; however, he said that the cathedral will be rebuilt through a national fundraising campaign.

---

① stunned spectators watched in horror

② the cathedral had closed to the public

③ cracks had started to appear in the foundation

④ the structure was saved from total destruction

⑤ some of the artwork had not actually been removed

☑ **단어** throng : 인파   engulf : 휩싸다   belfry : 종탑   relic : 유물

☑ **해석** 소방관들이 월요일에 파리 노트르담 대성당의 큰 화재를 진압했다. 관광객 인파와 지역주민들이 12세기 명소가 큰 불에 휩싸이는 장면을 보고 촬영하기 위해 근처로 모여들었다. 파리 소방 사령관인 Jean-Claude Gallet은 수백 명의 소방관들이 북쪽 종탑으로 번지는 화염을 막을 수 있었고, <u>구조물은 완전한 파괴로부터 지켜졌다</u>고 말했다. 주요 보수는 수사관들이 화재 원인이라 생각하는 바닥에 난 균열을 해결하기 위해 대대적으로 진행하고 있다. 대성당 내부의 많은 예술작품들에는 3장의 장미 스테인드글라스 창문이 포함된다. 대성당 성유물인 가시면류관은 사순절을 위해 전시되었고, 그것이 바로 이번 주가 시작이었다. "나는 우리 국민 모두와 같이 오늘 밤 우리 일부가 타는 것을 보게 되어 슬픕니다."라고 프랑스 대통령 Emmanuel Macron은 트윗으로 전했다. 하지만 그는 성당은 국가 모금 운동으로 재건될 것이라고도 말했다.

① 놀란 관중들이 공포 속에서 지켜봤다.
② 성당은 대중에게 제한되어 왔다.
③ 균열은 바닥에서 나타나기 시작했다.
④ 구조물은 완전한 붕괴에서는 지켜졌다.
⑤ 예술작품 중 일부는 실제로 제거되지 않았다.

18 대화의 흐름으로 보아 빈칸에 들어갈 가장 적절한 표현은?

> A : David, I am having a problem with reading this chart.
> B : What's wrong?
> A : I think I understand latitude and longitude, but I do not fully understand minutes and seconds.
> B : Well, "minutes" and "seconds" mean something different in nautical terms.
> _____.
> A : What do you mean?
> B : Well, a nautical minute measures distance.

① They are not the same as ordinary ones

② They use the various navigational techniques

③ They are different depending on how to use GPS

④ People have trained students to draw their own charts

⑤ People have used the different technology since early human history

☑ **단어** latitude : 위도 longitude : 경도 nautical : 항해의

☑ **해석** A : David, 나는 이 도표 읽는게 어려워.
　　B : 뭐가 문제인데?
　　A : 내가 위도랑 경도는 이해하는 것 같은데 분과 초를 완전하게 이해를 못해.
　　B : 글쎄, '분과 초'는 항해용어에서 다른 것을 의미해. <u>그것들은 보통 용어와 같지 않아.</u>
　　A : 무슨 말이야?
　　B : 음, 항해시간은 거리를 측정해

　　① 그것들은 보통 용어와 같지 않아.
　　② 그들은 다양한 항해 기술을 사용해.
　　③ 그것들은 GPS를 어떻게 사용하는지에 따라 달라.
　　④ 사람들은 학생들이 자신의 고유의 도표를 그리도록 훈련시켰어.
　　⑤ 사람들은 초기 인류 역사 이후로 다른 기술을 사용해왔어.

19 글의 흐름으로 보아, 주어진 문장이 들어가기에 가장 적절한 곳은?

> For example, due to the distortion, a freely moving object that we would observe to move in a straight line would be observed by the goldfish to move along a curved path.

The goldfish's picture of reality is different from ours, but can we be sure it is less real? ① The goldfish view is not the same as our own, but goldfish could still formulate scientific laws governing the motion of the objects they observe outside their bowl. ② Nevertheless, the goldfish could formulate scientific laws from their distorted frame of reference that would always hold true and that would enable them to make predictions about the future motion of objects outside the bowl. ③ Their laws would be more complicated than the laws in our frame. ④ However, simplicity is a matter of taste. ⑤ If a goldfish formulated such a theory, we would have to admit the goldfish's view as a valid picture of reality.

✓ **단어** distortion : 왜곡 formulate : 나타내다

✓ **해석** 금붕어들에게 있어 실제 모습은 우리들이 보는 것과 다르지만 우리는 그것이 덜 실제적이라고 확신할 수 있을까? ①금붕어의 시야는 우리와 다르지만, 금붕어는 금붕어들이 관찰하는 수조 밖 물체의 움직임을 운용하는 과학법칙을 나타낼 수 있다. ②예를 들면, 왜곡으로 인해 우리가 직선으로 움직이는 것으로 관찰되는 자유이동물체가 금붕어에게는 곡선로를 따라 이동하는 것으로 관찰된다. 그렇다 하더라도 항상 참을 유지하고 금붕어들이 수조 밖 물체들의 앞선 움직임에 관해 예측하도록 할 수 있게 해주는 왜곡된 틀로부터 과학법칙을 공식화 할 수 있다. ③그들의 법칙은 우리 틀 안에 있는 법칙보다 더 복잡할 것이다. ④하지만 그 단순함은 취향의 문제이다. ⑤만약 금붕어가 그러한 이론을 만들어 낸다면 우리는 현실의 타당한 모습으로서 금붕어의 시야를 인정해야 한다.

✓ **TIP** ②번 앞 문장에서 금붕어와 우리의 차이를 언급 후 주어진 예문을 넣고 그 뒤에 금붕어의 시야에 보이는 모습이 과학법칙에서 참이라는 보충을 Nevertheless 뒤에서 언급하고 있다.

20 다음 빈칸 (A)와 (B)에 들어갈 가장 적절한 단어는?

The surge in (A) _____ rhetoric around the world is being accompanied by a rise in the introduction of protectionist measures by the world's leading economies, the World Trade Organization has warned. The WTO said in a report released on Tuesday that between mid−October of last year and mid−May of 2016 G20 economies had introduced new protectionist trade measures at the fastest pace seen since the 2008 financial crisis, rolling out the equivalent of five each week. That trend coincided with a slowdown in global trade now in its fifth year. Moreover, it was contributing to the persistent slow growth in the global economy, the WTO said, and the fact it was coinciding with a(n) (B) _____ in protectionist political rhetoric around the world ought to be worrying.

	(A)	(B)
①	hostile	plummet
②	democratic	embargo
③	emotional	initiative
④	banal	restraint
⑤	antitrade	increase

☑ **단어** rhetoric : 발언 accompany : 동반하다

☑ **해석** 전 세계에서 (A) 반무역풍의 발언 급증은 세계 무역 기구(WTO)에서 경고해 왔던 세계 주요 경제 강국에 의한 보호무역론자 방안의 도입의 발생과 동반하게 되었다. WTO는 화요일에 나온 보도에서 작년 10월 중반과 2016년 5월 중반 사이에 시작하며 G20 금융정상회담이 2008년 금융 위기 이후 가장 빠른 속도로 새 보호무역방안을 도입했으며 매주 5개에 해당하는 조치를 취했다고 밝혔다. 그 트렌드는 5년째 해인 지금 세계무역의 둔화와 함께 일어났다. 게다가, 그것은 세계 경제의 지속적인 느린 성장에 원인이 되고 있고, 전 세계 보호무역 정책방안의 (B) 증가와 동시에 일어난다는 사실이 우려되어진다고 WTO는 밝혔다.

☑ **TIP**
        (A)   /   (B)
  ① hostile 적대적인 / plummet 급락하다
  ② democratic 민주적인 / embargo 수출금지하다
  ③ emotional 정서적인 / initiative 진취성
  ④ banal 시시한 / restraint 규제
  ⑤ antitrade 반대무역의 / increase 증가

---

1 다음 밑줄 친 (A), (B), (C)의 각 괄호 안에서 문맥에 맞는 낱말로 가장 적절한 것은?

> It's tempting to identify knowledge with facts, but not every fact is an item of knowledge. Imagine shaking a sealed cardboard box containing a single coin. As you put the box down, the coin inside the box has landed either heads or tails: let's say that's a fact. But as long as no one looks into the box, this fact remains unknown; it is not yet within the realm of (A)[fact / knowledge]. Nor do facts become knowledge simply by being written down. If you write the sentence 'The coin has landed heads' on one slip of paper and 'The coin has landed tails' on another, then you will have written down a fact on one of the slips, but you still won't have gained knowledge of the outcome of the coin toss. Knowledge demands some kind of access to a fact on the part of some living subject. (B)[With / Without] a mind to access it, whatever is stored in libraries and databases won't be knowledge, but just ink marks and electronic traces. In any given case of knowledge, this access may or may not be unique to an individual: the same fact may be known by one person and not by others. Common knowledge might be shared by many people, but there is no knowledge that dangles (C)[attached / unattached] to any subject.

	(A)	(B)	(C)
①	fact	with	unattached
②	knowledge	without	unattached
③	knowledge	with	attached
④	fact	without	attached

✓ **단어** dangle : 매달리다   slip : 메모용지

✓ **해석** 지식과 사실을 동일시하고 싶지만, 모든 사실들이 지식의 하나는 아니다. 동전 하나가 들어있는 밀봉된 골판지상자를 흔든다고 상상해보라. 당신이 그 상자를 내려놓았을 때, 상자 안의 동전은 앞면이나 뒷면으로 내려졌을 것이다. 이것을 사실이라고 하자. 하지만 누군가가 상자 안을 들여다보지 않는 한 이 사실은 알 수 없는 상태로 남는다. 그렇다면 그것은 아직 (A) <u>지식</u>의 영역 안에 있지 않다. 또한 글로 쓰인다고 간단히 사실이 지식이 되지도 않는다. 만약 당신이 종이쪽지에 '동전이 앞면으로 착지했다.'라는 문장을 쓰고 다른 쪽지에는 '동전이 뒷면으로 착지했다.'라고 쓴다면, 당신은 쪽지들 중 하나에 사실을 적게 된 것이지만 당신은 아직 동전던지기 결과에 대한 지식을 파악할 수 없을 것이다. 지식은 어떤 식으로든 실제하는 것에서부터 사실에 접근할 것을 요구한다. 그러한 사실에 접근할 마음이 (B) <u>없다면</u>, 도서관이나 데이터베이스에 무엇이 저장되어 있던지 그것은 지식이 되지 못할 것이고, 그거 잉크자국이나 전자적 흔적일 뿐이다. 어떠한 지식에 대해서, 한 개인에게 이런 접근은 특별하거나 아닐 수도 있다.

그 같은 사실을 아는 사람과 알지 못하는 사람들이 있을 수도 있다는 말이다. 상식은 다수의 사람이 공유할 수 있지만, 어떤 실체에도 (C) 속하지 못하는 지식은 없다.

☑ **TIP** ② knowledge 지식 / without ~하지 않고 / unattached 소속되지 않는

2 다음 빈칸에 들어갈 말로 가장 적절한 것은?

Impressionable youth are not the only ones subject to _____. Most of us have probably had an experience of being pressured by a salesman. Have you ever had a sales rep try to sell you some "office solution" by telling you that 70 percent of your competitors are using their service, so why aren't you? But what if 70 percent of your competitors are idiots? Or what if that 70 percent were given so much value added or offered such a low price that they couldn't resist the opportunity? The practice is designed to do one thing and one thing only—to pressure you to buy. To make you feel you might be missing out on something or that everyone else knows but you.

① peer pressure

② impulse buying

③ bullying tactics

④ keen competition

☑ **단어** impressionable : 쉽게 외부 영향을 받는 sales rep : 영업 사원

☑ **해석** 민감한 청년들만 동료집단의 압박을 받는 것은 아니다. 우리들 대부분은 아마 판매직원에게 압박을 받은 경험이 있을 것이다. 당신은 영업 사원이 당신에게 '당신의 경쟁사들의 70%가 그들의 서비스를 이용하고 있는데 당신은 왜 그렇게 하지 않는가'라고 말하면서 '사무용품'을 판매하려고 한 적이 있는가? 하지만 만약 당신의 경쟁사들 중 70%가 바보들이라면? 아니면 그들이 꽤 고가의 무료부가상품을 받게 되거나 그들이 그 기회를 저버릴 수 없을 만큼 낮은 가격을 제안 받았다면? 그런 영업방식은 오직 한가지, 당신이 구매하도록 압박할 그 목적으로 계획된 행동인 것이다. 당신이 뭔가 좋은 기회를 놓치고 있는지도 모르고 당신만 모르고 다른 모든 사람들은 알고 있다고 느끼게 만들기 위해서 말이다.

① 동료들에게 받는 사회적 압력
② 충동구매
③ 괴롭히기 작전
④ 치열한 경쟁

✎ **ANSWER** 1.② 2.①

3 다음 밑줄 친 (A), (B), (C)의 각 괄호 안에서 문맥에 맞는 낱말로 가장 적절한 것은?

> People with high self-esteem have confidence in their skills and competence and enjoy facing the challenges that life offers them. They (A)[willingly / unwillingly] work in teams because they are sure of themselves and enjoy taking the opportunity to contribute. However, those who have low self-esteem tend to feel awkward, shy, and unable to express themselves. Often they compound their problems by opting for avoidance strategies because they (B)[deny / hold] the belief that whatever they do will result in failure. Conversely, they may compensate for their lack of self-esteem by exhibiting boastful and arrogant behavior to cover up their sense of unworthiness. Furthermore, such individuals account for their successes by finding reasons that are outside of themselves, while those with high self-esteem (C)[attempt / attribute] their success to internal characteristics.

	(A)	(B)	(C)
①	willingly	deny	attempt
②	willingly	hold	attribute
③	unwillingly	hold	attempt
④	unwillingly	deny	attribute

☑ **단어** compound : 타협하다   opt for : ~을 선택하다   conversely : 정반대로   compensate : 보상하다   attribute : ~의 결과로 보다

☑ **해석** 높은 자존감을 가진 사람들은 그들의 기술과 능력에 자신감을 갖고 인생이 그들에게 주는 도전을 직면하는 것을 즐긴다. 그들은 자신에게 확신이 있고 팀에 기여할 기회를 갖는 것을 즐기기 때문에 (A) <u>기꺼이</u> 팀에서 일한다. 하지만 낮은 자존감을 가진 사람들은 불편하고 부끄러움을 느끼고 자신을 표현하지 못하는 경향이 있다. 그들은 자주 문제를 회피하는 방법을 선택함으로써 그들의 문제와 타협한다. 왜냐하면 그들은 자신들이 어찌됐건 실패로 결론지어 질 것이라는 신념을 (B) <u>가지고 있기</u> 때문이다. 정반대로 그들은 스스로의 가치 없다는 느낌을 덮기 위해 허세를 부리거나 거만한 행동으로 부족한 자존감을 채우려할 지도 모른다. 게다가, 그런 사람들은 그들 외부에 있는 이유들을 찾음으로 그들의 성공을 해명지만, 반면에 높은 자존감을 가진 사람들은 그들의 성공을 내적인 기질의 (C) <u>결과로 본다.</u>

☑ **TIP** ② (A) willingly – (B) hold – (C) attribute

4 다음 글의 제목으로 가장 적절한 것은?

To be sure, no other species can lay claim to our capacity to devise something new and original, from the sublime to the sublimely ridiculous. Other animals do build things—birds assemble their intricate nests, beavers construct dams, and ants dig elaborate networks of tunnels. "But airplanes, strangely tilted skyscrapers and Chia Pets, well, they're pretty impressive," Fuentes says, adding that from an evolutionary standpoint, "creativity is as much a part of our tool kit as walking on two legs, having a big brain and really good hands for manipulating things." For a physically unprepossessing primate, without great fangs or claws or wings or other obvious physical advantages, creativity has been the great equalizer—and more-ensuring, for now, at least, the survival of Homo sapiens.

*sublime : 황당한, (터무니없이) 극단적인
*Chia Pets : 잔디가 머리털처럼 자라나는 피규어

① Where Does Human Creativity Come From?

② What Are the Physical Characteristics of Primates?

③ Physical Advantages of Homo Sapiens over Other Species

④ Creativity: a Unique Trait Human Species Have For Survival

✓ **단어** devise : 고안하다　intricate : 복잡한　elaborate : 정교한　skyscraper : 고층 건물　manipulate : 다루다　unprepossessing : 매력 없는　fang : 송곳니

☑ **해석** 분명한 것은, 숭고한 것에서 황당하고 말도 안 되는 것까지 어떤 다른 종도 새롭고 독창적인 뭔가를 고안하는 우리의 능력을 자신들도 갖고 있다고 주장할 수 없다. 다른 동물들도 분명 여러 가지를 만들었다. 새들은 복잡한 둥지를 조립해 짓고, 비버들은 댐을 지으며 개미들은 정교한 터널 네트워크를 뚫는다. Fuentes는 "하지만 비행기, 희한하게 기울어진 고층건물이나 Chica Pets는 꽤 인상적입니다."라며 진화적 관점에서 "창의력은 직립보행하고 큰 뇌를 갖고 도구를 다룰 수 있는 또 정말 좋은 손을 가진 것만큼 도구를 사용하는 우리의 중요한 대단한 부분입니다."라는 말을 더했다.
다른 눈에 띄는 큰 어금니나 발톱, 날개 또는 다른 뚜렷한 신체적 장점은 없는 영장류에게 창조력은 대등하게 해주었다. 그리고 더하자면 인류가 적어도 이제까지 생존하도록 보장해주고 있었다.

① 인간의 창조력은 어디에서 온 것일까?
② 영장류의 신체적 특징은 무엇인가?
③ 다른 종에 비교하여 인류의 신체적 장점들
④ 창조력 : 인류가 생존을 위해 가진 독특한 특성

✓ **TIP** 생존을 위해 인간만이 갖고 있는 창조력에 대해 정리한 ④번이 제목으로 적절하다.

✐ **ANSWER** 3.②　4.④

5 다음 글의 요지를 한 문장으로 요약하고자 한다. 빈칸 (A), (B)에 들어갈 말로 가장 적절한 것은?

"Most of bird identification is based on a sort of subjective impression—the way a bird moves and little instantaneous appearances at different angles and sequences of different appearances, and as it turns its head and as it flies and as it turns around, you see sequences of different shapes and angles," Sibley says, "All that combines to create a unique impression of a bird that can't really be taken apart and described in words. When it comes down to being in the fieldland looking at a bird, you don't take time to analyze it and say it shows this, this, and this; therefore it must be this species. It's more natural and instinctive. After a lot of practice, you look at the bird, and it triggers little switches in your brain. It looks right. You know what it is at a glance."

According to Sibley, bird identification is based on (A)_____ rather than (B)_____.

① instinctive impression – discrete analysis

② objective research – subjective judgements

③ physical appearances – behavioral traits

④ close observation – distant observation

☑ **단어** instantaneous : 직관적인 sequence : 순서, 연속

☑ **해석** "대부분의 조류 식별은 새들이 이동하는 방식과 다른 각도에서 순간의 모습, 다양한 모습들의 연속에 관한 대상의 고유한 특징을 바탕으로 한다. 새가 머리를 돌릴 때, 새가 날 때, 또 새가 주위를 돌 때, 당신은 연속된 다양한 모습과 각도를 보게 된다." Sibley는 "모든 것들이 결합하여 따로 분리시킬 수 없고, 말로 표현할 수 없는 조류의 한 독특한 모습을 만들어 낸다. 새를 관찰 할만한 들판이 있는 곳으로 가보면, 당신은 새를 바로 분석하게 되고, 새가 이런 저런 것을 보여주기 때문에 그 새가 이 종이다 라고 말 할 수 있다. 그 작업은 더 자연스럽고 직감적이다. 많이 연습한 후에 당신이 새를 보면 그 새가 당신 뇌의 작은 스위치 를 자극한다. 그렇다. 당신은 한눈에 그것이 무엇인지 알아볼것이다."라고 말했다.
[Sibley에 따르면 조류 식별은 (B) 개별적인 분석 보다는 (A) 직관적인 인상에 근거한다.]

① 직관적인 인상 – 개별적 분석
② 객관적인 조사 – 주관적인 판단
③ 신체적 모습 – 행동적 특성
④ 면밀한 관찰 – 원거리 관찰

6 주어진 글 다음에 이어질 글의 순서로 가장 적절한 것은?

> As cars are becoming less dependent on people, the means and circumstances in which the product is used by consumers are also likely to undergo significant changes, with higher rates of participation in car sharing and short-term leasing programs.

> (A) In the not-too-distant future, a driverless car could come to you when you need it, and when you are done with it, it could then drive away without any need for a parking space. Increases in car sharing and short-term leasing are also likely to be associated with a corresponding decrease in the importance of exterior car design.
>
> (B) As a result, the symbolic meanings derived from cars and their relationship to consumer self-identity and status are likely to change in turn.
>
> (C) Rather than serving as a medium for personalization and self-identity, car exteriors might increasingly come to represent a channel for advertising and other promotional activities, including brand ambassador programs, such as those offered by Free Car Media.

① (A) – (C) – (B)
② (B) – (C) – (A)
③ (C) – (A) – (B)
④ (C) – (B) – (A)

✓ **단어** leasing : 임대 correspond : 부합하다 exterior : 외부의 derive : 유래하다

☑ **해석** [자동차가 인간에 대한 의존도가 낮아짐에 따라, 차량 공유와 단기 리스 프로그램에 더 높아진 참여율로 자동차가 소비자들에 의해 사용되어지는 수단과 상황 또한 분명한 변화를 겪을 가능성이 있다.]
  (A) 그리 멀지 않은 미래에, 무인자동차가 당신에게 필요할 때가 올 수 있고, 사용 후 주차할 공간을 찾을 필요 없이 떠나면 된다. 차량 공유와 단기 리스의 증가는 또한 이에 상응하게 자동차 외부 설계의 중요성 감소와 관련될 가능성이 있다.
  (C) 자동차 외관은 맞춤 개조와 개성의 한 수단으로 쓰이기 보다는, 점점 더 광고와 Free Car Media가 제공하는 것 같은 브랜드 홍보를 포함하는 홍보 활동들을 대표하게 되었다.
  (B) 결과적으로, 자동차에서 파생된 상징적 의미와 자동차와 소비자의 자아정체성과 지위와의 관계도 변하게 될 것 같다.

✎ **ANSWER** 5.① 6.①

7 주어진 글 다음에 이어질 글의 순서로 가장 적절한 것은?

There is a wonderful story of a group of American car executives who went to Japan to see a Japanese assembly line. At the end of the line, the doors were put on the hinges, the same as in America.

(A) But something was missing. In the United States, a line worker would take a rubber mallet and tap the edges of the door to ensure that it fit perfectly. In Japan, that job didn't seem to exist.

(B) Confused, the American auto executives asked at what point they made sure the door fit perfectly. Their Japanese guide looked at them and smiled sheepishly. "We make sure it fits when we design it."

(C) In the Japanese auto plant, they didn't examine the problem and accumulate data to figure out the best solution — they engineered the outcome they wanted from the beginning. If they didn't achieve their desired outcome, they understood it was because of a decision they made at the start of the process.

① (A) – (B) – (C)　　　　　　　② (A) – (C) – (B)

③ (B) – (A) – (C)　　　　　　　④ (B) – (C) – (A)

✓ **단어** executive : 임원　mallet : 망치　sheepishly : 소심하게　accumulate : 모으다

☑ **해설** [일본의 생산라인을 보려고 일본으로 갔던 미국의 자동차 임원들의 한 그룹에 관한 놀라운 이야기가 하나 있다. 미국에서와 마찬가지로 그 라인 끝에서 자동차 문에 경첩이 달렸다.]

(A) 하지만 무언가가 생략되었다. 미국에서 생산 근로자는 문이 완벽히 맞아 떨어지도록 고무망치를 가지고 문의 가장자리를 두드린다. 그런 작업은 일본에서는 존재하지 않는 듯 했다.

(B) 혼란스러운 상태로 미국 자동차 임원은 그들이 자동차 문이 완벽하게 맞는지 언제쯤 확인하는지 질문했다. 일본 가이드들이 그들을 보고 겸연스레 웃었다. "우리는 우리가 차를 디자인 할 때 이미 문이 꼭 맞도록 확인합니다."

(C) 일본 자동차 공장에서, 그들은 최선의 방법을 알아내기 위해 그 문제를 시험하거나 데이터를 축적하지 않았다. 그들은 시작 시점부터 그들이 원하던 결과를 고안했다. 만약 그들이 바라던 결과를 얻지 못한다면, 그들은 그것이 그들이 과정의 시작부터 했던 결정 때문이라고 이해할 것이다.

8 다음 글의 빈칸 (A), (B)에 들어갈 말로 가장 적절한 것은?

There has been much research on nonverbal cues to deception dating back to the work of Ekman and his idea of leakage. It is well documented that people use others' nonverbal behaviors as a way to detect lies. My research and that of many others has strongly supported people's reliance on observations of others' nonverbal behaviors when assessing honesty. (A)_____, social scientific research on the link between various nonverbal behaviors and the act of lying suggests that the link is typically not very strong or consistent. In my research, I have observed that the nonverbal signals that seem to give one liar away are different than those given by a second liar. (B)_____, the scientific evidence linking nonverbal behaviors and deception has grown weaker over time. People infer honesty based on how others nonverbally present themselves, but that has very limited utility and validity.

① However – What's more
② As a result – On the contrary
③ However – Nevertheless
④ As a result – For instance

⊘ **단어** nonverbal : 비언어적인, 말로 할 수 없는 deception : 속임, 사기 leakage : 누출 date back to : ~까지 거슬러 올라가다
reliance : 의존 assess : 평가하다 infer : 추론하다

☑ **해석** Ekman의 논문과 들통 이라는 그의 발상까지 거슬러 올라가 속임수에 대한 비언어적 단서들에 관한 많은 연구가 존재해왔다. 사람들이 거짓말을 알아내는 방법으로 다른 사람들의 비언어적 행동들을 이용한다는 점은 문서로 잘 기록되어있다. 나의 연구와 많은 다른 이들의 연구는 사람들이 정직에 대해 가늠할 때, 다른 사람들의 비언적 행동에 대한 관찰에 의존한다고 강력히 지지해 왔다. (A) 하지만 다양한 비언어적 행동들과 거짓의 행동의 관계를 조사한 사회과학연구는 그 둘의 연결이 전형적으로 아주 강력하거나 일관적이지는 않다고 시사한다. 나의 연구에서 나는 한 거짓말쟁이가 보이는 비언어적 신호가 두 번째 거짓말쟁이에게 받은 것과는 다르다는 것을 알게 되었다. (B) 게다가 비언어적 행동과 속임에 연결된 과학적 증거는 시간을 거듭하며 약해졌다. 사람들은 다른 사람들이 얼마나 비언어적으로 자신을 표현하는 지에 근거하여 정직을 추론하지만, 그것은 아주 제한된 유용성과 타당성을 지닌다.

      (A) / (B)
① 하지만 / 게다가
② 결과로 / 반대로
③ 하지만 / 그렇다 하더라도
④ 결과로 / 예를 들어

9 다음 글의 밑줄 친 부분 중 어법상 틀린 것은?

As soon as the start-up is incorporated it will need a bank account, and the need for a payroll account will follow quickly. The banks are very competitive in services to do payroll and related tax bookkeeping, ①starting with even the smallest of businesses. These are areas ②where a business wants the best quality service and the most "free" accounting help it can get. The changing payroll tax legislation is a headache to keep up with, especially when a sales force will be operating in many of the fifty states. And the ③requiring reports are a burden on a company's add administrative staff. Such services are often provided best by the banker. The banks' references in this area should be compared with the payroll service alternatives such as ADP, but the future and the long-term relationship should be kept in mind when a decision is ④being made.

☑ **단어** sales force : 판매 조직
administrative : 행정상의

☑ **해설** 신규업체가 법인등록을 하려고 하자마자, 은행 계좌가 필요하고 급여계좌의 필요도 곧 따른다. 은행들은 아주 작은 사업체와 시작하더라도 급여지불과 관련된 세금 부기 업무 서비스에 매우 경쟁적이다. 이것이 바로 사업체가 최고급의 서비스와 받을 수 있는 한 많은 무료 회계 도움을 원하는 부분이다. 변하는 급여지불세 법률은 정기적으로 따라잡기 골칫거리이다. 특히 50주의 영업 부서에서 영업을 해야 할 때 그렇다. 그리고 요구되는 보고서들은 회사의 추가 행정 직원에게 부과되는 부담이다. 이러한 서비스는 종종 은행원들에 의해 가장 잘 제공된다. 이런 분야에서 은행들의 증빙서류는 ADP 같은 급여관리 서비스 대안 업체와 비교되어야 한다. 하지만 앞으로와 장기적인 관계라는 점을 결정이 내려질 때 꼭 염두에 두어야 한다.

☑ **TIP** ③번 requiring은 현재분사로 수식되는 reports가 능동으로 받을 수 없기 때문에, 수동의 의미로 required가 적절하다.

10 다음 글의 밑줄 친 부분 중 어법상 틀린 것은?

Many people refuse to visit animal shelters because they find it too sad or ① depressed. They shouldn't feel so bad because so many lucky animals are saved from a dangerous life on the streets, ② where they're at risk of traffic accidents, attack by other animals or humans, and subject to the elements. Many lost pets likewise ③ are found and reclaimed by distraught owners simply because they were brought into animal shelters. Most importantly, ④ adoptable pets find homes, and sick or dangerous animals are humanely relieved of their suffering.

⊘ **단어** elements : 비바람　distraught : 심란한

☑ **해석** 많은 사람들이 동물보호센터에 가는 것이 슬프고 우울한 일임을 느끼기 때문에 방문하려 하지 않는다. 정말 많은 운 좋은 동물들이 그들이 처해 있던 교통사고의 위험, 다른 동물들이나 사람들에 의한 공격, 비바람의 문제가 있던 거리의 위험한 삶에서 구해지기 때문에 사람들이 그렇게 유감을 가질 필요가 없다. 마찬가지로 많은 길 잃은 애견들도 동물보호센터로 보내졌기 때문에 놀라서 제정신이 아닌 주인들이 간단히 발견해 되찾아진다. 가장 중요하게도, 입양 가능한 애견들은 살 집을 찾게 되고, 아프거나 위험했던 동물들은 인도적으로 그들이 받던 고통들을 덜게 된다.

⊘ **TIP** 동물보호센터를 방문하는 일은 우울함을 일으키는 원인이므로 능동으로 현재부사 depressing이 되어야 한다. 따라서 ① depressed가 어법상 틀렸다.

11 다음 밑줄 친 (A), (B), (C)의 각 괄호 안에서 문맥에 맞는 낱말로 가장 적절한 것은?

EQ testing, when performed with reliable testing methods, can provide you with very useful information about yourself. I've found, having tested thousands of people, that many are a bit surprised by their results. For example, one person who believed she was very socially responsible and often concerned about others came out with an (A) [average / extraordinary] score in that area. She was quite disappointed in her score. It turned out that she had very high standards for social responsibility and therefore was extremely (B) [easy / hard] on herself when she performed her assessment. In reality, she was (C) [more / less] socially responsible than most people, but she believed that she could be much better than she was.

	(A)	(B)	(C)
①	average	easy	less
②	average	hard	more
③	extraordinary	hard	less
④	extraordinary	easy	more

✓ **단어** reliable : 믿을 만한 extraordinary : 비범한

✓ **해설** EQ테스트는 믿을 만한 테스트방법으로 수행될 때 당신에게 자신에 대한 유용한 정보를 제공할 수 있다. 나는 수많은 사람들을 테스트 해오면서 많은 수가 자신들의 결과에 약간 놀란다는 것을 알게 되었다. 예를 들어, 자신이 매우 사회적 책임감이 높고 타인에 대해 관심이 크다고 믿었던 한 사람은 그 영역에서 (A) 평균인 점수가 나왔다. 그녀는 그녀의 점수에 꽤 실망했다. 그녀가 사회적 책임에 대해 아주 높은 기준을 갖고 있었고, 따라서 그녀는 그녀가 스스로에 대해 평가를 할 때 자신에 대하여 엄청나게 (B) 엄격했다는 것이다. 실제로 그녀는 대부분의 사람들 보다 (C) 더 많은 사회적 책임감을 갖고 있지만 그녀는 자신이 지금 하는 것 보다 훨씬 더 잘할 수 있다고 믿었던 것이다.

✓ **TIP** ② (A) 평균의 – (B) 엄격한 – (C) 더 많은

12 다음 빈칸에 들어갈 말로 가장 적절한 것은?

> A person may try to _____ by using evidence to his advantage. A mother asks her son, "How are you doing in English this term?" He responds cheerfully, "Oh, I just got a ninety-five on a quiz." The statement conceals the fact that he has failed every other quiz and that his actual average is 55. Yet, if she pursues the matter no further, the mother may be delighted that her son is doing so well. Linda asks Susan, "Have you read much Dickens?" Susan responds, "Oh, Pickwick Papers is one of my favorite novels." The statement may disguise the fact that Pickwick Papers is the only novel by Dickens that she has read, and it may give Linda the impression that Susan is a great Dickens enthusiast.

① earn extra money

② effect a certain belief

③ hide memory problems

④ make other people feel guilty

✓ **단어** conceal : 감추다　enthusiast : 열성팬

☑ **해설** 한 사람이 자신에게 유리한 증거를 들어가며 <u>확실한 믿음을 주려</u> 할지도 모른다. 한 어머니가 그녀의 아들에게 "이번 학기에 영어는 어떠니?"라고 묻자, "오, 저는 시험에서 95점을 막 받았어요."라고 그는 활기차게 대답한다. 그 진술은 그가 모든 시험을 낙제했고 그의 실제 평균은 55점이라는 사실을 숨기고 있다. 하지만 그녀가 만약 더 이상 그 문제에 대해 계속 묻지 않는다면, 그녀는 그녀의 아들이 잘하고 있는 것이 기쁠지도 모르겠다. Linda가 Susan에게 "Dickens 책을 좀 읽어봤니?"라고 묻자, Susan은 "오, Pickwick Papers는 내가 가장 좋아하는 소설 중에 하나야."라고 대답한다. 그 대답은 Pickwick papers가 Susan이 읽었던 Dickens의 유일한 소설이라는 사실을 숨기고 있고, 그 진술은 Linda에게 Susan이 Dickens의 엄청난 열성팬이라는 인상을 줄 수도 있다.

　① 여분의 돈을 벌다.
　② 확실한 믿음을 가져오다.
　③ 기억력 문제를 숨기다.
　④ 다른 사람들이 죄책감을 느끼게 만들다.

13 다음 글의 내용을 한 문장으로 요약하고자 한다. 빈칸 (A), (B)에 들어갈 말로 가장 적절한 것은?

Whether we are complimented for our appearance, our garden, a dinner we prepared, or an assignment at the office, it is always satisfying to receive recognition for a job well done. Certainly, reinforcement theory sees occasional praise as an aid to learning a new skill. However, some evidence cautions against making sweeping generalizations regarding the use of praise in improving performance. It seems that while praise improves performance on certain tasks, on others it can instead prove harmful. Imagine the situation in which the enthusiastic support of hometown fans expecting victory brings about the downfall of their team. In this situation, it seems that praise creates pressure on athletes, disrupting their performance.

↓

Whether ___(A)___ helps or hurts a performance depends on ___(B)___.

	(A)	(B)
①	praise	task types
②	competition	quality of teamwork
③	praise	quality of teamwork
④	competition	task types

☑ **단어** complement : 보완하다   reinforcement : 강화   occasional : 가끔의   sweeping : 포괄적인   enthusiastic : 열렬한   downfall : 몰락

☑ **해석** 우리는 잘 꾸민 외모, 잘 가꾼 정원, 우리가 잘 차린 저녁식사, 혹은 사무실에서 업무, 이 중 어느 것에 대한 칭찬이든, 그 일을 잘 해냈다고 인정받는 것은 언제나 만족스러운 일이다. 확실히, 강화이론에서 가끔씩 칭찬하는 것은 새로운 기술을 배우는 데 도움을 주는 도구라고 하지만, 어떠한 증거는 더 나은 성과를 위해 칭찬을 하는 것에 대하여 포괄적인 일반화를 만들지 말라고 주의하고 있다. 칭찬이 특정한 일에서 성과를 향상시키는 반면, 다른 영역에서 그것은 대신 나쁜 결과를 낼 수도 있다. 열성팬이 승리를 기대하며 홈팀을 응원한 것이 그 팀의 몰락을 가져 온 상황을 상상해보라. 이런 상황에서 칭찬은 운동선수들에게 부담을 주고 그들의 실적에 지장을 준 것으로 보인다.
[(A) 칭찬이 성과에 도움을 주거나 해를 끼치는 것은 주어진 (B) 일의 유형에 달려 있다.]

14 다음 글의 밑줄 친 부분 중 어법상 틀린 것은?

As we consider media consumption in the context of anonymous social relations, we mean all of those occasions that involve the presence of strangers, such as viewing television in public places like bars, ①going to concerts or dance clubs, or reading a newspaper on a bus or subway. Typically, there are social rules that ②govern how we interact with those around us and with the media product. For instance, it is considered rude in our culture, or at least aggressive, ③read over another person's shoulder or to get up and change TV channels in a public setting. Any music fan knows what is appropriate at a particular kind of concert. The presence of other people is often crucial to defining the setting and hence the activity of media consumption, ④despite the fact that the relationships are totally impersonal.

✓ **단어** consumption : 소비

☑ **해석** 우리가 익명의 사회적 관계의 맥락에서 미디어 사용을 고려해 볼 때, 술집 같은 공공장소에서 텔레비전을 보는 것, 콘서트나 댄스클럽에 가는 것, 혹은 버스나 지하철에서 신문을 읽는 것과 같이 낯선 사람들이 있는 것을 포함하는 모든 경우를 지칭한다. 우리가 우리 주위의 낯선 사람들 그리고 미디어 제품들과 보통 어떻게 소통하는지 통제하는 사회적 규칙들이 있다. 예를 들어, 다른 사람의 어깨 너머로 읽거나 공공장소에서 일어나 설치된 TV의 채널을 바꾸는 것은 우리 문화에서 무례하다고 여겨지거나 최소 공격적이라고 여겨진다. 음악을 좋아하는 사람이라면 특정한 형태의 콘서트에서 어떤 행동이 적절한지 알고 있다. 관계가 완전히 개인적이지 않다는 사실에도 불구하고, 타인의 존재는 종종 설정과 그에 따른 미디어 소비의 활동을 정의하는데 중요하다.

✓ **TIP** ③번 read는 등위 접속사 or 뒤에 to get up and change 와 병렬로 to read가 알맞다.

15 다음 글의 밑줄 친 부분 중 어법상 틀린 것은?

Many of us believe that amnesia, or sudden memory loss, results in the inability to recall one's name and identity. This belief may reflect the way amnesia is usually ①portrayed in movies, television, and literature. For example, when we meet Matt Damon's character in the movie The Bourne Identity, we learn that he has no memory for who he is, why he has the skills he does, or where he is from. He spends much of the movie ②trying to answer these questions. However, the inability to remember your name and identity ③are exceedingly rare in reality. Amnesia most often results from a brain injury that leaves the victim unable to form new memories, but with most memories of the past ④intact. Some movies do accurately portray this more common syndrome; our favorite Memento.

⊘ **단어** amnesia : 기억 상실 inability : 불능 portray : 묘사하다, 연기하다 exceedingly : 대단히 intact : 온전한

☑ **해석** 우리 중 다수는 기억 상실증, 즉 갑작스런 기억 손실이 그 사람의 이름과 정체성을 기억하는 능력을 상실하는 결과를 야기한다고 믿는다. 이런 믿음은 보통 기억 상실증이 영화, 텔레비전, 문학에서 묘사된 방식을 반영한 것일 수 있다. 예를 들어, 우리가 영화 'The Bourne Identity'에서 Matt Damon 역할을 볼 때, 우리는 그가 자신이 누구인지, 왜 그가 그런 능력을 가졌는지, 혹은 어디 출신인지에 대하여 전혀 기억이 없다는 것을 보게 된다. 그는 영화의 많은 시간을 이런 질문들의 대답을 찾기 위해 보낸다. 하지만 당신의 이름과 정체성을 기억하지 못하는 것은 현실에서는 무척 보기 힘든 일이다. 대게 기억 상실증은 환자가 과거 대부분의 기억은 온전히 지닌 채로 새로운 기억은 할 수 없게 만드는 뇌손상으로 주로 유발된다. 우리가 정말 좋아하는 Memento 같은 일부 영화들은 꽤 흔한 이 신드롬을 섬세하게 그려낸다.

⊘ **TIP** ③번에는 to remember의 수식을 받은 the inability가 주어이기 때문에 단수동사 is가 적합하다.

16 다음 빈칸에 들어갈 말로 가장 적절한 것은?

> Much is now known about natural hazards and the negative impacts they have on people and their property. It would seem obvious that any logical person would avoid such potential impacts or at least modify their behavior or their property to minimize such impacts. However, humans are not always rational. Until someone has a personal experience or knows someone who has such an experience, most people subconsciously believe "It won't happen here" or "It won't happen to me." Even knowledgeable scientists who are aware of the hazards, the odds of their occurrence, and the costs of an event _____.

① refuse to remain silent

② do not always act appropriately

③ put the genetic factor at the top end

④ have difficulty in defining natural hazards

✓ **단어** subconsciously : 잠재의식적으로   occurrence : 발생

✓ **해석** 현재는 자연 재해와 그 피해가 사람들과 그들의 재산에 끼친 부정적인 영향에 관한 많은 것이 잘 알려져 있다. 논리적인 사람이라면 잠재적인 자연재해의 영향을 회피하거나, 그런 피해를 최소화하기 위해 그들의 행동이나 속성을 최소한 변경하는 것은 명백해 보일 것이다. 하지만, 인간은 항상 이성적이지 않다. 어떤 사람이 개인적인 경험을 하거나 그런 경험을 겪은 사람을 알기 전까지, 대부분의 사람들은 잠재의식적으로 "여기서는 그런 일이 일어나지 않을 거야." 혹은 "나에게는 일어날리 없어."라고 믿는다. 위험성, 재해의 발생 가능성, 사고피해비용을 잘 아는 총명한 과학자들조차도 <u>항상 적절하게 행동하지는 않는다</u>.

　① 침묵하기를 거부한다.
　② 항상 적절하게 행동하지는 않는다.
　③ 유전적 요소를 우선으로 적용한다.
　④ 자연 재해를 정의하기가 어렵다.

17 다음 글의 주제로 가장 적절한 것은?

> The rise of cities and kingdoms and the improvement in transport infrastructure brought about new opportunities for specialization. Densely populated cities provided full-time employment not just for professional shoemakers and doctors, but also for carpenters, priests, soldiers and lawyers. Villages that gained a reputation for producing really good wine, olive oil or ceramics discovered that it was worth their while to specialize nearly exclusively in that product and trade it with other settlements for all the other goods they needed. This made a lot of sense. Climates and soils differ, so why drink mediocre wine from your backyard if you can buy a smoother variety from a place whose soil and climate is much better suited to grape vines? If the clay in your backyard makes stronger and prettier pots, then you can make an exchange.

① how climates and soils influence the local products

② ways to gain a good reputation for local specialties

③ what made people engage in specialization and trade

④ the rise of cities and full-time employment for professionals

◎ **단어** infrastructure : 사회 기반 시설   specialization : 전문화   densely : 밀집하여   exclusive : 독점적인   mediocre : 썩 좋지 않은

☑ **해석** 도시와 국가가 생겨나고 교통시설의 발달은 전문직을 위한 새로운 기회를 야기했다. 인구 밀도가 높은 도시들은 전문적인 구두제조인, 의사뿐 아니라 목수, 성직자, 군인, 변호사도 정규직 일자리를 제공했다. 정말 질 좋은 와인이나 올리브 오일, 도자기 생산으로 명성을 얻은 마을들은 그 생산품을 거의 독점적으로 특화하고, 그들이 필요로 하는 다른 모든 상품들을 얻기 위해 다른 정착민들과 거래하는 것이 시간적 가치가 있다는 것을 알아냈다. 이것은 정말 기발한 생각이었다. 각 기후와 토양이 다르기에 만약 당신이 토양과 기후가 포도나무에 훨씬 더 적합한 곳에서 온 더 괜찮은 와인을 살 수 있다면 왜 당신의 텃밭에서 온 그저 그런 와인을 마시겠는가? 만약 당신 텃밭의 진흙이 더 단단하고 더 예쁜 화분을 만들 수 있다면, 당신은 맞교환하면 된다.

① 기후와 토양이 지역 상품에 어떤 영향을 끼치나.
② 지역 특산물에서 좋은 평판을 얻는 방법들
③ 무엇이 사람들을 특산품에 관심을 갖고 무역을 하게 만들었나.
④ 도시의 융성과 전문직 종사자를 위한 정규직화

◎ **TIP** 지문의 시작에서 특산품 생산 시작의 원인을 보여주며, 이후에 다른 지역 사람들과 왜 거래하게 되었는지 글 전반에서 설명하고 있다. 따라서 ③번이 제목으로 알맞다.

18 밑줄 친 the issue가 가리키는 내용으로 가장 적절한 것은?

> Nine-year-old Ryan Kyote was eating breakfast at home in Napa, California, when he saw the news: an Indiana school had taken a 6-year-old's meal when her lunch account didn't have enough money. Kyote asked if that could happen to his friends. When his mom contacted the school district to find out, she learned that students at schools in their district had, all told, as much as $25,000 in lunch debt. Although the district says it never penalized students who owed, Kyote decided to use his saved allowance to pay off his grade's debt, about $74-becoming the face of a movement to end lunch-money debt. When California Governor Gavin Newsom signed a bill in October that banned "lunch shaming," or giving worse food to students with debt, he thanked Kyote for his "empathy and his courage" in raising awareness of <u>the issue</u>. "Heroes," Kyote points out, "come in all ages."

① The governor signed a bill to decline lunch items to students with lunch debt.

② Kyote's lunch was taken away because he ran out of money in his lunch account.

③ The school district with financial burden cut the budget failing to serve quality meals.

④ Many students in the district who could not afford lunch were burdened with lunch debt.

⊘ 【단어】 penalize : 부당하게 대우하다   empathy : 공감

☑ 【해석】 9살 인 Ryan Kyote가 그 뉴스를 봤을 때 그는 California Napa에 있는 집에서 아침식사를 하고 있었다. 그 뉴스는 인디애나의 한 학교가 한 여섯 살짜리 아이의 급식계좌에서 급식비가 부족하자 그녀의 식사를 가져가 버렸다는 내용이었다. Kyote는 만약 그런 일이 그의 친구들에게 일어날 수 있는지 물었다. 그의 엄마가 이를 알아내기 위해 교육청에 연락했을 때, 그녀는 그 학군의 학생들에게 통 틀어 급식비 25,000 달러 정도의 미납이 있다는 사실을 알게 되었다. 그 교육청에서는 절대 미납된 학생들을 부당하게 대우하지 않았다고 말하지만, Kyote는 그가 모은 용돈을 그의 학년의 미납금 약 74달러을 지불하는데 사용하기로 결정했고 이것은 급식비 미납을 해결하려는 운동의 시작이 되었다. 10월에 California 주지사 Gavin Newsom은 '부끄러운 점심식사' 혹은 미납 때문에 '질 낮은 급식 제공'을 금지하는 법안에 서명했을 때, 이런 문제에 대한 인식을 높이는 데 있어서 Kyote가 보여준 "그의 공감과 용기"에 감사를 표했다. Kyote는 이렇게 말한다. "영웅들은, 다양한 연령에서 나옵니다."

① 주지사가 급식비 미납인 학생들에게 점심 메뉴를 줄이라는 법안에 서명했다.
② Kyote가 급식비가 부족했기 때문에 그는 급식을 받지 못했다.
③ 재정적 부담이 있던 교육청은 양질의 급식을 제공하지 못한 예산을 삭감했다.
④ 급식비를 낼 수 없었던 그 지역의 많은 학생들은 급식비 미납인 상태였다.

⊘ 【TIP】 Kyote가 뉴스를 접하고 자신의 지역 학생들의 상황에 관심을 갖고 그의 어머니가 알아봤을 때, 그 지역에 상당한 급식비 미납 상황이 있음이 드러났고 급식비 미납상황으로 인해 곤란할 학생들을 돕기 위한 활동이 시작됨을 암시하는 글이다. 따라서 ④번이 the issue가 가리키는 내용이다.

19 청고래에 관한 다음 글의 내용과 일치하지 않는 것은?

The biggest heart in the world is inside the blue whale. It weighs more than seven tons. It's as big as a room. When this creature is born it is 20 feet long and weighs four tons. It is way bigger than your car. It drinks a hundred gallons of milk from its mama every day and gains 200 pounds a day, and when it is seven or eight years old it endures an unimaginable puberty and then it essentially disappears from human ken, for next to nothing is known of the mating habits, travel patterns, diet, social life, language, social structure and diseases. There are perhaps 10,000 blue whales in the world, living in every ocean on earth, and of the largest animal who ever lived we know nearly nothing. But we know this: the animals with the largest hearts in the world generally travel in pairs, and their penetrating moaning cries, their piercing yearning tongue, can be heard underwater for miles and miles.

① 아기 청고래는 매일 100갤런의 모유를 마시고, 하루에 200 파운드씩 체중이 증가한다.

② 청고래는 사춘기를 지나면서 인간의 시야에서 사라져서 청고래에 대해 알려진 것이 많지 않다.

③ 세계에서 가장 큰 심장을 지닌 동물이면서, 몸집이 가장 큰 동물이다.

④ 청고래는 일반적으로 혼자서 이동하고, 청고래의 소리는 물속을 관통하여 수 마일까지 전달될 수 있다.

✓ **단어** ken : 시야, (지식의) 범위, 지식, 알다　mating : 교미　penetrating : 날카로운　yearning : 갈망

☑ **해석** 세상에서 가장 큰 심장은 청고래 안에 있다. 그것은 7톤 이상의 무게가 나간다. 그리고 방 하나만큼 크다. 이 생명체는 20피트의 길이와 4톤의 무게로 태어난다. 그 새끼 고래는 당신의 차보다 훨씬 더 크다. 그리고 매일 100갤런의 엄마 모유를 마시고 하루에 무게가 200파운드씩 늘어난다. 그리고 이 새끼 고래가 7~8살이 되면 상상을 초월한 사춘기를 보내고, 그 후 사실상 인간 지식의 영역에서 사라져버리는데, 그 이후의 교미 습성, 이동 형태, 식습관, 무리생활, 언어, 사회구조, 질병에 대해서는 알려진 점이 없어서이다. 여태껏 우리에게 거의 알려진 바 없는 가장 큰 동물이자, 지구 상 모든 바다에 서식하는 약 만 마리의 청고래가 살고 있다. 하지만 우리는 전 세계에서 가장 큰 심장을 가진 그 동물들이 일반적으로 쌍으로 이동하고, 그들의 귀청을 찢고 갈망하는 듯한 언어로 울부짖는 신음 소리는 바다 밑 멀리에서도 들을 수 있다는 것은 알고 있다.

✓ **TIP** 지문에서 청고래가 보통 쌍으로 이동한다고 언급했기 때문에 ④번에서 혼자서 이동한다는 말은 맞지 않다.

20 다음 글의 주제로 가장 적절한 것은?

 In addition to controlling temperatures when handling fresh produce, control of the atmosphere is important. Some moisture is needed in the air to prevent dehydration during storage, but too much moisture can encourage growth of molds. Some commercial storage units have controlled atmospheres, with the levels of both carbon dioxide and moisture being regulated carefully. Sometimes other gases, such as ethylene gas, may be introduced at controlled levels to help achieve optimal quality of bananas and other fresh produce. Related to the control of gases and moisture is the need for some circulation of air among the stored foods.

① The necessity of controlling harmful gases in atmosphere

② The best way to control levels of moisture in growing plants and fruits

③ The seriousness of increasing carbon footprints every year around the world

④ The importance of controlling certain levels of gases and moisture in storing foods

⊘ **단어** carbon dioxide : 이산화탄소 optimal : 최적의

☑ **해석** 신선한 농산물을 취급할 때 온도를 조절하는 것 외에도 대기의 조절이 중요하다. 공기 중 약간의 수분은 보관 중에 건조를 막기 위해 필요하지만, 과한 수분은 곰팡이 성장을 촉진할 수 있다. 어떤 상업저장창고는 신중히 이산화탄소와 수분 모두 신중하게 통제하는 수준으로 대기를 관리해 오고 있다. 에틸렌 가스 같은 다른 가스들이 때때로 바나나와 다른 신선한 농산물들이 최상의 질에 이르는데 도움이 되도록 통제된 수준에서 도입될 수 있다. 가스와 습기의 조절과 관련된 것은 저장된 음식들 사이에서 공기의 순환이 어느 정도 필요하다는 것이다.
　① 대기 중 유해기체 관리의 필요성
　② 식물과 과일 성장에서 수분 양을 관리하는 최선의 방법
　③ 전 세계에서 해마다 증가하는 탄소 배출량의 심각성
　④ 식품을 저장할 때 가스와 수분을 분명한 단계로 관리하는 중요성

⊘ **TIP** 본문 전반에서 공기의 질과 수분 조절의 중요함을 강조하고 있다. 따라서 ④번이 주제로 적절하다.

21 다음 글의 밑줄 친 부분 중 문맥상 낱말의 쓰임이 가장 적절하지 않은 것은?

> Even if lying doesn't have any harmful effects in a particular case, it is still morally wrong because, if discovered, lying weakens the general practice of truth telling on which human communication relies. For instance, if I were to lie about my age on grounds of vanity, and my lying were discovered, even though no serious harm would have been done, I would have ①undermined your trust generally. In that case you would be far less likely to believe anything I might say in the future. Thus all lying, when discovered, has indirect ②harmful effects. However, very occasionally, these harmful effects might possibly be outweighed by the ③benefits which arise from a lie. For example, if someone is seriously ill, lying to them about their life expectancy might probably give them a chance of living longer. On the other hand, telling them the truth could possibly ④prevent a depression that would accelerate their physical decline.

☑ **단어** vanity : 허영   undermine : 기반을 약화시키다   outweigh : 더 크다   accelerate : 가속화되다

☑ **해설** 거짓말이 특정 상황에서 어떤 유해한 영향을 끼치지 않더라도, 여전히 도덕적으로 옳지 않은 것은, 만약 거짓말이 밝혀진다면 인간이 의사소통하며 신뢰하는 진실 전달의 일반적인 관행을 약화시키기 때문이다. 예를 들어, 내가 허영심 때문에 내 나이에 대해 속이고 그 거짓말이 밝혀진다면, 그것이 비록 심각한 해가 행해지는 것은 아닐 지라도, 나는 기본적으로 당신의 신뢰 기반을 ① 약화시킬 것이다. 이런 경우 당신은 내가 앞으로 말하는 어떤 것이든 믿을 가능성이 훨씬 더 적어질 것이다. 그러므로 모든 거짓말은 발견되었을 때 간적접인 ②유해를 끼친다. 하지만, 아주 가끔 이런 유해한 상황들은 거짓말로 발생하는 ③이로운 점보다 적을 수도 있다. 예를 들어, 만약 누군가가 심각한 병이 들었을 때, 그들에게 자신들의 생명 기대치에 대하여 하는 거짓말은 어쩌면 그들에게 더 오래 살 기회를 줄 수도 있다. 반대로 그들에게 진실을 말해주는 것은 아마도 환자의 몸 상태 악화를 촉진하는 우울증을 ④유발할 수도 있다.

☑ **TIP** ④번이 있는 문장 전에 하얀거짓말의 순기능이 나왔기 때문에 그 뒤에는 그렇게 하지 않았을 때 더 악화된 상황이 있을 수 있다는 문장이 적절하다. 따라서 prevent는 적절하지 않다.

22 글의 흐름으로 보아 아래 문장이 들어가기에 가장 적절한 곳은?

> Water is also the medium for most chemical reactions needed to sustain life.

> Several common properties of seawater are crucial to the survival and well-being of the ocean's inhabitants. Water accounts for 80-90% of the volume of most marine organisms. (①) It provides buoyancy and body support for swimming and floating organisms and reduces the need for heavy skeletal structures. (②) The life processes of marine organisms in turn alter many fundamental physical and chemical properties of seawater, including its transparency and chemical makeup, making organisms an integral part of the total marine environment. (③) Understanding the interactions between organisms and their marine environment requires a brief examination of some of the more important physical and chemical attributes of seawater. (④) The characteristics of pure water and sea water differ in some respects, so we consider first the basic properties of pure water and then examine how those properties differ in seawater.

⊘ **단어** sustain : 지속시키다   transparency : 투명성   integral : 완전한   attribute : 속성

☑ **해석** 바닷물의 몇몇 일반적인 특성은 바다 서식 동물들의 생존과 복지에 아주 중요하다. 물은 대부분의 해양 생명체의 80~90% 양을 차지한다. ①물은 생명체가 헤엄치고 떠다니기 위한 부력과 체중을 지지하는 힘을 공급하고, 무거운 골격의 필요성을 줄여준다. ②물은 또한 생명이 계속 살아가는데 필요한 대부분의 화학적 반응을 위한 매개체이다. 해양 생물들의 생태활동은 결국 바닷물의 투명도와 화학적 구성요소를 포함한 바닷물의 기본적인 물리적, 화학적 속성을 바꾸고, 생명체가 전반적인 해양 환경의 필수적인 부분이 되도록 한다. ③생명체와 그들이 사는 해양 환경 사이의 상호작용을 이해하는 것은 바닷물의 더 주요한 물리적, 화학적 속성에 관한 간단한 조사가 필요하다. ④순수한 물과 바닷물의 특징은 어떤 점에서 다르기 때문에 우리는 순수한 물의 기본 속성을 고려하고 그 후에 그 속성이 바닷물과 어떻게 다른지 검토해야 한다.

⊘ **TIP** ②번 앞 문장에서 물의 한 기능을 설명하고 있기 때문에 주어진 문장이 ②번에 들어가 물에 다른 기능을 보여주는 것이 알맞다.

---

23 (A), (B), (C)의 각 네모 안에서 문맥에 맞는 낱말로 가장 적절한 것은?

Here's the even more surprising part: The advent of AI didn't (A) diminish / increase the performance of purely human chess players. Quite the opposite. Cheap, supersmart chess programs (B) discouraged / inspired more people than ever to play chess, at more tournaments than ever, and the players got better than ever. There are more than twice as many grand masters now as there were when Deep Blue first beat Kasparov. The top-ranked human chess player today, Magnus Carlsen, trained with AIs and has been deemed the most computerlike of all human chess players. He also has the (C) highest / lowest human grand master rating of all time.

	(A)	(B)	(C)
①	diminish	discouraged	highest
②	increase	discouraged	lowest
③	diminish	inspired	highest
④	increase	inspired	lowest

✓ **단어** advent : 출현 diminish : 약하게 하다 deem : 여기다

☑ **해석** 훨씬 더 놀라운 일이 여기 있다. 인공지능의 출현이 순전한 인간 고유의 능력으로 체스를 두는 선수의 실력을 (A) 약하게 하지 못했다는 것이다. 정반대이다. 값싸고 매우 성능 좋은 프로그램이 그 어느 때보다 더 많은 사람들이 체스를 두고, 더 많은 체스 대회가 생기고 선수들이 전 보다 체스를 더 잘 두도록 (B) 영감을 주었다. Deep Blue가 Kasparov를 처음 이겼을 때 보다 두 배 더 많은 그랜드 마스터가 활동하고 있다. 요즘 최상위의 체스 선수인 Magnus Carlsen은 인공지능으로 훈련했고 모든 선수들 중에 가장 컴퓨터 같은 선수로 여기어져 왔다. 그는 또한 시대를 통틀어 (C) 가장 높은 순위의 그랜드 마스터이다.

✓ **TIP** ③ diminish – inspired – highest

24 다음 글의 내용을 요약할 때 빈칸에 들어갈 말로 가장 적절한 것은?

> Aesthetic value in fashion objects, like aesthetic value in fine art objects, is self-oriented. Consumers have the need to be attracted and to surround themselves with other people who are attractive. However, unlike aesthetic value in the fine arts, aesthetic value in fashion is also other-oriented. Attractiveness of appearance is a way of eliciting the reaction of others and facilitating social interaction.
>
> ↓
>
> Aesthetic value in fashion objects is _____.

① inherently only self-oriented

② just other-oriented unlike the other

③ both self-oriented and other-oriented

④ hard to define regardless of its nature

✅ **단어** aesthetic : 미학의   elicit : 끌어내다   facilitate : 가능하게 하다   inherently : 본질적으로   regardless of : ~에 상관없이

☑️ **해석** 유행하는 아이템에서 미적가치는 예술작품에서의 미적가치와 같이 자기지향적이다. 소비자들은 매력적으로 보이고 싶고 매력적인 다른 사람들이 자신들을 둘러싸기를 바라는 욕구를 가진다. 하지만, 예술작품이 받는 미적가치와는 달리 패션에서의 미적가치는 타인 지향적이기도 하다. 외모로 이목을 끄는 것은 타인의 반응을 끌어내고 사회적인 상호작용을 가능하게 하는 한 가지 방법이다.

↓

패션 아이템에서의 미적가치는 <u>자신과 타인 둘 다를 지향한다</u>.

① 본질적으로 온전히 자기중심적인
② 다른 것들과 달리 단지 타인 지향적인
③ 자신과 타인 둘 다를 지향하는
④ 원래 속성과 상관없이 정의하기 어려운

✅ **TIP** 패션 아이템의 미적가치는 예술작품에 주어지는 미적가치와 같이 자기중심적인 특성 뿐 아니라 예술작품과는 달리 타인 지향적이기도 하다.

25 글의 흐름으로 보아 아래 문장이 들어가기에 가장 적절한 곳은?

The great news is that this is true whether or not we remember our dreams.

Some believe there is no value to dreams, but it is wrong to dismiss these nocturnal dramas as irrelevant. There is something to be gained in remembering. (①) We can feel more connected, more complete, and more on track. We can receive inspiration, information, and comfort. Albert Einstein stated that his theory of relativity was inspired by a dream. (②) In fact, he claimed that dreams were responsible for many of his discoveries. (③) Asking why we dream makes as much sense as questioning why we breathe. Dreaming is an integral part of a healthy life. (④) Many people report being inspired with a new approach for a problem upon awakening, even though they don't remember the specific dream.

☑ **단어** nocturnal : 야행성의 irrelevant : 무관한 integral : 필수적인

☑ **해석** 어떤 이들은 꿈꾸는 것이 가치 없다고 믿지만, 밤에 꾸는 이런 드라마들을 무관한 것으로 묵살하는 것은 옳지 않다. 꿈을 기억하는 것에서 얻어지는 무언가가 있다. ① 우리는 더 연결되어져 있고, 더 완벽하게, 제대로 된 길로 가고 있다고 느낄 수 있다. 우리는 또 영감, 정보, 안정감을 받기도 한다. Albert Einstein은 그의 상대성 이론이 꿈에서 영감을 받았다고 말했다. ② 사실, 그는 꿈이 그가 발견한 많은 것들에 영향을 끼쳤다고 주장했다. ③ 우리가 왜 꿈을 꾸는지 묻는 것은 우리가 왜 호흡하는지 질문하는 것과 통한다고 할 수 있다. 꿈꾸는 것은 건강한 삶의 필수적인 부분이다. ④ <u>좋은 소식은 우리가 꿈을 기억하든 못하든 이것이 사실이라는 것이다.</u> 다수의 사람들이 비록 그 구체적인 꿈은 기억하지 못하더라도, 잠에서 깨어나면서 한 문제에 대한 새로운 접근을 떠올리게 되었다고 말한다.

☑ **TIP** 우리가 꿈을 꾸고 꿈을 통해 여러 부분 도움을 받는데, 그것은 우리가 꿈을 기억하지 못하더라도 가능할 일이라는 점을 ④번 뒤 마지막 문장에서 예로 제시하였다. 그래서 ④번에 주어진 문장이 들어가는 것이 적합하다.

1 다음 밑줄 친 단어의 의미와 가장 가까운 것은?

> Although doctors struggled to <u>contain</u> the epidemic, it has swept all the world.

① include

② suffer from

③ prevent the spread of

④ transmit

⊘ **단어** struggle : 고군분투하다　contain : 억제하다　epidemic : 전염병　include : 포함하다　suffer from : ~로부터 고통 받다
prevent the spread of : ~의 확산을 막다　transmit : 보내다

☑ **해석** 비록 의사들은 전염병을 <u>억제하기</u> 위해 애썼지만, 그것은 전 세계를 휩쓸었다.

2 다음 밑줄 친 표현의 의미와 가장 가까운 것은?

> If you take risks like that you'll <u>wind up</u> dead.

① blow up

② end up

③ make up

④ use up

⊘ **단어** take risk : 위험을 무릅쓰다 wind up : ~을 끝내다　blow up : 화내다　end up : ~로 끝나다, 결국 처하게 되다　make up :
구성하다　use up : 다 쓰다

☑ **해석** 그런 위험을 감수하면 결국 죽음에 <u>처하게 될거야</u>.

3 다음 빈칸에 들어갈 단어로 가장 적절한 것은?

> The detectives _____ some clues of the hit-and-run accident and could successfully arrest the real criminal.

① obliterated

② distorted

③ complimented

④ scrutinized

✓ 단어 detective : 형사   scrutinize : 면밀히 조사하다   clue : 단서   hit-and-run : 뺑소니   arrest : 체포하다   criminal : 범죄자
   obliterate : 말살하다   distort : 왜곡하다   compliment : 칭찬하다

☑ 해석 형사들은 뺑소니 사고의 단서를 <u>면밀히 조사했고</u> 진짜 범인을 체포하는 데 성공할 수 있었다.

4 다음 빈칸 ㉠, ㉡에 공통으로 들어갈 단어로 가장 적절한 것은?

> • I looked her ㉠_____ in the face.
> • To unbreak my heart was like trying to ㉡_____ a circle. That is, it was impossible.

① court

② overhead

③ square

④ trace

✓ 단어 square : 똑바로   unbreak : 치유하다   court : 법정   overhead : 머리위에   square a circle : 불가능한 일을 하다

☑ 해석 나는 그녀의 얼굴을 <u>똑바로</u> 바라보았다.
   내 마음을 치유하는 것은 원을 <u>사각형으로</u> 만들려고 노력하는 것과 같았다. 즉, 그것은 불가능했다.

5 다음 빈칸 ㉠, ㉡에 공통으로 들어갈 단어로 가장 적절한 것은?

> • As this case seems to be more complicated than we have ever expected, we are to request the ㉠_____ from the police in order to work it out.
> • So far North Korea has habitually and blatantly violated the ㉡_____ by the UN, in relation to the matters of developing nuclear weapons.

① approval   ② encouragement

③ neutralization   ④ sanction

☑ **단어** complicated : 복잡한 request : 요청하다 sanction : 제재, 승인 work out : 해결하다 habitually : 습관적으로 blatantly : 뻔뻔스럽게 violate : 위반하다 sanction in relation to : ~에 관하여

☑ **해석** • 이번 사건은 우리가 예상했던 것보다 더 복잡해 보이기 때문에, 이를 해결하기 위해 경찰의 승인을 요청해야 한다.
• 지금까지 북한은 핵무기 개발 문제와 <u>관련하여</u> 유엔의 제재를 습관적이고 뻔뻔스럽게 위반했다.

6 다음 문장 중 어법상 가장 적절하지 <u>않은</u> 것은?

① I'm feeling sick. I shouldn't have eaten so much.

② Most of the suggestions made at the meeting was not very practical.

③ Providing the room is clean, I don't mind which hotel we stay at.

④ We'd been playing tennis for about half an hour when it started to rain heavily.

☑ **단어** suggestion : 제안 practical : 실용적인 providing : 만약 ~라면 mind : 꺼리다

☑ **해석** ① 아픈 것 같아요. 그렇게 많이 먹지 말았어야 했어요.
② 회의에서 제시된 제안들은 대부분 실용적이지 않았다.
③ 방이 깨끗하다면 어느 호텔에 묵든 상관없다.
④ 우리는 30분 정도 테니스를 치고 있었는데 비가 많이 오기 시작했다.

☑ **TIP** "most of the 명사"가 주어가 되는 경우, 명사에 수일치한다. ②번에서 주어는 most of the suggestions이다. 따라서 동사는 was가 아닌 were가 되어야 한다.

7 다음 문장 중 어법상 가장 적절하지 <u>않은</u> 것은?

① No sooner had he seen me than he ran away.

② Little I dreamed that he had told me a lie.

③ Written in plain English, the book has been read by many people.

④ When I met her for the first time, I couldn't help but fall in love with her.

☑ 해석 ① 나를 보자마자 그는 도망쳤다.
② 그가 나에게 거짓말을 했다는 것을 꿈에도 생각하지 못했다.
③ 평범한 영어로 쓰여진 이 책은 많은 사람들에 의해 읽혀졌다.
④ 처음 만났을 때, 나는 그녀와 사랑에 빠지지 않을 수 없었다.

☑ TIP ②번에서 부정어구 little 이 문두에 나왔기 때문에 주어/동사 가 도치되어야 한다. 문장의 동사가 일반동사이기 때문에 일반동사가 나올수 없고, did가 나와야 한다. 따라서 Little did I dream that ~의 형태의 문장이 되어야 한다.

8 A에 대한 B의 응답으로 가장 적절하지 <u>않은</u> 것은?

① A : Oh, I've forgotten my phone again!

　B : Typical! You're always forgetting your phone.

② A : Is your shirt inside out? I see the seams.

　B : Actually, they're supposed to show.

③ A : Where can I get a cheap computer?

　B : Shopping online is your best bet.

④ A : Would you like some strawberry shortcake?

　B : Sure, help yourself to more.

☑ 해석 ① A : 오, 나는 내 전화기를 다시 잊어 버렸습니다!
　　B : 늘 이런 식이야! 당신은 항상 전화기를 잊어버리고 있네요.
② A : 셔츠를 뒤집어 입었니? 솔기가 보이네.
　　B : 사실, 원래 보이는 거야.
③ A : 값싼 컴퓨터를 어디서 구할 수 있습니까?
　　B : 온라인 쇼핑이 가장 좋은 방법이야.
④ A : 딸기 쇼트케이크 드시겠습니까?
　　B : 물론이죠, 더 많이 드세요.

9 다음 대화의 빈칸에 들어갈 표현으로 가장 적절한 것은?

> A : How many bottles of wine should I prepare for tonight's party? I heard there will be many guests.
> B : The more, the better. Unfortunately, however, I won't be able to be with you at the party because of the urgent matters in my office tonight. Instead, _____?
> A : Of course! You are always welcome to my world.

① can you give me a raincheck for this

② will you give my best regards to them

③ shall I go home

④ are you being waited on

☑ **해석** A : 오늘 밤 파티를 위해 와인을 몇 병 준비해야 합니까? 손님이 많을 거라고 들었습니다.

　　　 B : 더 많을수록 좋습니다. 하지만 안타깝게도 오늘 밤 제 사무실에서 긴급한 일이 있어서 파티에 같이 있을 수 없습니다. 대신, 다음번에 가도 될까요?

　　　 A : 물론입니다! 당신은 언제나 환영입니다.

　　　 ① 다음번에 가도 될까요?
　　　 ② 그들에게 안부 전해 주겠어요?
　　　 ③ 집에 가도 될까요?
　　　 ④ 당신은 기다리고 있나요?

✓ **TIP** ① raincheck : 다음을 기약하다(우천 교환권)

10 우리말을 영어로 옮긴 것 중 어법상 가장 적절한 것은?

① 그들은 참 친절한 사람들이야!

    → They're so kind people!

② 그녀는 곰 인형을 하나 가지고 있었는데, 인형 눈이 양쪽 다 떨어져 나가고 없었다.

    → She had a teddy bear, both of whose eyes were missing.

③ 가장 쉬운 해결책은 아무 일도 하지 않는 것이다.

    → The most easiest solution is to do nothing.

④ 애들 옷 입히고 잠자리 좀 봐 줄래요?

    → After you've got the children dress, can you make the beds?

☑ **해석** ① 그들은 참 친절한 사람들이야! → They're so kind people!
    ② 그녀는 곰 인형을 하나 가지고 있었는데, 인형 눈이 양쪽 다 떨어져 나가고 없었다. → She had a teddy bear, both of whose eyes were missing.
    ③ 가장 쉬운 해결책은 아무 일도 하지 않는 것이다. → The most easiest solution is to do nothing.
    ④ 애들 옷 입히고 잠자리 좀 봐 줄래요? → After you've got the children dress, can you make the beds?

☑ **TIP** ① 'so+형+관사+명사', 'so+형용사'의 형태로 사용되며 'so+수량형용사(many, much, few, little)+명사'의 형태로는 사용하나, 'so+일반형용사+명사'의 형태로는 표현하지 않는다. 'such+관사+형+명사'의 어순으로 사용되므로 'so'를 'such'로 바꿔야 한다.
    ③ easy의 최상급은 easiest이므로 most를 제거해야 한다.
    ④ get은 to부정사, 현재분사, 과거분사를 목적격 보어로 취한다. 아이들이 옷을 스스로 입는 것이 아니라 옷이 입혀진다는 의미를 가지므로 목적어와 목적격 보어의 관계가 수동이 되어 dressed라는 과거분사가 목적격 보어로 와야 한다.

11 다음 글의 제목으로 가장 적절한 것은?

Imagine that after studying word pairs such as red/blood and food/radish, you are given red as a cue and recall that blood went with it. This act of recall strengthens your memory of the two words appearing together, so that next time you are given red, it will be easier for you to recall blood. Remarkably, however, recalling that blood went with red will also make it more difficult later to recall radish when given food! When practicing red/blood, it is necessary to suppress retrieval of recently encountered "red things" other than blood, so that your mind is not littered with irrelevancies that could interfere with the recall of the word you seek. But there is a cost to suppressing retrieval of unwanted items such as radish: they are less accessible for future recall, even to a cue (food) that would seem to have nothing to do with "redness."

① The Advantage and Disadvantage of Studying Word Pairs

② The Art of Matching Word Pairs

③ The Importance of Recalling Word Pairs

④ The Proper Way of Practicing Word Pairs

☑ **단어** cue : 신호   recall : 생각해내다   strengthen : 강화하다   remarkably : 놀랍게도   radish : 무   retrieval : 만회, 복구   litter : 쓰레기, 어지르다   irrelevancy : 무관계   interfere with : 방해하다

☑ **해석** 붉은/혈액, 음식/무와 같은 단어 쌍을 연구한 후에, 당신에게 신호로 빨간색이 주어지고 피가 그것과 함께 나왔다는 것을 상기한다고 상상해보라. 이 기억 행위는 함께 나타나는 두 단어에 대한 기억을 강화시켜 다음 번에 빨간색이 주어지면 피를 기억하는 것이 더 쉬워질 것이다. 하지만 놀랍게도, 피가 빨간색과 함께 나왔다는 것을 상기하는 것은 나중에 음식이 주어졌을 때 무를 기억하는 것을 더 어렵게 만들 것이다! 빨간색/혈액을 연습할 때는, 피 이외의 최근에 접하게 된 '빨간 것'의 생각을 억제해야 한다. 그래서 당신의 마음은 당신이 찾는 단어의 회상을 방해할 수 있는 관련성이 없는 것들로 뒤죽박죽이 되지 않도록 해야 한다. 그러나 무와 같은 원치 않는 품목의 회수를 억제하는 데는 대가가 따른다. 그것들은 미래에 상기할 때, 심지어 "빨간색"과는 아무 상관이 없는 것처럼 보이는 단서(음식)도 전보다 잘 떠오르지 않는다.

① 단어 쌍 학습의 장점과 단점
② 단어 쌍을 매치 시키는 기술
③ 단어 쌍의 기억의 중요성
④ 단어 쌍을 실행하는 적절한 방법

12 다음 글의 흐름으로 보아 〈보기〉의 문장이 들어갈 곳으로 가장 적절한 것은?

〈보기〉

When the adversity is threatening enough or comes without warning, it can unbalance the leader at a single stroke.

There are times when even the best leaders lose their emotional balance. (㉠) Leadership brings with it responsibility, and responsibility, in times of serious adversity, brings emotional confusion and strain. (㉡) In this sense responsibility is like a lever, which can upset a leader's emotional balance when adversity presses down hard on one end. (㉢) Even a leader as great as Lincoln was floored more than once in this way. (㉣) Other times the effect is cumulative, coming after a period of sustained high tension—of pressure on one end and resistance on the other—until finally the leader's equanimity begins to give way. The point is that every leader had their emotional limits, and there is no shame in exceeding them.

① ㉠

② ㉡

③ ㉢

④ ㉣

✓ **단어** responsibility : 책임 adversity : 역경 confusion : 혼란 strain : 긴장 lever : 레버 threaten : 위협하다 unbalance : 균형을 깨뜨리다 floor : 바닥에 쓰러뜨리다 cumulative : 축적적인 sustain : 지탱하다 resistance : 저항 equanimity : 평정 exceed : 초과하다

☑ **해설** 최고의 지도자라도 자신의 감정적 균형을 잃을 때가 있다. 리더십은 책임감을 수반하고, 책임감은 극심한 역경이 닥칠 때 감정적인 혼란과 긴장을 가져온다. 이런 의미에서 책임감은 지렛대와 같아서, 그것은 역경이 한쪽 끝을 강하게 누를 때 지도자의 감정적 균형을 깨뜨릴 수 있다. 역경이 충분히 위협적이거나 예고 없이 닥칠 때, 그것은 단박에 지도자의 균형을 잃게 할 수 있다. 심지어 링컨만큼 위대한 지도자도 이런 식으로 한 번 넘게 곤혹을 겪었다. 다른 경우에는 그 영향이 누적되는데, 한쪽 끝에 압력이 가해지고 반대쪽 끝에 저항이 가해지는, 지속되는 높은 긴장감의 시기 뒤에 나타나다가, 결국에는 지도자의 평정이 무너지기 시작한다. 요지는, 모든 지도자에게는 각자의 감정적 한계가 있으며, 그것을 넘어가는 것에 대해 부끄러울 건 없다는 것이다.

13 다음 글의 제목으로 가장 적절한 것은?

Scientists hope to someday establish beyond a doubt that aging and all the nefarious things that go with it can be indefinitely postponed simply by reducing the amount of food and calories we consume. Take note that in the prevention of Alzheimer's disease, maintaining an ideal weight may not be enough. Studies have shown that the risk of Alzheimer's disease is more closely linked to caloric intake than to weight or body mass index (BMI). This means that a junk food junkie who is blessed with a high metabolic rate that keeps her from gaining weight may still be at a higher risk for developing a memory problem. If we consider the logic that explains how caloric restriction exerts its beneficial effects on the body and mind, this makes a lot of sense. The amount of age-accelerating *oxygen free radicals generated from our diet is related to the amount of calories we consume, not to our weight. Thus a person with a high metabolic rate who consumes greater calories may actually be producing more harmful forms of oxygen than someone with a slower metabolic rate.

*oxygen free radicals : 활성 산소

① The Relation between BMI and Alzheimer's Disease
② The Instruction of How to Reduce the Risk of Alzheimer's Disease
③ The Influence of Ingesting Calories on the Body and Mind
④ The Side Effect of Having Junk Food on Human Metabolism

☑ **단어** establish : 입증하다, 밝히다   beyond a doubt : 의심의 여지없이   indefinitely : 무기한으로   postpone : 연기하다   prevention : 예방   maintain : 유지하다   risk : 위험   be linked with : ~와 연관되다   intake : 섭취량, 섭취   body mass-index(BMI) : 체질량 지수(체중을 신장의 제곱으로 나누어 비만도를 가늠하는 지수)   junk food-junkie : 정크 푸드 중독자   metabolic rate : 신진대사율   restriction : 제한   exert : (영향을)주다, 미치다   age-accelerating : 노화를 가속하는   generate : 생성하다

☑ **해석** 과학자들은 단지 우리가 섭취하는 음식과 칼로리의 양을 줄임으로써 노화와 그것에 동반되는 모든 못된 것들이 무기한 연기될 수 있다는 것을 언젠가 의심의 여지없이 입증하기를 바란다. 알츠하이머 병을 예방하는 데 이상적인 체중을 유지하는 것이 충분하지 않을 수 있다는 것에 주목하라. 연구들은 알츠하이머 병의 위험이 체중이나 체질량 지수(BMI)보다 칼로리 섭취량과 더 밀접히 연관되어 있다는 것을 보여주었다. 이것은 체중이 늘어나지 않게 해주는 높은 신진대사율을 갖는 복을 받은 정크 푸드 중독자에게 기억력 문제가 생길 위험이 여전히 더 높을 수 있다는 것을 의미한다. 칼로리 제한이 몸과 마음에 어떻게 이로운 영향을 주는지를 설명하는 논리를 생각해 보면, 이 말은 정말 일리가 있다. 우리의 식단에서 생성되는 노화를 가속하는 활성산소의 양은 우리의 몸무게가 아니라 우리가 섭취하는 칼로리의 양과 관련이 있다. 따라서 더 많은 칼로리를 섭취하는 높은 신진대사율을 지닌 사람이 더 느린 신진대사율을 지닌 사람보다 실제로는 더 많은 유해한 형태의 산소를 만들고 있을지도 모른다.

① BMI와 알츠하이머병의 관계
② 알츠하이머병의 위험 감소 방법의 교육
③ 칼로리 섭취가 신체와 정신에 미치는 영향
④ 정크푸드를 먹는 것이 인간대사에 미치는 부작용

 ANSWER 12.③ 13.③

14 다음 글의 빈칸에 들어갈 내용으로 가장 적절한 것은?

> Life is full of hazards. Disease, enemies and starvation are always menacing primitive man. Experience teaches him that medicinal herbs, valor, the most strenuous labor, often come to nothing, yet normally he wants to survive and enjoy the good things of existence. Faced with this problem, he takes to any method that seems adapted to his ends. Often his ways appear incredibly crude to us moderns until we remember how our next-door neighbor acts in like emergencies. When medical science pronounces him incurable, he will not resign himself to fate but runs to the nearest *quack who holds out hope of recovery. His urge for self-preservation will not down, nor will that of the illiterate peoples of the world, and in that overpowering will to live is anchored the belief in supernaturalism, _____.
>
> *quack : 돌팔이 의사

① and the number of its supporters has increased dramatically

② which caused ancient civilizations to develop into modern ones

③ which has had a positive effect on medical science

④ which is absolutely universal among known peoples, past and present

✔ **단어** hazard : 위험　starvation : 기아, 굶주림　menace : 위협하다　medicinal herb : 약초　valor : 용기, 용맹　naught : 무
crude : 조악한　pronounce : 선언하다, 선고하다, 발음하다　urge : 열망 충동　anchor : 정착시키다, 자리 잡다

✔ **해석** 삶은 위험으로 가득 차 있다. 질병과 적, 굶주림은 항상 원시인들을 위협한다. 경험은 그에게 약초, 용기, 격렬한 노동이 종종 아무런 결과를 가져오지 못한다는 것을 가르치지만 보통 그는 살아 남아서 삶의 좋은 것들을 즐기고 싶어 한다. 이런 문제와 맞닥뜨렸을 때 그는 자신의 목적에 적합해 보이는 방법이라면 무엇이든 전념한다. 종종 그의 방법이 비슷한 비상사태에 우리의 이웃이 어떻게 행동하는가를 기억하기 전까지는 우리 현대인들에게는 믿을 수 없을 만큼 조악해 보이기도 한다. 의학이 그에게 치유 불가능하다고 선고할 때 그는 운명을 감수하며 따르지 않고 회복의 희망을 약속하는 근처 돌팔이 의사에게 달려간다. 자기 보전에 대한 그의 열망은 수그러들지 않으며 세계의 교육 받지 못한 민족들의 열망도 마찬가지이다. 초자연적인 힘에 대한 믿음은 살고자 하는 강렬한 의지에 자리 잡고 있으며, 이는 과거에도 현재에도, 알려진 민족들 사이에서 절대적으로 보편적이다.

① 그 지지자들의 수는 급격히 증가했다
② 고대 문명이 현대 문명으로 발전하게 한 것
③ 의학에 긍정적인 영향을 미친 것
④ 이는 과거에도 현재에도, 알려진 민족들 사이에서 절대적으로 보편적이다

15 다음 빈칸 ㉠, ㉡, ㉢에 공통으로 들어갈 단어로 가장 적절한 것은?

One study that measured participants' exposure to thirty-seven major negative events found a curvilinear relationship between lifetime adversity and mental health. High levels of adversity predicted poor mental health, as expected, but people who had faced intermediate levels of adversity were healthier than those who experienced little adversity, suggesting that moderate amounts of stress can foster ㉠_____. A follow-up study found a similar link between the amount of lifetime adversity and subjects' responses to laboratory stressors. Intermediate levels of adversity were predictive of the greatest ㉡_____. Thus, having to grapple with a moderate amount of stress may build ㉢_____ in the face of future stress.

① resilience
② impression
③ creativity
④ depression

☑ **단어** measure : 측정하다   exposure : 노출   curvilinear relationship : 곡선관계   adversity : 역경   predict : 예측하다
intermediate : 중간의 moderate : 적당한 resilience : 회복 follow-up study : 후속연구 response : 반응 laboratory : 실험
의 stressor : 자극요인, 스트레스 요인 predictive : 예언하는 grapple : 잡다, 파악하다

☑ **해석** 참가자들의 서른일곱 가지 주요 부정적인 사건 경험을 측정한 한 연구는 생애에서 겪은 역경과 정신 건강 사이의 곡선 관계를 발
견했다. 높은 수준의 역경은 예상대로 나쁜 정신 건강을 예측했지만, 중간 수준의 역경에 직면했던 사람들은 역경을 거의 경험히
않았던 사람들보다 더 건강했는데, 이것은 적당한 양의 스트레스가 회복력을 촉진할 수 있음을 보여준다. 후속 연구는 생애에서
겪은 역경의 양과 피실험자들이 실험 중 주어진 스트레스 요인에 반응하는 것 사이에서 비슷한 관계를 발견했다. 중간 수준의 역
경이 가장 큰 회복력을 예측했다. 따라서 적당한 양의 스트레스를 해결하기 위해 노력해야 하는 것은 미래에 스트레스를 직면할
때의 회복력을 길러 줄 수 있다.

16 다음 빈칸 ㉠, ㉡에 각각 들어갈 표현으로 가장 적절한 것은?

> The most obvious salient feature of moral agents is a capacity for rational thought. This is an uncontested necessary condition for any form of moral agency, since we all accept that people who are incapable of reasoned thought cannot be held morally responsible for their actions. ㉠ _____, if we move beyond this uncontroversial salient feature of moral agents, then the most salient feature of actual flesh-and-blood (as opposed to ridiculously idealized) individual moral agents is surely the fact that every moral agent brings multiple perspectives to bear on every moral problem situation. ㉡_____, there is no one-size-fits-all answer to the question "What are the basic ways in which moral agents wish to affect others?" Rather, moral agents wish to affect 'others' in different ways depending upon who these 'others' are.

	㉠	㉡
①	However	That is
②	Furthermore	Otherwise
③	To put it briefly	After all
④	In particular	Even so

☑ **단어** salient : 현저한, 두드러진   moral agent : 도덕적 행위자, 도덕적 행위자로서의 인간   uncontested : 명백한, 논쟁의 여지가 없는   uncontroversial : 논란의 여지가 없는   flesh-and-blood : 현재 살아 있는, 현실의   as opposed to : ~와는 대조적으로   ridiculously : 우스꽝스럽게, 터무니없이   multiple : 다양한   perspective : 시간, 견지   bear : 품다, 지니다   one-size-fits-all : 널리[두루] 적용되도록 만든

☑ **해석** 도덕적 행위자로서의 인간의 가장 명백한 두드러진 특징은 이성적인 사고를 할 수 있는 능력이다. 이성적인 사고를 할 수 없는 사람들은 그들의 행동에 대해 도덕적인 책임을 질 수 없다고 우리 모두 받아들이기 때문에 이것은 어떤 유형의 도덕적 행위자로서의 인간에게 있어서도 논쟁의 여지가 없이 필요한 조건이다. ㉠하지만 이렇게 논란의 여지가 없는 두드러진 특징을 넘어서면, (터무니없이 이상적인 것과는 대조적으로) 실제로 현재 살아있는 도덕적 행위자로서의 인간 각자의 가장 두드러진 특징은 분명히 어떤 도덕적인 문제가 있는 상황에서도 도덕적 행위자로서의 인간이라면 누구든지 지니고 있는 다양한 견해를 제시한다는 사실이다. ㉡즉, "도덕적 행위자로서의 인간이 다른 사람들에게 영향을 미치는 기본적인 방법은 무엇인가?"라는 질문에 대해 두루 적용되도록 만들어진 답은 없다. 오히려, 도덕적 행위자로서의 인간은 이러한 "다른 사람들이" 누구냐에 따라서 다양한 방식으로 "다른 사람들"에게 영향을 미치기를 바란다.

	㉠	/	㉡
①	하지만	/	즉
②	게다가	/	그렇지 않으면
③	간단하게 말하면	/	결국
④	특히	/	심지어

17 다음 빈칸 ㉠, ㉡에 각각 들어갈 단어로 가장 적절한 것은?

> The sun is slowly getting brighter as its core contracts and heats up. In a billion years it will be about 10 percent brighter than today, heating the planet to an uncomfortable degree. Water ㉠_____ from the oceans may set off a runaway greenhouse effect that turns Earth into a damp version of Venus, wrapped permanently in a thick, white blanket of cloud. Or the transformation may take some time and be more gentle, with an increasingly hot and cloudy atmosphere able to shelter microbial life for some time. Either way, water will escape into the stratosphere and be broken down by UV light into oxygen and hydrogen. Oxygen will be left in the stratosphere—perhaps ㉡_____ aliens into thinking the planet is still inhabited—while the hydrogen is light enough to escape into space. So our water will gradually leak away.

	㉠	㉡
①	accumulating	misunderstanding
②	evaporating	misleading
③	flowing	persuading
④	seeping	expelling

☑ **단어** core : 핵, 중심부 contract : 수축하다 evaporate : 증발하다 runaway : 통제 불능의 damp : 습한 축축한 transformation : 변화, 변형 shelter : 보호하다 break down : 분해하다, 부수다

☑ **해석** 태양이 그 핵이 수축하고 가열되면서 서서히 더 밝아지고 있다. 10억 년 후에는 태양이 오늘보다 약 10 퍼센트 더 밝아져서 불편할 정도로까지 지구를 가열하게 될 것이다. 태양으로부터 ㉠증발하는 물은 지구를 습한 금성의 형태로 바꾸게 되는 통제 불능의 온실 효과를 유발하여 지구가 영원히 두꺼운 흰 구름 막에 둘러싸여 있게 할 수도 있다. 혹은 그 변화가 어느 정도 시간이 걸리고 더 온화하여서 한동안은 미생물 생명체를 보호해 줄 수 있는 점점 더 무덥고 구름 낀 대기를 유지할 수도 있다. 어느 쪽이 되었든지 물은 성층권 속으로 달아나 자외선에 의해 산소와 수소로 분해될 것이다. 산소는 성층권에 남아서 어쩌면 외계인들이 지구가 여전히 생명체가 살고 있다고 ㉡착각을 하게 만들 수도 있지만 수소는 아주 가벼워 우주 공간으로 달아나게 될 것이다. 그래서 우리의 물은 점차 새어 없어지게 될 것이다.

　　㉠ 　/ 　㉡
① 축적하는 / 오해하는
② 증발하는 / 오도하는
③ 흐르는   / 설득하는
④ 스미는   / 추방하는

---

18 다음 글의 흐름으로 보아 〈보기〉 문장 뒤에 이어질 글의 순서로 가장 적절한 것은?

〈 보 기 〉

Ankle and heel pain are the most common ailments seen by foot doctors, especially among runners and those who play sprinting sports, such as basketball or tennis.

ⓐ Above all, it is most important to rest and take it easy until the injury fully heals.

ⓑ While some injuries to the foot are serious and may require a trip to the doctor's office, most minor sprains can be treated at home.

ⓒ They also suggest keeping the foot elevated when possible and making sure to wear comfortable shoes with plenty of support.

ⓓ Sports physicians recommend icing the bruised area, gently stretching and massaging the foot, and taking anti-inflammatory drugs to help alleviate the pain.

① ㉣-㉡-㉠-㉢　　　　② ㉡-㉠-㉣-㉢

③ ㉢-㉡-㉣-㉠　　　　④ ㉡-㉣-㉢-㉠

◎ **단어** ankle : 발목　heel : 뒤꿈치　ailment : 병　sprain : 염좌, 삠　bruise : 타박상　anti-inflammatory : 항 염증의　alleviate : 완화하다　elevate : 올리다　above all : 무엇보다도

☑ **해석** 발목과 발뒤꿈치 통증은 발 전문의에게 가장 흔한 질병인데, 주자와 농구나 테니스와 같은 짧은 거리를 전력 질주하는 선수들 사이에서 특히 그렇다. ㉡일부 발부상은 심각하여 의사의 진료를 필요로 할 수 있지만, 대부분의 경미한 염좌는 집에서 치료할 수 있다. ㉣스포츠 의사들은 멍든 부위를 얼음 찜질하고, 발을 부드럽게 스트레칭하고 마사지하고, 통증을 완화하기 위해 항염증제를 복용할 것을 권고한다. ㉢그들은 또한 가능할 때 발을 높이고 많은 지지가 있는 편안한 신발을 신도록 할 것을 제안한다. ㉠무엇보다 부상이 완치될 때까지 쉬면서 진정하는 것이 가장 중요하다.

19 글쓴이의 주장과 가장 일치하는 것은?

> Some psychologists believe that insight is the result of restructuring of a problem after a period of non-progress where the person is believed to be too focused on past experience and get stuck. A new manner to represent the problem is suddenly discovered, leading to a different path to a solution heretofore unpredicted. It has been claimed that no specific knowledge, or experience is required to attain insight in the problem situation. As a matter of fact, one should break away from experience and let the mind wander freely. Nevertheless, experimental studies have shown that insight is actually the result of ordinary analytical thinking. The restructuring of a problem can be caused by unsuccessful attempts in solving the problem, leading to new information being brought in while the person is thinking. The new information can contribute to a completely different perspective in finding a solution, thus producing the Aha! Experience.

① 통찰력이 있는 사람은 보통 문제의 재구성을 통해 해결책을 찾는다.

② 문제 해결 실패의 경험들을 겪으면서 통찰력 획득이 가능해진다.

③ 문제에 집착을 하지 않을 때 그 문제의 재구성이 이루어진다.

④ 대조되는 능력인 분석적 사고와 통찰력을 갖춰야 문제를 해결할 수 있다.

☑ **단어** insight : 통찰(력) restructure : 재구성하다 get stuck : 꼼짝 못하게 되다 represent : 표현하다, 나타내다 claim : 주장하다 specific : 특정한 attain : 얻다, 획득하다 break away from : ~에서 벗어나다 wander : 돌아다니다 analytical : 분석적인 contribute to : ~에 기여하다 perspective : 시각

☑ **해석** 몇몇 심리학자들은, 통찰력이란 어떤 사람이 과거의 경험에 너무 집중해서 꼼짝 못하는 것이라고 믿어지는 정체 상태 후에 문제를 재구성한 결과라고 믿는다. 그 문제를 표현하는 새로운 방식이 갑자기 발견되어 지금까지 예측되지 않은 해결책으로 가는 다른 길로 이어진다. 문제의 상황에서 통찰력을 얻기 위해서는 어떤 특정한 지식이나 경험도 요구되지 않는다고 주장되어 왔다. 사실은 경험에서 벗어나 마음이 자유로이 돌아다니도록 해야 한다. 그럼에도 불구하고 실험 연구들은 통찰력이란 실제로 평범한 분석적 사고의 결과라는 점을 보여주었다. 문제를 재구성하는 것은 그 문제를 해결하는 데 실패한 시도에 의해 야기되어 그 사람이 생각하고 있는 동안 새로운 정보가 들어오는 것으로 이어질 수 있다. 새로운 정보는 해결책을 찾는 데 있어서 완전히 색다른 시각에 기여해서 '아하!' 체험을 만들어 낼 수 있다.

20 다음 글의 빈칸에 들어갈 내용으로 가장 적절한 것은?

What was arguably the all-time greatest example of selection bias resulted in the embarrassing 1948 Chicago Tribune headline "Dewey defeats Truman." In reality, Harry Truman trounced his opponent. All the major political polls at the time had predicted Thomas Dewey would be elected president. The Chicago Tribune went to press before the election results were in, its editors confident that the polls would be correct. The statisticians were wrong for two reasons. First, they stopped polling too far in advance of the election, and Truman was especially successful at energizing people in the final days before the election. Second, the telephone polls conducted tended to favor Dewey because in 1948, telephones were generally limited to wealthier households, and Dewey was mainly popular among elite voters. The selection bias that resulted in the infamous Chicago Tribune headline was accidental, but it shows the danger and potential power—for a stakeholder wanting to influence hearts and minds by _____—of selection bias.

① encouraging others to hop on the bandwagon

② inspiring people to wag the dog

③ instigating the public to be underdogs

④ tempting American adults to be swing voters

✓ **단어** all-time : 전대 미문의, 시대를 초월한   selection bias : 선택 편향   headline : 제1면의 큰 표제   opponent : 상대, 대항자   poll : 여론조사; 여론조사를 하다   go to press : 편집을 마감하다   editor : 편집자   statistician : 통계 전문가, 통계학자   in advance of : ~에 앞서   energize : 열기[활기]를 북돋우다   conduct : 실시하다, 처리하다   infamous : 불명예스러운, 수치 스러운, 악명 높은   accidental : 우발적인, 우연의   stakeholder : 이해관계자   hop on the bandwagon : 시류에 편승하다, 지지하다, 편애하다

✓ **해석** 거의 틀림없이 전대 미문의 가장 큰 선택 편향의 사례였던 것은 'Dewey가 Truman을 물리치다'라는 당황스러운 1948년 'Chicago Tribune'의 제1면 큰 표제의 결과를 낳았던 것이다. 실제로는, Harry Truman이 그의 상대를 완파했다. 그 당시 모든 주요 정치 여론조사는 Thomas Dewey가 대통령으로 선출될 것이라고 예측했었다. 'Chicago Tribune'은 선거 결과가 들어오기 전에 편집을 마감했는데, 왜냐하면 그 편집자들은 여론조사가 정확할 것이라고 확신했기 때문이었다. 통계 전문가들은 두 가지 이유로 틀렸다. 첫째, 그들은 선거에 훨씬 앞서 여론조사 하는 것을 중단했고, Truman은 선거 전 마지막 며칠 간 사람들에게 열기를 북돋우는 데 특히 성공했다. 둘째, 실시된 전화 여론조사는 Dewey를 지지하는 경향이 있었는데, 왜냐하면 1948년에 전화기는 전반적으로 더 부유한 가정에 한정되어 있었고, Dewey는 엘리트 유권자들 사이에서 주로 인기가 있었기 때문이었다. 불명예스러운 'Chicago Tribune'의 제1면 큰 표제를 초래한 선택 편향은 우발적이었지만, 그것은 <u>다른 사람들을 시류에 편승하도록 조장함으로써</u> 마음과 정신에 영향을 미치기를 원하는 이해관계자에게는 선택 편향의 위험과 잠재적 힘을 보여준다.

1 밑줄 친 부분에 들어갈 말로 가장 적절한 것은?

> The issue with plastic bottles is that they're not _____, so when the temperatures begin to rise, your water will also heat up.

① sanitary

② insulated

③ recyclable

④ waterproof

☑ **단어** heat up : 뜨거워지다   insulate : 절연하다, 단열하다   sanitary : 위생의, 보건상의   recyclable : 재활용할 수 있는
waterproof : 방수의

☑ **해석** 플라스틱 병의 문제는 그것들이 <u>절연되지</u> 않는다는 것이다. 그래서 온도가 오르기 시작하면, 여러분의 물도 가열될 것이다.

※ 밑줄 친 부분의 의미와 가장 가까운 것을 고르시오. 【2~4】

2

> Strategies that a writer adopts during the writing process may <u>alleviate</u> the difficulty of attentional overload.

① complement

② accelerate

③ calculate

④ relieve

☑ **단어** strategy : 전략   adopt : 채택하다   alleviate : 완화하다   overload : 과부하   complement : 보완하다   accelerate : 촉진시키다
calculate : 계산하다, 생각하다   relieve : 완화하다

☑ **해석** 작가가 글쓰기 과정에서 채택하는 전략은 주의력 과부하의 어려움을 <u>완화시킬</u> 수 있다.

✎ **ANSWER** 20.① / 1.② 2.④

3

> The cruel sights <u>touched off</u> thoughts that otherwise wouldn't have entered her mind.

① looked after

② gave rise to

③ made up for

④ kept in contact with

☑ **단어** sight : 광경   touch off : 촉발하다   enter : 떠오르다, 들어가다   look after : ~를 돌보다   give rise to : ~을 유발하다
make up for : ~을 보상하다   keep in contact with : ~와 접촉을 유지하다

☑ **해석** 그 잔인한 광경은 그렇지 않았다면 그녀의 마음속에 떠오르지 않았을 생각을 <u>촉발했다</u>.

4

> The school bully did not know what it was like to be <u>shunned</u> by the other students in the class.

① avoided

② warned

③ punished

④ imitated

☑ **단어** bully : 불량배   shun : 피하다   avoid : 피하다   warn : 경고하다   punish : 처벌하다   imitate : 모방하다

☑ **해석** 학교 불량배는 반의 다른 학생들에게 <u>외면당하는</u> 것이 어떤 것인지 알지 못했다.

5 어법상 옳은 것은?

① Of the billions of stars in the galaxy, how much are able to hatch life?

② The Christmas party was really excited and I totally lost track of time.

③ I must leave right now because I am starting work at noon today.

④ They used to loving books much more when they were younger.

✓ **단어** hatch : 부화하다   lose track of time : 시간가는 줄 모르다

☑ **해설** ① Of the billions of stars in the galaxy, how much(→ many) are able to hatch life?
② The Christmas party was really excited(→ exciting) and I totally lost track of time.
③ I must leave right now because I am starting work at noon today.
④ They used to loving(→ love) books much more when they were younger.

① 은하계의 수십억 개의 별들 중 얼마나 많은 별들이 생명을 잉태시킬 수 있을까?
② 크리스마스 파티는 정말 흥분됐고 나는 완전히 시간 가는 줄 몰랐다.
③ 오늘 정오에 일을 시작하니까 지금 당장 떠나야 해.
④ 그들은 어렸을 때 책을 훨씬 더 좋아했었다.

✓ **TIP** ① 별들이 셀 수 있는 명사이기 때문에 many로 바꾸어야 한다.
② 크리스마스 파티가 흥분시키는 것이기 때문에 exciting이 되어야 한다.
④ ~하곤했다, ~했었다, ~이었다의 의미를 가지고 있는 used to RV의 형태로 고쳐야 한다.

6 밑줄 친 부분의 의미와 가장 가까운 것은?

> After Francesca <u>made a case for</u> staying at home during the summer holidays, an uncomfortable silence fell on the dinner table. Robert was not sure if it was the right time for him to tell her about his grandiose plan.

① objected to

② dreamed about

③ completely excluded

④ strongly suggested

✓ **단어** make a case : 주장하다   uncomfortable : 불편한   fall on : ~을 엄습하다   grandiose : 거창한, 웅장한   object to : ~에 반대하다   dream about : ~을 꿈꾸다   suggest : 주장하다

☑ **해설** 프란체스카가 여름 휴가 동안 집에 머무르는 것을 주장한 후, 저녁 식탁에는 불편한 침묵이 흘렀다. 로버트는 지금이 자신의 거창한 계획에 대해 그녀에게 말할 적기인지 확신할 수 없었다.

✏ **ANSWER** 3.② 4.① 5.③ 6.④

7 밑줄 친 부분 중 어법상 옳지 않은 것은?

> Elizabeth Taylor had an eye for beautiful jewels and over the years amassed some amazing pieces, once ① declaring "a girl can always have more diamonds." In 2011, her finest jewels were sold by Christie's at an evening auction ② that brought in $115.9 million. Among her most prized possessions sold during the evening sale ③ were a 1961 bejeweled timepiece by Bulgari. Designed as a serpent to coil around the wrist, with its head and tail ④ covered with diamonds and having two hypnotic emerald eyes, a discreet mechanism opens its fierce jaws to reveal a tiny quartz watch.

✓ **단어** amass : 수집하다, 모으다 declare : 선언하다 finest : 질 높은, 좋은 bring in : 가져오다, 벌어들이다 possessions : 소지품 bejeweled : 보석으로 장식한 timepiece : 시계 serpent : 뱀 coil : 감다, 똘똘 말다 wrist : 손목 hypnotic : 최면을 거는 듯한 discreet : 신중한

☑ **해석** 엘리자베스 테일러는 아름다운 보석에 대한 안목을 가지고 있었고, 몇 년 동안 놀라운 작품들을 수집하였으며 한 때 "여자라면 더 많은 다이아몬드를 가질 수 있다"고 선언했었다. 2011년 그녀의 가장 훌륭한 보석들이 1억 1천590만 달러를 벌어들인 저녁 경매에서 크리스티에 의해 팔렸다. 저녁 경매 중에 판매된 가장 소중한 소유물 중에는 Bulgari가 1961년 보석으로 장식된 시계가 있었다. 머리와 꼬리를 다이아몬드로 덮고 두 개의 최면 에메랄드 눈을 가진 손목을 감기 위한 뱀으로 디자인된, 조심스러운 메커니즘은 작은 석영 시계를 드러내기 위해 사나운 턱을 연다.

✓ **TIP** ③ 도치된 문장으로서 동사 뒤에 있는 a 1961 bejeweled timepiece가 실제 주어이다. 단수주어이기 때문에 were를 was로 바꾸어야 한다.
① "a girl can always have more diamonds."을 목적어로 '선언하는' 것이기 때문에 능동의 decaring이 옳은 표현이다.
② an evening auction을 선행사로 받는 관계대명사 that은 옳은 표현이다.
④ 머리와 꼬리가 다이아몬드로 덮여진 것이기 때문에 수동을 의미하는 covered가 옳은 표현이다.

8 우리말을 영어로 잘못 옮긴 것은?

① 보증이 만료되어서 수리는 무료가 아니었다.

　→Since the warranty had expired, the repairs were not free of charge.

② 설문지를 완성하는 누구에게나 선물카드가 주어질 예정이다.

　→A gift card will be given to whomever completes the questionnaire.

③ 지난달 내가 휴가를 요청했더라면 지금 하와이에 있을 텐데.

　→If I had asked for a vacation last month, I would be in Hawaii now.

④ 그의 아버지가 갑자기 작년에 돌아가셨고, 설상가상으로 그의 어머니도 병에 걸리셨다.

　→His father suddenly passed away last year, and, what was worse, his mother became sick.

☑ **단어** warranty : 품질 보증서　expire : 만료되다, 만기가 되다　questionnaire : 설문지

☑ **TIP** ① 보증이 만료되어서 수리는 무료가 아니었다.
　　→Since the warranty had expired, the repairs were not free of charge.
② 설문지를 완성하는 누구에게나 선물카드가 주어질 예정이다.
　　→A gift card will be given to whomever(→whoever) completes the questionnaire.
③ 지난달 내가 휴가를 요청했더라면 지금 하와이에 있을 텐데.
　　→If I had asked for a vacation last month, I would be in Hawaii now.
④ 그의 아버지가 갑자기 작년에 돌아가셨고, 설상가상으로 그의 어머니도 병에 걸리셨다.
　　→His father suddenly passed away last year, and, what was worse, his mother became sick.
②번에서 whomever뒤에 completes 동사가 있기 때문에 주어 역할을 할 수 있는 whoever가 들어가야 한다.

✎ **ANSWER** 7.③ 8.②

9 밑줄 친 (A), (B)에 들어갈 말로 가장 적절한 것은?

Assertive behavior involves standing up for your rights and expressing your thoughts and feelings in a direct, appropriate way that does not violate the rights of others. It is a matter of getting the other person to understand your viewpoint. People who exhibit assertive behavior skills are able to handle conflict situations with ease and assurance while maintaining good interpersonal relations. _____(A)_____, aggressive behavior involves expressing your thoughts and feelings and defending your rights in a way that openly violates the rights of others. Those exhibiting aggressive behavior seem to believe that the rights of others must be subservient to theirs. _____(B)_____, they have a difficult time maintaining good interpersonal relations. They are likely to interrupt, talk fast, ignore others, and use sarcasm or other forms of verbal abuse to maintain control.

	(A)	(B)
①	In contrast	Thus
②	Similarly	Moreover
③	However	On one hand
④	Accordingly	On the other hand

◎ **단어** behavior : 행동　stand up for : ~을 옹호하다, 지지하다　appropriate : 적절한　assertive : 단호한, 적극적인 interpersonal : 대인관계에 관련된　violate : 위반하다　exhibit : 보여주다　maintain : 유지하다　subservient : 종속적인 interrupt : 방해하다, 침해하다　sarcasm : 빈정댐, 비꼼　verbal abuse : 언어폭력, 욕설, 악담

☑ **해석** 적극적 행동은 자신의 권리를 옹호하고 자신의 생각과 감정을 다른 사람의 권리를 침해하지 않는 직접적이고 적절한 방식으로 표현하는 것을 포함한다. 그것은 상대방이 당신의 관점을 이해하도록 하는 문제다. 적극적 행동능력을 보여주는 사람들은 좋은 대인관계를 유지하면서 갈등상황을 쉽고 확실하게 처리할 수 있다. (A) 이와는 대조적으로 공격적인 행동은 자신의 생각과 감정을 표현하고 다른 사람의 권리를 공공연히 침해하는 방식으로 자신의 권리를 방어하는 것을 포함한다. 공격적인 행동을 보이는 사람들은 다른 사람들의 권리가 자신의 권리에 종속된다고 믿는 것 같다. (B) 따라서 그들은 좋은 대인관계를 유지하는 데 어려움을 겪는다. 그들은 통제력을 유지하기 위해 방해하고, 빠르게 말하고, 다른 사람들을 무시하고, 빈정거림이나 다른 형태의 언어적 학대를 사용할 가능성이 있다.

10 다음 글의 주제로 가장 적절한 것은?

The e-book applications available on tablet computers employ touchscreen technology. Some touchscreens feature a glass panel covering two electronically-charged metallic surfaces lying face-to-face. When the screen is touched, the two metallic surfaces feel the pressure and make contact. This pressure sends an electrical signal to the computer, which translates the touch into a command. This version of the touchscreen is known as a resistive screen because the screen reacts to pressure from the finger. Other tablet computers feature a single electrified metallic layer under the glass panel. When the user touches the screen, some of the current passes through the glass into the user's finger. When the charge is transferred, the computer interprets the loss in power as a command and carries out the function the user desires. This type of screen is known as a capacitive screen.

① how users learn new technology

② how e-books work on tablet computers

③ how touchscreen technology works

④ how touchscreens have evolved

✅ **단어** employ : 고용하다, (기술, 방법 등을) 이용하다   feature : ~을 특징으로 하다   translate : 변환하다   command : 명령(하다)resistive : 저항력 있는, 저항성의   electrify : 전기를 통하게 하다   pass through : ~을 관통하다, 거쳐 가다   interpret : (의미를)설명하다, 해석하다   carry out : 수행하다   capacitive : 용량성의, 전기 용량의

✅ **해석** 태블릿 컴퓨터에서 사용할 수 있는 전자책 애플리케이션은 터치스크린 기술을 사용한다. 일부 터치스크린은 마주보고 놓인 두 개의 전기를 띤 금속 막을 덮는 유리패널을 특징으로 한다. 스크린이 터치되면 두 개의 금속 표면이 압력을 느끼고 접촉한다. 이 압력은 컴퓨터에 전기 신호를 보내며 터치를 명령으로 변환시킨다. 터치 스크린의 이 버전은 화면이 손가락의 압력에 반응하기 때문에 저항성 화면으로 알려져 있습니다. 다른 태블릿 컴퓨터는 유리 패널 아래에 하나의 전기화된 금속층을 특징으로 한다. 사용자가 화면을 터치하면 일부 전류가 유리를 통과하여 사용자의 손가락으로 전달된다. 전력이 전송되면 컴퓨터는 전력 손실을 명령으로 해석하고 사용자가 원하는 기능을 수행한다. 이러한 유형의 화면은 용량성 화면이라고 한다.

① 사용자가 새로운 기술을 배우는 방법
② 전자책이 태블릿 컴퓨터에서 작동하는 방법
③ 터치스크린 기술이 작동하는 방법
④ 터치스크린이 진화해 온 방식

11 밑줄 친 부분에 들어갈 말로 가장 적절한 것은?

A : Oh, another one! So many junk emails!

B : I know. I receive more than ten junk emails a day.

A : Can we stop them from coming in?

B : I don't think it's possible to block them completely.

A : _____?

B : Well, you can set up a filter on the settings.

A : A filter?

B : Yeah. The filter can weed out some of the spam emails.

---

① Do you write emails often

② Isn't there anything we can do

③ How did you make this great filter

④ Can you help me set up an email account

☑ **단어** junk email : 스팸 이메일   weed out : 제거하다

☑ **해석** A : 아, 하나 더! 정크메일 너무 많아!
　　　　B : 알아. 나는 하루에 10통 이상의 정크 이메일을 받아.
　　　　A : 정크 메일을 차단하는 방법이 없을까?
　　　　B : 나는 그들을 완전히 차단하는 것이 불가능하다고 생각해.
　　　　A : 우리가 할 수 있는 일이 없을까?
　　　　B : 음, 설정에 필터를 설정할 수 있어.
　　　　A : 필터?
　　　　B : 응. 필터가 정크 메일 중 일부를 걸러낼 수 있어.

　　　　① 당신은 자주 이메일을 쓰나요?
　　　　③ 어떻게 이 훌륭한 필터를 만들었습니까?
　　　　④ 이메일 계정 설정을 도와줄 수 있는가?

12 우리말을 영어로 잘못 옮긴 것은?

① 나는 네 열쇠를 잃어버렸다고 네게 말한 것을 후회한다.

→I regret to tell you that I lost your key.

② 그 병원에서의 그의 경험은 그녀의 경험보다 더 나빴다.

→His experience at the hospital was worse than hers.

③ 그것은 내게 지난 24년의 기억을 상기시켜준다.

→It reminds me of the memories of the past 24 years.

④ 나는 대화할 때 내 눈을 보는 사람들을 좋아한다.

→I like people who look me in the eye when I have a conversation.

✓ **단어** regret to V : ~해서 유감이다 regret Ving : ~를 후회하다 remind A of B : A에게 B를 상기시키다

✓ **TIP** ① 나는 네 열쇠를 잃어버렸다고 네게 말한 것을 후회한다.

→I regret to tell you that I lost your key.

② 그 병원에서의 그의 경험은 그녀의 경험보다 더 나빴다.

→His experience at the hospital was worse than hers.

③ 그것은 내게 지난 24년의 기억을 상기시켜준다.

→It reminds me of the memories of the past 24 years.

④ 나는 대화할 때 내 눈을 보는 사람들을 좋아한다.

→I like people who look me in the eye when I have a conversation.

①번에서 regret to V 는 '~하게 돼서 유감이다'라는 의미이다. 후회한다는 regret Ving가 와야 한다. 따라서 to tell은 to telling으로 고쳐야 한다.

13 두 사람의 대화 중 가장 자연스러운 것은?

① A : Do you know what time it is?

　 B : Sorry, I'm busy these days.

② A : Hey, where are you headed?

　 B : We are off to the grocery store.

③ A : Can you give me a hand with this?

　 B : OK. I'll clap for you.

④ A : Has anybody seen my purse?

　 B : Long time no see.

☑ **단어** be off to 장소 : ~로 향하다

☑ **해석** ① A : 지금 몇 시인지 알아?
　　　　 B : 미안, 요즘 바빠.
　　② A : 이봐, 어디가는 거야?
　　　　 B : 우리는 식료품점에 가.
　　③ A : 이것 좀 도와줄래?
　　　　 B : 좋아. 박수를 쳐줄게.
　　④ A : 누가 내 지갑을 봤습니까?
　　　　 B : 오랜만입니다.

14 다음 글의 제목으로 가장 적절한 것은?

> Louis XIV needed a palace worthy of his greatness, so he decided to build a huge new house at Versailles, where a tiny hunting lodge stood. After almost fifty years of labor, this tiny hunting lodge had been transformed into an enormous palace, a quarter of a mile long. Canals were dug to bring water from the river and to drain the marshland. Versailles was full of elaborate rooms like the famous Hall of Mirrors, where seventeen huge mirrors stood across from seventeen large windows, and the Salon of Apollo, where a solid silver throne stood. Hundreds of statues of Greek gods such as Apollo, Jupiter, and Neptune stood in the gardens; each god had Louis's face!

① True Face of Greek Gods

② The Hall of Mirrors vs. the Salon of Apollo

③ Did the Canal Bring More Than Just Water to Versailles?

④ Versailles: From a Humble Lodge to a Great Palace

✔ **단어** greatness : 위대함　lodge : 오두막, 소규모 별장　palace : 궁전　enormous : 거대한　canal : 운하　drain : 배수하다
marshland : 습지대　elaborate : 정교한　throne : 왕좌　statue : 동상　Jupiter : 제우스, 목성　Neptune : 포세이돈, 해왕성

✔ **해석** 루이 14세는 자신의 위대함에 걸맞은 궁전이 필요해서, 작은 사냥용 오두막이 서 있던 베르사유에 거대한 새 집을 짓기로 결심했다. 거의 50년의 노동 끝에 이 작은 사냥용 오두막은 길이가 4분의 1마일인 거대한 궁전으로 변모했다. 운하는 강에서 물을 가져오고 습지대를 배수하기 위해 파냈다. 베르사유는 17개의 커다란 창문 맞은편에 17개의 거대한 거울이 서 있는 유명한 거울의 전당과 단단한 은색 왕좌가 서 있는 아폴로의 살롱과 같은 정교한 방들로 가득 차 있었다. 아폴로, 제우스, 포세이돈 같은 그리스 신들의 동상 수백 개가 정원에 서 있었다. 각각의 신은 루이스의 얼굴을 가지고 있었다!

① 그리스 신들의 진정한 얼굴
② 거울의 전당 vs 아폴로의 살롱
③ 운하가 베르사유에 물보다 더 많은 것을 가져다 주었는가?
④ 베르사유 : 초라한 오두막집에서 대궁까지

✎ **ANSWER** 13.② 14.④

15 글의 흐름상 가장 어색한 문장은?

Philosophers have not been as concerned with anthropology as anthropologists have with philosophy. ①Few influential contemporary philosophers take anthropological studies into account in their work. ②Those who specialize in philosophy of social science may consider or analyze examples from anthropological research, but do this mostly to illustrate conceptual points or epistemological distinctions or to criticize epistemological or ethical implications. ③ In fact, the great philosophers of our time often drew inspiration from other fields such as anthropology and psychology. ④Philosophy students seldom study or show serious interest in anthropology. They may learn about experimental methods in science, but rarely about anthropological fieldwork.

✅ **단어** anthropology : 인류학 anthropologist : 인류학자 philosophy : 철학 influential : 영향력 있는 contemporary : 현대의, 동시대의 take into account : 고려하다 specialize in : ~을 전문으로 하다 illustrate : 묘사하다 conceptual : 개념의 epistemological : 인식론의 distinction : 구분 criticize : 비판하다 ethical : 윤리의 implication : 함축, 함의 inspiration : 영감 experimental : 실험상의 rarely : 거의 ~않다 fieldwork : 야외연구

☑️ **해석** 철학자들은 인류학자들이 철학에 대해 가지고 있는 것만큼 인류학에 관심이 없었다. ①영향력 있는 현대 철학자들은 그들의 작품에서 인류학적 연구를 고려하지 않는다. ②사회과학 철학을 전공하는 사람들은 인류학적 연구의 예를 고려하거나 분석할 수 있지만, 대부분 개념적 포인트나 인식론적 구별을 설명하거나 인식론적 또는 윤리적 의미를 비판하기 위해 그렇게 한다. (③사실 우리 시대의 위대한 철학자들은 인류학이나 심리학 같은 다른 분야에서 영감을 얻었다.) ④철학 학생들은 인류학에 대해 진지한 관심을 보이거나 공부하는 경우가 거의 없다. 그들은 과학에서 실험적인 방법에 대해 배울 수도 있지만, 인류학적 현장 연구에 대해서는 거의 배우지 않는다.

16 밑줄 친 부분에 들어갈 말로 가장 적절한 것은?

> All of us inherit something: in some cases, it may be money, property or some object—a family heirloom such as a grandmother's wedding dress or a father's set of tools. But beyond that, all of us inherit something else, something _____, something we may not even be fully aware of. It may be a way of doing a daily task, or the way we solve a particular problem or decide a moral issue for ourselves. It may be a special way of keeping a holiday or a tradition to have a picnic on a certain date. It may be something important or central to our thinking, or something minor that we have long accepted quite casually.

① quite unrelated to our everyday life

② against our moral standards

③ much less concrete and tangible

④ of great monetary value

✅ **단어** inherit : 상속받다, 물려받다 property : 재산, 소유물 heirloom : 가보 concrete : 구체적인, 실체가있는 tangible : 실재하는, 유형의, 만질 수 있는 moral : 도덕적인

☑️ **해석** 우리 모두는 무언가를 물려받는다. 어떤 경우에는 돈, 재산 또는 할머니의 웨딩 드레스 또는 아버지의 공구 세트와 같은 가보일 수도 있다. 하지만 그 너머에 우리 모두는 다른 것, 훨씬 덜 구체적이고 유형적인 것, 심지어 우리가 완전히 알지 못하는 것을 물려받는다. 그것은 일상의 일을 하는 방법일 수도 있고, 특정한 문제를 해결하거나 우리 자신을 위해 도덕적인 문제를 결정하는 방법일 수도 있다. 특정 날짜에 소풍을 가는 것은 휴일이나 전통을 유지하는 특별한 방법일 수도 있다. 그것은 우리의 사고에 중요하거나 중심적인 것일 수도 있고, 우리가 오랫동안 무심코 받아들인 사소한 것일 수도 있다.

① 우리의 일상 생활과는 전혀 무관한 것
② 우리의 도덕적 기준에 반하는
③ 훨씬 덜 구체적이고 유형적
④ 매우 금전적으로 가치가 있는

17 다음 글의 요지로 가장 적절한 것은?

Evolutionarily, any species that hopes to stay alive has to manage its resources carefully. That means that first call on food and other goodies goes to the breeders and warriors and hunters and planters and builders and, certainly, the children, with not much left over for the seniors, who may be seen as consuming more than they're contributing. But even before modern medicine extended life expectancies, ordinary families were including grandparents and even great-grandparents. That's because what old folk consume materially, they give back behaviorally-providing a leveling, reasoning center to the tumult that often swirls around them.

① Seniors have been making contributions to the family.

② Modern medicine has brought focus to the role of old folk.

③ Allocating resources well in a family determines its prosperity.

④ The extended family comes at a cost of limited resources.

⊘ **단어** evolutionarily : 진화론적으로   goody : 좋은 것들   breeder : 사육사   warrior : 전사   leave over : ~을 남겨두다   contribute : 기여하다   life expectancy : 기대수명   consume : 소비하다   materially : 물질적으로   behaviorally : 행동으로, 행실로   tumult : 소란, 소동   swirl : 빙빙 돌다, 소용돌이치다

☑ **해석** 진화적으로, 살아있기를 원하는 어떤 종이라도 자원을 주의 깊게 관리해야 한다. 그것은 식량과 다른 좋은 것이 우선적으로 그들이 기여하는 것보다 더 많이 소비하는 것으로 보여 질지도 모르는 노인들에게 많이 남아있지 않은 채, 사육업자, 전사, 사냥꾼, 경작자들, 건설업자, 그리고 확실히, 아이들에게 간다는 것을 의미한다. 그러나 현대 의학이 기대 수명을 연장하기 전부터 일반 가정은 조부모와 증조부모까지 포함했다. 그것은 노인들이 물질적으로 소비하는 것을, 그들이 행동으로 되돌려 주기 때문이다 – 종종 그들 주위에 휘몰아치는 소동에 평등하게 하고 정당화하는 중심을 제공하면서 말이다.

① 노인들이 그 가족에게 기여를 하고 있다.
② 현대의학은 노인의 역할에 초점을 맞추었다.
③ 한 가정에서 자원을 잘 할당하는 것은 그 번영을 결정한다.
④ 대가족은 제한된 자원의 희생으로 온다.

18 주어진 글 다음에 이어질 글의 순서로 가장 적절한 것은?

> Nowadays the clock dominates our lives so much that it is hard to imagine life without it. Before industrialization, most societies used the sun or the moon to tell the time.

> (A) For the growing network of railroads, the fact that there were no time standards was a disaster. Often, stations just some miles apart set their clocks at different times. There was a lot of confusion for travelers.
>
> (B) When mechanical clocks first appeared, they were immediately popular. It was fashionable to have a clock or a watch. People invented the expression "of the clock" or "o'clock" to refer to this new way to tell the time.
>
> (C) These clocks were decorative, but not always useful. This was because towns, provinces, and even neighboring villages had different ways to tell the time. Travelers had to reset their clocks repeatedly when they moved from one place to another. In the United States, there were about 70 different time zones in the 1860s.

① (A) − (B) − (C)　　　　　② (B) − (A) − (C)

③ (B) − (C) − (A)　　　　　④ (C) − (A) − (B)

◎ **단어** dominate : 지배하다　industrialization : 산업화　mechanical : 기계적인　immediately : 즉시　fashionable : 유행하는
decorative : 장식적인　province : 지방　reset : 재설정하다　repeatedly : 반복적으로　confusion : 혼란

☑ **해석** 요즘 시계가 우리의 삶을 너무 지배해서 시계가 없는 삶은 상상하기 어렵다. 산업화 이전에, 대부분의 사회는 시간을 알리기 위해 태양이나 달을 사용했다. (B) 기계 시계가 처음 등장했을 때, 즉시 인기가 있었다. 시계나 손목시계를 가지고 있는 것은 유행이었다. 사람들은 시간을 알려 주는 새로운 방법을 언급하기 위해 '시계의' 또는 '시간'라는 표현을 발명했다. (C) 이 시계들은 장식적이었지만 항상 유용하지는 않았다. 마을, 지방, 심지어 이웃 마을들도 시간을 알 수 있는 다른 방법을 가지고 있었기 때문이다. 여행자들은 한 곳에서 다른 곳으로 이동할 때 시계를 반복적으로 재설정해야 했다. 미국에서는 1860년대에 약 70개의 다른 시간대가 있었다. (A) 철도망의 성장으로 시간 기준이 없다는 사실은 재앙이었다. 종종, 몇 마일 떨어진 역들은 다른 시간에 시계를 맞추었다. 여행객들에게는 많은 혼란이 있었다.

But there is also clear evidence that millennials, born between 1981 and 1996, are saving more aggressively for retirement than Generation X did at the same ages, 22 ~ 37.

Millennials are often labeled the poorest, most financially burdened generation in modern times. Many of them graduated from college into one of the worst labor markets the United States has ever seen, with a staggering load of student debt to boot. ① Not surprisingly, millennials have accumulated less wealth than Generation X did at a similar stage in life, primarily because fewer of them own homes. ② But newly available data providing the most detailed picture to date about what Americans of different generations save complicates that assessment. ③ Yes, Gen Xers, those born between 1965 and 1980, have a higher net worth. ④ And that might put them in better financial shape than many assume.

⊘ **단어** Millennials : 밀레니얼세대   label : ~로 분류하다   burden : 부담(을 지우다)   staggering : 충격적인, 엄청난   boot : 게다가, 더구나   accumulate : 축적하다   primarily : 주로, 기본(우선)적으로   net : 순자산   retirement : 은퇴

☑ **해석** 밀레니얼(1980~2000 사이에 태어난 사람)은 종종 현대에서 가장 가난하고 재정적으로 부담이 많은 세대로 분류된다. 그들 중 많은 수가 대학을 졸업하여 미국이 본 최악의 노동 시장 중 하나로 들어가는데, 게다가 엄청난 학생 부채와 함께. 놀랄 것도 없이, 밀레니얼들은 X세대가 비슷한 단계에서 했던 것보다 적은 부를 축적해왔는데, 주로 그들 중 더 적은 수가 집을 소유하고 있기 때문이다. 그러나 지금까지 다른 세대의 미국인들이 무엇을 절약하는지에 대한 가장 상세한 그림을 제공하는 새로 사용된 데이터는 그 평가를 복잡하게 한다. 그렇다, 1965년에서 1980년 사이에 태어난, X세대들은 더 높은 순자산을 가지고 있다. 그러나 1981년부터 1996년 사이에 태어난 밀레니얼들은 같은 나이인 22세에서 37세 사이의 X세대보다 은퇴를 위해 더 적극적으로 저축하고 있다는 분명한 증거도 있다. 그리고 그것은 그들이 많은 사람들이 생각하는 것보다 더 나은 재정 상태를 갖게 할 수도 있다.

20 다음 글의 내용과 일치하지 않는 것은?

> Carbonate sands, which accumulate over thousands of years from the breakdown of coral and other reef organisms, are the building material for the frameworks of coral reefs. But these sands are sensitive to the chemical make-up of sea water. As oceans absorb carbon dioxide, they acidify-and at a certain point, carbonate sands simply start to dissolve. The world's oceans have absorbed around one-third of human-emitted carbon dioxide. The rate at which the sands dissolve was strongly related to the acidity of the overlying seawater, and was ten times more sensitive than coral growth to ocean acidification. In other words, ocean acidification will impact the dissolution of coral reef sands more than the growth of corals. This probably reflects the corals' ability to modify their environment and partially adjust to ocean acidification, whereas the dissolution of sands is a geochemical process that cannot adapt.

① The frameworks of coral reefs are made of carbonate sands.

② Corals are capable of partially adjusting to ocean acidification.

③ Human-emitted carbon dioxide has contributed to the world's ocean acidification.

④ Ocean acidification affects the growth of corals more than the dissolution of coral reef sands.

✔ **단어** carbonate : 탄산염 모래　accumulate : 축적하다　breakdown : 고장, 붕괴, 분해　coral reef : 산호초　sensitive : 민감한 absorb : 흡수하다　carbon dioxide : 이산화탄소　acidify : 산성화하다　dissolve : 용해시키다　emit : 발하다　acidity : 산도 overlie : ~위에 가로 놓이다　acidification : 산성화　dissolution : 용해　reflect : 반영하다　modify : 수정하다　adjust : 적 응하다　geochemical : 지구화학적인　adapt : 적응하다

✔ **해석** 산호초와 다른 암초 유기체의 붕괴로부터 수천 년 이상 축적된 탄산염 모래는 산호초의 틀을 위한 건축 자재다. 그러나 이 모래 들은 바닷물의 화학적 구성에 민감하다. 바다가 이산화탄소를 흡수하면서, 그들은 산성화되고, 어느 시점에서는 탄산 모래가 그냥 녹기 시작한다. 세계 해양은 인간이 배출하는 이산화탄소의 약 3분의 1을 흡수했다. 모래가 용해되는 속도는 위에 있는 해수의 산성과 강하게 관련되어 있었으며 해양 산성화에 대한 산호 성장보다 10 배 더 민감했다. 즉, 해양 산성화는 산호초의 성장보다 산호초 모래의 용해에 더 큰 영향을 미칠 것이다. 이것은 아마도 산호의 환경을 수정하고 부분적으로 해양 산성화에 적응하는 능 력을 반영하는 반면, 모래의 용해는 적응할 수 없는 지구 화학적 과정이다.

① 산호초의 틀은 탄산염 모래로 만들어진다.
② 산호는 해양 산성화에 부분적으로 적응할 수 있다.
③ 인간이 배출한 이산화탄소는 세계 해양 산성화에 기여했다.
④ 해양 산성화는 산호초 모래의 용해보다 산호의 성장에 더 많은 영향을 미친다.

1 빈칸에 들어갈 말로 가장 적절한 것은?

> _____ occurs when a foreign object lodges in the throat, blocking the flow of air. In adults, a piece of food often is the cause. Young children often swallow small objects.

① Sore throat

② Heart attack

③ Choking

④ Food poisoning

☑ **단어** Choking : 숨막힘, 질식   lodge : 박히다, 들어가다   swallow : 삼키다   sore throat : 후두염   heart attack : 심장발작   food poisoning : 식중독

☑ **해석** 질식은 이물질이 목구멍에 박혀 공기의 흐름을 차단할 때 발생한다. 어른들의 경우, 음식 한 조각이 종종 원인이다. 어린 아이들은 종종 작은 물건들을 삼킨다.

2 빈칸에 들어갈 말로 가장 적절한 것은?

> Always watch children closely when they're in or near any water, no matter what their swimming skills are. Even kids who know how to swim can be at risk for drowning. For instance, a child could slip and fall on the pool deck, lose consciousness, and fall into the pool and possibly drown. _____ is the rule number one for water safety.

① Superstition

② Foundation

③ Collision

④ Supervision

☑ **단어** drown : 익사하다   deck : 갑판, 덱   consciousness : 의식   supervision : 감독   superstition : 미신   foundation : 설립, 기초   collision : 충돌

☑ **해석** 수영 실력이 어떻든 간에, 아이들이 어떤 물속이나 물 근처에 있을 때는 항상 가까이서 아이들을 지켜봐라. 수영을 할 줄 아는 아이들도 익사할 위험이 있다. 예를 들어, 아이는 수영장 덱에 미끄러져 넘어지고 의식을 잃고 수영장에 빠져 익사할 수도 있다. 감독은 수상 안전을 위한 규칙 1호이다.

3 밑줄 친 부분의 뜻으로 가장 적절한 것은?

A : 119, what is your emergency?
B : There is a car accident.
A : Where are you?
B : I'm not sure. I'm somewhere on Hamilton Road.
A : Can you see if anyone is hurt?
B : One of the drivers is lying on the ground unconscious and the other one is bleeding.
A : Sir, <u>I need you to stay on the line</u>. I'm sending an ambulance right now.
B : Okay, but hurry!

① 전화 끊지 말고 기다려 주세요.
② 차선 밖에서 기다려 주세요.
③ 전화번호를 알려 주세요.
④ 차례를 기다려 주세요.

☑ **단어** emergency : 응급상황　unconscious : 의식이 없는　bleed : 피를 흘리다

☑ **해설** A : 119입니다, 무슨 응급상황이세요?
　　　B : 교통사고가 났어요.
　　　A : 어디 있어요?
　　　B : 잘 모르겠어요. 해밀턴 로드 어딘가에 있어요.
　　　A : 누가 다쳤는지 알 수 있나요?
　　　B : 운전자 중 한 명은 의식을 잃고 바닥에 누워 있고 다른 한 명은 피를 흘리고 있어요.
　　　A : 선생님, 전화 끊지 말고 기다리세요. 지금 구급차를 보내겠습니다.
　　　B : 네, 하지만 서둘러 주세요!

ANSWER 1.③　2.④　3.①

4 밑줄 친 부분이 가리키는 대상이 나머지 셋과 다른 것은?

> The London Fire Brigade rushed to the scene and firefighters were containing the incident when an elderly man approached the cordon. ①He told one of the crew that he used to be a fireman himself, as a member of the Auxiliary Fire Service in London during World War Ⅱ. Now 93 years old, ②he still remembered fighting fires during the Blitz – a period when London was bombed for 57 nights in a row. ③He asked the officer if he could do anything to help. The officer found himself not ready for a proper response at that moment and ④he just helped him through the cordon. Later, he invited him to his fire station for tea and to share his stories with him.

☑ **단어** contain : 방지하다, 억제하다 incident : 사건 cordon : 저지선 Auxiliary Fire Service : 보조 소방서 blitz : 대공습 bomb : 폭격하다 in a row : 연속으로

☑ **해석** 런던 소방대가 현장으로 달려갔고 소방관들은 한 노인이 저지선에 접근할 때 그 사건을 진압하고 있었다. ①그는 대원 중 한 명에게 제2차 세계 대전 중 런던의 보조 소방서의 일원으로 소방관이었다고 말했다. 현재 93세인 ②그는 런던이 57일 연속 폭격을 당했던 기간인 대공습 기간 동안 화재와 싸웠던 것을 여전히 기억했다. ③그는 소방관에게 도울 일이 없느냐고 물었다. 그 소방관은 그 자신이 그 순간 적절한 대응을 할 준비가 되어 있지 않다는 것을 알았고 ④그는 단지 그가 저지선을 통과하도록 도왔다. 나중에 그는 그를 소방서에 초대하여 차를 마시게 하고 그의 이야기를 나누게 했다.

☑ **TIP** ①②③은 93세의 노인을, ④는 the officer를 가리킨다.

5 밑줄 친 They(they)/their가 가리키는 대상으로 가장 적절한 것은?

> They monitor the building for the presence of fire, producing audible and visual signals if fire is detected. A control unit receives inputs from all fire detection devices, automatic or manual, and activates the corresponding notification systems. In addition, they can be used to initiate the adequate response measures when fire is detected. It is important to note that their requirements change significantly depending on the occupancy classification of the building in question. Following the right set of requirements is the first step for a code-compliant design.

① fire alarm systems

② fire sprinklers

③ standpipes

④ smoke control systems

✓ **단어** presence : 존재   audible : 청취할 수 있는   input : 입력   automatic : 자동의   manual : 수동의   activate : 활성화시키다   corresponding : 상응하는   notification : 통지   in addition : 게다가   initiate : 시작하다   adequate : 적절한   measure : 조치   requirement : 요구사항   significantly : 상당히   occupancy : 점유   classification : 분류   in question : 논의되고 있는   fire sprinkler : 화재 스프링클러   standpipe : 급수탑   smoke control system : 연기 제어 시스템

☑ **해석** 그것들은 화재의 발생에 대해 건물을 감시하여 화재가 감지되면 청각 및 시각 신호를 생성한다. 제어부는 모든 화재 감지 장치로부터 자동 또는 수동으로 입력을 수신하고, 해당 알림 시스템을 활성화한다. 또한 그것들은 화재가 감지되면 적절한 대응 조치를 시작하는 데 사용할 수 있다. 논의 중인 해당 건물의 사용 구분에 따라 그것들의 요건이 크게 변경된다는 것을 주목하는 것이 중요하다. 올바른 요구 사항 집합을 따르는 것이 코드 준수 설계의 첫 번째 단계다.

6 다음 글에서 필자가 주장하는 바로 가장 적절한 것은?

> Judge Nicholas in Brooklyn supplied much-needed shock treatment by preventing New York City from hiring firefighters based on a test that discriminated against black and Hispanic applicants. At the time, only 2.9 percent of firefighters were black, even though the city itself was 27 percent black. One of the biggest obstacles to fairness has been a poorly designed screening test measuring abstract reasoning skills that have little to do with job performance. So it is time to design and develop a new test that truthfully reflects skills and personality characteristics that are important to the firefighter's job. It would be fairer if it is more closely tied to the business of firefighting and ensures all the candidates who are eligible to be hired can serve as firefighters, no matter whether they are blacks or not.

① 신속한 소방 활동을 위해 더 많은 소방관을 채용해야 한다.

② 소방관 채용에서 백인에 대한 역차별 문제를 해소해야 한다.

③ 소방관의 직무와 직결된 공정한 소방관 선발 시험을 개발해야 한다.

④ 소방관 선발 시험을 고차원적 사고 기능 중심으로 출제해야 한다.

✓ **단어** discriminate : 차별하다   applicant : 지원자   fairness : 공정성   screening test : 선발 검사   have little to do with : ~와 거의 관련이 없다   ensure : 보장하다   candidate : 후보자   be eligible to : ~할 자격이 있는

✓ **해석** 브루클린의 니콜라스 판사는 흑인과 히스패닉계 지원자를 차별하는 시험을 바탕으로 뉴욕시가 소방관을 고용하는 것을 막음으로써 매우 필요한 충격 치료를 제공했다. 당시 도시 자체가 27%의 흑인임에도 불구하고 소방관의 2.9%만이 흑인이었다. 공정성에 가장 큰 장애물 중 하나는 직무 수행과 거의 관련이 없는 추상적 추론 기술을 측정하는 형편없게 설계된 선발 시험이었다. 따라서 소방관의 직업에 중요한 기술과 성격 특성을 진정으로 반영하는 새로운 테스트를 설계하고 개발해야 할 때다. 소방사업과 더 밀접하게 연계되고 채용될 자격이 있는 모든 후보자들이 흑인이든 아니든 소방관으로서 역할을 할 수 있다는 것을 보장한다면 더 공정할 것이다.

7 다음 글의 주제로 가장 적절한 것은?

Weather plays a big part in determining how far and how fast a forest fire will spread. In periods of drought, more forest fires occur because the grass and plants are dry. The wind also contributes to the spread of a forest fire. The outdoor temperature and amount of humidity in the air also play a part in controlling a forest fire. Fuel, oxygen and a heat source must be present for a fire to burn. The amount of fuel determines how long and fast a forest fire can burn. Many large trees, bushes, pine needles and grass abound in a forest for fuel. Flash fires occur in dried grass, bushes and small branches. They can catch fire quickly and then ignite the much heavier fuels in large trees.

① 산불 확대 요인
② 다양한 화재 유형
③ 신속한 산불 진압 방법
④ 산불 예방을 위한 주의사항

✅ **단어** play a part : 역할을 하다 drought : 가뭄 occur : 발생하다 contribute to : 기여하다 humidity : 습도 control : 통제하다 determine : 결정하다 bush : 수풀 pine needle : 솔잎 abound : 풍부하다 ignite : 불을 붙이다

☑️ **해석** 산불이 얼마나 멀리, 얼마나 빨리 번질지 결정하는 데 날씨가 큰 역할을 한다. 가뭄의 시기에는 풀과 식물이 건조하기 때문에 산불이 더 많이 발생한다. 바람은 산불 확산에도 기여한다. 야외 온도와 공기 중의 습도도 산불을 진압하는 데 한몫을 한다. 불이 연소하려면 연료, 산소, 열원이 있어야 한다. 연료의 양은 산불이 얼마나 오래 그리고 빨리 연소할 수 있는지를 결정한다. 많은 큰 나무, 덤불, 솔잎, 풀들이 연료를 위해 숲에 넘쳐난다. 갑작스런 화재는 마른 풀, 덤불, 작은 가지에서 발생한다. 그들은 빨리 불이 붙어서 큰 나무에서 훨씬 더 무거운 연료에 불을 붙일 수 있다.

8   다음 글의 요지로 가장 적절한 것은?

> Perhaps every person on Earth has at least once been in a situation when he or she has an urgent task to do, but instead of challenging it head on, he or she postpones working on this task for as long as possible. The phenomenon described here is called procrastination. Unlike many people got used to believing, procrastination is not laziness, but rather a psychological mechanism to slow you down and give you enough time to sort out your priorities, gather information before making an important decision, or finding proper words to recover relationship with another person. Thus, instead of blaming yourself for procrastinating, you might want to embrace it — at least sometimes.

① Stop delaying work and increase your efficiency.

② Procrastination is not a bad thing you have to worry about.

③ Challenge can help you fix a relationship with another person.

④ Categorize your priorities before making an important decision.

✅ **단어** urgent : 긴급한   head on : 정면으로   procrastination : 지연·미룸   laziness : 게으름   sort out : 분류하다   priority : 우선순위   proper : 적절한   recover : 회복하다   blame : 비난하다   embrace : 받아들이다

☑️ **해석** 지구상의 모든 사람들은 적어도 한 번은 해야 할 급한 일이 있을 상황에 처했을지 모르지만, 정면으로 도전하는 대신, 가능한 한 오랫동안 이 일을 하는 것을 미룬다. 여기서 설명된 현상을 미루기라고 한다. 많은 사람들이 믿는 것에 익숙해진 것과 달리, 미루기는 게으름이 아니라, 오히려 여러분을 늦추고 여러분의 우선순위를 정리하고, 중요한 결정을 내리기 전에 정보를 수집하거나, 다른 사람과의 관계를 회복하기 위해 적절한 단어를 찾는 충분한 시간을 주는 심리적 메커니즘이다. 따라서, 당신은 미루는 것에 대해 자신을 비난하는 대신에, 적어도 때때로 그것을 받아들이고 싶을 것이다.

① 일을 미루지 말고 효율성을 높여라.
② 지연은 걱정해야 할 나쁜 일이 아니다.
③ 도전은 당신이 다른 사람과의 관계를 고치는 데 도움이 될 수 있다.
④ 중요한 결정을 내리기 전에 우선순위를 분류하라.

9 다음 글에서 전체 흐름과 관계없는 문장은?

Social media is some websites and applications that support people to communicate or to participate in social networking. ①That is, any website that allows social interaction is considered as social media. ②We are familiar with almost all social media networking sites such as Facebook, Twitter, etc. ③It makes us easy to communicate with the social world. ④It becomes a dangerous medium capable of great damage if we handled it carelessly. We feel we are instantly connecting with people around us that we may not have spoken to in many years.

✔ **단어** application : 응용프로그램 participate : 참여하다 interaction : 상호작용 medium : 매체 handle : 다루다 carelessly : 부주의하게

✔ **해석** 소셜 미디어는 사람들이 소셜 네트워킹에 참여하거나 의사 소통을 지원하는 일부 웹사이트 및 응용 프로그램이다. ①즉, 사회적 상호작용을 허용하는 모든 웹사이트는 소셜 미디어로 간주된다. ②우리는 페이스북, 트위터 등 거의 모든 소셜 미디어 네트워킹 사이트에 익숙하다. ③그것은 우리를 소셜 세계와 쉽게 의사소통하게 한다. (④만약 우리가 그것을 부주의하게 다루면 큰 피해를 줄 수 있는 위험한 매체가 된다.) 우리는 우리가 수년 동안 이야기하지 않았을지도 모르는 우리 주변의 사람들과 즉시 연결되어 있다고 느낀다.

10 빈칸 (A)와 (B)에 들어갈 말로 가장 적절한 것은?

At one time, all small retail businesses, such as restaurants, shoe stores, and grocery stores, were owned by individuals. They often gave the stores their own names such as Lucy's Coffee Shop. For some people, owning a business fulfilled a lifelong dream of independent ownership. For others, it continued a family business that dated back several generations. These businesses used to line the streets of cities and small towns everywhere. Today, _____(A)_____, the small independent shops in some countries are almost all gone, and big chain stores have moved in to replace them. Most small independent businesses couldn't compete with the giant chains and eventually failed. _____(B)_____, many owners didn't abandon retail sales altogether. They became small business owners once again through franchises.

	(A)	(B)
①	in contrast	However
②	in addition	Furthermore
③	in contrast	Therefore
④	in addition	Nevertheless

☑ **단어** retail business : 소매 업체 **fulfill** : 성취하다 **line** : 일렬로 늘여 세우다 **eventually** : 결국 **abandon** : 포기하다

☑ **해석** 한때 식당, 신발 가게, 식료품점과 같은 모든 소규모 소매 업체는 개인 소유였다. 그들은 종종 가게들에 루시의 커피숍과 같은 그들만의 이름을 지어주었다. 어떤 사람들은 창업으로 독립적인 소유에 대한 평생의 꿈을 성취하기도 했다. 다른 사람들은 몇 세대 전으로 거슬러 올라가는 가족 사업을 계속했다. 이 사업체들은 도시와 작은 마을들의 거리를 일렬로 늘여 세우곤 했다. 이와는 (A) 대조적으로 오늘날 일부 국가의 작은 독립 상점들은 거의 모두 사라졌고, 대형 체인점들은 그것들을 대체하기 위해 이사했다. 대부분의 소규모 독립기업들은 거대 체인점들과 경쟁할 수 없었고 결국 실패했다. (B) 하지만 많은 소유주들이 소매 판매를 완전히 포기하지는 않았다. 그들은 프랜차이즈를 통해 다시 한번 소상공인이 되었다.

② 게다가 / 더욱이
③ 대조적으로 / 그러므로
④ 게다가 / 그럼에도 불구하고

11 밑줄 친 부분과 의미가 가장 가까운 것은?

> Predicting natural disasters like earthquakes in advance is an <u>imprecise</u> science because the available data is limited.

① accurate
② inexact
③ implicit
④ integrated

☑ **단어** predict : 예측하다　in advance : 미리　imprecise : 부정확한　accurate : 정확한　implicit : 암묵적인　integrate : 통합하다

☑ **해석** 지진과 같은 자연 재해를 미리 예측하는 것은 이용 가능한 데이터가 제한되어 있기 때문에 <u>부정확한</u> 과학이다.

12 밑줄 친 부분과 의미가 가장 가까운 것은?

> The rapid spread of fire and the smoke rising from the balcony made a terrible reminder of the Lacrosse building fire in Melbourne in 2014. It also reminds us of the Grenfell Tower inferno in London. This catastrophe took the lives of 72 people and <u>devastated</u> the lives of more people.

① derived
② deployed
③ deviated
④ destroyed

☑ **단어** reminder : 생각나게 하는 사람(것)　catastrophe : 큰 재해　devastate : 황폐화시키다　derive : 유래하다　deploy : 배치하다　deviate : 벗어나다

☑ **해석** 빠르게 번지는 불길과 발코니에서 솟아오르는 연기는 2014년 멜버른에서 발생한 라크로스 건물 화재를 떠올리게 하는 끔찍한 계기가 되었다. 그것은 또한 우리에게 런던의 그렌펠 타워 화재를 생각나게 한다. 이 재앙은 72명의 목숨을 앗아갔고 더 많은 사람들의 삶을 <u>황폐화시켰다</u>.

13 빈칸에 들어갈 말로 가장 적절한 것은?

> Firefighters are people whose job is to put out fires and _____ people. Besides fires, firefighters save people and animals from car wrecks, collapsed buildings, stuck elevators and many other emergencies.

① endanger   ② imperil

③ rescue   ④ recommend

✅ **단어** put out : 끄다   rescue : 구조하다   besides : 이외에   wreck : 난파선   collapse : 붕괴하다   endanger : 위험에 빠뜨리다   imperil : 위태롭게 하다   recommend : 추천하다

☑️ **해석** 소방관들은 불을 끄고 사람들을 <u>구출하는</u> 일을 하는 사람들이다. 화재 외에도 소방관들은 부서진 차, 붕괴된 건물, 멈춘 엘리베이터 및 기타 많은 비상 사태로부터 사람과 동물을 구한다.

14 빈칸에 들어갈 말로 가장 적절한 것은?

> A well known speaker started off his seminar by holding up a $20 bill. In the room of 200, he asked, "Who would like this $20 bill?" Hands started going up. He said, "I am going to give this $20 to one of you but first, let me do this." He proceeded to crumple the dollar bill up. He then asked, "Who still wants it?" Still the hands were up in the air. "My friends, no matter what I did to the money, you still wanted it because it did not decrease in value. It was still worth $20. Many times in our lives, we are dropped, crumpled, and ground into the dirt by the decisions we make and the circumstances that come our way. We feel as though we are worthless. But no matter what has happened or what will happen, you will never _____. You are special. Don't ever forget it."

① lose your value   ② suffer injury

③ raise your worth   ④ forget your past

✅ **단어** proceed : 나아가다, 전진하다   crumple : 구기다, 찌부러 뜨리다   ground : 지상에 떨어지다   worthless : 가치없는

☑️ **해석** 잘 알려진 한 연설가는 20달러짜리 지폐를 들고 세미나를 시작했다. 200명이 있는 방에서 그는 "누가 이 20달러짜리 지폐를 좋아합니까?"라고 물었다. 손이 올라가기 시작했다. 그는 "제가 여러분 중 한 분께 이 20달러를 드릴 겁니다, 그런데 우선 제가 이렇게 하도록 하죠."라고 말했다. 그는 계속해서 달러 지폐를 구겨버렸다. 그러고 나서 그는 "누가 아직도 이것을 원합니까?"라고 물었다. 여전히 손은 공중에 들려 있었다. "나의 친구들이여, 제가 이 돈에 어떤 행동을 했든 간에, 그것의 가치가 감소하지 않았기 때문에 여러분들은 여전히 그것을 원했습니다. 그것은 여전히 20달러의 가치가 있습니다. 우리는 살면서 여러 번 우리가 내리는 결정과 우리에게 닥쳐오는 상황에 의해 떨어지고, 구겨지고, 진흙탕으로 좌초됩니다. 우리는 마치 우리가 가치 쓸모없다고 느낄 것입니다. 그러나 무슨 일이 일어났든, 무슨 일이 일어나든 결코 여러분은 <u>가치를 잃지</u> 않을 것입니다. 여러분은 특별합니다. 절대 잊지 마십시오."

15 주어진 글 다음에 이어질 글의 순서로 가장 적절한 것은?

In World War II, Japan joined forces with Germany and Italy. So there were now two fronts, the European battle zone and the islands in the Pacific Ocean.

(A) Three days later, the United States dropped bombs on another city of Nagasaki. Japan soon surrendered, and World War II finally ended.

(B) In late 1941, the United States, Britain and France participated in a fight against Germany and Japan; the U.S. troops were sent to both battlefronts.

(C) At 8:15 a.m. on August 6, 1945, a U.S. military plane dropped an atomic bomb over Hiroshima, Japan. In an instant, 80,000 people were killed. Hiroshima simply ceased to exist. The people at the center of the explosion evaporated. All that remained was their charred shadows on the walls of buildings.

① (A) – (B) – (C)

② (B) – (A) – (C)

③ (B) – (C) – (A)

④ (C) – (A) – (B)

☑ **단어** front : 전선   cease : 그만두다   explosion : 폭발   evaporate : 증발하다   remain : 남다   char : 까맣게 태우다   surrender : 항복하다

☑ **해석** 제2차 세계대전에서 일본은 독일과 이탈리아와 힘을 합쳤다. 그래서 이제 유럽 전투 지역과 태평양에 있는 섬 두 개의 전선이 있었다.
(B) 1941년 말, 미국, 영국, 프랑스는 독일과 일본에 대항하는 싸움에 참가했다; 미군은 두 전선에 모두 파견되었다.
(C) 1945년 8월 6일 오전 8시 15분, 미군 비행기가 일본 히로시마 상공에 원자 폭탄을 투하했다. 순식간에 8만 명이 목숨을 잃었다. 히로시마는 그저 존재하지 않게 되었다. 폭발의 중심에 있던 사람들이 증발했다. 남은 것은 건물 벽에 새까맣게 그을린 그림자뿐이었다.
(A) 3일 후, 미국은 다른 도시 나가사키에 폭탄을 투하했다. 일본은 곧 항복했고, 제2차 세계대전은 마침내 끝났다.

16 주어진 글 다음에 이어질 글의 순서로 가장 적절한 것은?

> Trivial things such as air conditioners or coolers with fresh water, flexible schedules and good relationships with colleagues, as well as many other factors, impact employees' productivity and quality of work.

> (A) At the same time, there are many bosses who not only manage to maintain their staff's productivity at high levels, but also treat them nicely and are pleasant to work with.
> (B) In this regard, one of the most important factors is the manager, or the boss, who directs the working process.
> (C) It is not a secret that bosses are often a category of people difficult to deal with: many of them are unfairly demanding, prone to shifting their responsibilities to other workers, and so on.

① (A) – (B) – (C)   ② (B) – (A) – (C)

③ (B) – (C) – (A)   ④ (C) – (B) – (A)

✓ **단어** trivial : 사소한   productivity : 생산성   in this regard : 이러한 측면에서   category : 범주   demanding : 요구가 많은   prone : ~하기 쉬운

☑ **해설** 에어컨이나 신선한 물이 든 쿨러, 유연한 일정, 동료들과의 좋은 관계 등의 사소한 것들은 물론 많은 다른 요소들도 직원들의 생산성과 업무 질에 영향을 미친다.
(B) 이런 점에서 가장 중요한 요인 중 하나는 업무 프로세스를 지휘하는 관리자 또는 상사이다.
(C) 상사가 다루기 어려운 사람들의 범주인 것은 비밀이 아니다. 그들 중 많은 사람들은 부당하게 요구하고, 책임을 다른 노동자들에게 전가시키기 쉽다.
(A) 동시에, 직원들의 생산성을 높은 수준으로 유지하면서도 잘 대해주고 함께 일하기에 즐거운 상사들도 많다.

17 밑줄 친 부분 중 어법상 틀린 것은?

Australia is burning, ①being ravaged by the worst bushfire season the country has seen in decades. So far, a total of 23 people have died nationwide from the blazes. The deadly wildfires, ②that have been raging since September, have already burned about 5 million hectares of land and destroyed more than 1,500 homes. State and federal authorities have deployed 3,000 army reservists to contain the blaze, but are ③struggling, even with firefighting assistance from other countries, including Canada. Fanning the flames are persistent heat and drought, with many pointing to climate change ④as a key factor for the intensity of this year's natural disasters.

ⓢ **단어** ravage : 황폐화시키다 bushfire : (잡목림 지대의) 산불 blaze : 화염 deadly : 치명적인 rage : 격노, 격정 reservist : 예비군 contain : 억제하다 fan : 부채질하다 persistent : 지속적인 intensity : 강도

☑ **해석** 호주는 수십 년 만에 최악의 산불 시즌에 의해 파괴되어 불타고 있다. 지금까지, 총 23명의 사람들이 화재로 인해 전국적으로 사망했다. 9월부터 맹위를 떨치고 있는 이 치명적인 산불은 이미 약 500만 헥타르의 땅을 불태우고 1,500채 이상의 집을 파괴했다. 주와 연방 당국은 화재 진압을 위해 3,000명의 육군 예비군을 배치했지만 캐나다를 포함한 다른 나라들의 소방 지원에도 불구하고 어려움을 겪고 있다. 불길을 부채질하는 것은 지속적인 더위와 가뭄으로, 많은 사람들이 올해 자연재해 강도의 핵심 요인으로 기후변화를 지적한다.

ⓢ **TIP** ② 관계대명사 that은 콤마 뒤에 계속적 용법으로 쓰일수 없다. 따라서 which로 바꾸어야 한다.
① 수동 분사구문으로 being은 옳은 표현이고, 생략도 가능하다
③ struggle은 '고군분투하다'는 자동사의 의미로 쓰여서 올바른 표현이다.
④ '~로서'라는 의미의 전치사로 쓰였다.

✎ **ANSWER** 16.③ 17.②

18 밑줄 친 부분 중 어법상 틀린 것은?

It can be difficult in the mornings, especially on cold or rainy days. The blankets are just too warm and comfortable. And we aren't usually ① excited about going to class or the office. Here are ② a few tricks to make waking up early, easier. First of all, you have to make a definite decision to get up early. Next, set your alarm for an hour earlier than you need to. This way, you can relax in the morning instead of rushing around. Finally, one of the main reasons we don't want to get out of bed in the morning ③ are that we don't sleep well during the night. That's ④ why we don't wake up well-rested. Make sure to keep your room as dark as possible. Night lights, digital clocks, and cell phone power lights can all prevent good rest.

✓ **단어** blanket : 담요   definite : 분명한

☑ **해석** 특히 춥거나 비가 오는 날에는 아침에 어려울 수 있다. 담요는 너무 따뜻하고 편안하다. 그리고 우리는 보통 수업이나 사무실에 가는 것에 흥분하지 않는다. 여기 일찍 일어나는 것을 쉽게 만드는 몇 가지 묘수가 있다. 우선 일찍 일어나려면 확실한 결정을 내려야 한다. 다음으로, 필요한 시간보다 한 시간 일찍 알람을 설정하라. 이렇게 하면, 당신은 뛰어다니지 않고 아침에 휴식을 취할 수 있다. 마지막으로, 우리가 아침에 침대에서 일어나기 싫은 주된 이유 중 하나는 우리가 밤중에 잠을 잘 자지 않기 때문이다. 그래서 우리는 잠에서 잘 깨지 못하는 것이다. 가능한 한 방을 어둡게 유지하도록 하라. 야간 조명, 디지털 시계, 휴대폰 전원 빛은 모두 좋은 휴식을 막을 수 있다.

✓ **TIP** ③ 주어, 동사의 수 일치를 묻는 문제로서 주어는 one이고, 동사는 are이다. 따라서 are를 is로 바꾸어야 한다.
① 분사를 묻는 문제로서 주어가 사람(we)이기 때문에 excited가 옳다.
② 수량형용사 + 명사 수 일치를 묻는 문제로서 tricks가 셀 수 있는 명사 복수이기 때문에 a few가 맞는 표현이다.
④ That's why는 뒤에 결과가 나와야 된다. 우리가 잠에서 잘 깨지 못한다는 결과의 내용이기 때문에 맞는 표현이다.

19 빈칸에 들어갈 말로 가장 적절한 것은?

> Thunberg, 16, has become the voice of young people around the world who are protesting climate change and demanding that governments around the world _____. In August 2018, Thunberg decided to go on strike from school and protest in front of the Swedish parliament buildings. She wanted to pressure the government to do something more specific to reduce greenhouse gases and fight global warming. People began to join Thunberg in her protest. As the group got larger, she decided to continue the protests every Friday until the government met its goals for reducing greenhouse gases. The protests became known as Fridays for Future. Since Thunberg began her protests, more than 60 countries have promised to eliminate their carbon footprints by 2050.

① fear the people
② give free speech
③ save more money
④ take more action

⊘ **단어** protest : 시위하다   demand : 요구하다   take action : 조치를 취하다   go on strike : 파업하다   parliament : 의회   pressure : 압박하다   eliminate : 제거하다   carbon footprint : 탄소 발자국(온실효과를 유발하는 이산화탄소의 배출량)

☑ **해석** 툰버그(16)는 기후변화에 항의하고 전 세계 정부들이 <u>더 많은 조치를 취할 것</u>을 요구하는 전 세계 젊은이들의 목소리가 됐다. 2018년 8월, 툰버그는 학교에서 파업을 벌이며 스웨덴 의회 건물 앞에서 시위를 벌이기로 결정했다. 그녀는 정부가 온실가스를 줄이고 지구 온난화와 싸우기 위해 좀 더 구체적인 일을 하도록 압력을 가하기를 원했다. 사람들은 그녀의 항의에 툰버그와 합류하기 시작했다. 이 단체가 규모가 커지면서, 그녀는 정부가 온실가스를 줄이기 위한 목표를 달성할 때까지 매주 금요일 시위를 계속하기로 결정했다. 그 시위는 미래를 위한 금요일로 알려지게 되었다. 툰버그가 시위를 시작한 이후, 60개 이상의 나라들이 2050년까지 탄소 발자국을 제거하겠다고 약속했다.

① 사람들을 두려워 하도록
② 자유 연설을 하도록
③ 더 많은 돈을 절약하도록

20 다음 글의 내용과 일치하지 않는 것은?

Dear Sales Associates,

The most recent edition of The Brooktown Weekly ran our advertisement with a misprint. It listed the end of our half-price sale as December 11 instead of December 1. While a correction will appear in the paper's next issue, it is to be expected that not all of our customers will be aware of the error. Therefore, if shoppers ask between December 2 and 11 about the sale, first apologize for the inconvenience and then offer them a coupon for 10% off any item they wish to purchase, either in the store or online.

Thank you for your assistance in this matter.
General Manger

---

① The Brooktown Weekly에 잘못 인쇄된 광고가 실렸다.

② 반값 할인 행사 마감일은 12월 1일이 아닌 12월 11일이다.

③ 다음 호에 정정된 내용이 게재될 예정이다.

④ 10% 할인 쿠폰은 구매하고자 하는 모든 품목에 적용된다.

✓ **단어** misprint : 오인, 오식 correction : 수정 inconvenience : 불편함

✓ **해석** 친애하는 영업사원분들께,
The Brooktown Weekly 최신호에 실은 우리 광고에 오자(誤字)가 있었습니다. 그것은 우리의 반값 세일의 종료를 12월 1일이 아닌 12월 11일로 기재했습니다. 다음 호에는 수정 사항이 나오겠지만, 우리 고객 모두가 오류를 인지하지는 못할 것으로 예상됩니다. 따라서 12월 2일에서 11일 사이에 구매자들이 판매에 대해 물어본다면, 먼저 불편함을 사과한 후 매장이나 온라인에서 구매하고자 하는 물품에 대해 10% 할인 쿠폰을 제공해 주십시오.
총괄 매니저

※ 밑줄 친 부분의 의미와 가장 가까운 것을 고르시오. 【1~4】

1

Extensive lists of microwave oven models and styles along with <u>candid</u> customer reviews and price ranges are available at appliance comparison websites.

① frank

② logical

③ implicit

④ passionate

🗹 **단어** extensive : 광범위한 microwave oven : 전자레인지 candid : 솔직한 range : 범위 appliance : 가전제품 comparison : 비교 frank : 솔직한 logical : 논리적인 implicit : 함축적인 passionate : 열정적인

🗹 **해석** <u>솔직한</u> 고객 리뷰 및 가격 범위와 함께 전자레인지 모델과 스타일의 광범위한 목록을 가전제품 비교 웹사이트에서 이용 가능하다.

2

It had been known for a long time that Yellowstone was volcanic in nature and the one thing about volcanoes is that they are generally <u>conspicuous</u>.

① passive

② vaporous

③ dangerous

④ noticeable

🗹 **단어** volcanic : 화산작용의 volcano : 화산 conspicuous : 눈에 띄는 passive : 수동적인 vaporous : 증발되는 noticeable : 눈에 띄는

🗹 **해석** 옐로스톤은 자연에서 화산이었다는 것은 오랫동안 알려져 있었고 화산의 한 가지는 그들이 일반적으로 <u>눈에 잘 띈</u>다는 것이다.

3

> He's the best person to tell you how to get there because he knows the city <u>inside out</u>.

① eventually

② culturally

③ thoroughly

④ tentatively

✅ **단어** inside out : 안팎으로, 철저하게 eventually : 결국 culturally : 문화적으로 thoroughly : 철저하게 tentatively : 임시로, 시험삼아

✅ **해 설** 그는 도시를 <u>속속들이</u> 알고 있기 때문에 그곳에 어떻게 가야 하는지를 당신에게 말해 줄 수 있는 최고의 사람이다.

4

> All along the route were thousands of homespun attempts to <u>pay tribute to</u> the team, including messages etched in cardboard, snow and construction paper.

① honor

② compose

③ publicize

④ join

✅ **단어** homespun : 소박한 pay atribute to : 찬사를 보내다 etch : 새기다 honor : 경의를 표하다 compose : 구성하다, 작곡하다 publicize : 공표하다

✅ **해 설** 그 길 내내 마분지, 눈, 건설용지에 새겨진 메시지를 포함하여 <u>팀에 경의를 표하려는</u> 수천 건의 소박한 시도가 있었다.

5 어법상 옳은 것은?

① The traffic of a big city is busier than those of a small city.

② I'll think of you when I'll be lying on the beach next week.

③ Raisins were once an expensive food, and only the wealth ate them.

④ The intensity of a color is related to how much gray the color contains.

✓ **단어** expensive : 비싼 be related to : ~과 관련된

☑ **해석** ① 대도시의 교통은 작은 도시의 교통보다 더 바쁘다.
② 다음 주에 해변에 누워 있을 때 너를 생각해 볼게.
③ 건포도는 한때 값비싼 음식이었고, 부유한 사람들만이 그것들을 먹었다.
④ 색의 강도는 색상이 얼마나 많은 회색을 포함하는지와 관련이 있다.

✓ **TIP** ① 지시 대명사 those는 traffic을 받고 있기 때문에 that으로 바뀌어야 한다.
② 시간을 나타내는 부사절에서는 현재시제가 미래시제를 대신한다. 따라서 will be를 am으로 바꾸어야 한다.
③ 형용사 앞에 the가 오면 일반 복수 명사가 된다. 따라서 the wealth를 the wealthy로 바꾸어야 한다.
④ 올바른 문장이다.

6 우리말을 영어로 가장 잘 옮긴 것은?

① 몇 가지 문제가 새로운 회원들 때문에 생겼다.
→Several problems have raised due to the new members.

② 그 위원회는 그 건물의 건설을 중단하라고 명했다.
→The committee commanded that construction of the building cease.

③ 그들은 한 시간에 40마일이 넘는 바람과 싸워야 했다.
→They had to fight against winds that will blow over 40 miles an hour.

④ 거의 모든 식물의 씨앗은 혹독한 날씨에도 살아남는다.
→The seeds of most plants are survived by harsh weather.

✓ **단어** due to : ~에 기인하는, 때문에 committee : 위원회 construction : 건설, 공사

☑ **해석** ① raise는 타동사이기 때문에 have been raised로 바뀌든지, 자동사인 아니면 have arisen으로 바뀌어야 한다.
② cease앞에 should가 생략되었다.
③ 싸운시점이 과거이기 때문에 바람이 분 시점도 과거가 되어야 한다. 따라서 will blow가 blew가 되어야 한다.
④ survive는 살아남다는 의미의 타동사이다. 씨앗이 살아남는 것이기 때문에 are survived by가 survive로 바뀌어야 한다.

 ANSWER 3.③ 4.① 5.④ 6.②

7 우리말을 영어로 잘못 옮긴 것은?

① 인간은 환경에 자신을 빨리 적응시킨다.

→Human beings quickly adapt themselves to the environment.

② 그녀는 그 사고 때문에 그녀의 목표를 포기할 수밖에 없었다.

→She had no choice but to give up her goal because of the accident.

③ 그 회사는 그가 부회장으로 승진하는 것을 금했다.

→The company prohibited him from promoting to vice-president.

④ 그 장난감 자동차를 조립하고 분리하는 것은 쉽다.

→It is easy to assemble and take apart the toy car.

✓ **단어** have no choice but to~ : ~할 수 밖에 없다   **assemble** : 모이다, 조립하다

☑ **해석** ③ 그가 부회장으로 승진되는 것이기 때문에 promoting을 being promoted로 바꾸어야 한다.
　　① 주어와 목적어가 같을 경우 목적어 자리에 재귀대명사를 쓰는 데 옳게 쓰였다. "adapt A to B"는 'A를 B에 적응시키다'라는 뜻이다.
　　② "have no choice but to RV"는 '~할 수 밖에 없다'라는 뜻의 관용어구로 옳게 쓰였다.
　　④ easy가 포함된 난이형용사 구문이 옳게 쓰였다.

8 다음 글의 요지로 가장 적절한 것은?

Listening to somebody else's ideas is the one way to know whether the story you believe about the world – as well as about yourself and your place in it – remains intact. We all need to examine our beliefs, air them out and let them breathe. Hearing what other people have to say, especially about concepts we regard as foundational, is like opening a window in our minds and in our hearts. Speaking up is important. Yet to speak up without listening is like banging pots and pans together: even if it gets you attention, it's not going to get you respect. There are three prerequisites for conversation to be meaningful: 1. You have to know what you're talking about, meaning that you have an original point and are not echoing a worn-out, hand-me-down or pre-fab argument; 2. You respect the people with whom you're speaking and are authentically willing to treat them courteously even if you disagree with their positions; 3. You have to be both smart and informed enough to listen to what the opposition says while handling your own perspective on the topic with uninterrupted good humor and discernment.

① We should be more determined to persuade others.

② We need to listen and speak up in order to communicate well.

③ We are reluctant to change our beliefs about the world we see.

④ We hear only what we choose and attempt to ignore different opinions.

☑ **단어** remain : ~인 상태를 유지하다　intact : 완전한　air out : 공개 토론하다　breathe : 호흡하다　foundational : 기본의　speak up : 분명한 어조로 말하다　bang : 세게 두드리다　pot : 단지　pan : 후라이팬　prerequisite : 전제 조건　echo : 메아리 치다, 그대로 흉내내다　worn-out : 낡아빠진　hand-me-down : 만들어 놓은, 기성품의　pre-fab : 조립식의　authentically : 진정으로　courteously : 예의바르게　perspective : 관점　uninterrupted : 끊임없는　discernment : 인식

☑ **해석** 누군가의 생각을 듣는 것은–당신 자신과 세상 안에 있는 당신의 위치에 대해서 뿐만 아니라–세상에 대해 당신이 믿는 이야기가 온전한 상태로 남아 있는 것인지 아닌지를 알 수 있는 유일한 방법이다. 우리 모두는 우리의 신념을 검토하고 그것들을 공개적으로 토의하고 그것들로 하여금 호흡하도록 둘 필요가 있다. 다른 사람들이 특히 우리가 기본적이라고 여기는 개념에 대해서 말해야 하는 것을 듣는 것은 우리 마음과 우리의 가슴의 창문을 여는 것과 같다. 분명한 어조로 말하는 것은 중요하다. 그러나 듣지 않고 분명한 어조로 말하는 것은 냄비와 팬을 함께 두드리는 것과 같다. 비록 그것이 당신에게 관심을 갖게는 할지라도, 당신을 존중하게 하지는 못할 것이다. 대화가 의미있게 되기 위한 세가지 전제조건이 있다. 1. 당신이 무엇에 대해 말하고 있는지 알아야 하는데, 이것은 당신이 독창적인 논점을 가지고 있고 진부하거나 미리 만들어진 주장을 그대로 흉내 내지 않는다는 것을 의미한다. 2. 당신은 당신이 대화하고 있는 사람들을 존중하고 비록 당신이 그들의 입장에 동의하지 않는다 해도 기꺼이 진정으로 그들을 예의 바르게 대하려고 하는 것이다. 3. 당신은 끊임없는 좋은 유머와 분별력을 가지고 주제에 대한 자신의 관점을 다루면서 상대방이 말하는 것을 들을 정도로 똑똑하고 지식이 많아야 한다.

① 우리는 다른 사람들을 설득하는 데 좀 더 단호해져야 한다.
② 우리는 대화를 잘하기 위해서 듣고 의견을 말해야 할 필요가 있다.
③ 우리는 우리가 보는 세상에 대한 믿음을 바꾸는 데 주저한다.
④ 우리는 우리가 선택한 것만 듣고 다른 의견들을 무시하려고 애쓴다.

 **ANSWER** 7.③ 8.②

9 다음 글의 제목으로 가장 적절한 것은?

The future may be uncertain, but some things are undeniable: climate change, shifting demographics, geopolitics. The only guarantee is that there will be changes, both wonderful and terrible. It's worth considering how artists will respond to these changes, as well as what purpose art serves, now and in the future. Reports suggest that by 2040 the impacts of human-caused climate change will be inescapable, making it the big issue at the centre of art and life in 20 years' time. Artists in the future will wrestle with the possibilities of the post-human and post-Anthropocene – artificial intelligence, human colonies in outer space and potential doom. The identity politics seen in art around the #MeToo and Black Lives Matter movements will grow as environmentalism, border politics and migration come even more sharply into focus. Art will become increasingly diverse and might not 'look like art' as we expect. In the future, once we've become weary of our lives being visible online for all to see and our privacy has been all but lost, anonymity may be more desirable than fame. Instead of thousands, or millions, of likes and followers, we will be starved for authenticity and connection. Art could, in turn, become more collective and experiential, rather than individual.

① What will art look like in the future?

② How will global warming affect our lives?

③ How will artificial intelligence influence the environment?

④ What changes will be made because of political movements?

☑ **단어** demographics : 인구통계　geopolitics : 지정학　inescapable : 피할 수 없는　wrestle with : 해결하려고 애쓰다, 싸우다　anthropocene : 인류세(인류로 인한 지구온난화 및 생태계 침범을 특징으로 하는 현재의 지질학적 시기)　identity politics : 정체성 정치학　environmentalism : (인격 형성의)환경 결정론　anonymity : 익명성　authenticity : 진실성　collective : 집단의　experiential : 경험상의

☑ **해석** 미래는 불확실하지 모르지만, 기후 변화, 바뀌는 인구 통계, 지정학 같은 어떤 것들은 명백하다. 유일한 보장은 변화가 있을 것이라는 점인데 그 변화는 멋질 수도, 끔찍할 수도 있다. 현재와 미래에 예술이 어떤 목적을 제공할지 뿐만 아니라 이러한 변화에 예술가들이 어떻게 반응할지는 고려해볼 가치가 있다. 보고서는 2040년까지 인간이 초래한 기후 변화의 영향은 피할 수 없을 것이고, 20년 후 예술과 삶의 중심에서 큰 이슈가 될 것이라고 제시하고 있다. 미래의 예술가들은 포스트 휴먼과 포스트 인류세의 가능성 −인공지능(AI), 우주에 있는 인간의 식민지, 그리고 잠재적 파멸과 씨름할 것이다. #미투(Me Too)와 흑인 민권 운동(Black Lives Matter 흑인 생명도 중요하다)을 둘러싼 예술에서 볼 수 있는 정체성의 정치학은 환경 결정론, 경계 정치, 이주가 훨씬 더 뚜렷해지면서 성장하게 될 것이다. 예술은 점점 더 다양해질 것이고 우리가 기대하는 것만큼 "예술처럼 보이지"않을 수도 있다. 미래에, 모두가 보는 온라인에서의 가시적인 우리의 삶에 우리가 싫증나게 되고 우리의 사생활이 거의 없어지면, 익명성이 명성보다 더 바람직할지도 모른다. 수천 또는 수백만의 '좋아요'와 '팔로워'들 대신에, 우리는 진실성과 관계에 굶주리게 될 것이다. 예술은 결국 개인보다는 좀 더 집단적이고 경험적이게 될 수 있다.

① 예술은 미래에 어떤 모습일까?
② 지구 온난화는 우리의 삶에 어떤 영향을 미칠까?
③ 인공지능이 환경에 어떤 영향을 미칠까?
④ 정치운동으로 인해 어떤 변화가 일어날까?

10 다음 글의 내용과 일치하지 않는 것은?

The Second Amendment of the U.S. Constitution states: "A well-regulated Militia, being necessary to the security of a free State, the right of the people to keep and bear Arms, shall not be infringed." Supreme Court rulings, citing this amendment, have upheld the right of states to regulate firearms. However, in a 2008 decision confirming an individual right to keep and bear arms, the court struck down Washington, D.C. laws that banned handguns and required those in the home to be locked or disassembled. A number of gun advocates consider ownership a birthright and an essential part of the nation's heritage. The United States, with less than 5 percent of the world's population, has about 35 ~ 50 percent of the world's civilian-owned guns, according to a 2007 report by the Switzerland-based Small Arms Survey. It ranks number one in firearms per capita. The United States also has the highest homicide-by-firearm rate among the world's most developed nations. But many gun-rights proponents say these statistics do not indicate a cause-and-effect relationship and note that the rates of gun homicide and other gun crimes in the United States have dropped since highs in the early 1990's.

① In 2008, the U.S. Supreme Court overturned Washington, D.C. laws banning handguns.

② Many gun advocates claim that owning guns is a natural-born right.

③ Among the most developed nations, the U.S. has the highest rate of gun homicides.

④ Gun crimes in the U.S. have steadily increased over the last three decades.

✅ **단어** militia : 시민군 bear : 지니다 infringe : 어기다, 범하다 cite : 말하다 amendment : 변경, 수정헌법 uphold : 지지하다, 유지시키다 firearm : 화기 confirm : 확인하다 strike down : 폐지하다 ban : 금지하다 handgun : 권총 disassemble : 해체하다 advocate : 옹호자 birthright : 타고난 권리 heritage : 유산 homicide : 살인 proponent : 제안자, 발의자 statistics : 통계 indicate : 나타내다 overturn : 뒤집다

✅ **해설** 미국 헌법 수정 제2조는 "자유국가의 안전에 필요한 잘 규제된 시민군, 무기를 보유하고 소지할 수 있는 국민의 권리는 침해되지 않는다"고 명시하고 있다. 대법원의 판결은 이 개정안을 인용하면서, 총기 규제 국가의 권리를 지지했다. 그러나 2008년 개인의 무기 보유권을 확인한 판결에서 법원은 권총을 금지하고 집에 있는 권총은 자물쇠로 잠그거나 분해하도록 요구하는 워싱턴 D.C. 법을 기각했다. 많은 총기 옹호자들은 소유권을 타고난 권리이자 국가 유산의 필수적인 부분이라고 생각한다. 스위스에 본부를 둔 소형 무기 조사의 2007년 보고서에 따르면, 세계 인구의 5% 미만인 미국은 세계 민간 소유 총기의 약 35~50%를 보유하고 있다. 1인당 총기 1위다. 미국은 또한 세계에서 선진국들 중에서 가장 높은 총기 살인율을 가지고 있다. 그러나 많은 총기 권리 지지자들은 이러한 통계가 인과관계를 나타내지 않으며 1990년대 초 최고치 이후 미국의 총기 살인 및 기타 총기 범죄의 비율이 감소했다는 점에 주목한다.

① 2008년 미국 대법원은 권총 금지법인 워싱턴 D.C.를 뒤집었다.
② 많은 총기 옹호자들은 총을 소유하는 것은 타고난 권리라고 주장한다.
③ 가장 발전된 국가 중 미국이 총기 살인율이 가장 높다.
④ 미국의 총기 범죄는 지난 30년 동안 꾸준히 증가했다.

11 두 사람의 대화 중 가장 어색한 것은?

① A : When is the payment due?

　B : You have to pay by next week.

② A : Should I check this baggage in?

　B : No, it's small enough to take on the plane.

③ A : When and where shall we meet?

　B : I'll pick you up at your office at 8 : 30.

④ A : I won the prize in a cooking contest.

　B : I couldn't have done it without you.

☑ 단어 check~ in : ~을 부치다

☑ 해석 ① A : 지불 기한은 언제입니까?
　　　　B : 다음 주까지는 돈을 내야 합니다.
　　② A : 이 수하물을 부쳐야 하나요?
　　　　B : 아닙니다. 비행기에 가지고 탑승할만큼 충분히 작습니다.
　　③ A : 언제 어디서 만날까요?
　　　　B : 8시 30분에 당신 사무실에서 데리러 갈게요.
　　④ A : 요리 경연 대회에서 상을 받았습니다.
　　　　B : 당신이 없었다면 난 할 수 없었을 거예요.

12 밑줄 친 부분에 들어갈 말로 가장 적절한 것은?

A : Thank you for calling the Royal Point Hotel Reservations Department. My name is Sam. How may I help you?

B : Hello, I'd like to book a room.

A : We offer two room types: the deluxe room and the luxury suite.

B : _____?

A : For one, the suite is very large. In addition to a bedroom, it has a kitchen, living room and dining room.

B : It sounds expensive.

A : Well, it's $200 more per night.

B : In that case, I'll go with the deluxe room.

---

① Do you need anything else

② May I have the room number

③ What's the difference between them

④ Are pets allowed in the rooms

☑ 해설 A : 로얄 포인트 호텔 예약 부서에 전화해 주셔서 감사합니다. 제 이름은 샘입니다. 어떻게 도와드릴까요?
　　　 B : 안녕하세요, 방을 예약하고 싶은데요.
　　　 A : 우리는 두 가지 방 유형이 있습니다. 디럭스 룸과 스위트 룸입니다.
　　　 B : <u>두 개의 차이점은 무엇인가요?</u>
　　　 A : 우선, 그 스위트룸은 매우 큽니다. 침실 외에도 부엌, 거실, 식당이 있습니다.
　　　 B : 비싸게 들리는군요.
　　　 A : 하룻밤에 200달러 더 비쌉니다.
　　　 B : 그렇다면 디럭스 룸으로 하겠습니다.

　　　 ① 다른 건 필요하세요?
　　　 ② 방 번호를 알려주시겠습니까?
　　　 ③ 두 개의 차이점은 무엇인가요?
　　　 ④ 애완 동물이 허용되나요?

13 밑줄 친 (A), (B)에 들어갈 말로 가장 적절한 것은?

Advocates of homeschooling believe that children learn better when they are in a secure, loving environment. Many psychologists see the home as the most natural learning environment, and originally the home was the classroom, long before schools were established. Parents who homeschool argue that they can monitor their children's education and give them the attention that is lacking in a traditional school setting. Students can also pick and choose what to study and when to study, thus enabling them to learn at their own pace. ___(A)___, critics of homeschooling say that children who are not in the classroom miss out on learning important social skills because they have little interaction with their peers. Several studies, though, have shown that the home-educated children appear to do just as well in terms of social and emotional development as other students, having spent more time in the comfort and security of their home, with guidance from parents who care about their welfare. ___(B)___, many critics of homeschooling have raised concerns about the ability of parents to teach their kids effectively.

	(A)	(B)
①	Therefore	Nevertheless
②	In contrast	In spite of this
③	Therefore	Contrary to that
④	In contrast	Furthermore

✅ **단어** advocate : 옹호자   secure : 안전한   psychologist : 심리학자   establish : 확립하다   enable : 할 수 있게 하다   critic : 비평가   peer : 동료   though : 하지만   in terms of : ~의 관점에서   guidance : 지도   raise : (문제를) 제기하다

✅ **해석** 홈스쿨링 옹호자들은 아이들이 안전하고 사랑스런 환경에 있을 때 더 잘 배운다고 믿는다. 많은 심리학자들은 집을 가장 자연스러운 학습 환경으로 보고 있으며, 원래 집은 학교가 설립되기 훨씬 전부터 교실이었다. 홈스쿨 학부모들은 자녀의 교육을 감시하고 전통적인 학교 환경에서 부족한 관심을 줄 수 있다고 주장한다. 학생들은 또한 무엇을 공부할 것인지, 언제 공부할 것인지를 고르고 선택할 수 있어서, 그들로 하여금 자신의 속도로 배우게 할 수 있다. (A) <u>이와는 대조적으로,</u> 홈스쿨링에 대한 비판자들은 교실에 있지 않은 아이들이 또래들과의 상호작용이 거의 없기 때문에 중요한 사회적 기술을 배우는 것을 놓친다고 말한다. 그러나 몇몇 연구는 가정 교육을 받은 아이들이 다른 학생들과 마찬가지로 사회 및 정서적 발달 면에서도 잘 하는 것처럼 보이며, 그들의 복지에 관심을 갖는 부모들의 지도와 함께 그들의 집의 편안함과 안전에 더 많은 시간을 보냈다는 것을 보여주었다. (B) <u>이러한 것에도 불구하고,</u> 홈스쿨링에 대한 많은 비평가들은 그들의 아이들을 효과적으로 가르칠 수 있는 부모들의 능력에 대한 우려를 제기했다.

14 다음 글의 주제로 가장 적절한 것은?

For many people, work has become an obsession. It has caused burnout, unhappiness and gender inequity, as people struggle to find time for children or passions or pets or any sort of life besides what they do for a paycheck. But increasingly, younger workers are pushing back. More of them expect and demand flexibility – paid leave for a new baby, say, and generous vacation time, along with daily things, like the ability to work remotely, come in late or leave early, or make time for exercise or meditation. The rest of their lives happens on their phones, not tied to a certain place or time – why should work be any different?

① ways to increase your paycheck

② obsession for reducing inequity

③ increasing call for flexibility at work

④ advantages of a life with long vacations

ⓘ **단어** obsession : 강박   burnout : 소진   gender inequity : 성 불평등   besides : ~이외에   paycheck : 봉급   push back : 밀리다
flexibility : 유연성   remotely : 멀리서   meditation : 명상

☑ **해석** 많은 사람들에게, 일은 강박관념이 되었다. 사람들이 급여를 받기 위해 하는 일 외에 아이를 위한 시간이나 열정, 애완동물, 또는 어떤 종류의 삶을 위한 시간을 찾기 위해 애쓰기 때문에, 그것은 소진, 불행, 그리고 성별 불평등을 야기시켰다. 그러나 점점 더 젊은 노동자들이 반발하고 있다. 그들 중 더 많은 사람들이 유연성을 요구하고 기대한다. 예를 들어 새로 태어난 아기를 위한 유급 휴가, 원격으로 일할 수 있는 능력, 늦게 오거나 일찍 떠나거나 운동이나 명상을 할 수 있는 시간 같은 일상적 일과 함께 관대한 휴가 시간을 요구한다. 그들의 삶의 나머지는 어떤 장소나 시간에 묶여 있지 않고 전화로 일어나는데, 왜 일은 달라야 하는가?

① 급여를 인상하는 방법
② 불평등을 줄이기 위한 집착
③ 업무 유연성 요구 증가
④ 긴 휴가가 있는 삶의 장점

15 주어진 글 다음에 이어질 글의 순서로 가장 적절한 것은?

> Past research has shown that experiencing frequent psychological stress can be a significant risk factor for cardiovascular disease, a condition that affects almost half of those aged 20 years and older in the United States.

> (A) Does this mean, though, that people who drive on a daily basis are set to develop heart problems, or is there a simple way of easing the stress of driving?
>
> (B) According to a new study, there is. The researchers noted that listening to music while driving helps relieve the stress that affects heart health.
>
> (C) One source of frequent stress is driving, either due to the stressors associated with heavy traffic or the anxiety that often accompanies inexperienced drivers.

① (A) − (C) − (B)　　　　　　② (B) − (A) − (C)

③ (C) − (A) − (B)　　　　　　④ (C) − (B) − (A)

☑ **단어** frequent : 빈번한　psychological : 심리학적　significant : 중요한　cardiovascular : 심장 혈관의　stressor : 스트레스 요인
anxiety : 불안　accompany : 동반하다　on a daily basis : 매일　ease : 완화하다　relieve : 완화하다

☑ **해석** 과거의 연구는 잦은 심리적 스트레스를 경험하는 것이 심혈관 질환의 중요한 위험 요인이 될 수 있다는 것을 보여주었는데, 이것은 미국 20세 이상의 사람들 거의 절반에 영향을 미치는 질환이다. (C) 잦은 스트레스의 한 원천은 교통 체증과 관련된 스트레스 요인이나 경험이 없는 운전자와 종종 동반되는 불안 때문이다. (A) 하지만 이것은 매일 운전하는 사람들이 심장 질환을 일으키도록 설정되어 있다는 것을 의미하는가, 아니면 운전의 스트레스를 완화시키는 간단한 방법이 있는가? (B) 새로운 연구에 따르면, 간단한 방법이 있다. 연구원들은 운전을 하면서 음악을 듣는 것이 심장 건강에 영향을 미치는 스트레스를 완화시키는 데 도움이 된다고 언급했다.

16 다음 글의 흐름상 가장 어색한 문장은?

When the brain perceives a threat in the immediate surroundings, it initiates a complex string of events in the body. It sends electrical messages to various glands, organs that release chemical hormones into the bloodstream. Blood quickly carries these hormones to other organs that are then prompted to do various things. ① The adrenal glands above the kidneys, for example, pump out adrenaline, the body's stress hormone. ② Adrenaline travels all over the body doing things such as widening the eyes to be on the lookout for signs of danger, pumping the heart faster to keep blood and extra hormones flowing, and tensing the skeletal muscles so they are ready to lash out at or run from the threat. ③ The whole process is called the fight-or-flight response, because it prepares the body to either battle or run for its life. ④ Humans consciously control their glands to regulate the release of various hormones. Once the response is initiated, ignoring it is impossible, because hormones cannot be reasoned with.

⊘ **단어** perceive : 인식하다　immediate : 인접한　initiate : 시작하다　a string of : 일련의　release : 내보내다　bloodstream : 혈류
prompt : 자극하다　adrenal gland : 부신　kidney : 신장　lookout : 감시　skeletal : 골격의　lash : 채찍질하다　fight-or-flight
respose : 공격 도피 반응　consciously : 의식적으로　regulate : 조절하다　ignore : 무시하다　reason : 추론하다

☑ **해석** 뇌가 인접한 환경에서 위협을 감지하면, 그것은 신체에서 복잡한 일련의 사건들을 시작한다. 그것은 다양한 분비선, 즉 화학 호르몬을 혈류로 방출하는 기관에 전기 메시지를 보낸다. 혈액은 이 호르몬들을 다른 장기로 빠르게 운반하고, 그 장기들은 다양한 것들을 하도록 자극받는다. 신장 위의 부신은, 예를 들어, 신체의 스트레스 호르몬인 아드레날린을 퍼낸다. 아드레날린은 위험의 징후를 경계하기 위해 눈을 넓히고, 혈액과 여분의 호르몬이 흐르도록 심장을 더 빨리 펌프질하고, 골격 근육을 긴장시켜 위협으로부터 채찍질하거나 도망칠 준비가 되도록 하는 등의 일을 하면서 온몸을 여행한다. 이 모든 과정은 몸의 전투를 준비하거나 목숨을 걸고 달려갈 준비를 하기 때문에 투쟁도주 반응이라고 불린다. (인간은 다양한 호르몬의 방출을 조절하기 위해 의식적으로 분비선을 조절한다.) 일단 반응이 시작되면, 호르몬을 논리적으로 설득할 수 없기 때문에 그것을 무시하는 것은 불가능하다.

17 주어진 문장이 들어갈 위치로 가장 적절한 것은?

It was then he remembered his experience with the glass flask, and just as quickly, he imagined that a special coating might be applied to a glass windshield to keep it from shattering.

In 1903 the French chemist, Edouard Benedictus, dropped a glass flask one day on a hard floor and broke it. (①) However, to the astonishment of the chemist, the flask did not shatter, but still retained most of its original shape. (②) When he examined the flask he found that it contained a film coating inside, a residue remaining from a solution of collodion that the flask had contained. (③) He made a note of this unusual phenomenon, but thought no more of it until several weeks later when he read stories in the newspapers about people in automobile accidents who were badly hurt by flying windshield glass. (④) Not long thereafter, he succeeded in producing the world's first sheet of safety glass.

✓ **단어** flask : 병   astonishment : 놀람   shatter : 산산이 부서지다   retain : 보유하다   residue : 나머지, 찌꺼기   phenomenon : 현상   windshield glass : 앞유리   apply : 바르다   thereafter : 그로부터

☑ **해석** 1903년 프랑스 화학자인 에두아르 베네딕토스는 어느 날 유리 플라스크를 단단한 바닥에 떨어뜨려 깨뜨렸다. 그러나 놀랍게도 플라스크는 산산조각이 나지 않았고 여전히 원래의 모양을 유지했다. 그가 병을 조사했을 때, 그는 병이 함유하고 있던 콜로디온 용액에서 남은 잔여물인, 필름 코팅이 안에 들어 있다는 것을 발견했다. 그는 이 특이한 현상을 메모했지만, 몇 주 후 날아오는 자동차 앞 유리에 다친 자동차 사고가 난 사람들에 대한 기사를 신문에서 읽었을 몇 주가 지날때까지 그것에 대해서 전혀 생각하지 못했다. 그가 그때 유리병을 사용한 경험이 생각났고, 그만큼 빨리 유리 앞유리에 특수 코팅을 발라 깨지지 않게 할 수 있을 것이라고 상상했다. 얼마 지나지 않아 그는 세계 최초의 안전 유리판을 만드는 데 성공했다.

18 다음 글의 내용과 일치하지 않는 것은?

> Dubrovnik, Croatia, is a mess. Because its main attraction is its seaside Old Town surrounded by 80-foot medieval walls, this Dalmatian Coast town does not absorb visitors very well. And when cruise ships are docked here, a legion of tourists turn Old Town into a miasma of tank-top-clad tourists marching down the town's limestone-blanketed streets. Yes, the city of Dubrovnik has been proactive in trying to curb cruise ship tourism, but nothing will save Old Town from the perpetual swarm of tourists. To make matters worse, the lure of making extra money has inspired many homeowners in Old Town to turn over their places to Airbnb, making the walled portion of town one giant hotel. You want an "authentic" Dubrovnik experience in Old Town, just like a local? You're not going to find it here. Ever.

① Old Town은 80피트 중세 시대 벽으로 둘러싸여 있다.

② 크루즈 배가 정박할 때면 많은 여행객이 Old Town 거리를 활보한다.

③ Dubrovnik 시는 크루즈 여행을 확대하려고 노력해 왔다.

④ Old Town에서는 많은 집이 여행객 숙소로 바뀌었다.

✅ **단어** mess : 혼란 attraction : 관광명소 medieval : 중세의 absorb : 흡수하다 legion : 군단 miasma : 불길한 분위기 tank-top-clad : 탱크탑을 입은 march : 행진하다 limestone : 석회암 proactive : 진취적인 curb : 억압하다 perpetual : 영속적인 swarm : 무리 to make matters worse : 설상가상으로 lure : 유혹하다 inspire : 영감을 주다 authentic : 진짜의

✅ **해석** Croatia의 Dubrovnik는 혼란 상태이다. 그것의 주요 관광명소가 80피트의 중세 벽으로 둘러싸인 그것의 해안가의 Old Town이기 때문에, 이 Dalmatian Coast 도시는 방문객들을 매우 잘 흡수하지 못한다. 그리고 유람선들이 여기에 정박할 때면 관광객 군단은 Old Town을 탱크톱을 입은 관광객들이 마을의 석회암으로 포장된 거리를 활보하는 불길한 분위기로 바꾼다. 그렇다, Dubrovnik 시에서는 유람선 관광을 억제하기 위해 주도적이었지만, 어떠한 것도 Old Town을 영속적인 관광객 무리로부터 구하지 못할 것이었다. 설상가상으로, 여분의 돈을 벌도록 하는 유혹은 Old Town의 많은 집주인들이 그들의 장소를 Airbnb로 바꾸도록 고무시켰고, 마을의 벽으로 둘러싸인 지역을 하나의 거대한 호텔로 만들었다. 당신은 Old Town에서 지역주민들처럼 '진정한' Dubrovnik를 경험하기를 원하나? 당신은 이곳에서 그것을 발견하지는 못할 것이다. 절대로.

① Old Town은 80피트 중세 시대 벽으로 둘러싸여 있다.
② 크루즈 배가 정박할 때면 많은 여행객이 Old Town 거리를 활보한다.
③ Dubrovnik 시는 크루즈 여행을 확대하려고 노력해 왔다.
④ Old Town에서는 많은 집이 여행객 숙소로 바뀌었다.

19 밑줄 친 (A), (B)에 들어갈 말로 가장 적절한 것은?

> When an organism is alive, it takes in carbon dioxide from the air around it. Most of that carbon dioxide is made of carbon-12, but a tiny portion consists of carbon-14. So the living organism always contains a very small amount of radioactive carbon, carbon-14. A detector next to the living organism would record radiation given off by the carbon-14 in the organism. When the organism dies, it no longer takes in carbon dioxide. No new carbon-14 is added, and the old carbon-14 slowly decays into nitrogen. The amount of carbon-14 slowly ____(A)____ as time goes on. Over time, less and less radiation from carbon-14 is produced. The amount of carbon-14 radiation detected for an organism is a measure, therefore, of how long the organism has been ____(B)____. This method of determining the age of an organism is called carbon-14 dating. The decay of carbon-14 allows archaeologists to find the age of once-living materials. Measuring the amount of radiation remaining indicates the approximate age.

	(A)	(B)
①	decreases	dead
②	increases	alive
③	decreases	productive
④	increases	inactive

✓ **단어** carbon dioxide : 이산화탄소   radioactive : 방사선의   detector : 감지기   radiation : 방사선   give off : 내뿜다   determine : 결정하다   decay : 썩다   archaeologist : 고고학자   approximate : 대략의

✓ **해석** 유기체가 살아있을 때, 그것은 주위의 공기로부터 이산화탄소를 흡수한다. 그 이산화탄소의 대부분은 탄소-12로 만들어지지만, 작은 부분은 탄소-14로 구성되어 있다. 그래서 살아있는 유기체는 항상 매우 적은 양의 방사성 탄소인 탄소-14를 함유하고 있다. 살아있는 유기체 옆에 있는 감지기는 유기체의 탄소-14에 의해 방출된 방사선을 기록할 것이다. 유기체가 죽으면 더 이상 이산화탄소를 흡수하지 않는다. 새로운 탄소-14는 추가되지 않고, 오래된 탄소-14는 천천히 질소로 붕괴된다. 탄소-14의 양은 시간이 지남에 따라 서서히 (A)감소한다. 시간이 지남에 따라 탄소-14로부터의 방사선이 점점 더 적게 생성된다. 따라서 유기체에 대해 검출된 탄소-14 방사선의 양은 유기체가 (B)죽은 지 얼마나 되었는지를 측정하는 것이다. 유기체의 나이를 결정하는 이 방법을 탄소-14 연대 측정이라고 한다. 탄소-14의 붕괴는 고고학자들이 한때 살아 있던 물질의 나이를 찾을 수 있게 해준다. 남은 방사선의 양을 측정하는 것은 대략적인 나이를 알려준다.

20 밑줄 친 부분에 들어갈 말로 가장 적절한 것은?

> All creatures, past and present, either have gone or will go extinct. Yet, as each species vanished over the past 3.8-billion-year history of life on Earth, new ones inevitably appeared to replace them or to exploit newly emerging resources. From only a few very simple organisms, a great number of complex, multicellular forms evolved over this immense period. The origin of new species, which the nineteenth-century English naturalist Charles Darwin once referred to as "the mystery of mysteries," is the natural process of speciation responsible for generating this remarkable _____ with whom humans share the planet. Although taxonomists presently recognize some 1.5 million living species, the actual number is possibly closer to 10 million. Recognizing the biological status of this multitude requires a clear understanding of what constitutes a species, which is no easy task given that evolutionary biologists have yet to agree on a universally acceptable definition.

① technique of biologists

② diversity of living creatures

③ inventory of extinct organisms

④ collection of endangered species

☑ **단어** extinct : 멸종된   vanish : 사라지다   inevitably : 불가피하게   exploit : 이용하다   emerge : 나타나다   multicellular : 다세포의   evolve : 진화하다   immense : 거대한   naturalist : 박물학자   speciation : 종 형성   taxonomist : 분류학자   status : 지위   constitute : 구성하다   acceptable : 받아들여질 수 있는   definition : 정의

☑ **해석** 과거와 현재를 막론하고 모든 생명체는 사라졌거나 멸종될 것이다. 그러나 지구에서의 지난 38억 년의 생명의 역사에 걸쳐 각 종들이 사라지면서, 새로운 종들은 필연적으로 그들을 대체하거나 새로 생겨난 자원을 이용하기 위해 나타났다. 아주 단순한 몇 가지 유기체에서, 많은 수의 복잡한 다세포 형태가 이 거대한 기간 동안 진화했다. 19세기 영국의 자연주의자 찰스 다윈Charles Darwin이 '미스테리 중의 미스테리'라고 일컬었던 새로운 종의 기원은 인간이 지구를 공유하는 <u>생물의 다양성</u>을 만들어내는 것을 담당했던 자연적인 종분화 과정이다. 분류 학자들은 현재 150만 종의 살아있는 종을 인정하지만 실제 숫자는 아마도 1,000만 종에 가까울 것이다. 이런 다수의 무리의 생물학적 지위를 인식하는 것은 종을 구성하는 것에 대한 명확한 이해가 필요하며 진화 생물학자들이 보편적으로 허용되는 정의에 아직 동의하지 않았다는 점을 감안할 때 쉬운 일이 아니다.

① 생물학자 기술
② 생물의 다양성
③ 멸종된 생물의 목록
④ 멸종위기종의 수집

1 다음 밑줄 친 부분의 의미와 가장 가까운 단어는?

> At present, in the most civilized countries, freedom of speech is taken as a matter of course and seems a perfectly simple thing. We are so accustomed to it that we look on it as a natural right. But this right has been acquired only in quite recent times, and the way to its <u>attainment</u> has lain through lakes of blood.

① procurement

② suppliance

③ requirement

④ process

⑤ delinquency

✅ **단어** attainment : 성취

☑️ **해설** 현재 가장 문명화된 나라들에서 언론의 자유는 당연하게 여겨지고 지극히 간단한 일로 보인다. 우리는 그 사실에 매우 익숙해져서 언론의 자유를 자연스러운 권리로 여긴다. 하지만 이 권리는 꽤 근대에 이르러서야 겨우 얻게 되었고, 그 <u>성취</u>로 가는 길은 피바다를 지나 놓여있었다.
　① 획득　　② 공급　　③ 요건
　④ 절차　　⑤ 범죄

2 다음 밑줄 친 부분 중 어법상 옳지 않은 것은?

> Nanoscientists ① <u>have found</u> that, when ② <u>reducing to their smallest</u> size, certain elements (like silver, gold, and pencil lead) take on superpowers: super-efficient conductivity, super-sensitive poison detection, total odor eradication, ③ <u>slaying the DNA of</u> bacteria, and making electricity from any wavelength of light. If you add a super-material ④ <u>that detects</u> poisons to an ordinary material, let's say plastic wrap, you've created a new material — "smart plastic wrap," ⑤ <u>capable of identifying</u> spoiled food and providing an alert with a change in the labels' color.

✓ **단어** conductivity : 전도율   odor : 냄새   eradication : 근절   slay : 죽이다   wavelength : 파장

☑ **해석** 나노 과학자들은 은, 금, 연필심 같은 요소들이 가장 작은 입자로 줄여나갈 때 매우 효율적인 전도율, 고감도의 독극물 탐지, 완전한 악취 제거, 박테리아 DNA 박멸, 빛의 파장에서 전기를 내는 것과 같은 강력한 힘을 갖게 된다는 사실을 발견했다. 만약 당신이 예를 들어 비닐랩이라는 일반적인 물질에 독을 감지하는 초소재를 더한다면, 상한 음식을 감별하고 라벨 색의 변화로 경고해 줄 수 있는 "스마트한 비닐랩"을 만들어낼 것이다.

✓ **TIP** ② reducing to their smallest 는 분사구문으로 사용되었지만, 생략된 주어 certain elements가 수동으로 사용되어 being reduced 혹은 being을 생략하고 reduced가 적절하다.

3 다음 밑줄 친 부분 중 어법상 옳지 않은 것은?

> When we start to lift weights, our muscles do not strengthen and change at first, but our nervous systems ①do, according to a fascinating new study in animals of the cellular effects of resistance training. The study, ②that involved monkeys performing the equivalent of multiple one-armed pull-ups, suggests ③that strength training is more physiologically intricate than most of us might have imagined and ④that our conception of ⑤what constitutes strength might be too narrow.

✓ **단어** cellular : 세포의   intricate : 복잡한   constitute : 되다

☑ **해석** 동물 저항력 훈련의 세포성 효과에 관한 한 참신한 연구에 따르면, 우리가 무거운 것을 들어 올리기 시작할 때, 처음에 우리 몸의 근육들은 강화되거나 변하지 않지만, 신경계는 강화되고 변화한다. 여러 번의 한 팔 턱걸이와 맞먹게 재주를 부리는 원숭이들을 포함한 그 연구는 강화 훈련이 우리 대다수가 생각했던 것보다 더 생리학적으로 복잡하고, 무엇이 힘이 되는지에 대한 우리의 이해가 너무 편협할지도 모른다고 시사하고 있다.

✓ **TIP** ② that 앞에는 쉼표가 있고 이것은 관계대명사 계속적용법임을 보여준다. 계속적용법에 that은 쓰일 수 없으므로 which가 알맞다.

4 다음 빈칸에 들어갈 가장 적절한 단어는?

> Frank McCourt's childhood was filled with misery. There was never enough food. Their house was small, dirty, and very cold in the winter. When it rained, the floor would flood with water. Frank and his brothers yearned for a better life. Frank did, however, have ways to escape from his tormented childhood. He loved to read, and because his _____ house had no electricity, he would read under the street lamp outside his home.

① decumbent   ② unraveled

③ scribbled   ④ succinct

⑤ dilapidated

☑ **단어** yearn : 동경하다   torment : 고통을 주다

☑ **해석** Frank McCourt의 유년 시절은 고통으로 가득했다. 음식이 절대적으로 부족했다. 그들의 집은 작고 더럽고 겨울에는 매우 추웠다. 비가 오면 바닥에 물이 찼다. Frank와 그의 형제들은 더 나은 삶을 간절히 바랬다. 하지만 Frank는 그의 괴로운 유년시절에서 벗어날 방법이 있었다. 그는 독서를 좋아했다. 그의 다 <u>허물어져 가는</u> 집은 전기도 없었기 때문에 그는 차라리 집 밖의 가로등 아래에서 책을 읽었다.

 ① 가로 누운   ② 흐트러진
 ③ 휘갈긴   ④ 간단명료한
 ⑤ 허물어져 가는

5 다음 빈칸에 들어갈 가장 적절한 단어는?

> Prospective studies of lifetimes have often shown that some theories of alcoholism were incorrect because they confused cause with _____. For example, on the basis of current evidence, alcoholism is seen to be associated with but not caused by growing up in a household with alcoholic parents. Likewise, alcoholism is associated with but not usually caused (in men, at least) by depression, and alcoholism is associated with but not caused by self−indulgence, poverty, or neglect in childhood. Rather, alcoholism in individuals often leads to depression and anxiety; indeed, self-medication with alcohol makes depression worse, not better.

① evidence   ② alcoholism

③ depression   ④ association

⑤ self−medication

☑ **해석** 일생에 대한 미래 연구들은 알콜중독 이론들이 옳지 않지 빈번하게 밝힌다. 왜냐하면 그 이론들이 알콜중독 원인의 <u>연관성</u>을 혼동했기 때문이다. 예를 들어, 현재있는 증거를 기반으로 알콜중독인 부모가 있는 가정에서 성장한 것이 알콜중독과 관련은 있지만 원인이 되는 것은 아니라고 보여진다. 마찬가지로, 알콜중독은 우울증과 관련은 있지만 우울증에 때문은 아니고(적어도 남자들의 경우), 유년 시절 방종과 빈곤, 방치도 관련은 있지만 원인은 되지 못한다. 오히려 개인에게서 알콜중독이 빈번히 우울증과 불안증을 일으킨다. 실제로 알콜중독을 자가치료하는 것은 우울증에 차도는커녕 우울증을 더 악화시킨다.

① 증거　　　② 알콜중독의　　　③ 우울증
④ 연관　　　⑤ 자기치료

6 다음 빈칸에 들어갈 가장 적절한 표현은?

> When important events are happening around the world, most people _____ traditional media sources, such as CNN and BBC, for their news. However, during the invasion of Iraq by the United States and its allies in early 2003, a significant number of people followed the war from the point of view of an anonymous Iraqi citizen who called himself "Salam Pax."

① turn out

② turn to

③ turn into

④ turn over

⑤ turn out of

⊘ **단어** Iraqi : 이라크의

☑ **해석** 전 세계에서 중요한 사건들이 일어날 때, 대부분의 사람들은 CNN과 BBC 같은 전통 언론 매체의 취재들에 <u>의지한다</u>. 하지만 2003년 초 미국과 동맹국들의 이라크 침범 기간에 상당히 많은 사람들이 자칭 "Salam Pax"인 한 익명의 이라크 시민의 관점으로 그 전쟁을 지켜봤다.

① 나타나다　　　② 의지하다　　　③ 변하다
④ 뒤집다　　　⑤ 쫓아내다

7 다음 밑줄 친 (A)와 (B)에 들어갈 가장 적절한 표현은?

More and more people and communities are changing their habits in order to protect the environment. One reason for this change is that space in landfills is running out and the disposal of waste has become difficult. _____(A)_____, the practices of recycling, reusing, and reducing waste are becoming more commonplace. In some countries the technology for disposing of, or getting rid of, waste has actually become big business. Individuals have also taken actions to reduce landfill waste; for example, people are recycling newspapers and donating clothes to charities. _____(B)_____, some people take leftover food and turn it into rich garden compost, an excellent fertilizer for vegetable and flower gardens.

	(A)	(B)
①	As a result	In addition
②	However	In general
③	Incidentally	Overall
④	Consequently	For instance
⑤	Accordingly	Particularly

✓ **단어** landfill : 쓰레기 매립지 disposal : 처리 compost : 퇴비 fertilizer : 비료

☑ **해석** 점점 더 많은 사람들과 지역사회들이 환경을 보호하기 위해 그들의 습관을 바꾸고 있다. 쓰레기 매립지 공간이 부족해져서 쓰레기 처리가 어렵게 된 점이 이런 변화의 한 이유이다. (A)그 결과로 재활용, 재사용, 쓰레기 줄이기의 실천이 더 평범한 일이 되어가고 있다. 어떤 나라들에서는 쓰레기 처리나 제거를 위한 기술이 실제로 큰 사업이 되고 있다. 또한 개인들은 매립지 쓰레기를 줄이기 위한 실천을 한다. 예를 들어, 사람들은 신문을 재활용하고 옷가지를 자선단체에 기부하고 있다. (B)게다가 어떤 사람들은 남은 음식을 가져다 채소밭과 꽃밭의 훌륭한 비료인 비옥한 정원 퇴비로 바꾸었다.

   (A) / (B)
① 결과로 / 게다가
② 하지만 / 일반적으로
③ 그런데 / 대체로
④ 따라서 / 예를 들어
⑤ 그래서 / 특히

8 다음 빈칸에 들어갈 가장 적절한 단어는?

> The American Founders preferred the term "republic" to "democracy" because it described a system they generally preferred: the interests of the peoples were represented by more knowledgeable or wealthier citizens who were responsible to those that elected them. Today we tend to use the terms "republic" and "democracy" interchangeably. A widespread criticism of representative democracy is that the representatives become the "elites" that seldom consult ordinary citizens, so even though they are elected, a truly ＿＿＿＿＿＿＿ government doesn't really exist.

① sincere   ② responsible

③ universal   ④ representative

⑤ perpetual

해 설 미국의 설립자들은 "민주주의"보다 "공화국"이라는 용어를 더 선호했다. 왜냐하면 자신들을 투표로 뽑아준 사람들에게 책임이 있는 더 유식하거나 부유한 시민들이 일반 사람들의 이해관계를 대변하고 있었고, 공화국이 그들이 일반적으로 선호하던 시스템을 보여주기 때문이었다. 오늘날 우리는 "공화국"과 "민주주의"라는 용어를 바꿔 사용하는 경향이 있다. 널리 알려진 대표적인 민주주의 비판은 그 대표하던 자들이 일반 시민들과 좀처럼 소통하지 않는 "엘리트들"이 되었다는 것이고, 심지어 그들이 당선되더라도 정말로 일반 시민들을 대표하는 정부는 실제로 존재하지 않는다.

① 진정한   ② 책임있는   ③ 보편적인
④ 대표하는   ⑤ 빈번한

9 글의 흐름으로 보아, 주어진 문장이 들어가기에 가장 적절한 곳은?

> This new fad is actually very old; for hundreds of years in India, a woman's friends have painted her to celebrate her wedding day.

A popular fad for many teenagers is tattooing. ① Parents are usually horrified by these permanent designs on their children's skin, but the young people see them as a fashion statement. ② In the new millennium, some parents are greatly relieved when their teenage children turn to a new fad, a temporary form of decorating the hands, feet, neck, or legs—a method of painting beautiful designs that last only about three weeks. ③ Another fad from India, however, causes parents more worry—bidis. Children and young teens are attracted to these thin cigarettes in candy flavors such as orange, chocolate, mango, and raspberry. The problem? Bidis contain more nicotine than regular cigarettes. ④ Unfortunately, many children think these are "cool"—fashionable. ⑤ So until a new fad comes along, "Indian style is hot," as one radio commentator observed.

✓ **단어** bidis : 담배의 일종

✓ **해석** 많은 십대들에게 인기를 끄는 유행은 문신하는 것이다. ①부모들은 보통 자신들의 아이들 피부에 영구적으로 남을 이런 문신을 끔찍해 하지만, 많은 젊은 사람들은 그것을 패션감각으로 여긴다. ②2000년대가 되면서 자녀들의 유행이 일시적인 유형으로 손이나 발, 목, 다리에 겨우 약 3주만 남는 아름다운 그림을 그리는 방법으로 새로운 유행이 바뀌었을 때 일부 부모들은 아주 안심하게 된다. ③이 새로운 유행은 실제 아주 오래된 것이다. 인도에서 수백 년 동안 신부의 친구들이 그녀의 결혼을 축하해 주기 위해 신부를 색칠해 주었다. 하지만 인도에서 유래한 또 다른 유행이 부모들이 비디스를 걱정하게 만든다. 어린이들과 어린 십대들이 오렌지, 초콜릿, 망고, 라즈베리 같은 사탕 맛의 얇은 담배에 끌린다. 문제는? 비디스는 일반 담배 보다 더 많은 니코틴을 함유하고 있다. ④불행히도 많은 아이들이 비디스를 정말 "멋진"―즉 유행이라고 생각한다. ⑤그래서 새로운 유행이 올 때까지, 한 라디오 아나운서가 말한 것처럼 "인도 스타일이 인기다"

✓ **TIP** ③번 이전 문장에서 신체에 색이나 그림을 입히는 유행이 나오고 ③번 이후에는 인도에서 유래한 또 다른 유행을 언급하므로 ③번에 주어진 문장이 들어가는 것이 적절하다.

10 다음 밑줄 친 (A)와 (B)에 들어갈 가장 적절한 단어는?

> We need to think harder about narrowing the gap between those at the bottom and the top. If most people, especially lower-income individuals and minorities, keep the bulk of their wealth in housing, we should rethink lending practices and allow for a broader range of credit metrics (which tend to be biased toward whites) and lower down payments for good borrowers. Rethinking our retirement policies is crucial too. Retirement incentives work mainly for whites and the rich. Minority and poor households are less likely to have access to workplace retirement plans, in part because many work in less formal sectors like restaurants and child care. Another overdue fix: we should expand Social Security by lifting the cap on payroll taxes so the rich can contribute the same share of their income as everyone else. Doing __(A)__ would be a good first step. But going forward, economic and racial fairness can no longer be thought of as __(B)__ issues.

	(A)	(B)
①	neither	divided
②	both	equality
③	either	social
④	neither	income
⑤	both	separate

✅ **단어** lending : 대출 metrics : 지표 down payment : 계약금, 보증금 social security : 사회보장제도

✅ **해석** 우리는 빈부격차를 좁히는 일에 더 깊이 생각할 필요가 있다. 만약 대다수의 사람들, 특히 더 낮은 소득을 받는 사람들과 소수자들이 주거에 그들 재산의 대부분을 둔다면, 우리는 대출 관례를 재고하고, 그간 백인들 위주였던 신용 지표를 더 넓은 범위로 허용해 주어야 하며, 성실한 채무자에게는 보증금도 낮춰야 한다. 우리의 은퇴 정책을 재고하는 것도 중요하다. 퇴직 수당은 주로 백인들과 부유한 사람들을 위해 역할을 한다. 소수자들과 빈곤한 가정들이 음식점이나 탁아소 같은 덜 정규적인 분야의 여러 직업에 있다는 부분적인 이유로 직장 은퇴 계획을 갖게 되기가 더욱 쉽지 않다. 벌써 행해졌어야 할 또 다른 해결책으로, 우리는 급여세를 최대치로 높여 사회보장제도를 확장시켜 부유한 사람들이 다른 모든 사람들과 마찬가지로 그들 수입의 동등한 지분을 기여하게 한다. 그 (A) 둘 다를 하는 것은 훌륭한 첫걸음이 될 것이다. 그렇지만 앞으로 경제적, 인종적 공평성은 더 이상 (B)분리된 쟁점으로 여기면 안된다.

       (A)   / (B)
① 둘 다 아닌 / 나뉜
② 둘 다   / 균등
③ 둘 중 하나 / 사회적인
④ 둘 다 아닌 / 수입
⑤ 둘 다   / 분리된

✅ **TIP** 본문에서 제시한 두가지 방법이 둘다 실천되어야 한다는 논점에서 (A) both, 경제와 인종에서의 공평성이 연관성이 있다는 맥락에서 (B) separate가 알맞다.

✏️ **ANSWER** 9.③ 10.⑤

11 다음 밑줄 친 부분 중 어법상 옳지 않은 것은?

Not all people ①who have heart attacks have the same symptoms or have the same severity of symptoms. Some people have mild pain; ②others have more severe pain. Some people have no symptoms. For others, the first sign may be sudden cardiac arrest. However, the more signs and symptoms you have, ③the great the chance you are having a heart attack. Some heart attacks strike suddenly, but many people have warning signs and symptoms hours, days or weeks in advance. ④The earliest warning might be recurrent chest pain or pressure (angina) ⑤triggered by activity and relieved by rest. Angina is caused by a temporary decrease in blood flow to the heart.

☑ **단어** cardiac arrest : 심박 정지   recurrent : 반복되는   angina : 협심증

☑ **해석** 심장마비를 겪는 모든 사람들이 같은 증상이나 심각한 증상을 갖지는 않는다. 어떤 사람들은 가벼운 통증이 있고 다른 사람들은 더 극심한 통증이 있다. 어떤 사람들은 증상이 없다. 다른 사람들은 갑작스러운 심박 정지가 첫 신호 일지도 모른다. 하지만 더 많은 신호와 증상이 있을수록, 당신에게 심장마비가 올 확률이 커진다. 어떤 심장마비는 갑자기 일어나지만, 많은 사람들은 이미 전부터 시간, 일 또는 주마다 경고의 신호와 증상이 있었다. 초기 경고는 흉부 통증이나 신체활동으로 유발되고 휴식으로 완화되는 재발성 흉통이나 압박일 수 있다. 상황의 반복일 것이다. 협심증은 심장으로 흐르는 혈류의 일시적인 감소로 일어난다.

☑ **TIP** "the+비교급~, the+비교급~"은 '~하면 할수록, ~하다'의 뜻으로 해당 문장에서 ③은 the greater로 바뀌어야 한다.

12 다음 밑줄 친 (A)와 (B)에 들어갈 가장 적절한 표현은?

If the police had asked for a safety licence for their new flying camera, it ____(A)____ a major crime-fighting success. Unfortunately they didn't, and as a result the young man they filmed stealing a car might go free. "As long as you have a licence, there is no problem using these machines," said a lawyer. "____(B)____ a properly licensed camera, it would have been fine."

	(A)	(B)
①	would have been	Had they used
②	will be	If they used
③	will have been	If they use
④	would be	Have they used
⑤	would have been	Had they been used

만약 경찰이 사람들의 새 드론을 작동시키기 위한 면허증을 보여달라고 요구했다면, 주요한 범죄와의 투쟁에서 성공(A) <u>했을 것이다.</u> 불행히도 경찰관들은 그러지 않았고 그 결과 그들이 촬영한 차를 훔치는 장면에 담긴 그 청년은 잡히지 않았을 것이다. "당신들이 면허증을 가지고 있는 한 드론들을 사용하는데에 문제가 없습니다."라고 한 변호사가 말했다. "(B) <u>만약 그들이</u> 적합한 허가를 받은 카메라를 <u>사용했다면,</u> 문제 없습니다."

☑ TIP (A) would have been / 가정법 과거분사 문장으로 if 주어 had p.p~, 주어 조동사과거 have p.p~.

(B) had they used / 가정법 과거분사 문장에서 if가 생략되어 if they had used~에서 had they used로 도치된 문장이다.

13 다음 빈칸에 들어갈 가장 적절한 단어는?

> Beyond that, my fellow citizens, the future is up to us. Our Founders taught us that the _____ of our liberty and our union depends upon responsible citizenship. And we need a new sense of responsibility for a new century. There is work to do, work that government alone cannot do: teaching children to read; hiring people off welfare rolls.

① submission

② admonition

③ devastation

④ preservation

⑤ mitigation

☑ 해석 그 이후, 친애하는 국민여러분, 미래는 우리의 손에 달려 있습니다. 우리의 건국자들께서는 우리의 자유와 연합을 보존하는 일은 책임감 있는 시민정신에 달려있다고 가르쳐주었습니다. 그리고 우리는 새로운 세기를 위한 새로운 책임감이 필요합니다. 해야 할 일이 있는데, 그 일은 바로 아이들에게 읽기를 가르치고 복지 수혜인 사람들을 고용하는 일 같이 정부가 혼자 할 수 없는 일입니다.

① 복종 ② 권고 ③ 황폐
④ 보존 ⑤ 완화

14 다음 글에서 제시하는 '정직하지 못한 이메일'의 특징으로 옳지 않은 것은?

A team at Cornell University in New York has developed software aimed at detecting lies in emails and text messages. Traditional lie detectors work by measuring a person's heartbeat. They rely on the fact that a person's pulse gets faster when they are nervous or stressed – a strong indicator that they are not telling the truth. The new software is much more subtle. It scans electronic messages and looks for various clues which indicate lies are being told. Researchers have identified a number of these clues, or 'falsehood indicators', ranging from overuse of the third person to frequent use of negative adjectives and verbs. A team of volunteers provided the researchers with both truthful and dishonest emails. By comparing them they came across a number of characteristics. They noticed, for instance, that truthful emails were usually short and written in the first person, with lots of use of 'I' to start sentences. Dishonest emails were on average 28 percent longer than honest ones because people worry about not sounding convincing, so tend to give more detail when lying. And because liars want people to fall for their stories, they tend to use more sense verbs such as 'see' and 'feel', perhaps in an attempt to gain the reader's sympathy.

① 정직한 이메일보다 평균 28퍼센트 정도 길이가 길다.

② 감각동사를 더 많이 사용하는 경향이 있다.

③ 3인칭 대명사를 과도하게 사용한다.

④ 부정적인 의미의 형용사와 동사를 더 자주 사용한다.

⑤ 자세한 설명은 가급적 회피하려고 한다.

✅ **단어** falsehood : 거짓말

✅ **해석** New Youk에 있는 Cornell 대학에서 한 팀이 이메일과 문자 메시지의 거짓말 탐지를 목표로 하는 소프트웨어를 개발해왔다. 전통적인 거짓말 탐지기는 사람의 심박수를 측정하여 작동한다. 그 기계들은 사람의 맥박이 사람들이 진실을 말하지 않을 때 주는 강한 신호인 긴장과 스트레스를 받을 때 더 빨라진다는 사실에 의지한다. 새로운 소프트웨어는 훨씬 더 영리하다. 그것은 전기적 신호를 살피고, 들려지는 거짓말이 보여주는 다양한 단서들을 찾는다. 연구원들은 이런 수 많은 단서들이나 거짓말 지표를 확인했고, 3인칭 대명사를 많이 사용하는 것부터 부정적 의미의 형용사와 동사의 빈번한 사용까지 다양했다. 지원자들 중 한 팀이 진실되고 정직하지 못한 이메일 둘 다를 연구원들에게 보냈다. 그들은 그 이메일들을 비교함으로 수 많은 특성들을 마주했다. 예를 들어, 그들은 진실된 이메일들은 보통 짧고 첫 번째 사람에게 쓰여진다는 것을 알아차렸고, 문자 시작을 '나는'을 많이 사용하는 1인칭으로 쓰였다는 것을 알아차렸다. 정직하지 못한 이메일들은 정직한 이메일 보다 평균 28% 더 길다. 왜냐하면 사람들이 설득력있게 들리지 않을 것을 걱정하기 때문에, 그들은 거짓말 할 때 더 자세한 세부사항을 주려는 경향이 있다. 그리고 거짓말하는 사람들은 사람들이 자신들의 이야기에 넘어오길 원하기 때문에, 어쩌면 읽는 사람의 동조를 얻기 위한 시도로, '보다', '느끼다' 같은 더 많은 감각동사를 사용하기 쉽다.

✅ **TIP** 거짓말 하는 사람들이 더 설득력 있게 말하기 위해 자세한 설명을 한다는 내용이 언급되어 있기 때문에 ⑤번이 옳지 않다.

15 다음 밑줄 친 (A), (B), (C)에 들어갈 가장 적절한 표현은?

> William Tell's home was among the mountains, and he was a famous hunter. No one in all the land could shoot with bow and arrow so well as he. Gessler knew this, and so he thought of a cruel plan to make the hunter's own skill _____(A)_____ him to grief. He ordered that Tell's little boy should be made _____(B)_____ up in the public square with an apple on his head; and then he suggested Tell _____(C)_____ the apple with one of his arrows.

	(A)	(B)	(C)
①	to bring	to stand	shot
②	bring	to stand	shoot
③	bring	stand	shot
④	bring	to stand	shot
⑤	to bring	stand	shoot

☑ **해석** William Tell의 집은 산중에 있었고, 그는 유명한 사냥꾼이었다. 지상에서 누구도 그처럼 뛰어나게 활과 화살을 쏠 수 없었다. Gessler는 이 사실을 알았고 그래서 그는 그 사냥꾼 자신의 실력이 본인에게 불행을 가져오게 만들 잔인한 계획을 생각해냈다. 그는 Tell의 어린 아들을 마을 광장에서 사과를 그의 머리에 둔 채로 서있도록 시킨 후 Tell에게 그의 화살 중 하나로 사과를 쏘라고 말했다.

　② (A) bring　(B) to stand　(C) shoot

⊘ **TIP** (A) 5형식에서 [사역동사 make+목적어+동사원형]의 형태가 필요하다. 따라서 to bring이 아니라 동사원형 bring이 적절하다.
(B) that 뒤에 5형식 수동태문장이다. 사역동사 make가 사용되었지만 수동태로 변하며 동사원형으로 쓰였을 stand가 to stand로 변해야 한다.
(C) suggest와 같이 제안하는 동사 뒤의 that절에는 shoud+동사원형이 와야하는데 should가 생략되고 he suggested (that) Tell (should) shoot ~로 사용되었다.

16 다음 중 글의 흐름과 무관한 문장은?

Gorkha was a sitting target. Most of the houses in this mountainous district northwest of Nepal's capital, Kathmandu, were made of little more than stone or bricks bonded together with mud. ①That meant they were easily destroyed when tremors from a 7.8-magnitude earthquake rippled across the country just before noon on April 25, killing more than 8,000 people. ②By May 5, when TIME photographer James Nachtwey arrived in the remote village of Barpak, in the northern part of Gorkha, near the epicenter of the quake, "there wasn't much left" standing, he says. ③The tremors "basically shook the structures apart," leaving irregular piles of stone and twisted wooden frames where there were once homes. ④How do you rebuild when the ground beneath your feet could shift at any moment? ⑤Worst of all, there was more to come. After Nachtwey left Nepal, as relief and rescue teams finally spread out across the impoverished Himalayan nation, there was a second seismic blow. On May 12, a 7.3-magnitude quake erupted at the eastern end of the same section of the geological fault that had caused the earlier temblor.

✓ **단어** magnitude : 지진 규모 tremor : 떨림 ripple : 파장을 일으키다 epicenter : 진원지 impoverished : 빈곤한 seismic : 지진의

☑ **해석** Gorkha는 좋은 표적이었다. Nepal 수도 북부의 Kathmandu 산림지대에 있는 대부분의 집들은 진흙으로 돌이나 벽돌을 붙여 지어진 것에 지나지 않았다. ① 이 말은 4월 25일 정오 전에 진도 7.8 규모의 지진의 진동이 그 지역에 파장을 일으켰을 때, 8,000명의 사람이 죽을 정도로 쉽게 파괴되었다는 것을 의미했다. ② 5월 5일쯤 Time지의 사진작가 James Nachtwey가 지진 진원지 근처 Gorkjha 북부인 Barpak의 외딴 마을에 도착했을 때, 그는 "남아 있는 것이 많지 않다."고 말했다. ③ 진동은 "기본적으로 건물구조를 산산조각 냈고", 한때는 집이었던 곳에 울퉁불퉁한 돌 더미와 뒤틀린 나무틀들이 남겨졌다. (④ 당신 발 아래 땅이 언제든 움직일 수 있을 때, 어떻게 재건하겠는가?) ⑤ 가장 심각한 것은, 닥칠 지진이 더 있다는 것이다. Nachtwey가 Nepal을 떠나고 다행히 구조팀들이 히말라야의 빈곤한 국가들로 마침내 파견된 후에 두 번째 지진 타격이 있었다. 5월 12일에 7.3 규모의 지진이 이전 진동을 일으켰던 같은 구역의 지질 단층 동쪽 끝에서 일어났다.

✓ **TIP** 지진이 일어난 지역에 방문한 사진작가가 그곳 상황을 전하고 있는 중에 ④번 문장은 맥락에 어울리지 않는다.

17 글의 흐름으로 보아, 주어진 문장이 들어가기에 가장 적절한 곳은?

In addition, defensive pessimism has proven to be a useful cognitive strategy for some people.

① Pessimists sometimes make better leaders, particularly where there is a need to ignite social change. ② Their skepticism may make them more resistant to propaganda and false advertising. ③ The degree of pessimism felt by an individual or group can often be linked to political and economic conditions in their personal lives and their society. ④ They set their expectations low and then outperform them by preparing thoroughly for a wide range of negative outcomes in advance. ⑤

✓ **단어** pessimism : 비관주의 cognitive : 인식의 skepticism : 회의론 outperform : 능가하다

✓ **해석** ①비관론은 때때로 더 나은 지도자들을 만들기도 하는데, 사회적 변화가 점화될 필요가 있는 곳에서 특히 그러하다. ②그들의 회의론은 그들을 과장된 선전과 허위 광고에 더 저항하게끔 만든다. ③한 개인이나 그룹에 의해 느껴지는 비관론의 정도는 자주 그들의 개인적 삶과 사회 속의 정치적, 경제적 상황에 연결될 수 있다. ④게다가 방어적인 비관주의는 어떤 사람들에게는 유용한 인식적 전략임이 입증되었다. 그들은 기대치를 낮게 설정한 후 미리 넓은 범위에서 부정적 결과를 철저히 준비하여 그 기대치를 능가한다. ⑤

✓ **TIP** ④번 뒤 문장에서 주어진 문장에 언급된 cognitive strategy의 경우를 보여주고 있다.

18 다음 글의 제목으로 가장 적절한 것은?

Throughout Earth's history, several extinction events have taken place. The largest one happened about 250 million years ago and is called the Great Dying. Scientists theorize that a single devastating event killed off most life-forms on Earth. It could have been a series of large asteroid strikes, a massive emission from the seafloor of the greenhouse gas methane, or increased volcanic activity, such as the eruptions that created the Siberian Traps that now cover some 770,000 square miles of Russia. When the mass extinction ended, 57 percent of all animal families and 83 percent of all genera had disappeared from the planet, and it took some 10 million years for life to recover.

① The Earth Affected by Mass Die-offs

② The Greatest Volcanic Eruption

③ The Beginning of Life on Earth

④ Massive Strikes of Meteors on Earth

⑤ The Mass Extinction of Life-forms by Volcanoes

⊘ **단어** devastating : 대단히 파괴적인 asteroid : 소행성 emission : 배출 methane : 메탄 meteor : 유성

☑ **해석** 지구 역사를 통틀어, 몇 번의 멸종 사건들이 발생해왔다. 가장 큰 사건은 'the Great Dying' 이라 불리고 약 2억 5천 년 전에 일어났다. 과학자들은 단 하나의 파괴적인 사건이 지구상 대부분의 생명체들을 죽였다는 가설을 세웠다. 연이은 거대 소행성의 충돌, 온실효과 가스 메탄의 해저층에서 엄청난 양의 방출이나, 현재 러시아의 770,000 평방 마일을 덮어버린 시베리안 트랩을 만들어낸 화산 분출과 같이 증가한 화산 활동이 있어왔을 수 있다. 대규모의 멸종이 끝났을 때, 모든 동물 군의 57%와 모든 생물 종의 83%가 지구에서 사라져버렸고, 그 생명들이 회복하는데 1000만년이 걸렸다.

① 대규모 죽음으로 영향 받은 지구
② 거대한 화산 폭발
③ 지구 위 생명의 시작
④ 지구와 유성의 큰 충돌
⑤ 화산활동으로 인한 대규모 생명체 멸종

19 다음에 이어질 글의 순서로 적절한 것은?

> Reports of the demise of the world's most popular reserve currency were greatly exaggerated.

(A) But here we are, six years after the crisis, and the dollar is showing just how almighty it actually is. The dollar index, which measures its value against other currencies, recently reached a four-year high. And the policymakers who bitterly criticized the dollar show little real interest in dumping it. The amount of U.S. Treasury securities held by China, for instance, stands at $1.27 trillion, 75% more than in 2008.

(B) Ever since the 2008-09 financial crisis, predictions of the dollar's demise have come hand over fist. As the U.S. economy sank into recession, so too did confidence that the greenback could maintain its long-held position as the world's premier reserve currency.

(C) In Beijing, Moscow and elsewhere, policymakers railed against the dollar-dominated global financial system as detrimental to world stability and vowed to find a replacement. Central bankers in the emerging world complained that the primacy of the dollar allowed American economic activity to send shock waves through the global economy, roiling their own markets and currencies.

① (A) - (C) - (B)
② (B) - (A) - (C)
③ (B) - (C) - (A)
④ (C) - (A) - (B)
⑤ (C) - (B) - (A)

<mark>단어</mark> demise : 종말   reserve currency : 준비통화   hand over first : 아주 엄청나게   recession : 불황   greenback : (미국)지폐
detrimental : 해로운   roil : 휘젓다   treasury : 재무부   hold by : ~에 따르다

<mark>해석</mark> [세계적으로 가장 대중적인 준비통화의 실패 기록들은 대단히 과장되었다.]
(B) 2008-2009년 경제위기 이후로, dollar의 실패 예측들이 어마어마하게 나오게 되었다. 미국 경제가 불황으로 침체 되어 미국 지폐가 세계 최고 준비통화로서 오랫동안 그 입지를 유지할 수 있었던 그 자신감도 그렇게 가라앉았다.
(C) Beijing, Moscow 외 다른 지역에서도, 국회의원들이 세계 안정에 해롭다는 이유로 dollar가 지배하는 세계 금융 시스템에 격분했고, 대체할 것을 찾기로 서약했다. 신흥국의 중앙 은행장들은 dollar 우선이 자신들의 시장과 통화를 혼란스럽게 만들어 미국 경제 활동이 세계 경제에까지 영향을 끼쳤다며 항의했다.
(A) 하지만 이 순간 우리는 금융 위기 6년 후이고, dollar는 그저 실제로 얼마나 만능인지 보여주고 있다. 다른 통화 대비 가치를 책정하는 dollar 인덱스가 최근 4년 만에 최고에 다다랐다. 그리고 dollar를 격렬히 비판하던 국회의원들은 dollar를 내치는데 조금도 관심이 없어 보인다. 미국 재무부 채권 금액은 중국을 따랐는데, 예를 들어, 2008년보다 75% 이상인 1조2천7백억 달러에 달한다.

20 다음 밑줄 친 부분의 의미와 가장 가까운 단어는?

The smartphone, through its small size, ease of use, <u>proliferation</u> of free or cheap apps, and constant connectivity, changes our relationship with computers in a way that goes well beyond what we experienced with laptops.

① reduction

② expansion

③ prospect

④ acquisition

⑤ utilization

☑ **단어** proliferation : 확산

☑ **해석** 스마트폰은 작은 사이즈, 사용의 용이함, 무료 혹은 저렴한 어플들의 <u>확산</u>과 끊김없는 접속에도 불구하고, 우리가 노트북을 경험했던 것을 넘어서는 방식으로 컴퓨터와 우리 관계를 변화시킨다.

    ① 감소   ② 확장   ③ 전망

    ④ 획득   ⑤ 이용

1 다음 밑줄 친 곳에 들어갈 단어로 가장 적절한 것은?

> A police chief argues that surveillance cameras can serve as a _____ to a crime.

① decency

② deterrent

③ delicacy

④ deviation

☑ **단어** surveillance : 감시

☑ **해석** 경찰서장은 감시 카메라가 범죄를 억제하는 데에 이바지 할 수 있다고 주장한다.

　① 체면　　② 억제　　③ 연약함　　④ 일탈

2 다음 ㉠, ㉡에 공통으로 들어갈 단어로 가장 적절한 것은?

> (㉠) : a statement that a person makes, admitting that he or she is guilty of a crime: After a police questioned her for hours, she made a full (㉡).

① confession

② confinement

③ conformity

④ confutation

☑ **해석** ㉠자백 : 사람이 말한 진술, 그 남자 혹은 그녀가 어떤 범죄에서 유죄임을 인정하는 것: 경찰이 심문한 후, 그 여자는 완전히 ㉡자백했다.

　① 자백　　② 감금　　③ 적합　　④ 논박

3 다음 밑줄 친 곳에 공통으로 들어갈 단어로 가장 적절한 것은?

> ㉠ Scientists _____ a link between diet and cancer.
> ㉡ It is tempting to _____ Tom with an Athenian painter of the same name.
> ㉢ Passengers were asked to _____ their own suitcases before they were put on a plane.

① associate   ② identify

③ discern   ④ recall

✓ **단어** Athenian : 아테네의   identify A with B : A와 B를 동일시하다, 확인하다

✓ **해석** ㉠ 과학자들은 다이어트와 암 사이의 관련성을 확인했다.
       ㉡ Tom과 동명의 아테네 화가를 동일시하도록 유도하고 있다.
       ㉢ 승객들은 비행기에 탑승하기 전에 자신들의 짐을 확인하도록 요구 받았다.

       ① 관련시키다
       ② 확인하다 / 동일시하다
       ③ 분별하다
       ④ 상기하다

4 다음 ㉠, ㉡에 들어갈 말로 가장 적절한 것은?

> • Are there any matters (㉠) from the minutes of the last meeting?
> • A steam locomotive is an (㉡) device developed during the Industrial Revolution.

① ㉠ arising ㉡ ingenious   ② ㉠ arising ㉡ ingenuous

③ ㉠ arousing ㉡ ingenious   ④ ㉠ arousing ㉡ ingenuous

✓ **단어** steam locomotiv : 증기기관차   ingenious : 독창적인   arousing : 자극적인   ingenuous : 순진한

✓ **해석** • 지난번 미팅의 회의록에서 ㉠유발되는 어떠한 문제가 있습니까?
       • 증기기관차는 산업혁명 시기에 개발된 ㉡독창적인 장치이다.

✓ **TIP** arouse는 타동사, arise는 자동사로 목적어가 없는 상황에서 arise가 적절하다.
       device를 수식하는 형용사로 ingenious 독창적인이 어울린다.

5 〈보기〉에 주어진 단어 중 문맥상 밑줄 친 곳에 들어갈 수 없는 것은?

〈보기〉

㉠ improvement(s) ㉡ membership

㉢ agreement(s) ㉣ ownership

Patents are _____ between inventors and governments, giving inventors _____ of their creations for a certain period of time. U.S. patent law states that an invention is "any new and useful process, machine, manufacture, or composition of matter, or new and useful _____ to them."

① ㉠ ② ㉡

③ ㉢ ④ ㉣

☑ **단어** patent : 특허권

☑ **해석** ㉠ improvement(s) 향상 ㉡ membership 회원
㉢ agreement(s) 합의 ㉣ ownership 소유권

특허권은 개발자들과 정부 사이에 있는 <u>합의</u>이고, 개발자들에게 일정 기간 동안 그들의 창작물에 대한 <u>소유권</u>을 부여한다. 미국 특허법은 발명은 새롭고 유용한 절차, 기계, 제조의 사안이거나 그것들에 있어 새롭고 유용한 <u>향상</u>이라고 명시한다.

6 다음 중 어법상 가장 적절한 것은?

① I asked Siwoo to borrow me twenty dollars.

② The manager refused to explain us the reason why he cancelled the meeting.

③ If the patient had taken the medicine last night, he would be better today.

④ The criminal suspect objected to give an answer when questioned by the police.

☑ **단어** criminal suspect : 피의자

☑ **해석** ① 나는 Siwoo에게 20달러를 빌려달라고 물었다.
② 매니저는 그가 그 회의를 취소했던 이유를 우리에게 설명하기를 거절하였다.
③ 만약 그 환자가 어젯밤 약을 먹었다면, 그는 오늘 회복했을 것이다.
④ 그 피의자는 경찰에게 심문을 받을 때 답변하기를 거절했다.

☑ **TIP** ③번은 가정법 과거완료 문장으로 'if+주어+had p.p~, 주어+조동사 과거+have p.p~'에 맞춰 'he would have been better today.'가 알맞다.

7 다음 각 문장을 유사한 의미의 다른 문장으로 바꾸어 쓰고자 한다. 어법상 가장 적절한 것은?

① He said to me, "Can I use your mobile phone?"
　　→ He asked me that he could use my mobile phone.

② He drank strong coffee lest he should feel sleepy.
　　→ He drank strong coffee so that he should feel sleepy.

③ Mt. Everest is the highest mountain in the world.
　　→ Mt. Everest is higher than any other mountains in the world.

④ I did not miss my wallet and mobile phone until I got home.
　　→ It was not until I got home that I missed my wallet and mobile phone.

☑ 해석 ① 그는 나에게 "내가 너의 휴대폰을 사용해도 될까?"라고 말했다.
　　→ 그는 나에게 그가 나의 휴대폰을 사용해도 되는지 물어봤다.
② 그는 졸음이 오지 않도록 진한 커피를 마셨다.
　　→ 그는 그가 졸음이 오도록 진한 커피를 마셨다.
③ Everest산은 세상에서 가장 높은 산이다.
　　→ Everest산은 세상에서 어떤 산보다도 더 높다.
④ 나는 나의 지갑과 휴대폰을 내가 집에 도착할 때까지 분실하지 않았다.
　　→ 내가 지갑과 휴대폰을 분실했던 때는 집에 도착할 때까지는 아니었다.

☑ TIP ① 직접화법에서 간접화법으로 전환할 때, 피전달문에서 의문사가 없는 의문문인 경우에는 if나 whether을 넣어야 한다.
② lest는 '~하지 않도록'으로 사용되었으므로 바뀐 문장에서 so that 뒤에는 부정문이 되어야 한다.
③ 최상급의 다른 표현으로 비교급 than any other+단수명사가 오도록 해야 한다.
④ it-that 강조구문으로 바뀌어 it+be동사 뒤에 시간 부사구가 강조된 적절한 문장이다.

8 다음 밑줄 친 부분 중 어법상 가장 적절하지 않은 것은?

> When I first saw the old house, I ㉠had just moved to the area. It had been empty for about a year and ㉡was beginning to need some repairs, but the house was exactly what I wanted. But by the time I ㉢had put together enough money, I learnt that a property developer ㉣bought it and planned to turn it into a hotel.

① ㉠

② ㉡

③ ㉢

④ ㉣

✓ **단어** property developer : 부동산 개발업자

☑ **해석** 내가 처음 그 낡은 집을 보았을 때, 나는 그 지역으로 막 이사했었다. 그 집은 대략 일 년 동안 비어있었고 약간의 수리가 필요했지만, 그 집은 정확히 내가 원했던 곳이었다. 하지만 내가 충분한 돈을 모았을 때에, 나는 부동산 개발업자가 그 집을 구매해 호텔로 바꿀 계획이라는 것을 알게 되었다.

✓ **TIP** ④ ㉣ 본문의 화자가 알게 되기 전에 부동산 개발업자가 이전에 그 집을 구매하고 계획을 세웠기 때문에 that 뒤에는 had bought~ and ~planned ~. 과거 완료가 적절하다.

9 다음 우리말을 영작한 것 중 가장 적절한 것은?

① 나는 그에게 충고 한마디를 했다.
   → I gave him an advice.

② 우리가 나가자마자 비가 내리기 시작했다.
   → Scarcely had we gone out before it began to rain.

③ 그녀의 발자국 소리는 서서히 멀어져 갔다.
   → The sound of her footsteps was receded into the distance.

④ 벌과 꽃만큼 서로 밀접하게 연결되어있는 생명체는 거의 없다.
   → Few living things are linked together as intimately than bees and flowers.

✓ **TIP** ① advice는 셀 수 없는 명사이므로 부정관사 an이 사용될 수 없다.
   ② 부정빈도부사 scarcely가 문두로 오며 주어와 동사가 도치된 문장으로 적절하다.
   ③ recede는 능동의 형태로 수동의 의미를 갖기 때문에 was없이 receded가 적절하다.
   ④ ~만큼 'as ~ as' 용법으로 as intimately as bees and flowers가 알맞다.

10 다음 A, B의 대화 중 가장 적절하지 않은 것은?

① A : Seohee, where are you headed?

B : I am off to Gyeongju.

② A : Yusoo, let us ride the roller coaster.

B : It's not my cup of tea.

③ A : It's too expensive. I don't want to get ripped off.

B : It's water under the bridge.

④ A : Sohyun, have you been behind the steering wheel yet?

B : No, but I can't wait to get my feet wet.

☑ 해설 ① A : Seohee, 어디 가는데?
　　　　 B : 나 경주로 떠나.
　　 ② A : Yusoo, 우리 롤러코스터 타자.
　　　　 B : 그건 내 취향이 아니야.
　　 ③ A : 너무 비싸다. 바가지 쓰기 싫어.
　　　　 B : 이미 다 지나간 일이야.
　　 ④ A : Sohyun, 너 운전해본 적 있니?
　　　　 B : 아니, 그런데 너무 기대된다.

11 다음 표는 감염병 확산 방지를 위한 경찰의 업무와 세부내용이다. 업무와 세부 내용 사이의 관계가 가장 적절하지 않은 것은?

〈Police tasks in the operational manuals for infectious disease〉

	Tasks	Details
①	Enhancing cooperation with airport and port authorities	More cooperation with residential authorities and sharing of information
②	Sharing and distributing data with local and relevant authorities	Cooperation with the Ministry of Health and Welfare, local governments, collating and relaying information
③	Securing Chain of Command	Access control in quarantine places
④	Strengthening criminal justice	Criminal investigation of illegal activities

☑ **단어** collate : 수집하다 relay : 전달하다 quarantine : 격리

☑ **해석**

〈감염병 확산 방지를 위한 경찰 업무 설명서〉

	Tasks	Details
①	공항과 항만 관리 위원회와 협력 강화	주거 당국과의 더 많은 협력과 정보 공유
②	지역, 관계 당국과 자료 공유와 반포	보건복지부, 지역 자치와 협력 및 정보 수집, 전달
③	지휘 계통 확보	격리 구역에서 접근 통제
④	형법 강화	범법 행동에 대한 범죄 수사

☑ **TIP** 단체 행동을 통솔하는 지휘 계통 확보라는 임무와 격리 구역 통제는 관계가 없으므로 ③이 적절하지 않다.

12 다음 밑줄 친 곳에 들어갈 단어로 가장 적절한 것은?

> Imagine these two scenarios. In the first you learn that you've won a $500 gift certificate from Saks. You would feel pretty good about that, wouldn't you? In the second scenario, you lose your wallet containing $500. How unhappy would you feel about that? According to the results of risk-taking research, the intensities of your responses to these experiences differ markedly. As the result of what scientists refer to as the brain's _____ bias, the distress you're likely to experience as a result of the loss of $500 will greatly exceed the pleasure you feel at winning that gift certificate.

① positivity

② neutrality

③ possibility

④ negativity

☑ **단어** gift certificate : 상품권 intensity : 강도 markedly : 현저하게

☑ **해석** 이 두 가지 각본을 생각해보자. 먼저 당신이 Saks 500$ 상품권을 탔다는 것을 알게 된 것이다. 당신은 이 사실에 대해 꽤 기분이 좋을 것이다, 안 그렇겠는가? 두 번째 각본은, 당신이 500$가 들어있는 지갑을 분실한 것이다. 당신은 이 사실에 대해 얼마나 불쾌할까? 위험 부담 연구에 따르면, 이런 경험들에 대한 당신의 반응 강도가 현저하게 다르다. 과학자들이 언급한 뇌의 <u>부정적 성향</u>으로 인한 결과 때문에, 500$를 잃은 결과로 겪을 고통이 당신이 상품권을 탔을 때 느낀 기쁨을 훨씬 넘어설 것이다.

　① 확신　② 중립　③ 가능성　④ 부정적 성향

☑ **TIP** 밑줄 친 부분이 있는 문장 뒤에 부정적인 상황이 더 크게 영향을 끼친다는 문장이 따라오므로 뇌의 부정적 성향이 결과에 영향을 미친다는 내용이 적절하다.

13 다음 글의 밑줄 친 부분 중 가리키는 대상이 나머지 셋과 다른 것은?

In every culture, there are topics that are hard to talk about directly. People often speak about these topics using euphemisms. The reason why people use euphemisms is that they can hide unpleasant or disturbing ideas behind ㉠them. So, people don't have to bring up the ideas directly and upset people. However, euphemisms pose an additional burden to people who are learning English as a foreign language. Learners have to learn which expressions are appropriate in different situations. Euphemisms are also problematic for English learners because ㉡they often contain more difficult words than ㉢their more direct counterparts. Learners of English, for instance, have to memorize that an old person can be referred to as "a senior citizen," while a police officer can be described as "a law-enforcement officer." They also have to learn to use euphemisms like "vertically challenged" when ㉣they can get by with " short."

① ㉠

② ㉡

③ ㉢

④ ㉣

☑ **단어** euphemism : 완곡어법 counterpart : 대응물

☑ **해석** 모든 문화에서, 직접적으로 말하기 어려운 주제들이 있다. 사람들은 자주 이런 주제들을 완곡한 표현들을 사용해 말한다. 사람들이 완곡 표현들을 사용하는 이유는 그들이 ㉠완곡한 표현들 뒤로 불쾌함이나 불편함을 숨길 수 있기 때문이다. 그래서 사람들은 직접적으로 그런 생각들을 꺼내 다른 사람들 기분을 상하게 할 필요가 없다. 하지만 완곡어법은 외국어로서 영어를 배우고 있는 사람들에게 추가적인 부담을 제기한다. 배우는 사람들은 다른 상황마다 어떤 표현들이 적절한지 학습해야 한다. 완곡어법들은 또한 영어를 배우는 사람들에게 문제가 많다. 왜냐하면 ㉡완곡한 표현들에는 빈번하게 ㉢그것들의 더 직접적인 표현보다 더 어려운 단어들이 있기 때문이다. 예를 들어, 영어를 배우는 사람들은 나이 든 사람이 "어르신"으로 언급될 수 있고, 경찰관을 "경관"으로 나타낼 수 있음을 외워야만 한다. 또한 ㉣영어를 배우는 사람들은 "키 작은"을 쓸 수 있을 때에도 "땅딸보" 같은 완곡한 표현 사용을 배워야만 한다.

☑ **TIP** ㉣의 they는 앞 문장의 주어인 Learners of English와 동일하다.

14 다음 ㉠, ㉡에 들어갈 말로 가장 적절한 것은?

> One point of difference between the consumption of water and electricity is that water can be reused multiple times while electricity cannot. As a result, water can be classified as "consumed" or simply "withdrawn". In the former, water is removed from its source and lost through either evaporation(in the case of power plant cooling or flood irrigation), or transpiration(in the growing of biocrops). Withdrawn water, (㉠), can be returned to its original water source. The argument can be made that all water demand eventually returns as precipitation via the hydrologic cycle and therefore is not "consumed". (㉡), evaporation and precipitation are both spatially and temporally uneven. Water that is accessible, especially in arid and semi-arid regions, satisfies the immediate needs of water users, whereas future precipitation may not occur in the same location or at the desired timing.

① ㉠ on the other hand, ㉡ However

② ㉠ however, ㉡ Thus

③ ㉠ for instance, ㉡ As a result

④ ㉠ as a result, ㉡ For example

✍ **단어** classify : 분류하다   irrigation : 관개   precipitation : 강수량, 침전   evaporation : 증발   spatially : 공간적으로   temporal : 시간의   arid : 매우 건조한

✍ **해석** 물과 전기 소비 사이의 한 가지 차이점은 물은 여러 번 재사용이 가능한데 비해 전기는 그럴 수 없다는 점이다. 결과적으로 물은 "소비되는" 혹은 간단히 "끌어온"으로 분류될 수 있다. 이전에 물은 그 수원에서 제거되고 증발(발전 장치를 식히거나 담수 관개의 경우), 혹은 증산(바이오 작물 재배에서)을 통해 손실되었다. ㉠반면에 끌어온 물은 원래 있던 수원으로 돌아갈 수 있다. 결국 수문학적 순환에 따라 모든 급수는 강수로 돌아온다는 주장이 나올 수 있고 그러므로 "소비되"는게 아니다. ㉡하지만 증발과 강수 둘 다 공간적, 시간적으로 고르지 않다. 특히 매우 건조하고 비가 적게 오는 지역에서 구할 수 있는 물은 물 사용자의 즉각적인 필요를 만족시켜주지만 반면에 같은 지역에서나 바라던 시기에 향후 강수가 없을 수도 있다.

	㉠	/	㉡
①	on the other hand 반면에	/	However 하지만
②	however 하지만	/	Thus 그러므로
③	for instance 예를 들어	/	As a result 결과적으로
④	as a result 결과적으로	/	For example 예를 들어

15 다음 글의 제목으로 가장 적절한 것은?

In alignment with Sir Robert Peel's Principles, policing has largely evolved with the approval, respect, cooperation, and collaboration of the public. Often referred to as "policing by consent," the police powers have the common consent of the general public rather than being imposed by the various branches of government. A belief in fairness has led to the legitimacy of the police—the general belief by the public that police should be permitted to exercise their authority to manage conflicts, maintain social order, and solve problems in the community. However, in order to maintain police legitimacy, police personnel must strive to be courteous, fair, and respectful when performing their duties. Public satisfaction with policing helps build and maintain community trust and confidence. The legitimacy of the actions of police officers and the agencies that employ them are upheld by valuing the rights of all individuals and the observation of procedural laws.

① Authority and fairness ② Policing and legitimacy

③ Consent and doctrine ④ Trust and relationship

✅ **단어** alignment : 동조 evolve : 발달하다 impose : 도입하다 legitimacy : 합법성 strive : 분투하다 courteous : 정중한 uphold : 인정하다 procedural : 절차상의

✅ **해석** 총리 Robert Peel 원칙에 동조하는 입장에서, 치안 유지 활동은 대체적으로 국민의 승인, 존중, 협조와 협동으로 발달되어왔다. 경찰권은 자주 "동의에 의한 치안 유지"로 언급되고, 정부의 다양한 부서들에 의해 도입되기 보다는 일반 국민들의 공동 합의를 지닌다. 공정성에서의 신념은 경찰의 합법성으로 이끄는데, 경찰이 갈등을 해결하기 위해 그들의 권력을 운용하는데 허가를 받아야 한다는 국민에 의한 일반적인 신념은 사회질서를 유지하고 지역사회의 문제들을 해결한다. 하지만, 경찰의 합법성을 유지하기 위해 경찰직원은 임무를 수행할 때, 정중하고 공평하며 존중하기 위해 노력해야만 한다. 치안 유지 활동에 의한 국민의 만족은 지역사회가 신뢰하고 확신하도록 세우고 유지하도록 돕는다. 경찰관들과 그들을 고용하는 경찰 기관들의 행동 합법성은 모든 개인의 권리를 가치있게 여기고 절차상 법의 감시에 의해 인정받는다.

① 권력과 공정성
② 치안 유지와 합법성
③ 동의와 정책
④ 신뢰와 관계

16 다음 글의 흐름으로 보아 〈보기〉의 문장이 들어갈 곳으로 가장 적절한 것은?

〈보기〉

To characterize people by the different things they make, however, is to miss the universality of how they create.

It is easy to look at the diverse things people produce and to describe their differences. ㉠ Obviously a poem is not a mathematical formula, and a novel is not an experiment in genetics. ㉡ Composers clearly use a different language from that of visual artists, and chemists combine very different things than do playwrights. ㉢ For at the level of the creative process, scientists, artists, mathematicians, composers, writers, and sculptors use a common set of what we call "tools for thinking," including emotional feelings, visual images, bodily sensations, reproducible patterns, and analogies. ㉣ And all imaginative thinkers learn to translate ideas generated by these subjective thinking tools into public languages to express their insights, which can then give rise to new ideas in other's minds.

① ㉠

② ㉡

③ ㉢

④ ㉣

☑ **단어** universality : 보편성　analogy : 비유

☑ **해석** 사람들이 만든 다양한 것들을 보고 그들의 차이점을 묘사하기는 쉽다. ㉠ 분명히 시는 아주 정확한 공식이 아니고, 소설은 유전학 실험이 아니다. ㉡ 작곡가들은 확실하게 시각 예술가와 다른 언어를 사용하고, 화학자들은 극작가들 보다 매우 다른 것들을 결합한다. ㉢ 하지만, 사람들이 이룬 여러 다른 것들로 그들을 특징짓는 것은 어떻게 창조하는가에 관한 보편성을 지나치는 것이다. 창의적인 과정의 단계를 위해 과학자들과 예술가들, 수학자들, 작곡가들, 작가들, 조각가들은 우리가 "생각을 위한 도구"라 부르는 것에서 보편적인 설정을 사용하고, 감정적으로 느끼는 것과 시각적 이미지, 신체적 감각, 재현 가능한 양식, 비유를 포함한다. ㉣ 그리고 창의적으로 생각하는 모든 사람들은 그들의 통찰력을 전달하기 위해 이런 주관적인 생각 도구들로 생각을 대중적인 언어로 옮기고, 타인의 마음에 새로운 생각들 불러일으킬 수 있다.

☑ **TIP** ③ ㉢이전 문장들을 통해 다양성을 나타냈지만, 주어진 〈보기〉를 ㉢에 넣어 그 이후 문장과 자연스럽게 보편성에 대해 다룰 수 있도록 했다.

17 다음 글의 흐름으로 보아 〈보기〉 문장 뒤에 이어질 글의 순서로 가장 적절한 것은?

〈보기〉

It is easy to see how the automobile industry has created thousands of job opportunities and contributed immeasurably to our higher standard of living, but we are apt to overlook the underlying factor that made all this possible.

ⓐ Without them, every single car would have to be laboriously built by hand and their cost would be so great that only the wealthy could pay the price.

ⓑ It was more than just an accumulation of invention on newly invented motors, and pneumatic tires, and electrical headlights. Interchangeability and mass-production are the two basic manufacturing techniques that were combined for the first time by the automobile industry and they are the real reasons that the average wage-earner today can afford to own a car.

ⓒ But by concentrating a workman's talents on turning out thousands of units all exactly alike and through the use of power and special tools, cars can be and are built by the millions.

① ⓑ-ⓐ-ⓒ
② ⓒ-ⓐ-ⓑ
③ ⓐ-ⓑ-ⓒ
④ ⓐ-ⓒ-ⓑ

✅ **단어** immeasurably : 헤아릴 수 없을 정도로　　underlying : 근본적인　　accumulation : 축적　　pneumatic : 공기가 가득한
interchangeability : 호환성　laboriously : 힘들게

✅ **해석** 자동차 산업이 어떻게 수많은 취업 기회를 만들고 더 높은 삶의 기준에 헤아릴 수 없을 만큼 기여했는지 쉽게 알 수 있지만, 우리는 이런 모든 가능성을 만든 근본적인 요인을 간과하는 경향이 있다.

ⓑ 그것은 그저 최근에 발명된 자동차와 공기 타이어, 전기 헤드라이트 발명품의 축적 그 이상이다. 호환성과 대량 생산은 처음으로 자동차 산업으로 결합된 두 가지 기본적인 제조업 기술들이고, 그것들이 오늘날 평균적인 임금의 노동자들이 차를 소유할 수 있게 해준 현실적인 이유이다.

ⓐ 그것들 없이는, 모든 차 한 대마다 손으로 힘들게 만들어져야만 하고 그 비용은 너무 엄청나서 오직 부유한 사람들만 값을 치룰 수 있었을 것이다.

ⓒ 그러나 근로자의 재능들을 수많은 유닛들을 모두 정확히 똑같이 생산하는데 전념하고 동력과 특별한 기계들을 통해 자동차는 존재할 수 있고 수백만 대가 생산된다.

18 밑줄 친 곳에 들어갈 내용으로 가장 적절한 것은?

Engels believed that nothing existed but matter and that all matter obeys the dialectical laws. But since there is no way of deciding, at any point in time, that this statement is true, the laws that he presupposed are not the same as usual scientific laws. It should be admitted that even in the case of "usual" laws in natural science the stated relationship, as a universal statement, is not subject to absolute proof. One cannot say, for example, that there will never be a case in which _____. But when the violation of such laws does occur, it is, within the limits of measurement, apparent that something remarkable has happened.

---

① the earth revolves on its axis

② the earth has the force of gravity

③ oxygen is the prerequisite for combustion

④ water fails to boil at 100 degrees centigrade

☑ **단어** dialectical : 변증적인   dialectical : 결정적인, 결승   의presuppose : 예상하다   revolve : 회전하다   axis : 축   prerequisite : 전제조건   combustion : 연소

☑ **해석** Engel은 실재하지 않더라도 중요하고, 모든 일은 변증법칙을 따른다고 믿었다. 하지만 언제든지 이 말이 진실이라고 결정할 방법이 없었기 때문에, 그가 전제로 했던 법칙들은 일반적인 과학 법칙과 같지 않다. 자연과학에서 명시된 관계인 "일반적인" 법칙들의 경우조차 보편적인 진술로서 완전한 증명이 되어야 하는 것은 아니라고 인정돼야 한다. 예를 들어, 섭씨 100도에서 물이 끓지 못하는 경우는 절대 없을 것이라고 말할 수 없다. 하지만 그러한 법칙의 위배가 일어날 때, 측정 한계 내에서, 주목할 만한 무언가가 발생하는 일이 일어나는 것이 분명하다.

① 지구는 축을 중심으로 회전한다.
② 지구는 중력을 가진다.
③ 산소는 연소를 위한 전제조건이다.
④ 물은 섭씨 100도에서 끓지 못한다.

☑ **TIP** 물이 엄청난 고압에서는 100도씨에서 끓지 못하는 경우가 있으므로 자연법칙에서 검증으로 다 나타낼 수 없는 예외를 보여주기 때문에 ④번이 적절하다.

---

19 다음 글의 중심 내용을 아래와 같이 요약할 때, 밑줄 친 곳에 들어갈 내용으로 가장 적절한 것은?

Most of our societies are undergoing a process of modernization involving fundamental value changes which often contain many inherent conflicts and contradictions. The process of development, if not managed properly, will mean marginalization of the majority - resulting in poverty, overcrowding, etc. While the more dynamic members of urban society create prosperous real estate enclaves, most of the urban scene is a picture of the under privileged. The dualism is ironic, because the most disadvantaged in society invariably pay the highest price in the urban environment, largely because they have to bear most of the environmental costs. In large cities, there is inevitably an over utilization of marginal areas, sometimes beyond the safe limits and recoverable bearing capacities of the land. Low lying areas, riverbeds, swamps, etc, normally not habitable, become human habitats. Environmentally sensitive areas thus become threatened - resulting in an urban environmental imbalance which may hamper the actual development process itself.

↓

This article states that _____.

① urban areas can damage the environment

② utilization of marginal areas can reduce costs of living

③ modernization can result in the gap between the poor and the rich

④ modernization can keep the balance between urban and rural areas

☑ **단어** inherent : 내재하는　contradiction : 모순　marginalize : 하찮은 존재로 만들다　enclave : 소수민족 거주지　real estate : 부동산　privileged : 특혜를 받는　dualism : 이원론　invariably : 예외없이　utilization : 활용　marginal : 주변부의　recoverable : 땅에서 얻을 수 있는　riverbed : 강바닥　threatened : 멸종할 위기에 놓인　hamper : 방해하다

☑ **해석** 우리 사회의 대부분은 다수의 내재적 갈등들과 모순들이 있는 핵심적인 가치 변화들을 수반하는 도시화 과정을 겪고 있다. 만약 개발의 과정이 적절히 처리되지 않는다면, 빈곤과 과밀 거주 등을 야기하는 다수의 소외화에 이르게 될 것이다. 도시 사회에서 더 활동적인 구성원들이 번영한 소수민족 거주지의 부동산을 이루어낸 반면에, 대부분 도시의 현장은 소외당하는 사람들의 모습이다. 이원론은 역설적이다. 왜냐하면 사회에서 가장 소외당하는 사람들이 으레 가장 많은 돈을 도시 환경에 지불하고, 대체로 그들이 대부분의 환경 비용을 부담해야만 하기 때문이다. 대도시들에는 필연적으로 주변 구역의 활용이 초과되고, 때때로 안전 한계치와 그 땅에서 낼 수 있는 수용력을 넘어선다. 보통 거주가 불가능한 저지대, 강바닥, 습지 등이 인간을 위한 거주지가 된다. 따라서 환경적으로 민감한 지역들이 사라질 위기에 직면하고 실제 개발 과정을 방해할 수도 있는 도시 환경의 불균형의 결과에 이른다.
→ 이 기사는 도시화가 빈부 격차의 결과를 낼 수 있다고 서술한다.

① 도시 구역들은 환경을 훼손할 수 있다.
② 주변 지역의 활용은 생활비를 줄일 수 있다.
③ 도시화가 빈부 격차의 결과를 낼 수 있다.
④ 도시화는 도시와 지방 사이의 균형을 유지할 수 있다.

☑ **TIP** ③ 도시화 과정 중에 일어나고 있는 도시의 소외 지역과 소수자들의 그늘진 상황이 기사 전반에 걸쳐 보이고 있다. 따라서 ③번이 요약의 일부로 적절하다.

20 다음 글에서 유추할 수 있는 요지를 아래와 같이 작성할 때, 밑줄 친 곳에 들어갈 내용으로 가장 적절한 것은?

> Most people get trapped in their optimistic biases, so they tend to listen to positive feedback and ignore negative feedback. Although this may help them come across as confident to others, in any area of competence (e.g., education, business, sports or performing arts) achievement is 10% performance and 90% preparation. Thus, the more aware you are of your weaknesses, the better prepared you will be. Low self-confidence may turn you into a pessimist, but when pessimism teams up with ambition it often produces outstanding performance. To be the very best at anything, you will need to be your harshest critic, and that is almost impossible when your starting point is high self-confidence. Exceptional achievers always experience low levels of confidence and self-confidence, but they train hard and practice continually until they reach an acceptable level of competence.

↓

> We can infer that _____.

① accepting positive feedback will deteriorate competence
② high self-confidence can broaden mindfulness
③ acknowledging weakness will lead you to a pessimist
④ low self-confidence can be the source for success

✅ **단어** come across as : ~라는 인상을 주다   competence : 역량   exceptional : 특출난   infer : 추론하다   deteriorate : 악화되다   broaden : 넓히다

✅ **해석** 대부분의 사람들이 그들의 낙관적 성향에 갇혀 긍정적인 피드백에는 귀를 기울이고 부정적인 피드백은 무시하는 경향이 있다. 이것이 그들을 타인에게 자신감 있는 인상을 주도록 도울지라도, 역량의 영역(예를 들면, 교육이나 사업, 스포츠, 공연 예술)에서 성취는 10%의 수행과 90%의 준비에 있다. 따라서 당신이 당신의 약점을 더 인지할수록, 더 잘 준비될 것이다. 낮은 자신감은 당신을 비관주의자로 바꿀지도 모르지만, 비관론이 포부와 하나가 될 때, 빈번히 눈에 띄는 성과를 낸다. 어떤 것에서든 최고가 되기 위해 당신 스스로 가장 가혹한 비평가가 될 필요가 있고, 당신의 시발점이 높은 자신감에 있을 때 그것은 거의 불가능하다. 특출한 성취도를 보이는 사람들은 항상 낮은 수준의 자신감과 자존감을 경험하지만, 그들은 만족스러운 역량에 이를 때까지 열심히 단련하고 끊임없이 연습한다.
→ 우리는 낮은 자존감이 성공의 원천이 될 수 있음을 추론할 수 있다.

① 긍정적인 피드백을 받아들이는 것은 역량을 낮출 수 있다.
② 높은 자존감은 마음 돌보는 폭을 넓힐 수 있다.
③ 약점의 인지는 당신을 비관주의자로 이끌 것이다.
④ 낮은 자존감이 성공의 원천이 될 수 있다.

✅ **TIP** 지문에서 자신의 약점을 인지하고 자존감이 낮아졌을지라도, 성취를 이룬 사람들의 예에서 볼 수 있듯이 더 노력하여 더 뛰어난 역량에 이룰 수 있음을 보여주고 있다. 따라서 ④번이 유추할 수 있는 요지로 적절하다.

✏️ **ANSWER** 19.③   20.④

1 밑줄 친 부분과 의미가 가장 가까운 것은?

> There was the <u>unmistakable</u> odor of sweaty feet.

① accessible ② distinct

③ desirable ④ complimentary

☑ 단어 odor : 냄새, 낌새, 평판 unmistakable : 오해의 여지가 없는, 틀림없는

☑ 해석 <u>틀림없는</u> 땀에 젖은 발 냄새였다.
　　　① 이해하기 쉬운　② 확실한, 분명한
　　　③ 바람직한　　　④ 칭찬하는

2 밑줄 친 부분과 의미가 가장 가까운 것은?

> Candidates interested in the position should hand in theirresumes to the Office of Human Resources.

① emit ② omit

③ permit ④ submit

☑ 단어 Office of Human Resources : 인사과 hand in : 제출하다

☑ 해석 그 자리에 관심 있는 후보자들은 인사과에 이력서를 <u>제출해야</u> 한다.
　　　① 내보내다　② 제외하다
　　　③ 허용하다　④ 제출하다

3 밑줄 친 부분과 의미가 가장 가까운 것은?

> It is easy to understand the conflict that arises between humans and nature as human populations grow. We bring to every <u>encounter</u> with nature an ancient struggle for our own survival. In the old days, all too often it was nature — her predators, winters, floods, and droughts — that did us in.

① confrontation   ② reproduction

③ encouragement   ④ magnificence

✓ **단어** encounter : 맞닥뜨리다

☑ **해석** 인간과 자연 사이에서 인구 증가로 인해 일어나는 갈등을 이해하기는 쉽다. 우리는 자연과 <u>맞닥뜨릴</u> 때마다 우리 자신의 생존을 위한 오래된 투쟁을 해왔다. 옛날에는 포식동물, 동절기, 홍수, 가뭄과 같은 자연이 아주 빈번히 우리를 그런 상황으로 만들었다.

① 대치 ② 생식 ③ 격려 ④ 장려

4 빈칸에 들어갈 말로 가장 적절한 것은?

> When the fire alarm sounds, act immediately to ensure your safety. The fire alarm system is designed and engineered to provide you with an early warning to allow you to safely _____ the building during an urgent situation.

① exit   ② renovate

③ demolish   ④ construct

✓ **단어** ensure : 보장하다

☑ **해석** 화재 경보가 울릴 때, 즉시 당신의 안전을 보장할 행동을 취하라. 화재 경보 시스템은 당신에게 당신이 긴급 상황에서 건물을 안전하게 빠져나가게끔 초기에 경고를 주도록 설계, 계획되었다.

① 나가다   ② 개조하다
③ 철거하다   ④ 건설하다

✏ **ANSWER** 1.② 2.④ 3.① 4.①

5 빈칸에 들어갈 말로 가장 적절한 것은?

> A : Ryan and I are having a chess match today. Do you think I'll win?
> B : Of course, you'll win. I'm _____. After all, I'm betting ten bucks that you'll win.
> A : Thanks.

① counting on you   ② worn out

③ expecting company   ④ all ears

☑ **해설** A : Ryan과 나는 오늘 체스 경기가 있어. 너는 내가 이길 거라고 생각하니?
        B : 물론 네가 이길 거야. 난 너를 믿어. 네가 이긴다에 10달러를 걸게.
        A : 고마워.
        ① 너를 믿는   ② 지친   ③ 일행이 있는   ④ 경청하는

6 다음 글의 요지로 가장 적절한 것은?

> To demonstrate that you are thankful, you should say "thank you" immediately when you walk into the room and do the interview. This is a step that many people forego and do not remember, but when you do it, you demonstrate a level that is above the average candidate. So, you should say something to the interviewer like the following : "Thank you for inviting me to have this interview. I appreciate the time that you have committed to talk to me about this available position." You don't have to fluff up your words or try to make it into something fancy. Instead, keep it simple and to the point to show your gratitude to the interviewer.

① 면접자는 면접 시간 약속을 철저하게 지켜야 한다.

② 면접자는 면접 요청을 받으면 최대한 빨리 답장해야 한다.

③ 면접자는 면접관에게 곧바로, 간단히 감사를 표현해야 한다.

④ 면접에서 자신의 의견을 말할 때는 근거를 정확히 밝혀야 한다.

☑ **단어** forego : 앞서다   fluff up : 부풀리다   gratitude : 고마움

☑ **해설** 당신이 감사하다는 것을 보여주기 위해, 당신이 방에 들어가 인터뷰를 할 때 즉시 "감사하다."라고 말해야 한다. 이것은 많은 사람들이 앞서 들어가 기억하지 못한 단계이지만, 당신이 그렇게 한다면 당신은 보통 지원자 우위의 레벨임을 보여주게 된다. 그렇기에 당신은 면접관에게 다음과 같은 말을 해야 한다. "이런 인터뷰 기회를 주셔서 감사합니다. 당신이 이 공석에 관해 저와 이야기 나눌 수 있는 시간을 내주심에 감사드립니다." 당신은 당신의 말을 부풀리거나 멋지게 만들어낼 필요는 없다. 대신에 면접관에게 당신의 고마움을 표현하는 데에 당신의 말을 간단명료하게 하라.

☑ **TIP** ③ 주어진 글의 첫문장에서 글의 주요 내용이 드러나고 있다.

7 다음 글에서 필자가 주장하는 바로 가장 적절한 것은?

It's drilled into us that we need to be more active to lose weight. So it spins the mind to hear that a key to staying thin is to spend more time doing the most sedentary inactivity humanly possible. Yet this is exactly what scientists are finding. In light of Van Cauter's discoveries, sleep scientists have performed a flurry of analyses on large datasets of children. All the studies point in the same direction: on average, children who sleep less are fatter than children who sleep more. This isn't just in America ─scholars all around the world are considering it because children everywhere are both getting fatter and getting less sleep.

① 과도한 다이어트는 건강에 좋지 않다.

② 수면 부족은 체중 증가와 관계가 있다.

③ 균형 잡힌 식습관은 수면의 질을 높인다.

④ 신체 성장을 위해 충분한 수면이 필요하다.

✓ **단어** sedentary : 몸을 많이 움직이지 않는 flurry : 돌풍 inactivity : 비활동

☑ **해석** 우리는 체중 감량을 위해 더 적극적이어야 한다고 주입 당했다. 그래서 마른 몸을 유지하는 비결이 인력으로 가능한 가장 몸을 쓰지 않는 무위의 시간을 더 보내는 것이라고 듣고 싶은 심정이다. 하지만 이것이 바로 과학자들이 발견하고 있는 것이다. Van Cauter의 발견에 비추어 보면, 수면 과학자들은 아동에 대한 대용량 데이터셋을 기반으로 많은 연구를 해왔다. 연구들은 모두 같은 방향으로 향한다. : 평균적으로, 수면이 부족한 어린이들이 더 많이 자는 어린이들보다 더 살이 쪘다. 이것은 단지 미국에서만의 이야기가 아니다. ─ 전 세계의 학자들은 이 사실을 고려하고 있다. 왜냐하면 곳곳의 아이들이 비만이 되어가고 수면을 덜 취하기 때문이다.

✓ **TIP** ② 본문 전반에 걸쳐 인간의 활동과 비만에 관하여 이야기하고 있는데 수면 과학자들의 연구결과 수면이 부족한 아이일수록 더 살이 찌는 것을 발견했다고 했으므로 필자의 주장은 ②가 적절하다.

8 밑줄 친 부분 중 어법상 틀린 것은?

> Honey's role as a primary sweetener was challenged by the rise of sugar. Initially made from the sweet juice of sugar cane, sugar in medieval times was very expensive and time-consuming ① <u>to produce</u>. By the eighteenth century, however, sugar — due to the use of slave labor on colonial plantations — ② <u>had become</u> more affordable and available. Honey is today ③ <u>far</u> more expensive than sugaror other artificial sweeteners. While ④ <u>considering</u> as something of a luxury rather than an essential, honey is still regarded with affection, and, interestingly, it continues to be seen as an ingredient with special, health-giving properties.

✓ **단어** sugar cane : 설탕수수 medieval : 중세의 time-consuming : 시간이 많이 걸리는 colonial : 식민의 plantation : 농장
affordable : 입수 가능한 available : 구할 수 있는

☑ **해석** 주요 감미료로서 꿀의 역할은 설탕의 대두로 인해 도전받았다. 처음에 설탕은 사탕 수수의 즙으로 만들어졌고, 중세 시대에는 만들어지는 데에 비용이 매우 많이 들고, 시간이 많이 걸렸다. 하지만 18세기까지 식민지 농장에서 강제 노동을 이용했기 때문에 설탕은 더 알맞은 가격에 구할 수 있게 되었다. 오늘날 꿀은 설탕이나 다른 인공 감미료보다 훨씬 더 비싸다. 꿀이 필수품이라기보다는 사치품으로 ④ 여겨지면서도, 꿀은 여전히 총애를 받고 흥미롭게도 특별하고 건강에 이로운 성질을 가진 재료로 계속 여겨진다.

✓ **TIP** ④ 부사절에서 생략된 주어가 honey인 분사구문이기 때문에, honey is considered에서 (being) considered로 변경해야 한다.

9 빈칸에 들어갈 말로 가장 적절한 것은?

> When you provide basic medical care to someone experiencing a sudden injury or illness, it's known as first aid. In some cases, first aid consists of the initial support provided to someone in the middle of a medical _____. This support might help them survive until professional help arrives. In other cases, first aid consists of the care provided to someone with a minor injury. For example, first aid is often all that's needed to treat minor burns, cuts, and insect stings.

① profession

② emergency

③ qualification

④ breakthrough

✓ **단어** first aid : 응급처치

✓ **해석** 당신이 갑작스러운 부상이나 질병을 겪고 있는 누군가에게 기본적인 치료를 해야 할 때, 그것을 응급처치라고 한다. 어떤 경우에 응급처치는 응급의료상황 가운데 있는 누군가에게 제공하는 초기 지원이다. 이런 지원은 전문적인 도움이 이르기 전까지 그 사람들을 살리는 데 도움이 될 수도 있다. 다른 경우에, 응급처치는 경상을 입은 사람들에게 제공되는 치료이다. 예를 들어, 응급처치는 종종 가벼운 화상, 자상, 벌레 쏘임을 치료하는 데 필요한 전부이기도 하다.

① 전문직　　　② 응급
③ 자격　　　　④ 돌파구

✓ **TIP** 빈칸이 있는 문장 전, 후에 first aid, help the survive 등 응급상황에서의 응급처치를 설명하고 있다. 따라서 ② emergency가 적절하다.

10 밑줄 친 부분 중 문맥상 낱말의 쓰임이 적절하지 않은 것은?

> Egg yolks range dramatically in color, but yolk variations are caused by dietary differences rather than genetic ones. Yolk color is ① underlined influenced primarily by the pigments in the chicken feed. If the hen gets plenty of yellow-orange plant pigments known as xanthophylls, the pigments will be deposited in the yolk. Hens receiving mash with yellow corn and alfalfa meal will ② lay eggs with medium yellow yolks. Those fed on wheat or barley produce lighter yolks. A totally colorless diet, such as white corn, will yield a ③ colorful yolk. For cosmetic reasons alone, farmers avoid giving chickens a colorless diet, because consumers ④ prefer a yellowish hue to their yolks.

✓ **단어** yolk : 노른자　pigment : 색소　xanthophylls : 엽황소　mash : 삶은 곡물 사료　barley : 보리　hue : 색조

✓ **해석** 달걀노른자는 극적으로 색깔이 다양하지만, 노른자의 변화는 유전적인 부분보다 식이적 차이에서 비롯된다. 노른자 색상은 닭 모이에 들어있는 색소에 의해 주로 ①영향을 받는다. 만약 암탉이 엽황소로 알려진 노랑-주황 식물색소를 많이 먹는다면, 그 색소는 노른자 안에 들어가게 될 것이다. 노란 옥수수와 알팔파 식사를 사료로 받은 암탉들은 중간 정도의 노랑을 띄는 노른자 알을 ②낳을 것이다. 밀이나 보리에 넣어 먹인 닭들은 더 밝은 노른자를 생산한다. 흰 옥수수 같은 완전히 무색의 식단은 ③화려한 노른자를 낸다. 미용의 이유를 제쳐두더라도, 농부들은 닭에게 무색의 식단 주는 것을 피한다. 왜냐하면 소비자들이 노른자에 노르스름한 색소가 있는 것을 더 ④선호하기 때문이다.

① 영향을 받는　② 낳다
③ 화려한　　　④ 선호하다

✓ **TIP** ③ 식단에 있는 색소가 노른자에 영향을 주기 때문에, 무색의 식단은 색이 희미하거나 없는 노른자를 낼 것이다. 따라서 ③의 '화려한'은 적절하지 않다.

✏️ **ANSWER** 8.④　9.②　10.③

11 밑줄 친 부분 중 문맥상 낱말의 쓰임이 적절하지 않은 것은?

For most adults, the ability to drive a car is an integral part of our sense of empowerment and freedom. We ① seldom think of what it would be like if we couldn't just "jump in the car and go." But that feeling of complete freedom to go where you want and when you want is such a deep part of how we all function that it seems inconceivable to any of us to ② lose that mobility and freedom. But for senior citizens, there will come a time when they will need to stop driving. The causes are many, but the most common reason that calls for senior citizens to stop driving is ③ enhanced eyesight. While much can be done to preserve the eyesight of senior citizens, if their ability to see becomes a hazard behind the wheel, they will have to be told that it's time to let that ④ precious freedom go.

☑ **단어** integral : 필수적인　empowerment : 자율권한　inconceivable to : ‒로서는 상상도 할 수 없는　enhance : 향상시키다
behind the wheel : 운전하여　hazard : 위험요소

☑ **해석** 대부분의 성인에게 차를 운전하는 능력은 우리의 자율권한과 자유 의식의 필수적인 부분이다. 우리는 ①좀처럼 우리가 만약 "차에 타고 갈" 수 없다면 어떨지 생각하지 않는다. 하지만 당신이 원하는 곳으로 원하는 때에 가는 완전한 자유의 느낌은 우리가 구실을 하는 정말 깊은 부분이기 때문에 우리 중 누구도 그런 이동성과 자유를 ②잃는다는 것은 상상도 할 수 없는 일인 듯 보인다. 하지만 노인들에게는 운전을 멈춰야 할 때가 올 것이다. 이유는 많지만, 노인들이 운전을 그만두도록 요구하는 가장 일반적인 이유는 ③향상된 시력이다. 노인들의 시력을 지키기 위해 할 수 있는 것들이 있긴 하지만, 만약 그들의 보는 능력이 운전을 하는 데에 위험요소가 된다면 그들은 ④귀중한 자유를 그만 보내야 될 때가 됐다고 당부를 받게 될 것이다.

① 좀처럼 ~않다　② 잃다　③ 향상된　④ 귀중한

☑ **TIP** 노인들은 일반적으로 시력이 향상되기보다 노화로 시력이 떨어지기 때문에 ③ enhanced는 적절하지 않다.

12 (A)와 (B)에 들어갈 말로 가장 적절한 것은?

> Mental preparation is great advice in many situations — including social situations. Whether you're about to walk into a job interview or going to a dinner party, a little mental preparation might make things go more smoothly. _____(A)_____, you might imagine yourself successfully talking to several new people. Or you might picture yourself making good eye contact and asking questions that keep the conversation flowing. Of course, you don't have control over everything. _____(B)_____, one thing you can control is your own behavior. A little mental preparation can help you feel calm enough to be your best self in social situations.

	(A)	(B)
①	In contrast	Therefore
②	For example	However
③	In contrast	Nevertheless
④	For example	Furthermore

☑ 해석 마음의 준비는 사회적 상황들을 포함한 여러 상황에서 훌륭한 고문이다. 당신이 직업 면접을 곧 보거나 디너파티에 가던지, 약간의 마음의 준비는 일들이 더 순탄하게 진행되도록 만들 것이다. (A) 예를 들어, 당신은 자신이 성공적으로 새로운 몇 사람들에게 말을 거는 상상을 할 수도 있다. 아니면 당신은 자신이 사람들과 훌륭한 눈맞춤을 하며 대화가 계속 흘러가도록 질문을 하는 이미지를 그려볼 수도 있다. 물론 당신이 모든 것에 통제권이 있는 것은 아니다. (B) 하지만, 당신이 통제할 수 있는 한 가지는 당신 자신의 행동이다. 약간의 마음의 준비는 사회적 상황들 속에서 당신의 최선의 면을 보여줄 만큼 충분히 침착하게 느끼도록 해준다.

① 그에 반해서 / 그러므로
② 예를 들어 / 하지만
③ 그에 반해서 / 그럼에도 불구하고
④ 예를 들어 / 뿐만 아니라

13 (A)와 (B)에 들어갈 말로 가장 적절한 것은?

When you're a first responder, work hours are often long and unpredictable. Fire fighters can't control when a fire starts ; they just have to stop it, no matter how inconvenient the time. ____(A)____, police officers can't leave a crime scene just because their scheduled shift is over and it's time to go home. They have to make sure the situation is safe before leaving. Because of the time commitment alone, first responders make substantial personal sacrifices. Whatever activities, hobbies, or family time they enjoy often takes a backseat to their service to the community. ____(B)____, time isn't the only thing first responders sacrifice. Every day, they put their safety on the line for our benefit. They run into dangerous situations so that we don't have to, sometimes risking their lives in the process.

	(A)	(B)
①	On the contrary	Similarly
②	In short	Moreover
③	Consequently	Nevertheless
④	Likewise	However

✓ **단어** first responder : 응급 의료요원 inconvenient : 불편한 substantial : 상당한

✓ **해석** 응급 요원이라면, 근무시간이 길고 예측할 수 없는 경우가 많다. 소방관들은 화재가 시작되는 때를 통제할 수 없다.; 아무리 그 시간이 편하지 않더라도, 그들은 그저 화재를 진압해야 한다. (A) <u>마찬가지로</u> 경찰관들도 그들의 교대 근무가 끝나고 집에 갈 시간이라는 이유만으로 범죄 현장을 떠날 수 없다. 그들은 떠나기 전에 상황이 안전한지 확인해야 한다. 그러한 시간적 헌신만으로도 응급 요원들은 상당한 개인적 희생을 치른다. 그들이 즐기는 활동이나 취미, 가족과의 시간일지라도 지역사회를 위한 봉사로 인해 빈번하게 뒷전이 된다. (B) <u>하지만</u> 시간만이 응급 요원들이 희생하는 유일한 것은 아니다. 그들은 우리의 혜택을 위해 자신들의 안전마저 내놓는다. 그들은 과정 중에 때때로 자신들의 목숨이 위태로울 때에도, 우리가 위험에 처하지 않도록 자신들이 그런 상황으로 뛰어든다.

① 대조적으로 / 마찬가지로
② 요컨대 / 게다가
③ 따라서 / 그럼에도 불구하고
④ 마찬가지로 / 하지만

14 주어진 글 다음에 이어질 글의 순서로 가장 적절한 것은?

> As the body rebuilds its muscles, the muscles also increase in strength and capacity. Usually, the old tissue is discarded before the synthesis of new tissue. Consuming a lot of protein will help to provide raw material to help with the synthesis of new tissue.

> (A) They are happening; you don't see them until the changes are substantial enough for you to notice. This is especially true if you have a lot of body fat.
>
> (B) Your body will constantly be burning fat and building new tissue, which can give you the idea that you still look the same.
>
> (C) Regarding the synthesis of new tissue, keep in mind that it will take a bit of time to start seeing body changes. However, this does not mean that the changes are not ongoing.

① (A) — (B) — (C)
② (A) — (C) — (B)
③ (B) — (A) — (C)
④ (C) — (A) — (B)

Ⓒ **단어** tissue : (세포로 이루어진)조직 synthesis : 통합 discard : 폐기하다 consume : 먹다

Ⓒ **해석** [신체가 근육을 다시 만들 때, 근육들도 힘과 능력을 증가시킨다. 보통 오래된 조직은 새로운 조직의 통합 전에 폐기된다. 많은 양의 단백질을 섭취하는 것은 새로운 조직 통합에 도움이 되는 원료를 공급하도록 도울 것이다.]

(C) 새로운 조직 통합에 대해 말하자면, 신체 변화를 눈으로 보기까지 시간이 약간 걸릴 것임을 기억하라. 하지만, 이것이 변화가 계속되지 않음을 의미하는 것은 아니다.

(A) 변화는 일어나고 있다.; 당신이 알아차릴 만큼 변화가 상당할 때까지 당신은 알아보지 못한다. 이것은 당신이 체지방이 많다면 특히 더 그러하다.

(B) 당신의 몸은 지속적으로 지방을 태울 것이고 새로운 조직을 다시 만들어내고 있지만, 그것은 여전히 당신이 똑같아 보인다는 생각이 들도록 할 수 있다.

Ⓒ **TIP** ④ (C) - (A) - (B)

15 주어진 글 다음에 이어질 글의 순서로 가장 적절한 것은?

> There are hundreds of gas stations around San Francisco in the California Bay Area. One might think that gas stations would spread out to serve local neighborhoods.

> (A) The phenomenon is partly due to population clustering. Gas stations will be more common where demand is high, like in a city, rather than in sparsely populated areas like cornfields.
>
> (B) But this idea is contradicted by a common observation. Whenever you visit a gas station, there is almost alwaysan other in the vicinity, often just across the street. In general, gas stations are highly clustered.
>
> (C) Moreover, there are many factors at play. Locating a gas station is an optimization problem involving demand, real estate prices, estimates of population growth, and supply considerations such as the ease of refueling.

① (A) — (C) — (B)　　　　② (B) — (A) — (C)

③ (C) — (A) — (B)　　　　④ (C) — (B) — (A)

✓ **단어** contradict : 모순되다　vicinity : 인근　clustered : 무리를 이룬　phenomenon : 현상　sparsely : 드문드문　real estate : 부동산　optimization : 최적화　refueling : 연료 보급의

✓ **해석** [California 만안지역에 있는 San Francisco 주위에는 수많은 주유소가 있다. 어떤 사람은 주유소가 지역 주민들을 위해 확산되었을 거라고 생각할지도 모른다.]
(B) 하지만 이 생각은 일반적인 관찰로 볼 때 모순된다. 당신이 주유소를 가보면 인근에 거의 항상 다른 주유소가 있고, 종종 바로 길 건너편에 있다. 일반적으로 주유소는 매우 밀집되어 있다.
(A) 그 현상은 어느 정도 인구 밀집으로 인한 것이다. 주유소는 옥수수밭처럼 인구밀도가 희박한 지역 보다는 도시 같이 수요가 높은 지역에서 더 흔할 것이다.
(C) 게다가 많은 요소들이 작용하고 있다. 주유소의 입지 선정은 수요, 부동산 가격, 인구증가 추정치, 연료 공급의 용이성과 같은 충분한 고려사항을 포함하는 최적화 문제이다.

✓ **TIP** ② (B) - (A) - (C)

16 밑줄 친 부분이 가리키는 대상이 나머지 셋과 다른 것은?

A way of testing a fire safety management plan in a building, fire drills are considered training exercises for all involved. Everyone in a building must comply with ① them, including staff, students, and visitors. ② They help building users learn and remember alternative escape routes and allow fire wardens to practice their evacuation role. Shortcomings in fire drills can be identified and rectified. ③ They are planned events, but advance warning should not normally be given to building users. This ensures ④ they react normally when the fire alarm sound sand are not unnaturally prepared. False fire alarm activations and evacuations do not count as fire drills as they are unplanned.

☑ **단어** fire drill : 소방 훈련 comply : 따르다 evacuation : 대피 fire warden : 소방 감독관 shortcoming : 단점 rectify : 바로잡다 activation : 활성화, 작동

☑ **해석** 건물 내 화재 안전 관리계획을 시험하는 한 가지 방법인 소방 훈련은 관련된 모든 사람들을 위한 훈련 연습으로 여겨진다. 건물 내부의 직원, 학생, 방문객을 포함한 모든 사람들은 ①그것들(소방 훈련)은 따라야만 한다. ②그것들(소방 훈련)은 건물 이용객들이 대체 탈출로를 배우고 기억하도록 돕고 소방 감독관들이 대피 임무 역할을 연습하도록 해준다. 소방 훈련에서 단점들은 확인하고 바로잡힐 수 있다. ③그것들(소방 훈련)은 계획된 이벤트이지만, 보통은 건물 이용객들이 사전 경고를 받아서는 안 된다. 이점은 화재 경보가 울렸을 때 ④그들(건물 이용객)이 일반적으로 반응을 하고 부자연스럽게 준비되지 않도록 해준다. 허위 화재 경보 작동과 대피는 계획되지 않은 것이어서 소방 훈련으로 포함하지 않는다.

☑ **TIP** ④번이 있는 문장에서 소방 훈련 중 건물 이용객들이 준비되지 않은 자연스러운 반응을 언급하고 있으므로 they는 이전 문장에서 나왔던 builing users이다.

17 밑줄 친 부분이 가리키는 대상이 나머지 셋과 다른 것은?

Gregory Bare, a Bloomington firefighter, was at home getting ready to go to bed when he noticed his neighbor's house was on fire. Even though ① he was off duty and did not have access to his protective clothing or equipment, Bare leaped into action. After reporting the fire to 911 operators, he ran over to find his neighbor struggling to get out of her window. Removing the screen and helping her escape, ② he learned that an additional resident remained inside. With the front of the home burning, Bare entered through the rear where there was no smoke or fire, woke up the sleeping housemate, and escorted ③ him out of the home to safety. Several firefighters called to the scene credited Bare with saving the two residents. After review, ④ his action will likely be recognized at the Bloomington Fire Department's annual awards banquet.

☑ **단어** run over : 재빨리 훑어보다   banquet : 연회

☑ **해석** Bloomington의 소방관 Gregory Bare는 그의 이웃의 집에 불이 났음을 알아차렸을 때 집에서 잘 준비를 하고 있었다. 비록 ① 그(Gregory Bare)는 비번이었고 그의 방호복과 장비를 갖고 있지 않았지만, Bare는 바로 행동을 취했다. 911 전화 상담원들에게 신고를 한 뒤, 그는 그의 이웃이 창문 밖으로 나오려고 애쓰는 것을 재빨리 훑어 발견했다. 방충망을 제거하고 그녀의 구출을 도우며 ② 그(Gregory Bare)는 실내에 또 다른 주민이 남아있다는 것을 알게 됐다. Bare는 집 현관이 불타고 있어서 연기나 불이 붙지 않은 뒤쪽을 통해 들어가, 잠들어 있는 동거인을 깨워 ③ 그(housemate)를 집 밖으로 안전하게 부축했다. 현장에 도착한 몇몇 소방관들은 두 명의 주민을 구해낸 Bare를 인정했다. 검토 후, ④ 그(Gregory Bare)의 행동은 아마 Bloomington의 소방국의 연례 시상식 연회에서 그 공로가 인정될 것 같다.

☑ **TIP** ①, ②, ④는 Gregory Bare를 가리키지만, ③은 Bare가 구출한 이웃의 동거인이다.

18 Hansberry에 관한 다음 글의 내용과 일치하지 않는 것은?

> Hansberry was born on May 19, 1930, in Chicago, Illinois. She wrote The Crystal Stair, a play about a struggling black family in Chicago, which was later renamed A Raisin in the Sun, a line from a Langston Hughes poem. She was the first black playwright and, at 29, the youngest American to win a New York Critics' Circle award. The film version of A Raisin in the Sun was completed in 1961, starring Sidney Poitier, and received an award at the Cannes Film Festival. She broke her family's tradition of enrolling in Southern black colleges and instead attended the University of Wisconsin in Madison. While at school, she changed her major from painting to writing, and after two years decided to drop out and move to New York City.

① The Crystal Stair라는 연극 작품을 썼다.

② 29세에 New York Critics' Circle 상을 수상했다.

③ 가문의 전통에 따라 남부 흑인 대학에 등록했다.

④ 학교에서 전공을 미술에서 글쓰기로 바꿨다.

⊘ **단어** starring : 주연   drop out : 중퇴하다

☑ **해석** Hansberry는 Illinois의 Chicago에서 1930년 5월 19일에 태어났다. 그녀는 Chicago에서 분투하는 한 흑인 가족에 대한 연극 The Crystal Stair를 집필했고, 그것은 후에 Langston Hughes의 시의 한 구절에서 따온 A Raisin in the Sun으로 이름이 바뀌었다. 그녀는 최초의 흑인 극작가였고, 29세에 최연소 미국인으로 New York Critics' Circle 상을 받았다. Sidney Poitier가 주연인 A Raisin in the Sun을 영화화한 작품은 1961년에 완성되었고, Cannes Film Festival에서 상을 받았다. 그녀는 남부 흑인 대학에 가는 그녀 가문의 전통을 깨고 대신에 Madison의 Wisconsin 대학에 진학했다. 학교에 다니는 동안, 그녀는 전공을 회화에서 작문으로 바꾸었고, 2년 후에 중퇴하고 New York 시로 이사하기로 결심했다.

⊘ **TIP** ③ Hansberry는 가문의 전통을 따르지 않고 Wisconsin 대학에 진학했다.

✐ **ANSWER** 17.③ 18.③

19 다음 글에서 전체 흐름과 관계없는 문장은?

Genetic engineering of food and fiber products is inherently unpredictable and dangerous — for humans, for animals, for the environment, and for the future of sustainable and organic agriculture. ① As Dr. Michael Antoniou, a British molecular scientist, points out, gene-splicing has already resulted in the "unexpected production of toxic substances in genetically engineered (GE) bacteria, yeast, plants, and animals." ② So many people support genetic engineering which can help to stop the fatal diseases. ③ The hazards of GE foods and crop sfall basically into three categories: human health hazards, environmental hazards, and socioeconomic hazards. ④ A brief look at the already-proven and likely hazards of GE products provides a convincing argument for why we need a global moratorium on all GE foods and crops.

✓ **단어** genetic : 유전학의   fiber : 섬유   inherently : 본질적으로   sustainable : 지속 가능한   organic agriculture : 유기농업
molecular : 분자의   gene-splicing : 유전자 접합   fatal : 치명적인   hazard : 위험   fall into : -로 나뉘다   socioeconomic : 사회 경제적

☑ **해석** 식품과 섬유 제품의 유전 공학은 인간, 동물, 환경, 그리고 지속 가능한 유기농업의 미래에 본질적으로 예측할 수 없고 위험하다. ① 영국의 분자 과학자인 Michael Antoniou 박사가 지적한 바와 같이 유전자 접합은 이미 "유전자공학에 의해 생성된(GE) 박테리아, 효모, 식물, 동물에서 예기치 못한 독성 물질 생성"이라는 결과를 냈다. (② 그래서 많은 사람들이 치명적인 질병들을 멈추는 데 도움을 줄 수 있는 유전공학을 지지한다.) ③ GE 식품과 농작물의 위험은 기본적으로 세 가지 범주로 분류된다.: 인간의 건강 위험, 환경 위험, 사회 경제적 위험. ④ 이미 입증된 GE 생산품의 위험 여지를 간략히 살펴보는 것은 왜 우리가 GE 식품과 농작물에 글로벌 모라토리엄이 필요한지에 대해 설득력 있는 주장을 가능하게 해준다.

✓ **TIP** ② 유전공학의 위험에 대해 서술하는 전체 흐름과 관계없이 유전공학에 대한 사람들의 지지를 서술하고 있다.

20 다음 글의 내용과 일치하지 않는 것은?

A local Lopburi inn owner, Yongyuth, held the first buffet for the local monkeys in 1989, and the festival now draws thousands of tourists every year. The Lopburi people revere the monkeys so much that every year they hold an extravagant feast for them in the ruins of an old Khmer temple. Over 3,000 monkeys attend the banquet of fruit, vegetables and sticky rice, which is laid out on long tables. Before the banquet, Lopburi locals perform songs, speeches and monkey dances in honour of the monkeys. The Lopburi people believe that monkeys descend from Hanuman's monkey army, who, according to legend, saved the wife of Lord Ram from a demon. Since then, monkeys have been thought to bring good luck and are allowed to roam where they please in the city, even if they do cause chaos and tend to mug people.

① Lopburi 여관의 주인이 원숭이를 위한 뷔페를 처음 열었다.
② Lopburi 사람들은 원숭이를 매우 존경해서 매년 호화로운 잔치를 연다.
③ Lopburi 사람들은 연회가 끝나면 원숭이 춤을 춘다.
④ 원숭이가 행운을 가져다준다고 여겨진다.

☑ **단어** inn : 여관 revere : 숭배하다 extravagant : 화려한 banquet : 만찬 roam : 배회하다 even if : ~일지라도

☑ **해석** 현지 Lopburi 여관 주인인 Yongyuth는 1989년에 지역 원숭이들을 위한 첫 번째 뷔페를 열었고, 이제 그 축제는 해마다 수 천명의 관광객들을 끌어모으고 있다. Lopburi 사람들은 원숭이들을 무척 숭배해서 해마다 오래된 Khmer 사원의 폐허에서 그들을 위한 화려한 잔치를 베푼다. 3,000마리가 넘는 원숭이들이 기다란 탁자에 놓여있는 과일, 야채, 찹쌀의 만찬에 참여한다. 연회가 열리기 전에 Lopburi 현지인들은 원숭이들에게 경의를 표하기 위해 노래, 연설, 원숭이 춤을 춘다. Lopburi 사람들은 원숭이들이 Hanuman의 원숭이 군대에서 내려온다고 믿는데, 전설에 따르면 Hanuman은 Ram 경의 아내를 악마로부터 구했다고 한다. 그 이후 원숭이들은 복을 가져온다고 생각되었고, 난장판을 만들고 사람들에게 강도 짓을 하더라도 그들은 도시에서 마음에 드는 곳을 돌아다녀도 된다.

☑ **TIP** ③ 본문에서 Lopburi 사람들은 연회 전에 원숭이 춤을 춘다고 언급되었다.

✎ **ANSWER** 19.② 20.③

※ 밑줄 친 부분의 의미와 가장 가까운 것을 고르시오. 【1~3】

1

Privacy as a social practice shapes individual behavior in conjunction with other social practices and is therefore central to social life.

① in combination with　　　② in comparison with

③ in place of　　　　　　　④ in case of

✓ **단어** practice : 관행　in conjunction with : ~와 결합하여, 함께

✓ **해석** 사회 관행으로서의 사생활은 다른 사회적 관행과 함께 개인의 행동을 형성하고 사회생활의 중심이 된다.
　　　① ~와 결합하여, 함께
　　　② ~와 비교하여, ~에 비해서
　　　③ ~ 대신에
　　　④ ~의 경우에

2

The influence of Jazz has been so pervasive that most popular music owes its stylistic roots to jazz.

① deceptive　　　　　　　② ubiquitous

③ persuasive　　　　　　 ④ disastrous

✓ **단어** influence : 영향력　pervasive : 만연하는, 스며드는

✓ **해석** 재즈의 영향력이 매우 만연해 있어서 대부분의 대중음악은 재즈에 형태적 근거를 두고 있다.
　　　① 기만적인, 현혹하는　　② 어디에나 있는, 아주 흔한
　　　③ 설득력 있는　　　　　④ 처참한, 형편없는

3

> This novel is about the <u>vexed</u> parents of an unruly teenager who quits school to start a business.

① callous
② annoyed
③ reputable
④ confident

✓ **단어** vexed : 곤란한, 짜증이 난 unruly : 제멋대로의 quit : 그만두다

☑ **해석** 이 소설은 사업을 시작하기 위해 학교를 그만두는 한 제멋대로인 10대의 <u>골치 아파하는</u> 부모에 관한 이야기이다.

① 냉담한
② 짜증이 난, 약이 오른
③ 평판이 좋은
④ 자신감 있는

4 밑줄 친 부분에 들어갈 말로 가장 적절한 것은?

> A group of young demonstrators attempted to _____ the police station.

① line up
② give out
③ carry on
④ break into

✓ **단어** demonstrato : 시위자

☑ **해석** 한 무리의 젊은 시위대가 경찰서에 <u>침입하려고</u> 시도했다.

① 줄 서다
② 배포하다
③ 계속하다
④ 침입하다

5 다음 글의 내용과 일치하는 것은?

> The most notorious case of imported labor is of course the Atlantic slave trade, which brought as many as ten million enslaved Africans to the New World to work the plantations. But although the Europeans may have practiced slavery on the largest scale, they were by no means the only people to bring slaves into their communities: earlier, the ancient Egyptians used slave labor to build their pyramids, early Arab explorers were often also slave traders, and Arabic slavery continued into the twentieth century and indeed still continues in a few places. In the Americas some native tribes enslaved members of other tribes, and slavery was also an institution in many African nations, especially before the colonial period.

① African laborers voluntarily moved to the New World.

② Europeans were the first people to use slave labor.

③ Arabic slavery no longer exists in any form.

④ Slavery existed even in African countries.

✅ **단어** notorious : 악명 높은 imported : 수입된, 들여온 enslaved : 노예가 된 plantation : 대농장 by no means : 결코 ~이 아닌 explorer : 탐험가 tribe : 부족 institution 제도, 관습

☑️ **해석** 수입 노동의 가장 악명 높은 사례는 물론 대서양 노예무역으로, 이는 대농장을 경작하도록 천만 명에 이르는 노예가 된 아프리카인들을 신대륙에 데려왔다. 그러나 유럽인들이 노예 제도를 가장 대규모로 시행했을지라도, 그들은 결코 그들의 지역사회에 노예를 데려온 유일한 사람들이 아니었다. 일찍이 고대 이집트인들은 노예 노동을 그들의 피라미드를 건설하는 데 사용했고, 초기 아랍 탐험가들은 종종 노예 무역상이었으며, 아랍 노예제도는 20세기까지 계속되었으며, 실제로 몇몇 곳에서는 아직도 유지되고 있다. 아메리카 대륙에서는 몇몇 토착 부족들이 다른 부족의 구성원들을 노예로 삼았고, 노예 제도는 또한 특히 식민지 시대 이전 많은 아프리카 국가들의 관습이기도 했다.

① 아프리카인 노동자들은 자발적으로 신대륙으로 이주했다.
② 유럽인들은 노예 노동을 사용한 최초의 사람들이었다.
③ 아랍 노예 제도는 더는 어떤 형태로도 존재하지 않는다.
④ 노예 제도는 아프리카 국가들에서도 존재했다.

6 어법상 옳은 것은?

① This guide book tells you where should you visit in Hong Kong.

② I was born in Taiwan, but I have lived in Korea since I started work.

③ The novel was so excited that I lost track of time and missed the bus.

④ It's not surprising that book stores don't carry newspapers any more, doesn't it?

✐ **TIP** ② 시간의 부사절 since 절에 과거시제 started가, 주절에는 현재완료시제 have lived가 적절하게 쓰였다.
  ① where should you visit → where you should visit : tells의 직접목적어로 쓰인 where가 이끄는 의문사절은 간접
  의문문 어순을 취하기 때문에 "의문사+주어+동사"의 어순으로 써야 한다.
  ③ excited → exciting : 감정유발동사를 분사의 형용사적용법으로 사용할 때 사물을 꾸미게 되면 현재분사 즉 Ving 형
  태로 나타내야 한다.
  ④ doesn't it → is it : 부가의문문은 동사가 긍정일 때는 부정으로 부정일 때는 긍정으로 나타내야 한다.

7 다음 글의 제목으로 가장 적절한 것은?

Warming temperatures and loss of oxygen in the sea will shrink hundreds of fish species—from tunas and groupers to salmon, thresher sharks, haddock and cod—even more than previously thought, a new study concludes. Because warmer seas speed up their metabolisms, fish, squid and other waterbreathing creatures will need to draw more oxygen from the ocean. At the same time, warming seas are already reducing the availability of oxygen in many parts of the sea. A pair of University of British Columbia scientists argue that since the bodies of fish grow faster than their gills, these animals eventually will reach a point where they can't get enough oxygen to sustain normal growth. "What we found was that the body size of fish decreases by 20 to 30 percent for every 1 degree Celsius increase in water temperature," says author William Cheung.

① Fish Now Grow Faster than Ever

② Oxygen's Impact on Ocean Temperatures

③ Climate Change May Shrink the World's Fish

④ How Sea Creatures Survive with Low Metabolism

☑ **단어** shrink : 줄어들게 하다, 감소시키다 metabolism : 신진대사 availability : 이용 가능성 sustain : 지속시키다

☑ **해석** 바다에서의 온난화와 산소 손실이 참치와 농어에서 연어, 환도상어, 해덕, 대구까지 수백 종의 어종을 이전에 생각했던 것보다 더 많이 감소시킬 것이라고 새로운 연구는 결론 내렸다. 따뜻한 바다는 물고기들의 신진대사를 가속화하기 때문에, 물고기, 오징어 그리고 다른 수중 호흡 생물들은 바다에서 더 많은 산소를 끌어내야 할 것이다. 이와 동시에, 바다가 따뜻해지면서 이미 바다의 많은 부분에서 산소의 이용 가능성이 줄고 있다. University of British Columbia의 한 쌍의 과학자들은 물고기의 몸통이 아가미보다 더 빨리 자라기 때문에, 이 동물들은 결국 정상적인 성장을 지속하기에 충분한 산소를 얻을 수 없는 지경에 이르게 될 것이라고 주장한다. "우리가 발견한 것은 물고기의 몸통 크기가 수온이 섭씨 1도 증가할 때마다 20에서 30퍼센트씩 줄어든다는 것입니다."라고 저자 William Cheung은 말한다.

① 이제 물고기는 그 어느 때보다 더 빨리 자랍니다.
② 산소가 해양 온도에 미치는 영향
③ 기후변화가 세계의 물고기를 위축시킬 수 있다.
④ 낮은 신진대사로 바다생물들이 살아남는 방법

8 밑줄 친 부분 중 어법상 옳지 않은 것은?

Urban agriculture (UA) has long been dismissed as a fringe activity that has no place in cities; however, its potential is beginning to ① be realized. In fact, UA is about food self-reliance: it involves ② creating work and is a reaction to food insecurity, particularly for the poor. Contrary to ③ which many believe, UA is found in every city, where it is sometimes hidden, sometimes obvious. If one looks carefully, few spaces in a major city are unused. Valuable vacant land rarely sits idle and is often taken over—either formally, or informally—and made ④ productive.

⊘ **단어** dismiss : 묵살하다   fringe : 변두리, 주변   self-reliance : 자립   insecurity : 불안정   unused : 사용되지 않은   vacant : 비어 있는   idle : 놀고 있는

☑ **해석** 도시 농업(UA)은 오랫동안 도시에 설 자리가 없는 변두리 활동이라고 일축되어 왔지만, 그것의 잠재력이 실현되기 시작하고 있다. 사실, UA는 식량자립에 관한 것인데, 그것은 일자리를 창출하는 것을 포함하며, 특히 가난한 사람들을 위한 식량 불안정에 대한 대응이다. 많은 사람들이 믿는 것과는 반대로, UA는 모든 도시에서 발견되는데, 이 곳에서 때로는 숨겨지고 때로는 확연하다. 주의 깊게 살펴보면, 대도시에는 사용되지 않는 공간이 거의 없다. 가치 있는 빈 땅은 거의 놀고 있지 않으며 종종 공식적으로나 비공식적으로 인계되어 생산적으로 만들어지기도 한다.

⊘ **TIP** ③ which → what : 전치사 to 뒤에 올 수 있는 명사절을 이끌면서 many believe라는 관계사절의 목적어 역할을 할 수 있는 what으로 고쳐야 한다.

9 주어진 문장이 들어갈 위치로 가장 적절한 것은?

> For example, the state archives of New Jersey hold more than 30,000 cubic feet of paper and 25,000 reels of microfilm.

Archives are a treasure trove of material : from audio to video to newspapers, magazines and printed material—which makes them indispensable to any History Detective investigation. While libraries and archives may appear the same, the differences are important. (①) An archive collection is almost always made up of primary sources, while a library contains secondary sources. (②) To learn more about the Korean War, you'd go to a library for a history book. If you wanted to read the government papers, or letters written by Korean War soldiers, you'd go to an archive. (③) If you're searching for information, chances are there's an archive out there for you. Many state and local archives store public records—which are an amazing, diverse resource. (④) An online search of your state's archives will quickly show you they contain much more than just the minutes of the legislature—there are detailed land grant information to be found, old town maps, criminal records and oddities such as peddler license applications.

* treasure trove : 귀중한 발굴물(수집물)

* land grant : (대학 · 철도 등을 위해) 정부가 주는 땅

☑ **단어** archive : 기록 보관소 treasure trove : 보물 창고, 보고 indispensable : 필수적인 primary source : 1차 자료 secondary source : 2차 자료 legislature : 입법부 minute : (보통 pl.) 회의록 oddity : 특이한(이상한) 것(사람)

☑ **해석** 기록 보관소는 오디오에서 비디오, 신문, 잡지 및 인쇄물에 이르기까지 모든 자료의 보고이며, 기록 보관소는 역사 탐정 조사에서 필수적이다. 도서관과 기록 보관소가 똑같아 보일 수 있지만, 차이점이 중요하다. 기록 보관소의 소장품들이 거의 항상 1차 자료로 구성되는 반면, 도서관은 2차 자료로 구성된다. 한국 전쟁에 대해 더 알기 위해 여러분은 역사책을 찾아 도서관에 갈 것이다. 만약 여러분이 정부 문서나 한국 전쟁 병사들이 쓴 편지를 읽고자 한다면, 여러분은 기록 보관소에 갈 것이다. 만약 여러분이 정보를 찾고 있다면, 아마 당신을 위한 기록 보관소가 있을 것이다. 많은 주 및 지역 기록 보관소에서 경이롭고 다양한 자료인 공공 기록들을 보관한다. 예를 들어, 뉴저지의 주 기록 보관소에는 30,000 입방피트 이상의 문서와 25,000개 릴 이상의 마이크로필름이 보관되어 있다. 여러분의 주 기록 보관소를 온라인으로 검색하면 입법부의 회의록보다 훨씬 더 많은 내용이 있다는 것을 빠르게 알 수 있을 것이다. 자세한 토지 보조금 정보, 구시가지 지도, 범죄 기록 및 행상 면허 신청서와 같은 특이 사항들이 있다.

10 다음 글의 흐름상 가장 어색한 문장은?

The term burnout refers to a "wearing out" from the pressures of work. Burnout is a chronic condition that results as daily work stressors take their toll on employees. ① The most widely adopted conceptualization of burnout has been developed by Maslach and her colleagues in their studies of human service workers. Maslach sees burnout as consisting of three interrelated dimensions. The first dimension—emotional exhaustion—is really the core of the burnout phenomenon. ② Workers suffer from emotional exhaustion when they feel fatigued, frustrated, used up, or unable to face another day on the job. The second dimension of burnout is a lack of personal accomplishment. ③ This aspect of the burnout phenomenon refers to workers who see themselves as failures, incapable of effectively accomplishing job requirements. ④ Emotional labor workers enter their occupation highly motivated although they are physically exhausted. The third dimension of burnout is depersonalization. This dimension is relevant only to workers who must communicate interpersonally with others (e.g. clients, patients, students) as part of the job.

☑ **단어** chronic condition : 만성 질환 stressor : 스트레스 요인 take a toll on : ~에 피해를 주다 conceptualization : 개념화, 개념적인 해석 interrelated : 서로 밀접하게 연관된 dimension : 크기, 차원 exhaustion : 피로, 기진맥진 fatigued : 심신이 지친, 피로한 requirement : 필요조건, 요구 사항 motivated : 의욕을 가진 depersonalization : 몰개인화, 비인격화 interpersonally : 대인 관계에서

☑ **해석** 번 아웃이라는 용어는 업무의 압박으로 인한 "마모"를 의미한다. 번 아웃은 일상적인 업무 스트레스 요인이 직원에게 피해를 입힐 때 발생하는 만성 질환이다. 가장 널리 채택된 번 아웃의 개념적인 해석은 Maslach와 그녀의 동료들이 인간 서비스 근로자들에 대한 연구에서 개발되었다. Maslach는 번 아웃이 서로 밀접하게 연관된 세 가지 차원으로 구성되어 있다고 여긴다. 첫 번째 차원인 정서적 피로는 실제로 번 아웃 현상의 핵심이다. 근로자들은 피로감, 좌절감, 기진맥진함을 느끼거나 직장에서 또 다른 하루를 맞이할 수 없을 때 정서적 피로를 겪는다. 번 아웃의 두 번째 차원은 개인적인 성취의 부족이다. 번 아웃 현상의 이러한 측면은 스스로를 업무 요구 사항을 효과적으로 달성할 수 없는 실패자로 여기는 근로자들을 나타낸다. (감정 노동자들은 육체적으로 지쳤음에도 왕성한 의욕을 가지고 그들의 업무를 시작한다.) 번 아웃의 세 번째 차원은 몰개인화다. 이 차원은 직무의 일부로 다른 사람들(예를 들면 고객, 환자, 학생)과 대인 관계를 맺어야 하는 근로자들에게만 해당된다.

11

A : Were you here last night?

B : Yes. I worked the closing shift. Why?

A : The kitchen was a mess this morning. There was food spattered on the stove, and the ice trays were not in the freezer.

B : I guess I forgot to go over the cleaning checklist.

A : You know how important a clean kitchen is.

B : I'm sorry. _____

① I won't let it happen again.

② Would you like your bill now?

③ That's why I forgot it yesterday.

④ I'll make sure you get the right order.

✓ 단어 shift : (교대제의) 근무 시간   mess : 엉망인 상태   spatter : 튀기다, 튀다   go over : ~을 점검(검토)하다   bill : 계산서

✓ 해석 A : 어젯밤에 여기에 있었나요?
B : 네, 제가 마감 근무를 했어요. 무슨 일인가요?
A : 오늘 아침 주방이 엉망이었어요. 음식이 레인지 위에 튀어 있었고, 얼음 트레이가 냉동실 안에 있지 않았어요.
B : 제가 청소 체크리스트를 점검하는 걸 잊었나봐요.
A : 깨끗한 주방이 얼마나 중요한지 알잖아요.
B : 죄송합니다. 다시는 그런 일 없도록 하겠습니다.

① 다시는 그런 일 없도록 하겠습니다.
② 지금 계산해 드릴까요?
③ 그래서 제가 어제 그걸 잊은 거예요.
④ 주문하신 것을 제대로 받도록 하겠습니다.

12

A : Have you taken anything for your cold?
B : No, I just blow my nose a lot.
A : Have you tried nose spray?
B : _____
A : It works great.
B : No, thanks. I don't like to put anything in my nose, so I've never used it.

① Yes, but it didn't help.

② No, I don't like nose spray.

③ No, the pharmacy was closed.

④ Yeah, how much should I use?

✓ **단어** pharmacy : 약국

✓ **해석** A : 감기에 무엇이라도 하셨습니까?
　　　　B : 아뇨, 그저 코를 많이 풀고 있습니다.
　　　　A : 비강 스프레이는 사용해보셨습니까?
　　　　B : 아뇨, 저는 비강 스프레이를 좋아하지 않습니다.
　　　　A : 그거 효과 좋습니다.
　　　　B : 사양할게요. 제 코에 무언가 넣는 것을 좋아하지 않아요. 그래서 그것을 사용해본 적 없습니다.

✎ **ANSWER** 11.① 12.②

13 다음 글의 내용과 일치하지 않는 것은?

Deserts cover more than one-fifth of the Earth's land area, and they are found on every continent. A place that receives less than 25 centimeters (10 inches) of rain per year is considered a desert. Deserts are part of a wider class of regions called drylands. These areas exist under a "moisture deficit," which means they can frequently lose more moisture through evaporation than they receive from annual precipitation. Despite the common conceptions of deserts as hot, there are cold deserts as well. The largest hot desert in the world, northern Africa's Sahara, reaches temperatures of up to 50 degrees Celsius (122 degrees Fahrenheit) during the day. But some deserts are always cold, like the Gobi Desert in Asia and the polar deserts of the Antarctic and Arctic, which are the world's largest. Others are mountainous. Only about 20 percent of deserts are covered by sand. The driest deserts, such as Chile's Atacama Desert, have parts that receive less than two millimeters (0.08 inches) of precipitation a year. Such environments are so harsh and otherworldly that scientists have even studied them for clues about life on Mars. On the other hand, every few years, an unusually rainy period can produce "super blooms," where even the Atacama becomes blanketed in wildflowers.

① There is at least one desert on each continent.

② The Sahara is the world's largest hot desert.

③ The Gobi Desert is categorized as a cold desert.

④ The Atacama Desert is one of the rainiest deserts.

✓ **단어** deficit : 부족, 결핍 evaporation : 증발 precipitation : 강수(량) mountainous : 산이 많은 otherworldly : 비현실적인, 초자연적인, 내세의 blanketed with : ~로 뒤덮인

☑ **해석** 사막은 지구 육지의 5분의 1 이상을 덮고 있으며, 모든 대륙에서 발견된다. 매년 25센티미터 (10인치) 미만의 비가 오는 곳은 사막으로 여겨진다. 사막은 건조 지대라고 불리는 광범위한 지역의 일부이다. 이 지역들은 '수분 부족' 환경 하에 존재하는데, 이는 연간 강수를 통해 얻는 양보다 증발을 통해 흔히 수분을 더 많이 잃을 수 있다는 의미다. 사막이 뜨겁다는 일반적인 개념에도 불구하고, 차가운 사막들 또한 존재한다. 세계에서 가장 큰 뜨거운 사막인 북아프리카의 사하라 사막은 낮 동안 최고 섭씨 50도 (화씨 122도)에 이른다. 하지만 아시아의 고비 사막이나 세계에서 가장 큰 남극과 북극의 극지방 사막과 같이, 어떤 사막들은 항상 춥다. 다른 사막들에는 산이 많다. 사막의 약 20%만이 모래로 덮여있다. 칠레의 아타카마 사막과 같은 가장 건조한 사막에는 연간 강수량이 2밀리미터 (0.08인치) 미만인 곳들이 있다. 그러한 환경들은 너무 혹독하고 비현실적이어서 과학자들이 화성의 생명체에 대한 단서를 찾기 위해 그것들을 연구하기도 했다. 반면, 몇 년에 한 번씩 유난히 비가 많이 오는 시기가 '슈퍼 블룸 현상'을 만들어낼 수 있는데, 이때는 아타카마조차도 야생화로 뒤덮이게 된다.

① 각 대륙에는 적어도 하나의 사막이 존재한다.
② 사하라 사막은 세계에서 가장 큰 뜨거운 사막이다.
③ 고비 사막은 차가운 사막으로 분류된다.
④ 아타카마 사막은 비가 가장 많이 오는 사막들 중 하나이다.

14 ① 나는 너의 답장을 가능한 한 빨리 받기를 고대한다.

→ I look forward to receive your reply as soon as possible.

② 그는 내가 일을 열심히 했기 때문에 월급을 올려 주겠다고 말했다.

→ He said he would rise my salary because I worked hard.

③ 그의 스마트 도시 계획은 고려할 만했다.

→ His plan for the smart city was worth considered.

④ Cindy는 피아노 치는 것을 매우 좋아했고 그녀의 아들도 그랬다.

→ Cindy loved playing the piano, and so did her son.

✅ **TIP** ④ '~ 또한 그러하다'는 의미의 so 뒤에서는 도치가 발생한다(so+V+S). 도치할 때 동사가 일반 동사이면 do동사를 대신 써서 도치해야 한다. '~ 또한 그러하다'의 표현은 긍정문의 경우는 so를 쓰고 부정문의 경우 neither를 사용한다.

① to receive → to receiving : '~하기를 고대하다'를 의미하는 준동사 주요 표현은 look forward to -ing를 써야 한다. 이때의 to는 전치사이므로 목적어로 동명사가 와야 한다.

② rise → raise : rise는 자동사이므로 목적어를 가질 수 없다. 뒤에 목적어 my salary가 있으므로 타동사인 raise로 고쳐야 한다.

③ worth considered → worth considering : '~할 만한 가치가 있다'를 의미하는 준동사 주요 표현은 'be worth -ing'를 써야 한다. 주어인 그의 계획이 고려되는 것으로 수동의 의미이지만 'worth -ing'는 -ing 형태로 표현해도 수동의 의미를 가질 수 있으므로 수동형으로 쓰지 않는다.

15 ① 당신이 부자일지라도 당신은 진실한 친구들을 살 수는 없다.

→ Rich as if you may be, you can't buy sincere friends.

② 그것은 너무나 아름다운 유성 폭풍이어서 우리는 밤새 그것을 보았다.

→ It was such a beautiful meteor storm that we watched it all night.

③ 학위가 없는 것이 그녀의 성공을 방해했다.

→ Her lack of a degree kept her advancing.

④ 그는 사형이 폐지되어야 하는지 아닌지에 대한 에세이를 써야 한다.

→ He has to write an essay on if or not the death penalty should be abolished.

✅ **TIP** ② '너무 ~해서 ~하다'의 뜻을 가지는 'such+a(n)+형용사+명사+that' 구문이 적절하게 쓰였다. that절에 나온 대명사 it은 앞에 나온 storm을 지칭하므로 수에 맞게 쓰였다.

① Rich as if → Rich as : '비록 ~일지라도'를 의미하는 표현은 "형용사/부사/무관사 명사+as[though] 주어+동사' 구문을 사용한다.

③ kept her advancing → kept her from advancing : 'keep+O+v-ing'는 '목적어가 계속 ~하게 하다'라는 의미이다. 따라서 '목적어가 ~하지 못하게 하다'의 의미인 'keep+O+from v-ing'의 구문을 사용하여야 한다.

④ if → whether : '~인지 아닌지'를 의미하는 if는 타동사의 목적어로만 쓰일 수 있다. 따라서 전치사의 목적어 자리에서도 쓰일 수 있는 whether로 고쳐야 한다.

✏️ **ANSWER** 13.④ 14.④ 15.②

※ 밑줄 친 부분에 들어갈 말로 가장 적절한 것을 고르시오. 【16~17】

16

Social media, magazines and shop windows bombard people daily with things to buy, and British consumers are buying more clothes and shoes than ever before. Online shopping means it is easy for customers to buy without thinking, while major brands offer such cheap clothes that they can be treated like disposable items—worn two or three times and then thrown away. In Britain, the average person spends more than £1,000 on new clothes a year, which is around four percent of their income. That might not sound like much, but that figure hides two far more worrying trends for society and for the environment. First, a lot of that consumer spending is via credit cards. British people currently owe approximately £670 per adult to credit card companies. That's 66 percent of the average wardrobe budget. Also, not only are people spending money they don't have, they're using it to buy things ＿＿＿＿＿＿＿. Britain throws away 300,000 tons of clothing a year, most of which goes into landfill sites.

① they don't need

② that are daily necessities

③ that will be soon recycled

④ they can hand down to others

☑ **단어** bombard : 쏟아 붓다 disposable : 일회용의 figure : 수치 via : 통하여 wardrobe : 의상, 옷 landfill : 쓰레기 매립지

☑ **해석** 소셜 미디어, 잡지 그리고 상점 진열장은 사람들에게 구매할 것을 매일 쏟아내고, 영국 소비자들은 과거 어느 때보다 더 많은 옷과 신발을 구매하고 있다. 온라인 쇼핑이란 소비자들이 생각하지 않고 쉽게 구매할 수 있다는 것을 의미하며, 주요 브랜드들은 — 두세 번 입히고 나면 버려지는 — 일회용품처럼 취급될 수 있을 만큼 너무나 값싼 의류를 공급한다. 영국에서, 보통 사람은 새 옷에 연간 1천 파운드 이상을 쓰는데, 이는 그들의 수입 중 약 4 퍼센트에 해당한다. 그것은 대단한 액수처럼 들리지 않겠지만, 그 숫자는 사회와 환경의 측면에서 한층 더 걱정스러운 두 가지 경향을 감추고 있다. 첫째, 많은 소비자 지출이 신용카드를 통해 이루어진다. 현재 영국 사람들은 신용카드 회사에 성인 한 사람당 거의 670파운드를 빚지고 있다. 그것은 평균 의류 예산의 66퍼센트이다. 또한, 사람들은 수중에 없는 돈을 쓰고 있을 뿐 아니라, 그들이 <u>필요하지 않은</u> 것을 구매하는 데 돈을 쓰고 있다. 영국은 연간 30만 톤의 의류를 버리는데, 그것의 대부분이 쓰레기 매립지로 간다.

① 필요하지 않은　　② 생활필수품인
③ 곧 재활용 될　　④ 다른 사람들에게 물려줄 수 있는

17

Excellence is the absolute prerequisite in fine dining because the prices charged are necessarily high. An operator may do everything possible to make the restaurant efficient, but the guests still expect careful, personal service: food prepared to order by highly skilled chefs and delivered by expert servers. Because this service is, quite literally, manual labor, only marginal improvements in productivity are possible. For example, a cook, server, or bartender can move only so much faster before she or he reaches the limits of human performance. Thus, only moderate savings are possible through improved efficiency, which makes an escalation of prices _____. (It is an axiom of economics that as prices rise, consumers become more discriminating.) Thus, the clientele of the fine-dining restaurant expects, demands, and is willing to pay for excellence.

① ludicrous

② inevitable

③ preposterous

④ inconceivable

✒ **단어** prerequisite : 전제 조건   fine dining : 고급 식당   to order : 주문에 따라   escalation 상승   axiom : 공리, 자명한 이치
clientele : 고객들   be willing to-v : 기꺼이 ~하다

✅ **해석** 탁월함은 고급 레스토랑의 절대적인 전제조건인데, 왜냐하면 부가된 가격이 필연적으로 높기 때문이다. 운영자는 레스토랑을 효율적으로 만들기 위해서 할 수 있는 모든 것을 하겠지만, 손님들은 정성스러운 개개인을 위한 서비스를 여전히 기대한다 : 매우 숙련된 요리사가 주문에 따라 준비하고 능숙한 서빙하는 사람에 의해 전달되는 음식. 그야말로, 이 서비스는 육체노동이기 때문에, 고작 미미한 생산성 향상만이 가능하다. 예를 들어, 요리사, 서빙하는 사람, 또는 바텐더는 인간 수행력의 한계에 도달하기 전에 고작 조금밖에 더 빨리 움직이지 못한다. 따라서, 향상된 효율성을 통해서는 겨우 약간의 절약만이 가능한데, 이는 가격상승을 불가피하게 만든다. (가격이 오르면 소비자들의 안목이 더 좋아지는 것은 경제학의 원리이다.) 따라서, 고급 레스토랑의 고객은 (탁월함을) 기대하고 요구하며 탁월함에 대해 기꺼이 값을 지불하려고 한다.

① 터무니없는   ② 불가피한
③ 터무니없는   ④ 상상도 할 수 없는

✎ **ANSWER** 16.① 17.②

18 주어진 글 다음에 이어질 글의 순서로 가장 적절한 것은?

To be sure, human language stands out from the decidedly restricted vocalizations of monkeys and apes. Moreover, it exhibits a degree of sophistication that far exceeds any other form of animal communication.

(A) That said, many species, while falling far short of human language, do nevertheless exhibit impressively complex communication systems in natural settings.

(B) And they can be taught far more complex systems in artificial contexts, as when raised alongside humans.

(C) Even our closest primate cousins seem incapable of acquiring anything more than a rudimentary communicative system, even after intensive training over several years. The complexity that is language is surely a species−specific trait.

① (A)−(B)−(C)　　　　　　　　　② (B)−(C)−(A)

③ (C)−(A)−(B)　　　　　　　　　④ (C)−(B)−(A)

✅ **단어** stand out from : ~에서 두드러지다　decidedly : 확실히　restricted : 제한[한정]된　vocalization : 발성(법)　ape : 유인원　exhibit : 드러내다　sophistication : 정교　exceed : 능가하다　fall short of : ~에 못 미치다　impressively : 인상적으로　artificial : 인위적인　alongside : ~와 함께　primate : 영장류　incapable of : ~할 수 없는　rudimentary : 기초[초보]의　intensive : 집중적인　species−specific : 종 특이(성)의　trait : 특성

☑ **해석** [분명히, 인간의 언어는 원숭이나 영장류들의 명백히 제한된 발성과는 구별된다. 또한 이는 동물들의 의사소통 중 어떠한 방식보다 훨씬 능가하는 정도의 정교함을 보여준다.]
(C) 심지어 우리와 가장 가까운 영장류 사촌들조차 심지어 몇 년 이상의 집중적인 훈련을 거친 이후에도 기초적인 의사소통 체계 이상의 것은 어떤 것도 획득하지 못하는 것처럼 보인다. 언어라는 복잡함은 분명 종의 고유한 특성이다.
(A) 그렇다 쳐도, 인간의 언어에는 훨씬 못 미치기는 하지만, 그럼에도 불구하고 많은 종들이 자연환경에서는 인상적으로 복잡한 의사소통 체계를 보여준다.
(B) 그리고 인간과 함께 길러지는 경우와 같이 인공적 상황에서 이들은 훨씬 더 복잡한 체계를 배울 수 있다.

19 다음 글의 주제로 가장 적절한 것은?

During the late twentieth century socialism was on the retreat both in the West and in large areas of the developing world. During this new phase in the evolution of market capitalism, global trading patterns became increasingly interlinked, and advances in information technology meant that deregulated financial markets could shift massive flows of capital across national boundaries within seconds. 'Globalization' boosted trade, encouraged productivity gains and lowered prices, but critics alleged that it exploited the low-paid, was indifferent to environmental concerns and subjected the Third World to a monopolistic form of capitalism. Many radicals within Western societies who wished to protest against this process joined voluntary bodies, charities and other non-governmental organizations, rather than the marginalized political parties of the left. The environmental movement itself grew out of the recognition that the world was interconnected, and an angry, if diffuse, international coalition of interests emerged.

① The affirmative phenomena of globalization in the developing world in the past
② The decline of socialism and the emergence of capitalism in the twentieth century
③ The conflict between the global capital market and the political organizations of the left
④ The exploitative characteristics of global capitalism and diverse social reactions against it

☑ **단어** retreat : 후퇴 phase : 단계, 국면 advance : 발전 deregulate : 규제를 철폐하다 shift : 옮기다, 바꾸다 massive : 거대한 boost : 북돋우다 gain : 개선, 증가 allege : 주장하다 exploit : 착취하다 indifferent : 무관심한 subject : 종속시키다 monopolistic : 독점적인 radical : 급진주의자 protest : 항의[반대]하다 charity : 자선단체 marginalize : 소외시키다, 처지게 하다 diffuse : 퍼뜨리다, 퍼지다 coalition : 연합 emerge : 나타나다 affirmative : 긍정적인 decline : 쇠퇴 conflict : 갈등 diverse : 다양한

☑ **해석** 20세기 후반에 사회주의는 서양과 개발도상국의 많은 지역에서 퇴각하고 있었다. 시장 자본주의의 발전이라는 새로운 국면에서, 세계의 무역 형태는 점점 연결되었고, 정보기술의 진보는 규제가 철폐된 금융 시장이 순식간에 국경을 초월하여 거대한 자본의 흐름을 바꿀 수 있다는 것을 의미했다. '세계화'는 무역을 신장시켰고, 생산성 증가를 부추겼고, 가격을 낮췄지만, 비평가들은 세계화가 저임금 노동자들을 착취했고 환경 문제에 무관심했으며 제 3세계 국가들을 자본주의의 독점적인 형태에 지배를 받게 했다고 주장했다. 이러한 과정에 대해 항의하고자 하는 서양 사회의 많은 급진주의자는 소외된 좌익의 정당보다 자발적인 단체, 구호 단체 그리고 다른 비정부 조직들에게 합류했다. 환경 운동은 스스로 세계가 서로 연결되어 있다는 인식에서 발전하였고, 성난 국제적 연합 세력들이 생겨났다.

① 과거 개발도상국에서의 세계화의 긍정적 현상
② 사회주의의 쇠퇴와 20세기 자본주의의 출현
③ 세계 자본시장과 좌파 정치 조직 사이의 갈등
④ 세계 자본주의의 착취 성격과 그에 대한 다양한 사회적 반응들

20 다음 글에 나타난 Johnbull의 심경으로 가장 적절한 것은?

In the blazing midday sun, the yellow egg-shaped rock stood out from a pile of recently unearthed gravel. Out of curiosity, sixteen-year-old miner Komba Johnbull picked it up and fingered its flat, pyramidal planes. Johnbull had never seen a diamond before, but he knew enough to understand that even a big find would be no larger than his thumbnail. Still, the rock was unusual enough to merit a second opinion. Sheepishly, he brought it over to one of the more experienced miners working the muddy gash deep in the jungle. The pit boss's eyes widened when he saw the stone. "Put it in your pocket," he whispered. "Keep digging." The older miner warned that it could be dangerous if anyone thought they had found something big. So Johnbull kept shoveling gravel until nightfall, pausing occasionally to grip the heavy stone in his fist. Could it be?

① thrilled and excited

② painful and distressed

③ arrogant and convinced

④ detached and indifferent

☑ **단어** blazing : 타는 듯이 더운 midday : 정오, 한낮 stand out : 튀어나오다 pile : 더미 unearth : 파내다, 발굴하다 gravel : 자갈 miner : 광부 finger : 손으로 만지다 find : 발견물 thumbnail : 엄지손톱 merit : ~을 받을 만하다 sheepishly : 소심하게 shovel : 삽질하다

☑ **해석** 타는 듯이 더운 한낮의 태양에, 노란 달걀 모양의 바위가 최근에 발굴된 자갈 더미에서 눈에 띄었다. 호기심으로, 16살의 광부 Komba Johnbull은 그것을 집어 들고 그것의 납작하고 피라미드 모양의 면을 손가락으로 만졌다. Johnbull은 이전에 다이아몬드를 본 적이 없지만, 그는 심지어 큰 발견물이라 해도 그의 엄지손톱보다 크지 않을 것이라는 것을 충분히 알고 있었다. 그런데도, 그 돌은 다른 사람의 의견을 받을 만큼 충분히 특이했다. 소심하게, 그는 그것을 정글 깊숙한 곳에서 진흙의 땅을 파는 더 경험 많은 광부들 중 한 명에게 가지고 갔다. 탄갱의 우두머리의 눈은 돌을 봤을 때 커졌다. "그것을 주머니에 넣어라," 그가 속삭였다. "계속 캐라." 더 나이 많은 광부는 만약 누군가가 그들이 뭔가 큰 것을 찾았다고 생각한다면 위험할 수 있다고 경고했다. 그래서 Johnbull은 해질녘까지 계속해서 자갈을 퍼내고, 이따금 멈춰서 그의 주먹 속의 무거운 돌을 꽉 쥐었다. 그럴 수 있을까?

① 짜릿하고 흥분되는   ② 고통스럽고 괴로운
③ 거만하고 확신하는   ④ 무심하고 무관심한

☑ **TIP** Johnbull은 값진 보석처럼 보이는 광물을 발견하여 다른 사람들 모르게 계속해서 광물을 캐고 있는 것으로 글에 나타난 Johnbull의 심경은 '짜릿하고 흥분되는'이 적절하다.

1 밑줄 친 부분의 의미와 가장 가까운 것은?

> For many compulsive buyers, the act of purchasing, rather than what they buy, is what leads to gratification.

① liveliness

② confidence

③ tranquility

④ satisfaction

✓ **단어** compulsive : 충동적인

　　　rather than : ~라기 보다는

　　　gratification : 만족

✓ **해석** 많은 충동적인 구매자들에게 구매의 행위는 그들이 무엇을 사는가라기보다 만족으로 이끄는 것이다.

　　　① 활기 ② 확신 ③ 평온 ④ 만족

※ 밑줄 친 부분에 들어갈 말로 가장 적절한 것을 고르시오. 【2~4】

2

> Globalization leads more countries to open their markets, allowing them to trade goods and services freely at a lower cost with greater _____.

① extinction

② depression

③ efficiency

④ caution

✓ **단어** globalization : 세계화 trade : 거래하다

✓ **해석** 세계화는 더 많은 나라들이 그들의 시장을 개방하도록 이끌어서 그들의 상품과 서비스를 더 큰 효율성과 더 낮은 가격으로 자유롭게 거래하도록 한다.

　　　① 소멸 ② 불경기 ③ 효율성 ④ 주의

 **ANSWER** 20.① / 1.④ 2.③

3

We're familiar with the costs of burnout: Energy, motivation, productivity, engagement, and commitment can all take a hit, at work and at home. And many of the _____ are fairly intuitive: Regularly unplug. Reduce unnecessary meetings. Exercise. Schedule small breaks during the day. Take vacations even if you think you can't afford to be away from work, because you can't afford not to be away now and then.

① fixes   ② damages

③ prizes   ④ complications

✓ 단어 cost : 대가   burnout : 탈진   motivation : 동기, 자극   productivity : 생산성   engagement : 약속, 업무, 참여   commitment : 약속, 헌신   take a hit : 타격을 입다   intuitive : 직감에 의한, 이해하기 쉬운   unplug : 플러그를 뽑다   afford to : ~할 여유가 있다   be away from work : 결근하다   now and then : 때때로

✓ 해석 우리는 번아웃에 대한 대가에 익숙하다 : 활기, 동기부여, 생산성, 참여, 그리고 헌신은 직장에서나 집에서 타격을 입을 수 있다. 그리고 대부분의 해결책은 꽤 이해하기 쉽다. : 주기적으로 플러그를 뽑아라. 불필요한 만남을 줄여라. 운동하라. 하루 동안 짧은 휴식을 스케줄에 넣어라. 결근할 여유가 없다는 생각이 들더라도 휴가를 떠나야 한다. 왜냐하면 당신은 때때로 자리를 비울 여유가 없을 수 있기 때문이다.

① 고정시키다, 해결책   ② 피해, 훼손, 악영향
③ 상, 상품   ④ 문제

4

The government is seeking ways to soothe salaried workers over their increased tax burdens arising from a new tax settlement system. During his meeting with the presidential aides last Monday, the President _____ those present to open up more communication channels with the public.

① fell on   ② called for

③ picked up   ④ turned down

✓ 단어 seek : 찾다   soothe : 달래다, 진정시키다   salaried : 봉급을 받는   burden : 부담, 짐   arise from : ~에서 발생하다   settlement : 합의, 해결   aide : 보좌관   those present : 출석자들   open up : 마음을 터놓다, 열다

✓ 해석 정부는 새로운 세금 결산 체계에서 발생하는 그들의 증가하는 세금 부담에 관하여 봉급을 받는 근로자들을 진정시킬 방법을 찾고 있다. 지난 월요일 대통령 보좌관들과의 회의 동안에, 대통령은 출석자들에게 대중과 더 많은 소통 창구를 열 것을 요구했다.

① ~에 떨어지다, 돌아가다
② ~을 요구하다
③ 듣게 되다, 알게 되다, ~을 알아보다
④ 거절하다

5 밑줄 친 부분의 의미와 가장 가까운 것은?

> In studying Chinese calligraphy, one must learn something of the origins of Chinese language and of how they were originally written. However, except for those brought up in the artistic traditions of the country, its aesthetic significance seems to be very difficult to apprehend.

① encompass

② intrude

③ inspect

④ grasp

☑ **단어** calligraphy : 서예 origin : 기원 except for : ~을 제외하고 Chinese calligraphy : 중국의 서예 bring ~ up : ~을 기르다 artistic : 예술의 aesthetic : 심미적, 미학적, 미적인 significance : 중요성 apprehend : 체포하가, 파악하다

☑ **해설** 중국 서예를 공부할 때, 중국 언어의 기원과 그것들이 원래 어떻게 쓰였는지에 대해 배워야만 한다. 그러나 그 나라의 예술적 전통에서 길러진 사람들을 제외하고는, 그것의 미적인 중요성은 파악하기가 매우 어렵다.
  ① 포함하다, 아우르다
  ② 자기 마음대로 가다, 방해하다
  ③ 점검하다
  ④ 꽉 잡다, 완전히 이해하다, 파악하다

※ 우리말을 영어로 잘못 옮긴 것을 고르시오. 【6~7】

6 ① 그의 소설들은 읽기가 어렵다.

  → His novels are hard to read.

② 학생들을 설득하려고 해 봐야 소용없다.

  → It is no use trying to persuade the students.

③ 나의 집은 5년마다 페인트칠된다.

  → My house is painted every five years.

④ 내가 출근할 때 한 가족이 위층에 이사 오는 것을 보았다.

  → As I went out for work, I saw a family moved in upstairs.

☑ **단어** persuade : 설득하다 upstairs : 위층

☑ **TIP** ④ moved→move 또는 moving, 지각동사 see의 목적격보어는 목적어와의 관계가 능동이면 동사원형이나 현재분사로 써야 한다.

7 ① 경찰 당국은 자신의 이웃을 공격했기 때문에 그 여성을 체포하도록 했다.

→ The police authorities had the woman arrested for attacking her neighbor.

② 네가 내는 소음 때문에 내 집중력을 잃게 하지 말아라.

→ Don't let me distracted by the noise you make.

③ 가능한 한 빨리 제가 결과를 알도록 해 주세요.

→ Please let me know the result as soon as possible.

④ 그는 학생들에게 모르는 사람들에게 전화를 걸어 성금을 기부할 것을 부탁하도록 시켰다.

→ He had the students phone strangers and ask them to donate money.

✓ **단어** police authorities : 경찰기관   distracted : 산만해진   donate : 기부하다

✓ **TIP** ② distracted→be distracted, 사역동사 let은 목적어와 목적격보어의 관계가 수동일 때 be p.p. 형태로 써야 한다.

8 어법상 옳은 것은?

① My sweet-natured daughter suddenly became unpredictably.

② She attempted a new method, and needless to say had different results.

③ Upon arrived, he took full advantage of the new environment.

④ He felt enough comfortable to tell me about something he wanted to do.

✓ **단어** unpredictably : 예측할 수 없게

✓ **TIP** ① unpredictably→unpredictable, 불완전자동사 become 다음에는 보어가 와야 한다.
③ Upon arrived→Upon arriving, 전치사 Upon 다음에는 ~ing 형태가 와야 한다. '(up)on ~ing'는 준동사 표현으로 '~하자마자'를 의미한다.
④ enough comfortable→comfortable enough, 부사 enough는 다른 부사나 형용사를 수식할 때는 부사나 형용사 뒤에서 수식한다.

9 다음 글의 제목으로 가장 적절한 것은?

> The definition of 'turn' casts the digital turn as an analytical strategy which enables us to focus on the role of digitalization within social reality. As an analytical perspective, the digital turn makes it possible to analyze and discuss the societal meaning of digitalization. The term 'digital turn' thus signifies an analytical approach which centers on the role of digitalization within a society. If the linguistic turn is defined by the epistemological assumption that reality is constructed through language, the digital turn is based on the assumption that social reality is increasingly defined by digitalization. Social media symbolize the digitalization of social relations. Individuals increasingly engage in identity management on social networking sites(SNS). SNS are polydirectional, meaning that users can connect to each other and share information.
>
> * epistemological : 인식론의

① Remaking Identities on SNS

② Linguistic Turn Versus Digital Turn

③ How to Share Information in the Digital Age

④ Digitalization Within the Context of Social Reality

☑ **단어** definition : 정의　cast : 던지다　analytical : 분석적　strategy : 전략　enable to : ~가 …할 수 있게 하다　digitalization : 디지털화　perspective : 관점　analyze : 분석하다　signify : 의미하다　linguistic : 언어의　epistemological : 인식론의　increasingly : 점점 더　assumption : 추정, 상정　symbolize : 상징하다　engage in : ~에 관여하다　polydirectional : 다방향

☑ **해석** '전환'의 정의는 디지털 전환이라는 용어를 사회적 현실 내에서 우리가 디지털화의 역할에 주목할 수 있게 하는 분석적인 전략으로 던진다. 분석적인 전략으로서 디지털 전환은 디지털화의 사회적 의미를 분석하고 토론하는 것을 가능하게 만든다. 그래서 '디지털 전환'이라는 용어는 사회에서 디지털화의 역할에 초점을 맞추는 분석적 접근을 의미한다. 만약 언어적인 전환이 현실이 언어를 통해 구성된다는 인식론적인 가정에 의해 정의된다면, 디지털 전환은 사회 현실이 점점 더 디지털화에 의해 정의된다는 가정에 기반한다. 소셜 미디어는 사회적 관계의 디지털화를 상징한다. 개인들이 점점 더 SNS의 정체성 관리에 관여한다. SNS는 다방향적인데, 사용자들이 서로 연결되고 정보를 공유할 수 있다는 것을 의미한다.

① SNS 상에서의 정체성 재정립
② 언어적인 전환 vs 디지털 전환
③ 디지털 시대에 정보를 공유하는 방법
④ 사회 현실의 맥락에서 디지털화

☑ **TIP** 사회 현실에서 디지털화의 역할에 집중할 수 있도록 하는 분석 전략인 '디지털 전환'에 대한 내용이므로, 제목으로는 ④가 적절하다.

✏ **ANSWER**　7.② 8.② 9.④

10 주어진 글 다음에 이어질 글의 순서로 가장 적절한 것은?

Growing concern about global climate change has motivated activists to organize not only campaigns against fossil fuel extraction consumption, but also campaigns to support renewable energy.

(A) This solar cooperative produces enough energy to power 1,400 homes, making it the first large-scale solar farm cooperative in the country and, in the words of its members, a visible reminder that solar power represents "a new era of sustainable and 'democratic' energy supply that enables ordinary people to produce clean power, not only on their rooftops, but also at utility scale."

(B) Similarly, renewable energy enthusiasts from the United States have founded the Clean Energy Collective, a company that has pioneered "the model of delivering clean power-generation through medium-scale facilities that are collectively owned by participating utility customers."

(C) Environmental activists frustrated with the UK government's inability to rapidly accelerate the growth of renewable energy industries have formed the Westmill Wind Farm Co-operative, a community-owned organization with more than 2,000 members who own an onshore wind farm estimated to produce as much electricity in a year as that used by 2,500 homes. The Westmill Wind Farm Co-operative has inspired local citizens to form the Westmill Solar Co-operative.

---

① (C) - (A) - (B)
② (A) - (C) - (B)
③ (B) - (C) - (A)
④ (C) - (B) - (A)

☑ **단어** concern : 우려, 영향을 미치다　　activist : 운동가　　fossil fuel : 화석 연료　　extraction : 추출　　consumption : 소비　　renewable : 재생 가능한　　solar farm : 태양광 발전소　cooperative : 협력하는　　represents : 대표하다　　sustainable : 지속 가능한　democratic : 민주주의의　　utility : 공익사업, 유용성　　enthusiast : 열렬한 지지자　　facilities : 설비　　collectively : 집합적으로　　participate : 참가하다　　frustrate : 좌절감을 주다　　rapidly : 빨리　　accelerate : 가속화하다　　onshore : 육지의　estimate : 추정하다　　inspire : 고무하다

☑ **해석** [세계 기후 변화에 대한 커져가는 우려가 활동가들에게 화석 연료 추출 소비를 반대하는 캠페인뿐만 아니라 재생 에너지를 지원하는 캠페인을 조직하도록 동기를 부여해 왔다.]

(C) 빠르게 재생 에너지 산업의 속도를 높이지 못한 영국 정부에 실망한 환경 운동가들은 1년에 2,500가구에서 사용할 수 있을 만큼의 전기를 생산하는 것으로 추정되는 육지의 풍력 발전단지를 소유한 2,000명 이상의 회원을 가진 지역 소유의 협회인 Westmill 풍력 발전단지 협동조합을 만들었다. Westmill 풍력 발전단지 협동조합은 지역 주민들에게 Westmill 태양 발전 협동조합을 만들도록 고무했다.

(A) 이 태양 발전 협동조합은 1,400가구에게 전력을 공급할 만큼 충분한 에너지를 만들어 내며, 국내 최초의 대규모 태양광 협동조합이 되었으며, 조합원들의 말에 따르면, 태양광 발전이 "보통 사람들이 자신들의 지붕 위뿐만 아니라 공공사업체의 규모로 청정 에너지를 생산할 수 있는 지속 가능하고 '민주적인' 에너지 공급의 새로운 시대를 대표한다"는 눈에 띄는 신호이다.

(B) 비슷하게, 미국의 재생 에너지의 열광적인 지지자들은 "참여형 공공시설 이용자들에 의해 공동으로 소유되는 중간 규모의 시설들을 통해 청청 발전을 전달하는 모델"을 개척한 회사인 Clean Energy Collective를 설립했다.

11 밑줄 친 부분에 들어갈 말로 가장 적절한 것은?

A : Did you have a nice weekend?
B : Yes, it was pretty good. We went to the movies.
A : Oh! What did you see?
B : *Interstellar. It was really good.*
A : Really? _____
B : The special effects. They were fantastic. I wouldn't mind seeing it again.

① What did you like the most about it?
② What's your favorite movie genre?
③ Was the film promoted internationally?
④ Was the movie very costly?

☑ **해석** A : 좋은 주말 보냈어요?
B : 네, 매우 좋았어요. 우리 영화보러 갔어요.
A : 오! 뭐 보셨나요?
B : 인터스텔라요. 아주 좋았어요.
A : 정말요? 어떤 점이 가장 좋았나요?
B : 특수 효과요. 환상적이었어요. 저는 그걸 기꺼이 다시 보겠어요.

① 어떤 점이 가장 좋았나요?
② 가장 좋아하는 장르가 무엇인가요?
③ 그 영화가 세계적으로 판촉 되었나요?
④ 그 영화가 매우 비쌌나요?

12 두 사람의 대화 중 가장 어색한 것은?

① A : I'm so nervous about this speech that I must give today.

B : The most important thing is to stay cool.

② A : You know what? Minsu and Yujin are tying the knot!

B : Good for them! When are they getting married?

③ A : A two-month vacation just passed like one week. A new semester is around the corner.

B : That's the word. Vacation has dragged on for weeks.

④ A : How do you say 'water' in French?

B : It is right on the tip of my tongue, but I can't remember it.

✅ **단어** nervous : 불안해 하는 stay cool 침착하게 행동하다 tie the knot : 결혼하다 semester : 학기 around the corner 목전에 있는 drag : 질질끌다 on the tip of my tongue : 혀끝에 뱅뱅 도는(말 · 이름 등이 알기는 분명히 아는데 정확히 기억은 안 나는)

✅ **해석** ① A : 오늘 해야 할 연설 때문에 불안해.
　　 B : 가장 중요한 건 침착하게 행동하는 거야.
② A : 너 그거 알아? 민수랑 유진이랑 결혼한대!
　　 B : 잘됐네! 언제 결혼한대?
③ A : 두 달의 방학이 마치 일주일처럼 지나갔어. 새 학기가 코 앞이네.
　　 B : 내 말이 그 말이야. 방학은 몇 주 동안 질질 끌었어.
④ A : 프랑스어로 '물'을 어떻게 말하지
　　 B : 분명히 아는 말인데 기억이 안 나.

13 다음 글의 내용과 일치하지 않는 것은?

> Women are experts at gossiping, and they always talk about trivial things, or at least that's what men have always thought. However, some new research suggests that when women talk to women, their conversations are far from frivolous, and cover many more topics (up to 40 subjects) than when men talk to other men. Women's conversations range from health to their houses, from politics to fashion, from movies to family, from education to relationship problems, but sports are notably absent. Men tend to have a more limited range of subjects, the most popular being work, sports, jokes, cars, and women. According to Professor Petra Boynton, a psychologist who interviewed over 1,000 women, women also tend to move quickly from one subject to another in conversation, while men usually stick to one subject for longer periods of time. At work, this difference can be an advantage for men, as they can put other matters aside and concentrate fully on the topic being discussed. On the other hand, it also means that they sometimes find it hard to concentrate when several things have to be discussed at the same time in a meeting.

① 남성들은 여성들의 대화 주제가 항상 사소한 것들이라고 생각해 왔다.
② 여성들의 대화 주제는 건강에서 스포츠에 이르기까지 매우 다양하다.
③ 여성들은 대화하는 중에 주제의 변환을 빨리한다.
④ 남성들은 회의 중 여러 주제가 논의될 때 집중하기 어렵다.

☑ **단어** expert : 전문가 gossiping : 수다스러운 trivial : 사소한 frivolous : 경솔한, 시시한 notably : 특히 absent : 없는 tend to : ~하는 경향이 있다 stick to : 굳게 지키다 concentrate : 집중하다

☑ **해석** 여성들은 수다의 전문가들이며, 그들은 항상 사소한 것들에 대해 이야기한다. 적어도 남자들은 항상 그렇게 생각해왔다. 그러나 몇몇 새로운 연구는 여성들끼리 말할 때, 그들의 대화가 결코 사소하지 않으며, 남성들끼리 말할 때보다 더 많은 주제(최대 40개의 주제)를 다룬다고 시사한다. 여성들의 대화는 건강에서 그들의 집, 정치에서 패션, 영화에서 가족, 교육에서 인간관계 문제에 이르기까지 다양하지만, 스포츠는 완전히 배제된다. 남성들은 더 제한된 범위의 주제를 가지는 경향이 있으며, 가장 인기있는 주제는 일, 스포츠, 농담, 자동차, 그리고 여성이다. 1000명이 넘는 여성을 인터뷰한 심리학자인, Petra Boynton 교수에 따르면, 여성들은 대화할 때 한 주제에서 다른 주제로 빠르게 넘어가는 반면에, 남성들은 보통 더 오랜 시간 동안 하나의 주제를 고수한다. 직장에서 이러한 차이는 남성들에게 더 유리할 수 있는데, 왜냐하면 그들은 다른 문제들을 제쳐두고 토론되는 주제에 완전히 집중할 수 있기 때문이다. 반면에, 이것은 또한 회의에 몇 가지 것들이 동시에 의논되어야 할 때 그들이 때때로 집중하기 어렵다는 것도 의미한다.

☑ **TIP** 세 번째 문장에서 여성들의 대화 주제는 건강, 집, 정책, 패션, 영화, 가족, 교육, 관계 문제까지 다양하지만 스포츠는 등장하지 않는다고 했다.

✐ **ANSWER** 12.③ 13.②

14 다음 글의 흐름상 적절하지 않은 문장은?

There was no divide between science, philosophy, and magic in the 15th century. All three came under the general heading of 'natural philosophy'. ① Central to the development of natural philosophy was the recovery of classical authors, most importantly the work of Aristotle. ② Humanists quickly realized the power of the printing press for spreading their knowledge. ③ At the beginning of the 15th century Aristotle remained the basis for all scholastic speculation on philosophy and science. ④ Kept alive in the Arabic translations and commentaries of Averroes and Avicenna, Aristotle provided a systematic perspective on mankind's relationship with the natural world. Surviving texts like his Physics, Metaphysics, and Meteorology provided scholars with the logical tools to understand the forces that created the natural world.

✔ **단어** divide : 나누다 philosophy : 철학 scholastic : 학문적 speculation : 고찰 commentary : 논평 systematic : 체계적인 perspective : 관점 Physics : 물리학 Metaphysics : 형이상학 Meteorology : 기상학 force : 힘

✔ **해석** 15세기에는 과학, 철학, 그리고 마술 사이에 구분이 없었다. 세 가지 모두 '자연철학' 부류에 포함되었다. ① 자연철학의 발전의 중심에 있었던 것은 고전 작가들의 복원이었는데, 가장 중요한 것은 아리스토텔레스의 작품이었다. (② 인문주의자들은 그들의 지식을 빨리 퍼뜨리는 인쇄기의 힘을 빠르게 깨달았다.) ③ 15세기 초에 아리스토텔레스는 철학과 과학에 대한 모든 학문적 고찰의 기본으로 남았다. ④ Averroes와 Avicenna의 아랍어 번역과 논평에서도 계속 유지된, 아리스토텔레스는 자연 세계와 인류의 관계에 대해 체계적인 관점을 제공했다. 그의 물리학, 형이상학, 기상학과 같이 살아남은 문헌들은 학자들에게 자연계를 창조한 힘을 이해할 수 있는 논리적인 도구들을 제공했다.

✔ **TIP** 아리스토텔레스 철학이 15세기에 미친 영향에 대한 글이므로, ②는 적절하지 않다.

15 어법상 옳지 않은 것은?

① Fire following an earthquake is of special interest to the insurance industry.

② Word processors were considered to be the ultimate tool for a typist in the past.

③ Elements of income in a cash forecast will be vary according to the company's circumstances.

④ The world's first digital camera was created by Steve Sasson at Eastman Kodak in 1975.

✔ **단어** earthquake : 지진 insurance : 보험 ultimate : 최후의, 끝장의, 궁극적인 in the past : 옛날에 forecast : 예측하다 circumstance : 상황

　① 지진 뒤에 따라오는 화재는 보험업계의 특별한 관심사이다.
　② 워드 프로세서는 옛날에 타자수를 위한 궁극적인 도구로 여겨졌다.
　③ 현금 예측에서 소득 요소는 회사 상황에 따라 달라질 수 있다.
　④ 세계 최초의 디지털 카메라는 1975년 Eastman Kodak의 Steve Sasson에 의해 만들어졌다.

✔ **TIP** ③ be vary → vary, vary는 자동사이므로, be를 지우거나 various로 바꿔줘야 한다.

16

The slowing of China's economy from historically high rates of growth has long been expected to _____ growth elsewhere. "The China that had been growing at 10 percent for 30 years was a powerful source of fuel for much of what drove the global economy forward", said Stephen Roach at Yale. The growth rate has slowed to an official figure of around 7 percent. "That's a concrete deceleration", Mr. Roach added.

① speed up
② weigh on
③ lead to
④ result in

✓ **단어** historically : 역사적으로 elsewhere : 다른 곳 fuel : 연료 concrete : 콘크리트 deceleration : 감속

☑ **해석** 역사적으로 높은 성장률에서의 중국 경제의 둔화는 오랫동안 다른 곳에서 성장을 <u>압박할</u> 것으로 예상되어 왔다. 예일대학의 Stephen Roach는 "30년 동안 10%의 성장을 한 중국은 세계 경제를 발전시킨 강력한 연료 공급원이었다."라고 말했다. 성장률은 약 7%의 공식 수치로 둔화되었다. "그것은 명확한 감속이다."라고 Roach는 덧붙였다.

① 촉발시키다
② ~을 압박하다
③ ~로 이어지다
④ ~을 야기하다

17

As more and more leaders work remotely or with teams scattered around the nation or the globe, as well as with consultants and freelancers, you'll have to give them more _____. The more trust you bestow, the more others trust you. I am convinced that there is a direct correlation between job satisfaction and how empowered people are to fully execute their job without someone shadowing them every step of the way. Giving away responsibility to those you trust can not only make your organization run more smoothly but also free up more of your time so you can focus on larger issues.

① work

② rewards

③ restrictions

④ autonomy

☑ **단어** remotely : 떨어져서   scattered : 뿔뿔이 흩어진   nation : 국가   globe : 지구   consultants : 상담가   freelancer : 프리랜서
bestow : 수여하다   correlation : 연관성   empower : 권한을 주다   execute : 처형하다, 실행하다

☑ **해석** 점점 더 많은 리더들이 멀리 떨어져서 일하거나 전국이나 전 세계에 분산되어있는 팀, 그리고 컨설턴트 및 프리랜서와 일하게 되면서, 당신은 그들에게 더 많은 <u>자율권</u>을 주어야 할 것이다. 당신이 더 많은 신뢰를 줄수록, 더 많은 사람들이 당신을 신뢰한다. 직업 만족도와 사람들이 누군가 그들의 일거수일투족을 감시하는 것 없이 그들의 일을 완벽히 수행해 내는데 얼마나 권한이 부여되는지 사이에 직접적인 상관관계가 있다고 나는 확신한다. 당신이 신뢰하는 사람들에게 책임감을 주는 것은 당신의 조직을 더 순조롭게 돌아가도록 할 뿐 아니라 당신이 더 중요한 문제들에 집중할 수 있도록 더 많은 시간을 마련해줄 수도 있다.

① 일
② 보상
③ 제약
④ 자율권

18 다음 글의 요지로 가장 적절한 것은?

"In Judaism, we're largely defined by our actions," says Lisa Grushcow, the senior rabbi at Temple Emanu-El-Beth Sholom in Montreal. "You can't really be an armchair do-gooder." This concept relates to the Jewish notion of tikkun olam, which translates as "to repair the world." Our job as human beings, she says, "is to mend what's been broken. It's incumbent on us to not only take care of ourselves and each other but also to build a better world around us." This philosophy conceptualizes goodness as something based in service. Instead of asking "Am I a good person?" you may want to ask "What good do I do in the world?" Grushcow's temple puts these beliefs into action inside and outside their community. For instance, they sponsored two refugee families from Vietnam to come to Canada in the 1970s.

① We should work to heal the world.
② Community should function as a shelter.
③ We should conceptualize goodness as beliefs.
④ Temples should contribute to the community.

☑ **단어** Judaism : 유대교   rabbi : 라비, 선생님   armchair : 안락의자, 탁상공론식의   do-gooder : 공상적 박애주의자   incumbent : 재임자   philosophy : 철학   conceptualize : 개념화하다   refugee : 난민   shelter : 주거지, 보호하다

☑ **해석** "유대교에서, 우리는 대부분 자신의 행동에 의해 정의된다"라고 몬트리올의 템플 Emanu-El-Beth Sholom의 수석 라비, Lisa Grushcow가 말한다. "당신은 절대 탁상공론적인 공상적 박애주의자가 되어서는 안 된다." 이 개념은 '세상을 바로잡기 위해'라는 뜻으로 번역되는 유대교의 tikkun olam과 관련이 있다. 그녀가 말하길 인간으로서 우리가 할 일은 "훼손된 것을 고치는 것이다. 우리 자신과 서로를 돌보는 것뿐 아니라 우리 주변에 더 나은 세상을 만드는 것이 우리에게 주어진 의무이다." 이 철학은 선을 봉사에 기반을 둔 개념으로 생각한다. "나는 선한 사람인가?"라고 묻는 대신, 당신은 "내가 세상에서 어떤 선한 일을 할까?"라고 물어보고 싶을지도 모른다. Grushcow' temple은 이런 믿음을 공동체 안팎에서 실천에 옮긴다. 예를 들어, 그들은 1970년대에 캐나다로 오려고 하는 베트남의 두 난민 가족들을 후원했다.」

① 우리는 세상을 고치기 위해 노력해야 한다.
② 공동체는 보호 시설의 기능을 해야 한다.
③ 우리는 선함을 믿음으로 개념화해야 한다.
④ 회당은 공동체에 기여해야 한다.

19 (A)와 (B)에 들어갈 말로 가장 적절한 것은?

Ancient philosophers and spiritual teachers understood the need to balance the positive with the negative, optimism with pessimism, a striving for success and security with an openness to failure and uncertainty. The Stoics recommended "the premeditation of evils," or deliberately visualizing the worst-case scenario. This tends to reduce anxiety about the future: when you soberly picture how badly things could go in reality, you usually conclude that you could cope. ____(A)____, they noted, imagining that you might lose the relationships and possessions you currently enjoy increases your gratitude for having them now. Positive thinking, ____(B)____, always leans into the future, ignoring present pleasures.

	(A)	(B)
①	Nevertheless	in addition
②	Furthermore	for example
③	Besides	by contrast
④	However	in conclusion

☑ **단어** ancient : 고대의 philosopher 철학자 spiritual : 정신의, 종교의 positive : 긍정적인 negative : 부정적인 optimism : 낙관론 pessimism : 비관주의 strive : 분투하다 openness : 솔직함 failure : 실패 uncertainty : 불확실성 Stoics : 스토아 학파 premeditation : 미리 생각함 deliberately : 고의로 scenario : 시나리오 future : 미래 soberly : 냉정히 conclude : 결론을 내리다 cope : 대처하다 possessions : 소지품 gratitude : 고마움

☑ **해석** 고대 철학자들과 영적 지도자들은 긍정과 부정, 낙관주의와 비관주의, 성공과 안정에 대한 노력과 실패와 불확실성에 대한 개방성 사이의 균형을 맞춰야 할 필요성을 알고 있었다. 스토아 학파 학자들은 '악의 사색 즉 일부러 최악의 시나리오를 시각화 해보는 것을 추천했다. 이것은 미래에 대한 걱정을 줄여준다 : 실제로 얼마나 상황이 악화될 수 있는지를 냉정하게 상상해 볼 때, 보통 당신은 대처해나갈 수 있을 것이라는 결론을 내리게 된다. (A) 게다가 그들은, 당신이 현재 누리고 있는 관계들과 소유물들을 잃게 될 수도 있음을 상상하는 것이 현재 가지고 있는 것에 대한 감사를 증가시켜줄 것이라고 지적한다. (B) 반면에 긍정적인 사고는 항상 현재의 즐거움을 무시하고, 미래를 받아들인다.

① 그럼에도 불구하고　　게다가
② 더 나아가　　예를 들면
③ 게다가　　반면에
④ 그러나　　결론적으로

20 주어진 문장이 들어갈 위치로 가장 적절한 것은?

And working offers more than financial security.

Why do workaholics enjoy their jobs so much? Mostly because working offers some important advantages. (①) It provides people with paychecks—a way to earn a living. (②) It provides people with self-confidence; they have a feeling of satisfaction when they've produced a challenging piece of work and are able to say, "I made that". (③) Psychologists claim that work also gives people an identity; they work so that they can get a sense of self and individualism. (④) In addition, most jobs provide people with a socially acceptable way to meet others. It could be said that working is a positive addiction; maybe workaholics are compulsive about their work, but their addiction seems to be a safe—even an advantageous—one.

✓ **단어** financial security : 재정보증   advantage : 이점   paycheck : 급여   satisfaction : 만족   Psychologist : 심리학자   identity : 신원, 정체   individualism : 개성   addiction : 중독   compulsive : 강박적인

☑ **해석** 왜 일중독자들은 자신의 일을 그토록 즐기는가? 그 이유는 대부분 일이 몇몇 중요한 혜택을 주기 때문이다. 일은 사람들에게 급여를 준다 – 생계를 꾸리는 방법이다. 그리고 일은 경제적 안정 이상의 것을 제공한다. 이것은 사람들에게 자신감을 준다 ; 이들은 도전적인 일을 성취했을 때 만족감을 느끼고 '해냈어'라고 말할 수 있다. 심리학자들은 일이 사람들에게 정체성도 부여한다고 주장한다 ; 그들은 자아과 독자성을 얻을 수 있도록 일을 한다. 게다가 대부분의 일은 사람들에게 타인을 만날 수 있는 사회적으로 용인된 방식을 제공해준다. 일은 긍정적인 중독이라고 말할 수도 있다 ; 아마도 일중독자들은 그들의 일에 대해 강박적일 수도 있지만, 그들의 중독은 안전한 —심지어는 도움이 되는 —중독처럼 보인다.

※ 밑줄 친 부분의 의미와 가장 가까운 것은? 【1~3】

1

For years, detectives have been trying to <u>unravel</u> the mystery of the sudden disappearance of the twin brothers.

① solve

② create

③ imitate

④ publicize

☑ **단어** detective 형사   unravel 풀다   disappearance 실종

☑ **해석** 형사들은 몇 년 동안 쌍둥이 형제의 갑작스러운 실종에 대한 수수께끼를 풀려고 노력해 왔다.

　　① 해결하다　　② 창조하다

　　③ 흉내를 내다　④ 공표하다

2

Before the couple experienced parenthood, their four-bedroom house seemed unnecessarily <u>opulent</u>.

① hidden

② luxurious

③ empty

④ solid

☑ **단어** parenthood 부모로서의 신분

　　nnecessarily 불필요하게

　　opulent 호화로운

☑ **해석** 그 커플이 부모가 되기 전에, 그들의 방 4개짜리 집은 불필요하게 <u>호화로워</u> 보였다.

　　② 호화로운　　① 숨겨진

　　③ 텅 빈　　　④ 고체의

3

> The boss <u>hit the roof</u> when he saw that we had already spent the entire budget in such a short period of time.

① was very satisfied

② was very surprised

③ became extremely calm

④ became extremely angry

✓ **단어** hit the roof 몹시 화를 내다 budget 예산

☑ **해석** 사장은 우리가 그렇게 짧은 기간에 이미 전체 예산을 다 쓴 것을 보고 <u>몹시 화를 냈다</u>.

④ 극도로 화가 났다   ① 매우 만족했다
② 매우 놀랐다   ③ 극도로 침착해졌다

※ 밑줄 친 부분에 들어갈 말로 가장 적절한 것을 고르시오. 【4~5】

4

> A mouse potato is the computer _____ of television's couch potato: someone who tends to spend a great deal of leisure time in front of the computer in much the same way the couch potato does in front of the television.

① technician   ② equivalent

③ network   ④ simulation

✓ **단어** mouse potato 컴퓨터광 equivalent 상응하는 couch potato TV광

☑ **해석** 마우스 포테이토는 TV의 카우치 포테이토에 <u>상응하는</u> 컴퓨터 용어이다 : 카우치 포테이토는 TV 앞에서 하는 것과 거의 같은 방식으로 컴퓨터 앞에서 많은 여가 시간을 보내는 경향이 있는 사람이다.

② 등가물   ① 기술자
③ 네트워크   ④ 모의 실험

✎ **ANSWER** 1.① 2.② 3.④ 4.②

5

> Mary decided to _____ her Spanish before going to South America.

① brush up on

② hear out

③ stick up for

④ lay off

✓ **단어** brush up on 복습하다

☑ **해석** Mary는 남아메리카에 가기 전에 스페인어를 <u>복습하기로</u> 결정했다.
    ① 복습하다   ② 끝까지 듣다
    ③ 변호하다   ④ 해고하다

6 어법상 옳은 것은?

① A horse should be fed according to its individual needs and the nature of its work.

② My hat was blown off by the wind while walking down a narrow street.

③ She has known primarily as a political cartoonist throughout her career.

④ Even young children like to be complimented for a job done good.

✓ **TIP** ① 말은 개인의 필요와 일의 성질에 따라 먹이를 주어야 한다.
    ② 좁은 길을 걷다가 나의 모자가 바람에 날아갔다.
      주절의 주어와 종속절의 주어가 다르기 때문에, 'while I walked~'로 고쳐야 한다.
    ③ 그녀는 자신의 경력 내내 주로 정치 만화가로 알려져 왔다.
      그녀가 ~로서 알려진 것이기 때문에 수동태가 되어야 한다. 따라서 'has been known'으로 고쳐야 한다.
    ④ 심지어 어린 아이들도 잘한 일에 대해 칭찬받는 것을 좋아한다.
      done을 꾸며주는 good이 well이 되어야 한다.

7 다음 글의 내용과 일치하지 않는 것은?

Umberto Eco was an Italian novelist, cultural critic and philosopher. He is widely known for his 1980 novel The Name of the Rose, a historical mystery combining semiotics in fiction with biblical analysis, medieval studies and literary theory. He later wrote other novels, including Foucault's Pendulum and The Island of the Day Before. Eco was also a translator: he translated Raymond Queneau's book Exercices de style into Italian. He was the founder of the Department of Media Studies at the University of the Republic of San Marino. He died at his Milanese home of pancreatic cancer, from which he had been suffering for two years, on the night of February 19, 2016.

① The Name of the Rose is a historical novel.

② Eco translated a book into Italian.

③ Eco founded a university department.

④ Eco died in a hospital of cancer.

☑ **단어** critic 비평가 semiotics 기호학 biblical 성경의 literary 문학의 pancreatic 췌장암

☑ **해석** 움베르토 에코는 이탈리아의 소설가, 문화 평론가, 철학자였다. 그는 소설 속의 기호학을 성경 분석, 중세 연구, 문학 이론과 결합한 역사적 미스터리인 1980년의 소설 〈장미의 이름〉으로 널리 알려져 있다. 그는 후에 〈푸코의 진자〉와 〈그 전날의 섬〉을 포함한 다른 소설들을 썼다. Eco는 또한 번역가이기도 했다 : 그는 Raymond Queneau의 책 〈Excractions de style〉을 이탈리아어로 번역했다. 그는 산마리노 공립 대학교 미디어학부의 설립자였다. 그는 2년 동안 췌장암으로 투병생활을 하다가 2016년 2월 19일, 밀라노의 자택에서 사망하였다.

① 〈장미의 이름〉은 역사적인 소설이다.
② Eco는 책을 이탈리아어로 번역했다.
③ Eco는 대학의 학부를 설립했다.
④ Eco는 암으로 병원에서 죽었다.

☑ **TIP** 글의 마지막 부분에 2년간의 투병생활을 하다가 자택에서 사망했다는 내용으로 보아 ④는 틀렸음을 알 수 있다.

✎ **ANSWER** 5.① 6.① 7.④

8 밑줄 친 부분 중 어법상 옳지 않은 것은?

> To find a good starting point, one must return to the year 1800 during ① <u>which</u> the first modern electric battery was developed. Italian Alessandro Volta found that a combination of silver, copper, and zinc ② <u>were</u> ideal for producing an electrical current. The enhanced design, ③ <u>called</u> a Voltaic pile, was made by stacking some discs made from these metals between discs made of cardboard soaked in sea water. There was ④ <u>such</u> talk about Volta's work that he was requested to conduct a demonstration before the Emperor Napoleon himself.

⊘ **단어** copper 구리 zinc 아연 electrical current 전류 enhance 향상시키다 stack 쌓아올리다 request 요구하다 demonstration 시연

☑ **해석** 좋은 출발점을 찾기 위해서는 최초의 현대식 전기 배터리가 개발되었던 1800년으로 돌아가야 한다. 이탈리아의 알레산드로 볼타는 은, 구리, 아연의 조합이 전류를 만드는 데 이상적이라는 것을 발견했다. 볼타 전퇴라고 불리는 이 강화된 디자인은 바닷물에 적신 판지로 만들어진 원반 사이에 이 금속들로 만들어진 원반들을 쌓아올림으로써 만들어졌다. 볼타의 발명을 나폴레옹 황제 앞에서 시연을 보여주도록 요청받았다는 이야기가 있었다.

⊘ **TIP** ② that절의 주어가 combination으로 3인칭 단수이기 때문에 동사는 were가 아닌 was가 되어야 한다.

9 다음 글의 제목으로 가장 적절한 것은?

Lasers are possible because of the way light interacts with electrons. Electrons exist at specific energy levels or states characteristic of that particular atom or molecule. The energy levels can be imagined as rings or orbits around a nucleus. Electrons in outer rings are at higher energy levels than those in inner rings. Electrons can be bumped up to higher energy levels by the injection of energy—for example, by a flash of light. When an electron drops from an outer to an inner level, "excess" energy is given off as light. The wavelength or color of the emitted light is precisely related to the amount of energy released. Depending on the particular lasing material being used, specific wavelengths of light are absorbed (to energize or excite the electrons) and specific wavelengths are emitted (when the electrons fall back to their initial level).

① How Is Laser Produced?

② When Was Laser Invented?

③ What Electrons Does Laser Emit?

④ Why Do Electrons Reflect Light?

✓ **단어** interact 상호작용하다 electron 전자 characteristic 특징, 특징인 atom 원자 molecule 분자 orbit 궤도 nucleus 핵 injection 주입 give off 방출하다 wavelength 파장 emit 방출하다 release 방출하다 absorb 흡수하다 energize 에너지를 공급하다 excite 흥분시키다 fall back to 후퇴하다, 되돌아가다 initial 최초의

✓ **해석** 빛이 전자와 상호작용하는 방식 때문에 레이저가 가능하다. 전자는 특정 원자나 분자의 특정한 에너지 수준 또는 상태로 존재한다. 에너지 수준은 핵 주위를 도는 고리 또는 궤도로 짐작될 수 있다. 외부 고리의 전자는 내부 고리의 전자보다 더 높은 에너지 준위에 있다. 전자는 예를 들어 빛의 섬광과 같은 에너지의 주입에 의해 더 높은 에너지 수준으로 상승할 수 있다. 전자가 외부 레벨에서 내부 레벨로 떨어질 때, "초과한" 에너지는 빛으로 방출된다. 방출된 빛의 파장이나 색상은 방출되는 에너지의 양과 정확히 관련이 있다. 사용되는 특정 레이저 물질에 따라 특정 파장의 빛이 흡수되고(전자에 에너지를 공급하거나 자극하기 위해) 특정 파장이 방출된다(전자가 초기수준으로 되돌아갈 때).

① 레이저는 어떻게 만들어지나?
② 레이저는 언제 발명되었나?
③ 레이저가 방출하는 전자는 무엇인가?
④ 전자는 왜 빛을 반사하나?

10 다음 글의 흐름상 가장 어색한 문장은?

Markets in water rights are likely to evolve as a rising population leads to shortages and climate change causes drought and famine. ① But they will be based on regional and ethical trading practices and will differ from the bulk of commodity trade. ② Detractors argue trading water is unethical or even a breach of human rights, but already water rights are bought and sold in arid areas of the globe from Oman to Australia. ③ Drinking distilled water can be beneficial, but may not be the best choice for everyone, especially if the minerals are not supplemented by another source. ④ "We strongly believe that water is in fact turning into the new gold for this decade and beyond," said Ziad Abdelnour. "No wonder smart money is aggressively moving in this direction."

✅ **단어** evolve 진화하다, 발전하다 shortage 부족 drought 가뭄 famine 기근 regional 지역적인 ethical 윤리적인 the bulk of 대부분 commodity 상품 detractor 비방하는 사람 unethical 비윤리적인 breach 파괴 arid 마른 distill 증류하다 beneficial 유익한 supplement 보충하다 aggressively 공격적으로

✅ **해석** 수리권 시장은 증가하는 인구가 (물)부족을 초래하고 기후 변화가 가뭄과 기근을 야기함에 따라 발전할 가능성이 있다. 그러나 그것들은 지역적이고 윤리적인 무역 관행에 기초할 것이며 대부분의 상품 무역과는 다를 것이다. 비방론자들은 물을 거래하는 것이 비윤리적이거나 심지어 인권을 침해하는 것이라고 주장하지만, 이미 오만에서 호주까지 전세계 건조한 지역에서 수리권을 사고 팔고 있다. 증류수를 마시는 것은 유익할 수 있지만, 특히 미네랄이 다른 공급원에 의해 보충되지 않는다면, 모든 사람들에게 최선의 선택은 아닐 수 있다. "우리는 물이 사실 이 10년 간 그리고 그 이후에 새로운 금으로 변하고 있다고 강하게 믿고 있다."라고 Ziad Abdelnour가 말했다. "스마트 머니가 이런 방향으로 공격적으로 움직이는 것은 당연하다."

✅ **TIP** 이 글은 수리권 시장이 여러 가지 이유로 인해 발전할 가능성이 있다는 내용의 글이다. 따라서 증류수는 건강에 좋지 않다는 글의 ③은 글의 흐름에 맞지 않다.

11

> A : I heard that the university cafeteria changed their menu.
> B : Yeah, I just checked it out.
> A : And they got a new caterer.
> B : Yes. Sam's Catering.
> A : _____?
> B : There are more dessert choices. Also, some sandwich choices were removed.

① What is your favorite dessert

② Do you know where their office is

③ Do you need my help with the menu

④ What's the difference from the last menu

☑ 해석 A : 대학 구내식당에서 메뉴를 바꿨다고 들었어.
　　B : 응, 방금 확인했어.
　　A : 그리고 새로운 음식 공급업체를 구했어.
　　B : 응. Sam's Catering이야.
　　A : 지난번 메뉴와 다른 점은 뭐야?
　　B : 디저트 종류가 더 많아. 또한, 몇몇 샌드위치는 없어졌어.」

　　④ 지난번 메뉴와 다른 점은 뭐야?
　　① 네가 가장 좋아하는 디저트는 뭐야?
　　② 그들의 사무실이 어디 있는지 알아?
　　③ 메뉴에 내 도움이 필요해?

12

A : Hi there. May I help you?

B : Yes, I'm looking for a sweater.

A : Well, this one is the latest style from the fall collection. What do you think?

B : It's gorgeous. How much is it?

A : Let me check the price for you. It's $120.

B : _____.

A : Then how about this sweater? It's from the last season, but it's on sale for $50.

B : Perfect! Let me try it on.

① I also need a pair of pants to go with it

② That jacket is the perfect gift for me

③ It's a little out of my price range

④ We are open until 7p.m. on Saturdays

☑ 해석 A : 안녕하세요. 무엇을 도와드릴까요?
B : 네, 스웨터를 찾고 있어요.
A : 음, 이건 가을 컬렉션의 최신 스타일이에요. 어때요?
B : 정말 멋져요. 얼마인가요?
A : 가격을 확인해 드릴게요. 120달러입니다.
B : 제 가격대를 조금 벗어났어요.
A : 그럼 이 스웨터는 어때요? 지난 시즌 제품인데, 50달러로 세일 중입니다.
B : 완벽해요! 한번 입어볼게요.

③ 제 가격대를 조금 벗어났어요.
① 그것과 어울리는 바지 한 벌도 필요해요.
② 그 재킷은 나에게 완벽한 선물이에요.
④ 토요일은 오후 7시까지 영업합니다.

13 ① 우리가 영어를 단시간에 배우는 것은 결코 쉬운 일이 아니다.

→ It is by no means easy for us to learn English in a short time.

② 우리 인생에서 시간보다 더 소중한 것은 없다.

→ Nothing is more precious as time in our life.

③ 아이들은 길을 건널 때 아무리 조심해도 지나치지 않다.

→ Children cannot be too careful when crossing the street.

④ 그녀는 남들이 말하는 것을 쉽게 믿는다.

→ She easily believes what others say.

◎ **TIP** ② 비교급 구문이기 때문에 as 대신 than을 넣어야 한다.
① by no means는 결코 ~하지 않다는 의미로서 맞는 표현이다.
③ can't ~ too는 아무리 ~해도 지나치지 않다는 의미로서 맞는 표현이다.
④ believe의 목적어로 명사절 what others say를 이끌고 있고, 타동사 say의 목적어 역할을 하고 있으므로 what은 적절하게 쓰였다.

14 ① 커피 세 잔을 마셨기 때문에, 그녀는 잠을 이룰 수 없다.

→ Having drunk three cups of coffee, she can't fall asleep.

② 친절한 사람이어서, 그녀는 모든 이에게 사랑받는다.

→ Being a kind person, she is loved by everyone.

③ 모든 점이 고려된다면, 그녀가 그 직위에 가장 적임인 사람이다.

→ All things considered, she is the best-qualified person for the position.

④ 다리를 꼰 채로 오랫동안 앉아 있는 것은 혈압을 상승시킬 수 있다.

→ Sitting with the legs crossing for a long period can raise blood pressure.

◎ **TIP** ① 커피를 마신시점은 과거 시점으로, 완료 분사구문의 표현은 맞는 표현이다.
② Being a kind person은 분사구문으로 맞는 표현이다.
③ 분사구문의 주어와 부사절의 주어가 다르기 때문에 분사구문에 주어를 생략하지 않은 것은 맞는 표현이다.
④ 다리가 꼬여진 수동의 의미이기 때문에 crossing을 crossed로 바꾸어야 한다.

✎ **ANSWER** 12.③ 13.② 14.④

15 밑줄 친 (A), (B)에 들어갈 말로 가장 적절한 것은?

Beliefs about maintaining ties with those who have died vary from culture to culture. For example, maintaining ties with the deceased is accepted and sustained in the religious rituals of Japan. Yet among the Hopi Indians of Arizona, the deceased are forgotten as quickly as possible and life goes on as usual. _____(A)_____, the Hopi funeral ritual concludes with a break-off between mortals and spirits. The diversity of grieving is nowhere clearer than in two Muslim societies—one in Egypt, the other in Bali. Among Muslims in Egypt, the bereaved are encouraged to dwell at length on their grief, surrounded by others who relate to similarly tragic accounts and express their sorrow. _____(B)_____, in Bali, bereaved Muslims are encouraged to laugh and be joyful rather than be sad.

	(A)	(B)
①	However	Similarly
②	In fact	By contrast
③	Therefore	For example
④	Likewise	Consequently

☑ **단어** maintain 유지하다 tie 유대감 vary 다양하다 sustain 유지하다 religious 종교적인 ritual 의식 funeral 장례식 break-off 단절 mortal 인간 diversity 다양성 grieve 몹시 슬퍼하다 dwell 곰곰이 생각하다 account 설명

☑ **해석** 사망한 사람들과의 유대관계를 유지하는 것에 대한 믿음은 문화마다 다르다. 예를 들어, 일본의 종교 의식에서 고인과 관계를 유지하는 것은 받아들여지고 지속된다. 하지만 애리조나 호피 인디언들 사이에서 고인은 가능한 한 빨리 잊히고 삶은 평소와 같이 계속된다. (A) 사실, 호피의 장례 의식은 인간들과 영혼들의 단절에서 끝난다. 애도의 다양성이 두 개의 이슬람 사회, 즉 이집트와 발리보다 더 분명한 곳은 없다. 이집트의 이슬람교도들 사이에서 유족은 비슷한 비극적 이야기와 그들의 슬픔을 표현하는 다른 사람들에 둘러싸여 그들의 슬픔에 대해 길게 생각할 것을 권해진다. (B) 대조적으로 발리에서는 사망한 이슬람교도들은 슬퍼하기 보다는 웃고 기뻐하도록 격려 받는다.

② 사실, 대조적으로
① 그러나, 비슷하게
③ 따라서, 예를 들어
④ 마찬가지로, 결과적으로

☑ **TIP** (A)에는 앞 문장은 고인이 빨리 잊힌다는 내용이 오고, 뒤의 내용은 죽은 사람과 유족 간의 단절이 있다는 내용으로 봐서 순접(강화)이거나 역접(반대) 두 경우 모두 사용가능한 in fact가, (B)에는 앞 문장이 고인에 대한 슬픔을, 뒤 문장은 기쁨에 대한 내용으로 봐서 역접의 연결사인 by contrast가 적절하다.

16 밑줄 친 부분에 들어갈 말로 가장 적절한 것은?

> Scientists have long known that higher air temperatures are contributing to the surface melting on Greenland's ice sheet. But a new study has found another threat that has begun attacking the ice from below: Warm ocean water moving underneath the vast glaciers is causing them to melt even more quickly. The findings were published in the journal Nature Geoscience by researchers who studied one of the many "ice tongues" of the Nioghalvfjerdsfjorden Glacier in northeast Greenland. An ice tongue is a strip of ice that floats on the water without breaking off from the ice on land. The massive one these scientists studied is nearly 50 miles long. The survey revealed an underwater current more than a mile wide where warm water from the Atlantic Ocean is able to flow directly towards the glacier, bringing large amounts of heat into contact with the ice and _____ the glacier's melting.

① separating

② delaying

③ preventing

④ accelerating

✓ **단어** contribute to 기여하다 threat 위협 massive 거대한 reveal 드러내다 accelerate 가속하다

☑ **해석** 과학자들은 대기 온도가 더 높아지면 그린란드의 빙상이 녹는 원인이 된다는 것을 오래 전부터 알고 있었습니다. 하지만 새로운 연구는 아래에서 얼음을 공격하기 시작한 또 다른 위협을 발견했습니다. 거대한 빙하 아래에서 움직이는 따뜻한 바닷물은 빙하가 훨씬 더 빨리 녹도록 만들고 있습니다. 이 연구결과는 그린란드 북동부에 있는 Nioghalvfjerdsfjorden 빙하의 많은 "얼음 혀" 중 하나를 연구한 연구원들에 의해 Nature Geoscience지에 발표되었습니다. 얼음 혀는 육지의 얼음으로부터 분리되지 않고 물 위에 떠 있는 얼음 조각입니다. 이 과학자들이 연구한 거대한 것은 길이가 거의 50마일이다. 이 조사는 대서양에서 온 따뜻한 물이 빙하를 향해 직접 흐를 수 있는 많은 양의 열을 얼음과 접촉시키고 빙하의 녹는 것을 가속화시키는 폭이 1마일 이상인 수중 해류를 밝혀내었다.

① 분리하는
② 지연시키는
③ 예방하는
④ 가속하는

✓ **TIP** 빈칸 문장에서 대서양에서 온 따뜻한 물이 많은 양의 열을 얼음과 접촉시킨다고 했으므로 빙하가 녹는 것을 "가속화한다는" 내용이 나와야 한다.

17 밑줄 친 부분에 들어갈 말로 가장 적절한 것은?

Do people from different cultures view the world differently? A psychologist presented realistic animated scenes of fish and other underwater objects to Japanese and American students and asked them to report what they had seen. Americans and Japanese made about an equal number of references to the focal fish, but the Japanese made more than 60 percent more references to background elements, including the water, rocks, bubbles, and inert plants and animals. In addition, whereas Japanese and American participants made about equal numbers of references to movement involving active animals, the Japanese participants made almost twice as many references to relationships involving inert, background objects. Perhaps most tellingly, the very first sentence from the Japanese participants was likely to be one referring to the environment, whereas the first sentence from Americans was three times as likely to be one referring to the focal fish.

① Language Barrier Between Japanese and Americans

② Associations of Objects and Backgrounds in the Brain

③ Cultural Differences in Perception

④ Superiority of Detail-oriented People

☑ **단어** reference 언급, 참조 focal fish 초점 어류 inert 비활성의 tellingly 효과적으로, 강력하게 refer to 가리키다

☑ **해석** 다른 문화에서 온 사람들은 세상을 다르게 보는가? 한 심리학자가 일본과 미국 학생들에게 물고기와 다른 수중 물체의 사실적인 애니메이션 장면을 보여주었고 그들이 본 것을 보고하도록 요청했다. 미국인과 일본인은 초점 어류에 대해 동일한 수의 언급을 했지만, 일본인은 물, 바위, 거품, 그리고 비활성 동식물을 포함한 배경 요소에 대해 60% 이상 더 많은 언급을 했다. 게다가 일본과 미국의 참가자들이 활동적인 동물을 포함하는 운동에 대해 거의 같은 수의 언급을 한 반면, 일본 참가자들은 비활성, 배경 물체와 관련된 관계에 대해 거의 두 배 더 많은 언급을 했다. 아마도 가장 잘 알려진 것은, 일본 참가자들의 첫 문장은 환경을 가리키는 문장일 가능성이 높았던 반면, 미국인들의 첫 문장은 초점 어류를 가리키는 문장일 가능성이 3배나 높았다는 것이다.

③ 인식의 문화적 차이
① 일본인과 미국인의 언어 장벽
② 뇌의 사물과 배경의 연관성
④ 세부적인 것을 지향하는 인재의 우수성

☑ **TIP** 글이 문화가 다르면 세상을 다르게 보는가에 대한 질문으로 시작해서, 동일한 장면을 다른 문화의 사람들에게 보여주고 다른 결과를 말하고 있는 글이다. 따라서 인식의 문화적 차이가 정답임을 알 수 있다.

18 주어진 문장이 들어갈 위치로 가장 적절한 곳은?

> Thus, blood, and life-giving oxygen, are easier for the heart to circulate to the brain.

> People can be exposed to gravitational force, or g-force, in different ways. It can be localized, affecting only a portion of the body, as in getting slapped on the back. It can also be momentary, such as hard forces endured in a car crash. A third type of g-force is sustained, or lasting for at least several seconds. (①) Sustained, body-wide g-forces are the most dangerous to people. (②) The body usually withstands localized or momentary g-force better than sustained g-force, which can be deadly because blood is forced into the legs, depriving the rest of the body of oxygen. (③) Sustained g-force applied while the body is horizontal, or lying down, instead of sitting or standing tends to be more tolerable to people, because blood pools in the back and not the legs. (④) Some people, such as astronauts and fighter jet pilots, undergo special training exercises to increase their bodies' resistance to g-force.

✅ **단어** gravitational force 중력 localize 국한하다 momentary 일시적인 endure 견디다 sustain 유지하다 withstand 저항하다 deadly 치명적인 deprive 빼앗다 horizontal 수평의 tolerable 참을 수 있는 pool 울혈이 되다 circulate 순환하다 astronaut 우주 비행사 undergo 겪다 resistance 저항

✅ **해석** 사람들은 다양한 방법으로 중력에 노출될 수 있다. 그것은 등을 두드릴 때처럼 몸의 일부에만 영향을 미치면서 국부적일 수 있다. 그것은 또한 자동차 충돌에서 견디는 단단한 힘처럼 순간적일 수 있다. 세 번째 유형의 중력은 지속되거나 적어도 몇 초 동안 지속된다. 지속적이고 몸 전체에 걸친 중력은 사람들에게 가장 위험하다. 몸은 보통 지속적인 중력보다 국소적이거나 순간적인 중력을 더 잘 견뎌내는데, 이는 피가 다리에 강제로 들어가 몸의 나머지에서 산소를 빼앗기 때문에 치명적일 수 있다. 앉거나 서는 대신 몸이 수평이거나 누울 때 가해지는 지속적인 중력은 다리가 아닌 등에 울혈이 되기 때문에 사람들이 더 견딜 수 있는 경향이 있다. 따라서 혈액과 생명을 주는 산소는 심장이 뇌로 순환시키기가 더 쉽다. 우주 비행사와 전투기 조종사와 같은 일부 사람들은 중력에 대한 몸의 저항력을 증가시키기 위해 특별한 훈련을 받는다.

✅ **TIP** ④의 앞 문장에서 지속적인 중력이 다리가 아닌 등에 피가 모인다고 했으므로, 혈액과 산소는 뇌로 순환시키는 것이 더 쉽다는 인과관계가 가장 자연스럽다.

✏️ **ANSWER** 17.③ 18.④

19 다음 글의 요지로 가장 적절한 것은?

If someone makes you an offer and you're legitimately concerned about parts of it, you're usually better off proposing all your changes at once. Don't say, "The salary is a bit low. Could you do something about it?" and then, once she's worked on it, come back with "Thanks. Now here are two other things I'd like…" If you ask for only one thing initially, she may assume that getting it will make you ready to accept the offer (or at least to make a decision). If you keep saying "and one more thing…," she is unlikely to remain in a generous or understanding mood. Furthermore, if you have more than one request, don't simply mention all the things you want—A, B, C, and D; also signal the relative importance of each to you. Otherwise, she may pick the two things you value least, because they're pretty easy to give you, and feel she's met you halfway.

---

① Negotiate multiple issues simultaneously, not serially.

② Avoid sensitive topics for a successful negotiation.

③ Choose the right time for your negotiation.

④ Don't be too direct when negotiating salary.

☑ **단어** legitimately 정당하게 generous 관대한 request 요청 signal 신호를 보내다 relative 상대적인 meet halfway 타협하다

☑ **해석** 만약 누군가가 당신에게 제안을 하고 당신이 그것의 일부에 대해 정당하게 걱정한다면, 당신은 보통 당신의 모든 수정사항을 제안하는 것이 더 낫다. "월급이 좀 적어요. 어떻게 좀 해주시겠어요?"라고 말하고 나서 그녀가 해결하고 나면, "고맙습니다. 자, 여기 제가 원하는 두 가지가 더 있습니다."라고 말하지 마라. 처음에 한 가지만 요구하면, 그녀는 당신이 그것을 얻으면 제안을 받아들일 준비가 될 것이다(혹은 적어도 결정을 내릴 준비가 될 것이다)라고 추정할지도 모른다. 만약 당신이 계속해서 "그리고 한 가지만 더"라고 말한다면, 그녀는 관대하거나 이해심 많은 분위기로 머물 가능성이 적다. 게다가, 만약 당신이 하나 이상의 요청을 가지고 있다면, 단순히 여러분이 원하는 모든 것을 A, B, C, 그리고 D라고 단순히 언급하지 말고, 당신에게 있어서 각각의 상대적 중요성을 표현해라. 그렇지 않으면 그녀는 당신이 가장 중요하게 여기지 않는 두 가지를 고를지도 모른다. 왜냐하면 그것들은 당신에게 주는 것이 쉽기 때문이다. 그리고 그녀는 당신과 타협했다고 느낄지도 모른다.

① 여러 문제를 연속이 아닌 동시에 협상해라.
② 성공적인 협상을 위해 민감한 주제를 피해라.
③ 협상을 위한 적합한 시간을 선택해라.
④ 급여를 협상할 때 너무 직접적으로 말하지 마라

☑ **TIP** 첫 문장에서 제안을 할 때는 모든 제안을 즉시 하는 것이 더 낫다는 내용으로 보아 ①이 정답임을 알 수 있다.

20 주어진 글 다음에 이어질 글의 순서로 가장 적절한 것은?

Today, Lamarck is unfairly remembered in large part for his mistaken explanation of how adaptations evolve. He proposed that by using or not using certain body parts, an organism develops certain characteristics.

(A) There is no evidence that this happens. Still, it is important to note that Lamarck proposed that evolution occurs when organisms adapt to their environments. This idea helped set the stage for Darwin.

(B) Lamarck thought that these characteristics would be passed on to the offspring. Lamarck called this idea inheritance of acquired characteristics.

(C) For example, Lamarck might explain that a kangaroo's powerful hind legs were the result of ancestors strengthening their legs by jumping and then passing that acquired leg strength on to the offspring. However, an acquired characteristic would have to somehow modify the DNA of specific genes in order to be inherited.

① (A) — (C) — (B)

② (B) — (A) — (C)

③ (B) — (C) — (A)

④ (C) — (A) — (B)

✅ **단어** unfairly 부당하게 adaptation 적응 evolve 진화하다 characteristic 특성 offspring 자손 inheritance 상속, 계승 strengthen 강화하다 modify 수정하다 set the stage for 발판을 마련하다

✅ **해석** 오늘날, 라마르크는 적응이 어떻게 진화하는지에 관한 그의 잘못된 설명으로 인해 많은 부분에서 부당하게 기억되고 있다. 그는 특정 신체 부위를 사용하거나 사용하지 않음으로써 유기체는 특정한 특성을 발달시킬 수 있다고 제안했다.
(B) 라마르크는 이러한 특성이 자손에게 전해질 것이라고 생각했다. 라마르크는 이 생각을 '획득형질의 유전'이라고 불렀다.
(C) 예를 들어, 라마르크는 캥거루의 강력한 뒷다리는 조상들이 점프한 후 후천적 다리 힘을 자손에게 물려줌으로써 그들의 다리를 강화시킨 결과였다고 설명할지도 모른다. 그러나 후천적인 특성은 유전되기 위해 특정 유전자의 DNA를 어떻게든 수정해야 할 것이다.
(A) 이것이 일어난다는 증거는 없다. 그럼에도 불구하고, 라마르크가 생물이 환경에 적응할 때 진화가 일어난다고 제안한 것에 주목하는 것은 중요하다. 이 생각은 다윈의 발판을 마련하는 데 도움이 되었다.

✅ **TIP** 주어진 문장에서 유기체가 특정한 특성을 발달시킬 수 있다는 내용을 (B)에서 these라는 지시어가 들어간 명사가 받고 있고, (B)에 대한 예를 (C)에서 설명해 주고 있으며, (C)단락의 뒷부분의 DNA의 수정에 관한 내용을 (A)단락의 this로 받고 있다. 따라서 순서는 (B)-(C)-(A)이다.

✏️ **ANSWER** 19.① 20.③

※ 밑줄 친 부분의 의미와 가장 가까운 것은? 【1~3】

1

> School teachers have to be <u>flexible</u> to cope with different ability levels of the students.

① strong ② adaptable

③ honest ④ passionate

✓ **단어** flexible 유연성이 있는 cope with ~에 대처하다, 대항하다

☑ **해석** 학교 교사들은 학생들의 다양한 능력 수준에 대처하기 위해 <u>융통성 있어야</u> 한다.」
　　① 강한 ② 융통성 있는 ③ 정직한 ④ 열정적인

2

> Crop yields <u>vary</u>, improving in some areas and falling in others.

① change ② decline

③ expand ④ include

✓ **단어** crop yields 농작물 수확량 vary 변화를 주다, 달라지다

☑ **해석** 농작물 수확량은 <u>달라지며</u>, 일부 지역에서는 개선되고 다른 지역에서는 감소한다.
　　① 달라지다 ② 줄어들다 ③ 팽창하다 ④ 포함하다

3

> I don't feel inferior to anyone <u>with respect to</u> my education.

① in danger of   ② in spite of

③ in favor of   ④ in terms of

✓ **단어** inferior 열등함   with respect to ~에 관하여

☑ **해석** 나는 내 교육에 관하여 누구에게도 열등감을 느끼지 않는다.
　　① ~의 위기에 처한
　　② ~에도 불구하고
　　③ ~에 찬성하여
　　④ ~에 관하여

4 밑줄 친 부분에 들어갈 말로 가장 적절한 것은?

> Sometimes we _____ money long before the next payday.

① turn into   ② start over

③ put up with   ④ run out of

✓ **단어** payday 월급날

☑ **해석** 때때로 우리는 다음 월급날 훨씬 전에 돈을 다 써버린다.
　　① ~으로 변하다
　　② 다시 시작하다
　　③ ~을 참다
　　④ ~을 다 써버리다

5 ① He asked me why I kept coming back day after day.

② Toys children wanted all year long has recently discarded.

③ She is someone who is always ready to lend a helping hand.

④ Insects are often attracted by scents that aren't obvious to us.

☑ **해석** ① 그는 나에게 왜 매일매일 돌아오냐고 물었다.
② 아이들이 일 년 내내 원했던 장난감들이 최근 버려졌다.
③ 그녀는 항상 도움을 줄 준비가 되어 있는 사람이다.
④ 곤충들은 종종 우리에게 분명하지 않은 냄새에 이끌린다.

☑ **TIP** ② 주어가 복수명사 Toys이므로 has→have로, 또한 장난감이 '버려지는' 것이므로 discarded→been discarded의 수동형으로 고쳐야 한다.

6 ① You can write on both sides of the paper.

② My home offers me a feeling of security, warm, and love.

③ The number of car accidents is on the rise.

④ Had I realized what you were intending to do, I would have stopped you.

☑ **해석** ① 당신은 종이의 양면에 글을 쓸 수 있다.
② 내 집은 나에게 안정감, 따뜻함, 그리고 사랑의 느낌을 준다.
③ 자동차 사고의 수가 증가하고 있다.
④ 네가 뭘 하려는지 알았더라면, 내가 너를 말렸을 텐데

☑ **TIP** ② a feeling of 뒤에 명사 A, B, and C가 이어지고 있으므로 warm→warmth로 고쳐야 한다.

※ 우리말을 영어로 잘못 옮긴 것을 고르시오. 【7~8】

7 ① 나는 단 한 푼의 돈도 낭비할 수 없다.

→ I can afford to waste even one cent.

② 그녀의 얼굴에서 미소가 곧 사라졌다.

→ The smile soon faded from her face.

③ 그녀는 사임하는 것 외에는 대안이 없었다.

→ She had no alternative but to resign.

④ 나는 5년 후에 내 사업을 시작할 작정이다.

→ I'm aiming to start my own business in five years.

✅ **TIP** ① 단 한 푼의 돈도 낭비할 수 '없다'이므로, can → cannot으로 고쳐야 한다.

8 ① 식사를 마치자마자 나는 다시 배고프기 시작했다.

→ No sooner I have finishing the meal than I started feeling hungry again.

② 그녀는 조만간 요금을 내야만 할 것이다.

→ She will have to pay the bill sooner or later.

③ 독서와 정신의 관계는 운동과 신체의 관계와 같다.

→ Reading is to the mind what exercise is to the body.

④ 그는 대학에서 의학을 공부했으나 결국 회계 회사에서 일하게 되었다.

→ He studied medicine at university but ended up working for an accounting firm.

✅ **TIP** ① 'No sooner+had+S+p. p. ~than+S+과거동사'는 '~하자마자 ~했다'의 뜻을 가지므로 I have finishing → had I finished로 고쳐야 한다.

9 두 사람의 대화 중 가장 어색한 것은?

① A : I like this newspaper because it's not opinionated.

  B : That's why it has the largest circulation.

② A : Do you have a good reason for being all dressed up?

  B : Yeah, I have an important job interview today.

③ A : I can hit the ball straight during the practice but not during the game.

  B : That happens to me all the time, too.

④ A : Is there any particular subject you want to paint on canvas?

  B : I didn't do good in history when I was in high school.

✅ **단어** opinionated 자기 주장을 고집하는, 고집이 센 circulation 발행 부수, 순환 particular 특정한

☑ **해석** ① A : 나는 이 신문이 편견이 없어서 좋아.
  B : 그게 그 신문이 판매 부수가 가장 많은 이유야.
② A : 완전히 차려입은 이유가 있어?
  B : 응, 오늘 중요한 면접이 있어.
③ A : 나는 연습 중에는 공을 똑바로 칠 수 있지만 경기 중에는 칠 수 없어.
  B : 나도 그런 일이 늘 있어.
④ A : 캔버스에 그리고 싶은 특별한 대상이 있어?
  B : 나는 고등학교 때 역사를 잘하지 못했어.

10 밑줄 친 부분에 들어갈 말로 가장 적절한 것은?

> A : Hey! How did your geography test go?
> B : Not bad, thanks. I'm just glad that it's over! How about you? How did your science exam go?
> A : Oh, it went really well. _____. I owe you a treat for that.
> B : It's my pleasure. So, do you feel like preparing for the math exam scheduled for next week?
> A : Sure. Let's study together.
> B : It sounds good. See you later.

① There's no sense in beating yourself up over this

② I never thought I would see you here

③ Actually, we were very disappointed

④ I can't thank you enough for helping me with it

✅ **단어** prepare for ~을 준비하다　beat oneself up 자책하다

☑ **해석** A : 안녕! 지리 시험은 어땠어?
　　 B : 나쁘지 않아, 고마워. 난 그냥 그게 끝나서 기뻐! 너는 어때? 과학 시험은 어땠어?
　　 A : 오, 정말 잘 됐어. <u>도와줘서 정말 고마워.</u> 그것에 대해 너에게 신세를 졌어.
　　 B : 천만에. 그래서, 다음 주에 예정된 수학 시험을 준비할 마음이 들어?
　　 A : 그럼. 같이 공부하자.
　　 B : 좋은 생각이야. 나중에 봐.

　　 ① 이 일로 자책하는 것은 무의미해.
　　 ② 여기서 너를 만날 줄은 몰랐어.
　　 ③ 사실, 우리는 매우 실망했어.
　　 ④ 도와줘서 정말 고마워.

✅ **TIP** B가 과학 시험에 대해 묻자 A가 잘 봤다고 말하고 있다. 그 뒤로 자연스럽게 이어질 수 있는 말은 ④이다.

11 주어진 글 다음에 이어질 글의 순서로 가장 적절한 것은?

For people who are blind, everyday tasks such as sorting through the mail or doing a load of laundry present a challenge.

(A) That's the thinking behind Aira, a new service that enables its thousands of users to stream live video of their surroundings to an on-demand agent, using either a smartphone or Aira's proprietary glasses.

(B) But what if they could "borrow" the eyes of someone who could see?

(C) The Aira agents, who are available 24/7, can then answer questions, describe objects or guide users through a location.

① (A) − (B) − (C)

② (A) − (C) − (B)

③ (B) − (A) − (C)

④ (C) − (A) − (B)

⊘ **단어** blind 눈이 먼 sort 종류, 부류, 분류하다 load 적하, 짐 laundry 세탁물 on-demand 맞춤형의 proprietary 등록 상표가 붙은, 소유주의 describe 설명하다

☑ **해석** 시각 장애인들에게 우편물을 분류하거나 한 무더기의 빨래를 하는 것과 같은 일상적인 일은 힘겨운 일이다.

(B) 하지만 만약 그들이 볼 수 있는 누군가의 눈을 "빌릴" 수 있다면 어떨까?

(A) 그것은 수천 명의 사용자들이 스마트폰이나 Aira의 전매특허 안경을 사용하여 그들 주변 환경의 실시간 영상을 맞춤형 에이전트에게 스트리밍할 수 있게 해주는 새로운 서비스인 Aira의 배경이 되는 생각이다.

(C) 연중무휴로 이용할 수 있는 Aira 에이전트들은 그리고 질문에 답하거나, 사물을 설명하거나 사용자에게 위치를 안내할 수 있다.

12 주어진 문장이 들어갈 위치로 가장 적절한 것은?

> The comparison of the heart to a pump, however, is a genuine analogy.

An analogy is a figure of speech in which two things are asserted to be alike in many respects that are quite fundamental. Their structure, the relationships of their parts, or the essential purposes they serve are similar, although the two things are also greatly dissimilar. Roses and carnations are not analogous. (①) They both have stems and leaves and may both be red in color. (②) But they exhibit these qualities in the same way; they are of the same genus. (③) These are disparate things, but they share important qualities: mechanical apparatus, possession of valves, ability to increase and decrease pressures, and capacity to move fluids. (④) And the heart and the pump exhibit these qualities in different ways and in different contexts.

✓ **단어** comparison 비교, 비유 genuine 진짜의, 진실의 analogy 비유, 유사점 be asserted 주장되다 fundamental 근본적인 analogous 유사한 stem 줄기 exhibit 보여주다 같은 방법으로 genus 종류, 속(屬) disparate 이질적인 부분들로 이뤄진, 서로 전혀 다른 apparatus 장치, 기구 possession 소유, 소유물 fluid 유체 context 맥락

☑ **해석** 비유는 두 가지가 매우 근본적인 많은 면에서 비슷하다고 주장되는 수사적 표현이다. 그것들의 구조, 그것들 부분의 관계, 또는 그것들이 기여하는 근본적인 목적은 유사하지만, 그 두 가지는 또한 크게 다르기도 하다. 장미와 카네이션은 유사하지 않다. 그것들은 둘 다 줄기와 잎을 가지고 있으며 둘 다 빨간색일 수 있다. 그러나 그것들은 같은 속(屬)이기 때문에, 같은 방식으로 이러한 특성들을 드러낸다. 하지만 심장을 펌프에 빗대는 것은 진정한 비유이다. 이것들은 본질적으로 서로 다른 것들이지만, 그것들은 중요한 특성들을 공유한다: 역학적인 장치(기관), 밸브(판막)의 보유, 압력을 증가시키고 감소시키는 능력, 유체를 이동시킬 수 있는 능력 등. 그리고 심장과 펌프는 다른 방식으로 다른 맥락에서 이러한 특성들을 드러낸다.

13 다음 글의 제목으로 가장 적절한 것은?

One of the areas where efficiency can be optimized is the work force, through increasing individual productivity—defined as the amount of work (products produced, customers served) an employee handles in a given time. In addition to making sure you have invested in the right equipment, environment, and training to ensure optimal performance, you can increase productivity by encouraging staffers to put an end to a modern-day energy drain: multitasking. Studies show it takes 25 to 40 percent longer to get a job done when you're simultaneously trying to work on other projects. To be more productive, says Andrew Deutscher, vice president of business development at consulting firm The Energy Project, "do one thing, uninterrupted, for a sustained period of time."

① How to Create More Options in Life

② How to Enhance Daily Physical Performance

③ Multitasking is the Answer for Better Efficiency

④ Do One Thing at a Time for Greater Efficiency

⊘ **단어** efficiency 효율 optimize 최대한으로 활용하다 work force 노동자, 노동력 equipment 장비, 용품 optimal performance 최적의 성능 productivity 생산성 put an end to ~을 끝내다, 그만두게 하다 energy drain 에너지 유출 simultaneously 동시에 uninterrupted 연속된 sustained 지속된, 한결같은, 일관된 period of time 기간

☑ **해석** 효율성을 최적화할 수 있는 분야 중 하나는 노동력으로, 한 직원이 주어진 시간 내에 처리하는 작업량(제품 생산량, 고객 서비스량)으로 정의되는 개인 생산성의 향상을 통해 가능하다. 최적의 성능을 보장하기 위해 적절한 장비, 환경 및 교육에 투자했는지 확인하는 것에 더하여, 직원들이 현대의 에너지 낭비인 멀티태스킹을 중단하도록 장려함으로써 생산성을 높일 수 있다. 연구들은 동시에 다른 프로젝트들을 수행하려고 할 때 한 작업을 완료하는 데 25~40% 더 오래 걸린다는 것을 보여준다. 컨설팅 회사 The Energy Project의 사업개발 부사장인 Andrew Deutscher는 더 생산적이기 위해, "한 가지 일을 하세요, 중단 없이, 지속적인 기간 동안에." 라고 말한다.

① 인생에서 더 많은 선택지를 만드는 방법
② 일상적인 신체 능력을 향상시키는 방법
③ 멀티태스킹은 더 나은 효율성을 위한 답이다
④ 더 큰 효율성을 위해 한 번에 한 가지 일을 하라

⊘ **TIP** ④ 마지막 "do one thing, uninterrupted, for a sustained period of time."에서 쉽게 답을 찾을 수 있다.

14 글의 흐름상 가장 어색한 문장은?

The skill to have a good argument is critical in life. But it's one that few parents teach to their children. ① We want to give kids a stable home, so we stop siblings from quarreling and we have our own arguments behind closed doors. ② Yet if kids never get exposed to disagreement, we may eventually limit their creativity. ③ Children are most creative when they are free to brainstorm with lots of praise and encouragement in a peaceful environment. ④ It turns out that highly creative people often grow up in families full of tension. They are not surrounded by fistfights or personal insults, but real disagreements. When adults in their early 30s were asked to write imaginative stories, the most creative ones came from those whose parents had the most conflict a quarter-century earlier.

✅ **단어** argument 논쟁, 언쟁 personal 사적인, 개인적인 critical 치명적인, 중대한 stable 안정적인 sibling 형제자매 quarrel 싸움을 벌이다 behind closed doors 비공개로 expose 노출시키다 disagreement 불화 end up ~ing 결국 ~하게 되다 creativity 창의성 encouragement 격려 tension 긴장 fistfight 주먹다짐 insult 모욕 imaginative 상상력이 있는 conflict 투쟁, 갈등

☑️ **해석** 좋은 논쟁을 하는 기술은 인생에서 매우 중요하다. 하지만 이것은 몇몇 부모들만이 아이들에게 가르치는 것이다. 우리는 아이들에게 안정적인 가정을 주고 싶어서 형제자매들이 싸우는 것을 막고 우리만의 논쟁을 비공개로 하고 있다. 하지만 만약 아이들이 의견 충돌에 노출되지 않는다면, 우리는 결국 그들의 창의력을 제한할 수도 있다. 어린이들은 평화로운 환경에서 많은 칭찬과 격려로 자유롭게 브레인스토밍을 할 때 가장 창의적이다. 창의력이 뛰어난 사람들은 긴장이 넘치는 가정에서 자라는 경우가 많은 것으로 나타났다. 그들은 주먹다짐이나 인신공격에 둘러싸여 있는 것이 아니라, 진정한 의견의 불일치에 둘러싸여 있는 것이다. 30대 초반의 어른들에게 상상력을 더한 이야기를 쓰라고 했을 때, 가장 창의적인 이야기는 25년 전에 부모님이 가장 많은 갈등을 겪었던 사람들로부터 나왔다.

✅ **TIP** 지문은 논쟁의 기술이 인생에서 매우 중요하다는 것을 언급하고 있는데, 평화로운 환경에 노출이 중요하다고 하는 ③은 흐름상 어색하다.

※ 다음 글의 내용과 일치하지 않는 것을 고르시오. 【15~16】

15

> Christopher Nolan is an Irish writer of some renown in the English language. Brain damaged since birth, Nolan has had little control over the muscles of his body, even to the extent of having difficulty in swallowing food. He must be strapped to his wheelchair because he cannot sit up by himself. Nolan cannot utter recognizable speech sounds. Fortunately, though, his brain damage was such that Nolan's intelligence was undamaged and his hearing was normal; as a result, he learned to understand speech as a young child. It was only many years later, though, after he had reached 10 years, and after he had learned to read, that he was given a means to express his first words. He did this by using a stick which was attached to his head to point to letters. It was in this 'unicorn' manner, letter-by-letter, that he produced an entire book of poems and short stories, Dam-Burst of Dreams, while still a teenager.

① Christopher Nolan은 뇌 손상을 갖고 태어났다.
② Christopher Nolan은 음식을 삼키는 것도 어려웠다.
③ Christopher Nolan은 청각 장애로 인해 들을 수 없었다.
④ Christopher Nolan은 10대일 때 책을 썼다.

✅ **단어** renown 명성 to the extent ~한 정도까지 swallow 삼키다 strap 끈으로 묶다 utter 말하다 recognizable 인식할 수 있는 undamaged 손상받지 않은 means 수단, 방법 stick 막대기 entire 전체의 manner 방법

✅ **해석** Christopher Nolan은 영어로 다소 유명한 아일랜드의 작가이다. 태어날 때부터 뇌가 손상된 Nolan은 음식을 삼키기 어려울 정도로 몸의 근육을 거의 통제하지 못했다. 그는 혼자 똑바로 앉을 수 없기 때문에 휠체어에 묶여 있어야 한다. Nolan은 알아들을 수 있는 말소리를 낼 수 없다. 그러나 다행히도, 그의 뇌 손상은 지능이 손상되지 않는 것이었고 청력이 정상이었기 때문에, 그 결과로 그는 어렸을 때 말을 이해하는 것을 배웠다. 그러나 그가 10살이 되고, 읽기를 배운, 수년 후에서야 비로소 그의 첫 단어를 표현할 수 있는 수단을 갖게 되었다. 그는 머리에 붙어있는 막대기를 사용하여 글자를 가리켰다. 그가 아직 10대일 때 「Dam-Burst of Dreams」라는 시와 단편으로 이루어진 전체 책 한 권을 써 낸 것은 한 자 한 자씩 하는 이런 '유니콘'의 방식이었다.

✅ **TIP** ③ Christopher Nolan의 청력은 정상이었다.

16

In many Catholic countries, children are often named after saints; in fact, some priests will not allow parents to name their children after soap opera stars or football players. Protestant countries tend to be more free about this; however, in Norway, certain names such as Adolf are banned completely. In countries where infant mortality is very high, such as in Africa, tribes only name their children when they reach five years old, the age in which their chances of survival begin to increase. Until that time, they are referred to by the number of years they are. Many nations in the Far East give their children a unique name which in some way describes the circumstances of the child's birth or the parents' expectations and hopes for the child. Some Australian aborigines can keep changing their name throughout their life as the result of some important experience which has in some way proved their wisdom, creativity or determination. For example, if one day, one of them dances extremely well, he or she may decide to re-name him/herself 'supreme dancer' or 'light feet'.

① Children are frequently named after saints in many Catholic countries.

② Some African children are not named until they turn five years old.

③ Changing one's name is totally unacceptable in the culture of Australian aborigines.

④ Various cultures name their children in different ways.

☑ **단어** name after ~의 이름을 따서 명명하다 saint 성인, 성자 priest 성직자 protestant 개신교 ban 금지하다, 금하다 completely 완전히 mortality 사망률 be referred to ~로 불리다 circumstance 상황 expectation 기대 aborigine 원주민 throughout 내내 prove 입증하다 determination 결단력 supreme 최고의

☑ **해 석** 많은 가톨릭 국가에서, 아이들은 종종 성인의 이름을 따서 지어진다; 사실, 일부 성직자들은 부모들이 그들의 아이들의 이름을 드라마 스타나 축구 선수의 이름을 따서 짓도록 허락하지 않는다. 개신교 국가들은 이것에 대해 더 자유로운 경향이 있다; 반면에, 노르웨이에서는 Adolf와 같은 특정 이름들이 완전히 금지된다. 아프리카처럼 유아 사망률이 매우 높은 국가에서는 부족들이 생존 가능성이 높아지기 시작하는 나이인 5세가 돼야 아이들의 이름을 짓는다. 그때까지, 그들은 년수로 불린다. 극동의 많은 나라들은 그들의 자녀에게 어떤 식으로든 아이의 출생의 상황이나 부모들의 기대와 희망을 묘사하는 특별한 이름을 지어준다. 어떤 호주 원주민들은 그들의 지혜, 창의성 또는 결단력을 증명한 몇몇 중요한 경험의 결과로 그들의 이름을 일생 동안 계속해서 바꿀 수 있다. 예를 들어, 어느 날 그들 중 한 명이 춤을 아주 잘 춘다면, 그 혹은 그녀는 자신의 이름을 '최고 무용수' 또는 '빛나는 발'로 바꾸기로 결정할 수 있다.
① 많은 가톨릭 국가에서 아이들은 종종 성인의 이름을 따서 지어진다.
② 어떤 아프리카 어린이들은 5살이 될 때까지 이름이 지어지지 않는다.
③ 이름을 바꾸는 것은 호주 원주민들의 문화에서 전혀 용납될 수 없다.
④ 다양한 문화권에서는 자녀의 이름을 각각 다른 방식으로 짓는다.

✎ **ANSWER** 15.③ 16.③

17 다음 글의 요지로 가장 적절한 것은?

In one study, done in the early 1970s when young people tended to dress in either "hippie" or "straight" fashion, experimenters donned hippie or straight attire and asked college students on campus for a dime to make a phone call. When the experimenter was dressed in the same way as the student, the request was granted in more than two-thirds of the instances; when the student and requester were dissimilarly dressed, the dime was provided less than half the time. Another experiment showed how automatic our positive response to similar others can be. Marchers in an antiwar demonstration were found to be more likely to sign the petition of a similarly dressed requester and to do so without bothering to read it first.

① People are more likely to help those who dress like themselves.

② Dressing up formally increases the chance of signing the petition.

③ Making a phone call is an efficient way to socialize with other students.

④ Some college students in the early 1970s were admired for their unique fashion.

☑ **단어** experimenter 실험자 don 걸치다, 입다 attire 복장 dime 10센트 동전 dissimilarly 다르게, 닮지 않게 marcher 시위자 antiwar 반전의 demonstration 시위 petition 탄원 bother to 애써 ~하다 formally 형식적으로

☑ **해석** 젊은이들이 "히피"나 "스트레이트" 패션으로 입는 경향이 있던 1970년대 초에 행해진 한 연구에서, 실험자들은 히피나 스트레이트 복장을 하고 대학생들에게 전화를 걸기 위한 10센트짜리 동전을 요구했다. 실험자가 학생과 같은 방식으로 입었을 때, 그 요청은 3분의 2 이상 허락되었고, 학생과 요청자가 서로 다르게 입었을 때, 10센트짜리 동전은 절반 미만으로 제공되었다. 또 다른 실험은 비슷한 타인에 대한 우리의 긍정적인 반응이 얼마나 자동적인지를 보여주었다. 반전 시위에 참여한 시위자들은 비슷한 복장을 한 요청자의 탄원서에 서명할 가능성이 더 크고, 그것을 우선 읽어보려 하지도 않고 서명할 가능성이 더 큰 것으로 밝혀졌다.

① 사람들은 그들처럼 입는 사람들을 도울 가능성이 더 크다.
② 정장을 하는 것은 탄원서 서명의 가능성을 높인다.
③ 전화를 거는 것은 다른 학생들과 교제하는 효율적인 방법이다.
④ 1970년대 초반의 몇몇 대학생들은 독특한 패션으로 동경 받았다.

18 (A)와 (B)에 들어갈 말로 가장 적절한 것은?

Duration shares an inverse relationship with frequency. If you see a friend frequently, then the duration of the encounter will be shorter. Conversely, if you don't see your friend very often, the duration of your visit will typically increase significantly. [(A)], if you see a friend every day, the duration of your visits can be low because you can keep up with what's going on as events unfold. If, however, you only see your friend twice a year, the duration of your visits will be greater. Think back to a time when you had dinner in a restaurant with a friend you hadn't seen for a long period of time. You probably spent several hours catching up on each other's lives. The duration of the same dinner would be considerably shorter if you saw the person on a regular basis. [(B)], in romantic relationships the frequency and duration are very high because couples, especially newly minted ones, want to spend as much time with each other as possible. The intensity of the relationship will also be very high.

	(A)	(B)
①	For example	Conversely
②	Nonetheless	Furthermore
③	Therefore	As a result
④	In the same way	Thus

⊘ **단어** duration 지속 시간, 존속 기간 inverse 반대의, 역의 frequency 빈도 encounter 만남 conversely 반대로 typically 일반적으로 significantly 상당히 keep up with 따라잡다 unfold 전개되다 considerably 꽤, 상당히 on a regular basis 주기적으로 mint 주조하다, 만들어내다 intensity 강도

☑ **해석** 지속 시간은 빈도와 역관계를 공유한다. 만약 여러분이 친구를 자주 만난다면, 만남의 시간은 더 짧아질 것이다. 반대로 친구를 자주 만나지 않으면, 만남의 지속 시간이 일반적으로 상당히 늘어난다. <u>예를 들어</u>, 만약 여러분이 매일 친구를 만난다면, 여러분은 사건이 전개되면서 일어나는 일들에 대해 알기 때문에 만남의 지속 시간이 짧을 수 있다. 하지만, 만약 여러분이 친구를 일 년에 두 번만 만난다면, 만남의 지속 시간은 더 길어질 것이다. 오랫동안 보지 못한 친구와 식당에서 저녁을 먹었을 때를 생각해 봐라. 여러분은 아마도 서로의 삶을 알아가는 데 몇 시간을 보냈을 것이다. 만약 당신이 정기적으로 그 사람을 본다면 같은 저녁 식사 시간은 꽤 짧을 것이다. <u>반대로</u>, 연인 관계에서, 커플들, 특히 새로 만난 커플들은 서로 가능한 한 많은 시간을 보내고 싶어 하기 때문에 빈도와 만남의 지속 시간이 매우 높다. 관계의 강도 또한 매우 높을 것이다.

19

One of the most frequently used propaganda techniques is to convince the public that the propagandist's views reflect those of the common person and that he or she is working in their best interests. A politician speaking to a blue-collar audience may roll up his sleeves, undo his tie, and attempt to use the specific idioms of the crowd. He may even use language incorrectly on purpose to give the impression that he is "just one of the folks." This technique usually also employs the use of glittering generalities to give the impression that the politician's views are the same as those of the crowd being addressed. Labor leaders, businesspeople, ministers, educators, and advertisers have used this technique to win our confidence by appearing to be _____.

① beyond glittering generalities

② just plain folks like ourselves

③ something different from others

④ better educated than the crowd

✓ **단어** frequently 자주 propaganda 선전 convince 확신시키다, 설득하다 reflect 반영하다 politician 정치가 undo 끄르다, 풀다, 벗기다 idiom 관용구 incorrectly 부정확하게 folk 사람들 employ 사용하다, 고용하다 glittering generality 화려한 추상어 generality 일반론 address 연설하다 confidence 자신감 plain 평범한

☑ **해석** 가장 자주 사용되는 선전 기법 중 하나는 대중들에게 선전자의 견해가 일반인의 견해를 반영하고 있으며 그들이 최선의 이익을 위해 일하고 있다는 것을 확신시키는 것이다. 블루칼라 청중에게 말하는 정치인은 소매를 걷어붙이고 넥타이를 풀고 군중들의 특정한 관용구를 사용하려고 시도할 수 있다. 그는 심지어 자신이 "그 사람들 중 한 명일 뿐"이라는 인상을 주기 위해 일부러 언어를 잘못 사용할 수도 있다. 이 기술은 또한 정치가의 견해가 연설을 듣는 군중의 견해와 같다는 인상을 주기 위해 화려한 추상어를 사용한다. 노동 지도자들, 사업가들, 장관들, 교육자들, 그리고 광고들은 우리와 같이 평범한 사람들인 것처럼 보임으로써 우리의 신뢰를 얻기 위해 이 기술을 사용해왔다

① 화려한 추상어를 넘어선
② 우리와 같이 평범한 사람들
③ 남들과는 다른 무언가
④ 대중들보다 더 교육받은

20

As a roller coaster climbs the first lift hill of its track, it is building potential energy—the higher it gets above the earth, the stronger the pull of gravity will be. When the coaster crests the lift hill and begins its descent, its potential energy becomes kinetic energy, or the energy of movement. A common misperception is that a coaster loses energy along the track. An important law of physics, however, called the law of conservation of energy, is that energy can never be created nor destroyed. It simply changes from one form to another. Whenever a track rises back uphill, the cars' momentum—their kinetic energy—will carry them upward, which builds potential energy, and roller coasters repeatedly convert potential energy to kinetic energy and back again. At the end of a ride, coaster cars are slowed down by brake mechanisms that create _____ between two surfaces. This motion makes them hot, meaning kinetic energy is changed to heat energy during braking. Riders may mistakenly think coasters lose energy at the end of the track, but the energy just changes to and from different forms.

① gravity

② friction

③ vacuum

④ acceleration

✓ **단어** climb 오르다, 올라가다 potential enery 위치에너지 gravity 중력 crest 꼭대기에 이르다 descent 하강, 강하 kinetic 운동의 misperception 오해 law of physics 물리학 conservation 보존 uphill 오르막의, 오르막길로 momentum 탄력, 가속도 convert 전환하다, 바꾸다 mistakenly 잘못하여, 실수로

☑ **해석** 롤러코스터가 트랙의 첫 번째 리프트 언덕을 오를 때, 그것은 잠재적인 에너지를 만들고 있다. 그것이 지구 위로 올라갈수록, 중력의 당기는 힘은 더 강해질 것이다. 롤러코스터가 리프트 언덕을 넘어 하강하기 시작할 때, 그것의 잠재적 에너지는 운동에너지, 또는 이동에너지가 된다. 일반적인 오해는 롤러코스터가 트랙을 따라 에너지를 잃는다는 것이다. 그러나, 에너지 보존의 법칙이라고 불리는 물리학의 중요한 법칙은 에너지가 결코 생성되거나 파괴될 수 없다는 것이다. 그것은 단순히 한 형태에서 다른 형태로 바뀔 뿐이다. 트랙이 오르막으로 되돌아올 때마다, 롤러코스터의 운동에너지인 가속도가 그것들을 위로 운반하여 잠재적인 에너지를 만들고 롤러코스터는 반복적으로 잠재 에너지를 운동에너지로 변환하고 다시 되돌아온다. 놀이기구가 끝날 때, 롤러코스터 자동차는 두 표면 사이에 마찰을 일으키는 브레이크 메커니즘에 의해 속도를 늦춘다. 이 움직임은 그것들을 뜨겁게 만드는데, 이는 제동 중에 운동에너지가 열에너지로 바뀐다는 것을 의미한다. 라이더들은 롤러코스터가 트랙의 끝에서 에너지를 잃는다고 잘못 생각할 수도 있지만, 에너지는 단지 다른 형태로, 혹은 다른 형태로 바뀔 뿐이다.

① 중력 ② 마찰 ③ 진공 ④ 가속

※ 밑줄 친 부분의 의미와 가장 가까운 것을 고르시오. 【1~4】

1

> Jane wanted to have a small wedding rather than a fancy one. Thus, she planned to invite her family and a few of her intimate friends to eat delicious food and have some pleasant moments.

① nosy

② close

③ outgoing

④ considerate

✓ 【단어】 rather than 다소 pleasant 즐거운, 기쁜 a few of 몇몇의 thus 따라서

☑ 【해석】 Jane은 화려한 웨딩보다 스몰 웨딩을 하고 싶었다. 그래서, 그녀는 그녀의 가족과 그녀의 <u>친밀한</u> 친구들 몇몇을 맛있는 음식을 먹고 즐거운 순간을 갖자고 초대하기로 계획했다.」

    ② 가까운   ① 참견하기 좋아하는

    ③ 외향적인   ④ 사려깊은

2

> The incessant public curiosity and consumer demand due to the health benefits with lesser cost has increased the interest in functional foods.

① rapid

② constant

③ significant

④ intermittent

✓ 【단어】 incessant 끊임없는 due to ~로 인한 health benefits 건강 보험 have an interest in ~에 관심이 있 다functional foods 기능성 식품

☑ 【해석】 더 적은 비용의 건강 보험 때문에 <u>끊임없는</u> 대중의 호기심과 소비자의 요구가 기능성 식품에 대한 흥미가 증가하고 있다.

    ② 지속적인   ① 빠른

    ③ 중요한   ④ 간헐적인

3

Because of the pandemic, the company had to <u>hold off</u> the plan to provide the workers with various training programs.

① elaborate
② release
③ modify
④ suspend

✓ **단어** pandemic 세계적인 유행병 hold off 미루다, 연기하다

☑ **해석** 전 세계 유행하는 병 때문에, 그 회사는 다양한 훈련 프로그램을 직원들에게 제공하려던 계획을 <u>연기해야</u>만 했다.

　　④ 연기하다, 유예하다　　① 상술하다
　　② 놓아주다　　　　　　　③ 수정하다

4

The new Regional Governor said he would <u>abide by</u> the decision of the High Court to release the prisoner.

① accept
② report
③ postpone
④ announce

✓ **단어** Regional Governor 주지사 abide by 준수하다 High Court 고등법원

☑ **해석** 새 지역 주지사는 고등법원의 죄수 석방 결정을 <u>준수하겠다</u>고 말했다.

　　① 받아들이다, 수용하다　　② 보도하다
　　③ 연기하다　　　　　　　④ 발표하다

✎ **ANSWER** 1.② 2.② 3.④ 4.①

5 밑줄 친 부분 중 어법상 옳지 않은 것은?

> While advances in transplant technology have made ①it possible to extend the life of individuals with end-stage organ disease, it is argued ②that the biomedical view of organ transplantation as a bounded event, which ends once a heart or kidney is successfully replaced, ③conceal the complex and dynamic process that more ④accurately represents the experience of receiving an organ.

⊘ **단어** transplant technology 이식 기술   extend 연장하다   end-staged 말기의   organ 장기, 조직   biomedical 생물의학의   bounded 경계가 있는   kidney 신장   replace 교체하다   conceal 감추다   process 과정   accurately 정확하게   represent 대표하다   receive 받다

☑ **해석** 이식 기술에서의 진보가 말기 장기질환을 가진 사람들의 삶의 연장을 가능하게 한 반면에, 심장이나 신장이 성공적으로 교체되면 끝나는 제한된 일로 장기 이식을 보는 생물 의학적 관점은 장기를 받는 경험을 더 정확하게 나타내는 복작함과 역동적인 과정을 은닉하고 있다는 주장이 되고 있다.

⊘ **TIP** ③ 생략된 주어가 the biomedical view of argan transplation이기 때문에 수동태 is concealed가 적합하다.
① it은 가목적어로 사용되었다.
② 접속사 that으로 is argued의 목적절을 이끌고 있다.
④ 뒤에 있는 동사 represents를 꾸며주는 부사로 사용되기 때문에 부사형 accurately는 어법상 옳다.

6 어법상 옳지 않은 것은?

① All assignments are expected to be turned in on time.

② Hardly had I closed my eyes when I began to think of her.

③ The broker recommended that she buy the stocks immediately.

④ A woman with the tip of a pencil stuck in her head has finally had it remove.

⊘ **단어** assignment 과제   expect 기대하다, 요구하다   turn in 제출하다, 안쪽으로 향하다   on time 제 시간에   hardly 거의 ~않는   think of ~를 생각하다   broker 중개인   recommend 추천하다   stock 주식   immediately 즉시

⊘ **TIP** 5형식에서 동사가 사역 동사이고, 목적어가 연필이기 때문에 목적격 보어 자리에는 수동의 의미로 과거분사 removed가 적절하다.

7 우리말을 영어로 잘못 옮긴 것은?

① 내 고양이 나이는 그의 고양이 나이의 세 배이다.

   → My cat is three times as old as his.

② 우리는 그 일을 이번 달 말까지 끝내야 한다.

   → We have to finish the work until the end of this month.

③ 그녀는 이틀에 한 번 머리를 감는다.

   → She washes her hair every other day.

④ 너는 비가 올 경우에 대비하여 우산을 갖고 가는 게 낫겠다.

   → You had better take an umbrella in case it rains.

⊘ **단어** every other day 이틀에 한 번 had better ~하는 것이 좋다 in case ~하는 경우에

⊘ **TIP** 기한이 정해져 있는 일에서는 until보다 by가 적합하다.

8 다음 글의 내용과 일치하지 않는 것은?

Are you getting enough choline? Chances are, this nutrient isn't even on your radar. It's time choline gets the attention it deserves. A shocking 90 percent of Americans aren't getting enough choline, according to a recent study. Choline is essential to health at all ages and stages, and is especially critical for brain development. Why aren't we getting enough? Choline is found in many different foods but in small amounts. Plus, the foods that are rich in choline aren't the most popular: think liver, egg yolks and lima beans. Taylor Wallace, who worked on a recent analysis of choline intake in the United States, says, "There isn't enough awareness about choline even among health-care professionals because our government hasn't reviewed the data or set policies around choline since the late '90s."

---

① A majority of Americans are not getting enough choline.

② Choline is an essential nutrient required for brain development.

③ Foods such as liver and lima beans are good sources of choline.

④ The importance of choline has been stressed since the late '90s in the U.S.

✅ **단어** chances are 아마도 nutrient 영양분 radar 레이더 deserve ~할 가치가 있다 according to ~에 따르면 recent 최근의 essential 필수적인 especially 특히 critical 중요한 liver 간 lima bean 강낭콩(리마콩) work on ~에 착수하다 intake 섭취량 analysis 분석연구 awareness 인식 review 검토하다 policy 정책 required 요구되는 be stressed 강조하다

✅ **해석** 당신은 충분한 콜린을 받고 있는가? 아마도 이 영양소는 당신의 레이더에도 없을 것이다. 이제 콜린이 당연히 가치가 있다고 관심을 받을 때이다. 최근 연구에 따르면 미국인들의 충격적인 퍼센트인 90%가 충분한 콜린을 얻지 못하고 있다. 콜린은 모든 연령과 단계에서 필수적이고 특히 뇌의 발달에 아주 중요하다. 왜 우리는 충분히 얻지 못하고 있는 것일까? 콜린은 작은 양이지만 많은 다양한 음식에서 발견된다. 게다가, 콜린이 풍부한 음식(간, 달걀노른자, 강낭콩)은 가장 인기가 없다. 미국에서 최근 콜린 섭취량 분석에 참여했던 Taylor Wallace는 "의료 전문가들 사이에서조차 콜린에 대한 충분한 인식이 없는데, 우리 정부가 지난 90년대 말 이후로 콜린에 관한 데이터를 검토하거나 정책을 세우지 않았기 때문입니다."라고 말했다.

④ 콜린의 중요성은 미국에서 90년대 말부터 강조되어 왔다.
① 대다수의 미국인들은 충분한 콜린을 얻지 못하고 있다.
② 콜린은 뇌 발달에 필요로 한 필수 영양소이다.
③ 간과 강낭콩은 콜린의 좋은 공급원이다.

✅ **TIP** 90년대 말부터 미국 정부가 콜린에 대해 충분히 검토하거나 정책을 세우지 않았기 때문에 ④의 강조되어 왔다는 내용은 일치하지 않다.

9 다음 글의 내용과 일치하는 것은?

> Around 1700 there were, by some accounts, more than 2,000 London coffeehouses, occupying more premises and paying more rent than any other trade. They came to be known as penny universities, because for that price one could purchase a cup of coffee and sit for hours listening to extraordinary conversations. Each coffeehouse specialized in a different type of clientele. In one, physicians could be consulted. Others served Protestants, Puritans, Catholics, Jews, literati, merchants, traders, Whigs, Tories, army officers, actors, lawyers, or clergy. The coffeehouses provided England's first egalitarian meeting place, where a man chatted with his tablemates whether he knew them or not.

① The number of coffeehouses was smaller than that of any other business.

② Customers were not allowed to stay for more than an hour in a coffeehouse.

③ Religious people didn't get together in a coffeehouse to chat.

④ One could converse even with unknown tablemates in a coffeehouse.

✅ **단어** by some accounts 어떤 점에서는 premises 부지, 구내 occupy 점유하다 be known as ~로 알려지다 extraordinary 기상천외한, 비범한 physician 의사 Protestant 개신교 Catholic 청교도 Jew 유대인 literati 지식인들 merchant 상인 Whig 휘그당원 Tories 토리당원 clergy 성직자들 egalitarian 평등주의 the number of ~의 수 religious 종교적인 get together 모이다 converse 대화를 나누다

☑️ **해석** 1700년경에 2000개 이상의 런던 커피하우스가 있었는데, 어떤 점에서는 다른 어떤 무역보다 더 많은 부지를 점유하고 더 많은 임대료를 지불했다. 커피 한 잔을 지불한 값으로 수시간을 앉아 비범한 대화를 들을 수 있었기 때문에, 페니 대학으로 알려지게 되었다. 각 커피하우스들은 다른 종류의 고객으로 전문화했다. 한 곳에서는 의사들에게 상담을 받을 수 있었다. 다른 곳에서는 개신교, 청교도, 유대인, 지식인들, 상인, 무역업자, 휘그당원, 토리당원, 육군 장교, 배우, 변호사 또는 성직자를 대접했다. 커피하우스들은 영국 최초의 평등적인 만남 장소를 제공했고, 그 장소는 한 남자가 테이블에 있는 자들을 알든지 모르든지 상관없이 이야기를 나누었다.

④ 커피하우스에서는 누구든 테이블의 모르는 사람들과도 대화할 수 있었다.
① 커피하우스의 수는 어떤 다른 사업들의 수보다 작았다.
② 손님들은 커피하우스에서 한 시간 이상은 머무르지 못하게 돼있었다.
③ 종교적인 사람들은 커피하우스에서 이야기를 나누기 위해 모이지 못했다.

✏️ **ANSWER** 8.④ 9.④

※ 밑줄 친 부분에 들어갈 말로 알맞은 것을 고르시오. 【10~11】

10

A : I got this new skin cream from a drugstore yesterday. It is supposed to remove all wrinkles and make your skin look much younger.

B : _____

A : Why don't you believe it? I've read in a few blogs that the cream really works.

B : I assume that the cream is good for your skin, but I don't think that it is possible to get rid of wrinkles or magically look younger by using a cream.

A : You are so pessimistic.

B : No, I'm just being realistic. I think you are being gullible.

① I don't buy it.

② It's too pricey.

③ I can't help you out.

④ Believe it or not, it's true.

☑ **단어** be supposed to ~하기로 되어있다　remove 제거하다　assume 가정하다　get rid of ~을 제거하다 by -ing ~을 함으로써 pessimistic 비관적인　realistic 현실적인　gullible 잘 속아 넘어가는

☑ **해석** A : 나는 어제 드럭 스토어에서 이 새로운 피부크림을 샀어. 그것은 모든 주름을 제거하고 너의 피부를 훨씬 더 어리게 보이도록 만든다고 했어.

B : 믿기 어려운데.

A : 그냥 믿어보지 그래? 내가 그 크림이 정말 효과가 있다는 것을 몇 블로그에서 읽어봤어.

B : 나는 그 크림이 네 피부에 좋을 거라고는 생각하지만 그 크림을 사용해서 모든 주름을 제거하거나 마법처럼 더 어려 보이는 것이 가능하다고 생각하지 않아.

A : 너는 정말 비관주의적이다.

B : 아니, 나는 그냥 현실적으로 구는 거야. 내 생각에 네가 잘 속아 넘어가는것 같아.

① 믿기 어려운데.

② 그것은 너무 비싸다.

③ 내가 너를 도울 수가 없어.

④ 믿거나 말거나 사실이다.

11

A : I'd like to go sightseeing downtown. Where do you think I should go?

B : I strongly suggest you visit the national art gallery.

A : Oh, that's a great idea. What else should I check out?

B : _____

A : I don't have time for that. I need to meet a client at three.

B : Oh, I see. Why don't you visit the national park, then?

A : That sounds good. Thank you!

① This is the map that your client needs. Here you go.

② A guided tour to the river park. It takes all afternoon.

③ You should check it out as soon as possible.

④ The checkout time is three o'clock.

☑ **단어** go sightseeing 구경하러 가다 strongly 강력히 client 고객 as soon as possible 가능한한 빨리

☑ **해석** A : 시내를 구경하러 가고 싶어. 너는 내가 어디로 가면 좋다고 생각하니?
　　 B : 나는 네가 국립 미술관을 방문해 보는 것을 꼭 권해.
　　 A : 오, 좋은 생각이네. 내가 확인해 볼 다른 곳은?
　　 B : 강변 공원으로 가는 가이드 투어. 오후 전부가 소요돼.
　　 A : 나 그럴만한 시간은 없어. 나는 3시에 고객을 만나야 해.
　　 B : 아, 알겠어. 그러면, 국립 공원을 가보는 것은 어때?
　　 A : 좋다. 고마워!

　　 ② 강변 공원으로 가는 가이드 투어. 오후 전부가 소요돼.
　　 ① 이것은 네 고객이 원하는 지도야. 여기 가져가.
　　 ③ 너는 가능한한 빨리 확인해야 해.
　　 ④ 체크아웃 시간이 3시 정각이야.

✎ **ANSWER** 10.① 11.②

12 두 사람의 대화 중 자연스럽지 않은 것은?

① A : He's finally in a hit movie!

　B : Well, he's got it made.

② A : I'm getting a little tired now.

　B : Let's call it a day.

③ A : The kids are going to a birthday party.

　B : So, it was a piece of cake.

④ A : I wonder why he went home early yesterday.

　B : I think he was under the weather.

☑ **단어** get it made (일이) 잘 풀리다　Let's call it a day 오늘은 이만　under the weather 몸이 좋지 않은

☑ **해석** ③ A : 애들이 생일파티에 갈 거래.
　　　　 B : 그럼 정말 쉬웠지.
　　　① A : 그가 결국 히트친 영화에 나왔어.
　　　　 B : 음, 그가 잘 풀리고 있지.
　　　② A : 지금 나 좀 피곤해지고 있어.
　　　　 B : 오늘은 이만.
　　　④ A : 나는 그가 왜 어제 일찍 집에 갔는지 궁금해.
　　　　 B : 나는 그가 몸이 안 좋았다고 생각해.

☑ **TIP** A는 미래형으로 말하고 있지만, B는 그것에 대해 과거형으로 대답하고 있으므로 대화가 자연스럽지 않다.

13 다음 글의 제목으로 알맞은 것은?

> The feeling of being loved and the biological response it stimulates is triggered by nonverbal cues: the tone in a voice, the expression on a face, or the touch that feels just right. Nonverbal cues—rather than spoken words—make us feel that the person we are with is interested in, understands, and values us. When we're with them, we feel safe. We even see the power of nonverbal cues in the wild. After evading the chase of predators, animals often nuzzle each other as a means of stress relief. This bodily contact provides reassurance of safety and relieves stress.

① How Do Wild Animals Think and Feel?

② Communicating Effectively Is the Secret to Success

③ Nonverbal Communication Speaks Louder than Words

④ Verbal Cues: The Primary Tools for Expressing Feelings

⊘ **단어** biological 생물학적인 stimulate 자극하다 nonverbal 비언어의 cue 신호 be interested in ~에 관심이 있다 evade 모면하다 predator 포식자 nuzzle 코(입)를 비비다 means 수단 reassurance 안심시키다 relieve 완화하다

☑ **해석** 사랑을 받는다는 기분과 그것이 자극하는 생물학적 반응은 목소리 어조나 얼굴에 드러나는 표정, 딱 맞는 느낌과 같은 무언의 신호들로 인해 트리거 된다. 구사되는 말보다는 비언어적 신호들은 우리가 관심 있고 이해하고 우리를 가치있게 해주는 사람이라고 느끼게 해준다. 우리가 그들과 함께할 때, 우리는 안전하게 느낀다. 우리는 심지어 야생에서도 비언어적 신호의 힘을 본다. 포식자의 추격을 모면한 후에, 동물들은 스트레스를 해소하기 위한 수단으로서 자주 서로의 주둥이나 코를 비빈다. 이 신체적 접촉은 안전에 대한 확신을 주고 스트레스를 완화시켜준다.

③ 비언어적 소통은 말보다 더 큰소리로 말한다.
① 야생동물들은 어떻게 생각하고 느낄까?
② 효과적으로 소통하는 것은 성공의 비결이다.
④ 언어적 신호들 : 감정을 표현하기 위한 주요한 도구

⊘ **TIP** 위의 지문은 비언어적 소통이 소리로 나타내는 말보다 우리에게 더 강한 안심과 스트레스 해소를 느끼게 해준다고 말하고 있다. 따라서 ③이 제목으로 가장 알맞다.

---

14 다음 글의 주제로 알맞은 것은?

There are times, like holidays and birthdays, when toys and gifts accumulate in a child's life. You can use these times to teach a healthy nondependency on things. Don't surround your child with toys. Instead, arrange them in baskets, have one basket out at a time, and rotate baskets occasionally. If a cherished object is put away for a time, bringing it out creates a delightful remembering and freshness of outlook. Suppose your child asks for a toy that has been put away for a while. You can direct attention toward an object or experience that is already in the environment. If you lose or break a possession, try to model a good attitude ("I appreciated it while I had it!") so that your child can begin to develop an attitude of nonattachment. If a toy of hers is broken or lost, help her to say, "I had fun with that."

① building a healthy attitude toward possessions

② learning the value of sharing toys with others

③ teaching how to arrange toys in an orderly manner

④ accepting responsibility for behaving in undesirable ways

☑ **단어** accumulate 모으다 dependency 의존 at a time 한 번에 rotate 회전시키다 occasionally 가끔 cherished object 애장품 put away 치우다 outlook 관점, 전망 suppose 가정하다 environment 환경 posession 소유물 model 모범이 되다 appreciate 고마워하다 so that~ ~하기 위하여 attachment 애착 orrange 정리하다 in an orderly manner 질서 정연하게 responsibility 책임 undesirable 바람직하지 않은

☑ **해석** 어린 시절에 장난감과 선물이 쌓이는 명절이나 생일 같은 때가 있다. 당신은 물건들에 건강한 비의존을 가르치기 위해 이런 시간들을 사용할 수 있다. 당신의 자녀를 장난감들로 둘러싸이도록 두지 마라. 대신에, 그것을 바구니에 정리하고, 한 번에 한 바구니를 갖도록 하고, 가끔씩 바구니를 돌려쓰게 해라. 만약 애장품을 잠시 치워둔다면, 그것을 다시 가져오는 일이 즐거운 추억과 신선한 관점을 만들어낸다. 당신의 자녀가 잠시 치워두었던 장난감을 요청한다고 해보자. 당신은 주변 환경에 이미 존재하는 물체나 경험으로 아이의 관심을 겨냥한다. 만약 당신이 물건 하나를 잃어버리거나 부순다면, 당신의 자녀가 비애착의 태도를 개발하기 시작할 수 있도록 훌륭한 태도의 모델이 되도록 노력해라.("나는 내가 그것을 가지고 있던 동안 정말 감사했어!"). 만약 그녀의 것들 중 장난감 하나가 망가지거나 잃었을 때, 그녀가 "나는 그것을 가지고 재밌게 놀았었지."라고 말하도록 도움을 줘라.

① 소유를 대하여 건강한 태도 구축하기.
② 다른 사람들과 장난감을 공유함의 가치를 배우기.
③ 장난감들을 질서 정연하게 정리하는 방법을 가르치기.
④ 바람직하지 않은 방식으로 행동한 것에 대한 책임을 수용하기.

☑ **TIP** 위의 지문은 자녀에게 건강하지 못한 소요와 애착 대신에 절적한 태도를 가르치고 도와주는 방법을 제시하고 있다. 따라서 ①이 주제로 알맞다.

15 다음 글의 요지로 알맞은 것은?

Many parents have been misguided by the "self-esteem movement," which has told them that the way to build their children's self-esteem is to tell them how good they are at things. Unfortunately, trying to convince your children of their competence will likely fail because life has a way of telling them unequivocally how capable or incapable they really are through success and failure. Research has shown that how you praise your children has a powerful influence on their development. Some researchers found that children who were praised for their intelligence, as compared to their effort, became overly focused on results. Following a failure, these same children persisted less, showed less enjoyment, attributed their failure to a lack of ability, and performed poorly in future achievement efforts. Praising children for intelligence made them fear difficulty because they began to equate failure with stupidity.

① Frequent praises increase self-esteem of children.

② Compliments on intelligence bring about negative effect.

③ A child should overcome fear of failure through success.

④ Parents should focus on the outcome rather than the process.

⊘ **단어** misguide 잘못 안내하다 self-esteem 자존감 convince 확신시키다 competence 능력 likely ~할 것 같은 unequivocally 모호하지 않게 capable ~을 잘 할 수 있는 have an influence on ~에 영향을 미치다 intelligence 지능 compare to ~에 비교하여 overly 너무, 몹시 focus on ~에 집중하다 persist 지속하다 attribute 탓하다 perform 수행하다 achievement 성취 equate with ~와 동일시하다

☑ **해석** 많은 부모들이 '자존감 운동'으로 인해 잘못 안내되어오고 있는데 그것은 그 부모들에게 자녀들의 자존감을 세우는 방법은 자녀들에게 그들이 뭐든지 얼마나 잘하는지 말해주는 것이라고 말하고 있다. 불행하게도 당신의 자녀에게 그들의 능력을 확신시켜주려고 애쓰는 것은 실패하기 쉬울 것이다. 왜냐하면 삶은 성공과 실패를 통해 자녀들이 정말로 얼마나 해낼 수 있는지나 없는지를 그들에게 정확하게 말해주는 방식을 갖고 있다. 연구는 당신이 자녀들을 어떻게 칭찬하는지가 그들의 발달에 강력한 영향을 준다는 것을 보여주고 있다. 어떤 연구가들은 그들의 노력에 비교했을 때 그들의 지능에 대해 칭찬 받은 어린이들이 심하게 결과에 주목하게 된다는 것을 발견했다. 그러고 나서 그 아이들이 실패한 후에, 더 적게 지속하고, 덜 즐김을 보여주며, 그들의 실패를 능력 부족을 탓했고, 미래성취 노력에서 형편없게 수행했다. 아이들을 지능 때문에 칭찬하는 것은 그들이 어려움을 두려워하게 만들었다. 왜냐하면 그들이 실패를 어리석음과 동일시하기 시작했기 때문이다.

② 지능에 대한 칭찬은 부정적인 효과를 유발한다.
① 빈번한 칭찬들이 아이들의 자존감을 높인다.
③ 아이는 성공을 통하여 실패의 두려움을 극복해야 한다.
④ 부모들은 과정보다는 결과에 초점을 맞춰야 한다.

⊘ **TIP** 위의 지문은 자녀들의 자존감을 높이기 위해 부모들이 자주 하는 지능에 대한 칭찬들이 오히려 아이들을 실패에 취약하게 만든다는 내용이므로 ②가 이 글의 요지로 알맞다.

✎ **ANSWER** 14.① 15.②

16 밑줄 친 부분에 들어갈 말로 알맞은 것은?

In recent years, the increased popularity of online marketing and social media sharing has boosted the need for advertising standardization for global brands. Most big marketing and advertising campaigns include a large online presence. Connected consumers can now zip easily across borders via the internet and social media, making it difficult for advertisers to roll out adapted campaigns in a controlled, orderly fashion. As a result, most global consumer brands coordinate their digital sites internationally. For example, Coca-Cola web and social media sites around the world, from Australia and Argentina to France, Romania, and Russia, are surprisingly _____. All feature splashes of familiar Coke red, iconic Coke bottle shapes, and Coca-Cola's music and "Taste the Feeling" themes.

① experimental   ② uniform

③ localized   ④ diverse

✓ **단어** boost 가속화하다 standardization 표준화 zip 잠그다 roll out (캠페인을) 시작하다, 출시하다 adapted 개조된, 적당한 as a result 결과적으로 coordinate 조정하다 internationally 국제적으로 feature 특정화하다

✓ **해석** 최근 몇 년 동안, 온라인 마케팅과 SNS의 높아진 인기는 세계적 브랜들에 대한 광고 표준화의 필요성을 가속화시키고 있다. 대부분의 대형 마케팅과 광고 캠페인은 거대한 온라인의 실재를 내포한다. 접속한 소비자들은 이제 인터넷과 소셜미디어를 통해 국경을 쉽게 건너 넘어갈 수 있고, 광고주들이 자신들이 통제하던 적당한 캠페인을 시작하기를 어렵게 만든다. 결과적으로 대부분의 글로벌 소비자 브랜드들은 그들의 디지털 사이트들을 국제적으로 조정시킨다. 예를 들어, 호주와 아르헨티나에서부터 프랑스, 루마니아, 러시아까지의 전 세계에 있는 코카콜라 웹과 소셜미디어 사이트는 놀랍게도 균일화된다. 모든 것을 친숙한 빨간 코카, 아이코닉한 코카 병 모양, 코카콜라의 음악 그리고 "감각을 맛 보라"라는 테마를 특징으로 삼는다.

② 균일한
① 실험적인
③ 토착화된
④ 다양한

17 다음 글의 흐름상 어색한 문장은?

In our monthly surveys of 5,000 American workers and 500 U.S. employers, a huge shift to hybrid work is abundantly clear for office and knowledge workers. ①An emerging norm is three days a week in the office and two at home, cutting days on site by 30% or more. You might think this cutback would bring a huge drop in the demand for office space. ②But our survey data suggests cuts in office space of 1% to 2% on average, implying big reductions in density not space. We can understand why. High density at the office is uncomfortable and many workers dislike crowds around their desks. ③Most employees want to work from home on Mondays and Fridays. Discomfort with density extends to lobbies, kitchens, and especially elevators. ④The only sure-fire way to reduce density is to cut days on site without cutting square footage as much. Discomfort with density is here to stay according to our survey evidence.

☑ **단어** survey 설문조사 employer 고용주 employee 고용자, 피고용인 abundantly 아주 분명하게 emerging 최근에 생겨난 norm 규범, 기준 cutback 삭감 on average 평균적으로 imply 암시하다 reduction 삭감, 축소 density 밀도 extend to ~까지 미치다 as much 그것과 동일한(것) according to ~에 따르면 evidence 증거

☑ **해석** 미국의 5,000명의 근로자와 500명의 고용주들을 대상으로 한 우리의 월간 설문조사에서 사무직, 지식인 근로자들에게 하이브리드 근로로의 거대한 변화가 아주 분명하게 보인다. 새로운 규준은 일주일에 사무실에서 3일, 집에서 2일 일하면 30%나 그 이상 근무일이 절감된다. 당신은 이 삭감이 커다란 추락이 사무실 공간에 대한 수요에 가져올 거라고 생각할지도 모른다. 그러나 우리의 설문조사 데이터는 밀도가 낮아진 공간에서 큰 절감을 암시하며, 사무실 공간 안에서 평균적으로 1%에서 2%의 절감을 제안한다. 우리는 그 이유를 알 수 있다. 사무실에서의 높은 밀도는 불편하고 많은 근로자들이 그들 책상 주변이 붐비는 것을 좋아하지 않는다. 대부분의 고용주들은 월요일에서 금요일까지 집에서 일하는 것을 원한다. 밀도로 인한 불편함은 로비, 부엌, 특히 엘리베이터로까지 미친다. 평방 넓이를 줄이지 않고도 밀도를 줄이는 유일하고 확실한 방법은 그것과 동일한 만큼 일하는 날을 줄이는 것이다. 우리의 설문조사의 증거에 따르면 밀도로 인한 불편함은 여전히 존재하고 있다.」

☑ **TIP** 위의 글은 근로자들이 북적이는 사무실에서 불편함을 느끼고, 공간이 더 필요하게 되었을 때, 하이브리드식의 근로의 필요를 설문조사 결과를 근거로 보여주고 있다. 하지만 ③은 고용주의 입장을 맥락 없이 넣었기 때문에 흐름상 어색한 문장으로 보인다.

✎ **ANSWER** 16.② 17.③

18 주어진 문장이 들어갈 위치로 알맞은 것은?

They installed video cameras at places known for illegal crossings, and put live video feeds from the cameras on a Web site.

Immigration reform is a political minefield. (①) About the only aspect of immigration policy that commands broad political support is the resolve to secure the U.S. border with Mexico to limit the flow of illegal immigrants. (②) Texas sheriffs recently developed a novel use of the Internet to help them keep watch on the border. (③) Citizens who want to help monitor the border can go online and serve as "virtual Texas deputies." (④) If they see anyone trying to cross the border, they send a report to the sheriff's office, which follows up, sometimes with the help of the U.S. Border Patrol.

☑ **단어** install 설치하다 known for ~로 알려진 illegal 불법적인 crossing 교차지점 immigration 이민, 이주 political 정치적인 minefield 지뢰밭 aspect 양상, 측면 resolve 결단 secure 단속하다, 확보하다 reform 개혁 sheriff 보안관 novel 새로운 virtua 사실상의 deputyl 부보안관 follow up 추적하다 patrol 순찰대

☑ **해석** 이민 개혁은 정치적 지뢰밭이다. 폭넓은 정치적 지지를 명령하는 이민 정책의 유일한 양상은 불법 이민자들의 흘러들어옴을 제한하기 위해 멕시코와 맞닿은 미국 국경을 단속하기 위한 결단이다. 텍사스 보안관들은 최근에 그들이 국경을 계속 감시하는 것을 돕기 위하여 새로운 인터넷 사용법을 개발했다. <u>그들은 동영상 카메라를 불법적 교차지점으로 알려진 장소에 설치하고, 카메라로부터 라이브 동영상 피드를 웹사이트에 올린다.</u> 국격을 계속 관찰하는 것을 돕기 원하는 시민들은 "실질적인 텍사스 부보안관들'로서 온라인으로 가서 봉사할 수 있다. 만약 그들이 국경을 넘으려고 하는 누군가를 본다면, 그들은 보안사무국에 보고를 보내고서 가끔은 미국 국경 순찰대들의 도움으로 추격을 한다.

☑ **TIP** 국경 감시를 하기 위해 새로운 인터넷 사용법을 개발을 했다고 하므로 구체적인 방법을 보여주는 주어진 문장이 들어갈 위치로 ③이 적절하다.

19 주어진 글 다음에 이어질 글의 순서로 알맞은 것은?

> All civilizations rely on government administration. Perhaps no civilization better exemplifies this than ancient Rome.

> (A) To rule an area that large, the Romans, based in what is now central Italy, needed an effective system of government administration.
> (B) Actually, the word "civilization" itself comes from the Latin word civis, meaning "citizen."
> (C) Latin was the language of ancient Rome, whose territory stretched from the Mediterranean basin all the way to parts of Great Britain in the north and the Black Sea to the east.

① (A) − (B) − (C)
② (B) − (A) − (C)
③ (B) − (C) − (A)
④ (C) − (A) − (B)

☑ **단어** civilization 문명 rely on ~에 기대다 administraion 행정, 집행 exemplify 예, 전형적인 예가 되다 ancient 고대의 territory 영역 all the way 완전히 Mediterranean 지중해의 basin 유역, 분지 all the way 완전히 Black Sea 흑해

☑ **해석** 모든 문명은 정부 국정에 달려있다. 아마도 고대 로마 보다 이 점을 예시로 더 잘 보여줄 문명이 없을 것이다.
(B) 사실 "문명"이라는 단어 자체가 시민을 의미하는 civis라는 라틴어 단어에서 왔다.
(C) 라틴어는 고대 로마의 언어였고, 고대 로마의 영토는 지중해 유역에서부터 북쪽으로는 영국의 부분들과 동쪽으로는 흑해까지 완전히 뻗어있었다.
(A) 그렇게 큰 지역을 통치하는 현재 이탈리아 중앙에 있던 로마인들은 효과적인 정부 행정시스템이 필요했다.

☑ **TIP** 주어진 글은 고대 로마를 언급하며 가장 적절한 예시임을 말했다. 따라서 고대 로마의 언어였던 라틴어의 어원을 살피는 (B)가 따라오는 것이 글의 순서로 알맞다. (C)에서 영역 확장, (A)에서는 시스템의 필요를 차례로 정리했을 때 글의 맥락이 맞는다.

20 밑줄 친 부분에 들어갈 말로 알맞은 것은?

Over the last fifty years, all major subdisciplines in psychology have become more and more isolated from each other as training becomes increasingly specialized and narrow in focus. As some psychologists have long argued, if the field of psychology is to mature and advance scientifically, its disparate parts (for example, neuroscience, developmental, cognitive, personality, and social) must become whole and integrated again. Science advances when distinct topics become theoretically and empirically integrated under simplifying theoretical frameworks. Psychology of science will encourage collaboration among psychologists from various sub-areas, helping the field achieve coherence rather than continued fragmentation. In this way, psychology of science might act as a template for psychology as a whole by integrating under one discipline all of the major fractions/factions within the field. It would be no small feat and of no small import if the psychology of science could become a model for the parent discipline on how to combine resources and study science _____.

---

① from a unified perspective

② in dynamic aspects

③ throughout history

④ with accurate evidence

☑ **단어** sub 보조적, 하위의 discipline 훈련법, 규율 psychology 심리학 isolated 고립된 specialize 특정화하다 mature 자라다 advance 진보하다 disparate 이질적인 neuroscience 신경과학 developmental 발달 cognitive 인지 integrated 통합적인 distinct 별개의, 다른 theoretically 이론적으로 empirically 경험적으로 simplify 간단하게 하다 framework 틀, 체제 encourage 격려하다 collaboration 협력 achieve 달성하다 coherence 일관성 fragmentation 분열, 단편형성 template 본보기 as a whole 전체로서 fraction 부분 faction 파벌 combine 통합하다

☑ **해석** 지난 50년 동안, 훈련이 점차적으로 특정화되고 초점이 좁아지면서, 심리학에서 모든 주요 보조적 수련법들이 서로에게서 점점 더 고립 되어왔다. 일부 심리학자들이 오래 논쟁해왔듯이, 만약 심리학 분야가 과학적으로 발달하고 진보하는 것 이라면, 심리학의 이질적인 부분들 (예를 들어, 신경과학, 발달, 인지, 성격, 사회)은 온전하고 통합적으로 되어야만 한다. 이론적인 틀을 단순화시키는 한해서 별개의 주제들이 이론적으로 경험적으로 통합될 때 과학은 진보한다. 과학 심리학은 다양한 하위 영역에서부터 그 분야가 계속되는 분열보다는 일관성을 달성하길 도우며, 심리학자들의 협력을 독려할 것이다. 이런 식으로, 과학의 심리학은 그 분야 내의 모든 주요 분파/파벌을 하나의 학문 아래로 통합함으로써 전체적으로 심리학에 본보기로 작용할지도 모른다. 만약 통합된 관점에서 자원을 결합하고 과학을 연구하는 방법에 관하여 모체가 되는 훈련법을 위해 과학 심리학이 모델이 될 수 있다면, 심리학 분야는 작은 업적이나 별거아닌 그 중요성이 별거 아니게 되지는 않을 것이다.

① 통합된 관점에서부터　② 역동적인 면에서
③ 역사를 통틀어　　　　④ 정확한 증거로

☑ **TIP** 마지막 문장에서는 과학 심리학이 할 수 있는 역할을 이야기하고 있는데, 밑줄 친 부분은 그것이 적용되는 범위가 올 수 있는 자리이다. 전체 맥락에서 심리학의 여러 부분의 통합을 강조하고 있으므로 ①이 적절하다.

※ 밑줄 친 부분의 의미와 가장 가까운 것을 고르시오. 【1~4】

1

> Further explanations on our project will be given in <u>subsequent</u> presentations.

① required
② following
③ advanced
④ supplementary

☑ 단어 further 한층 더한 explanation 설명 subsequent 그 다음의, 차후의

☑ 해석 저희 프로젝트에 대한 그 이상의 설명들은 다음 발표에서 주어지게 될 것입니다.
    ② 따라오는   ① 요구되는
    ③ 선진의   ④ 추가의

2

> Folkways are customs that members of a group are expected to follow to show <u>courtesy</u> to others. For example, saying "excuse me" when you sneeze is an American folkway.

① charity
② humility
③ boldness
④ politeness

☑ 단어 folkways 풍속 custom 관습 courtesy 예의, 우대 sneeze 재채기하다

☑ 해석 풍속은 한 집단의 구성원들이 다른 사람들에게 예의를 보여주기 위해 따르기로 여겨지는 관습들이다. 예를 들어, 당신이 재채기를 할 때 "실례합니다."라고 말하는 것은 미국식 풍속이다.
    ④ 공손함   ① 자선
    ② 겸손   ③ 당돌함

3

> These children have been <u>brought up</u> on a diet of healthy food.

① raised

② advised

③ observed

④ controlled

⊘ **단어** bring up 양육하다
  이런 아이들은 건강한 음식의 식단으로 <u>양육된다</u>.
  ① 길러진　　② 조언 받는
  ③ 관측된　　④ 통제된

4

> Slavery was not <u>done away with</u> until the nineteenth century in the U.S.

① abolished

② consented

③ criticized

④ justified

⊘ **단어** done away with 폐지되다

☑ **해석** 미국에서 노예제도는 19세기까지 <u>폐지되지</u> 않았다.
  ① 폐지된
  ② 합의된
  ③ 비판 받는
  ④ 정당한

5 밑줄 친 부분에 들어갈 말로 가장 적절한 것은?

> Voters demanded that there should be greater _____ in the election process so that they could see and understand it clearly.

① deception

② flexibility

③ competition

④ transparency

✓ **단어** demand 요구하다 election process 선거과정 clearly 분명하게

☑ **해석** 유권자들은 그들이 그 선거 과정을 분명하게 보고 이해할 수 있도록 선거 과정에서 더욱 투명함이 있어야 한다고 요구했다.

④ 투명성 ① 속임수
② 유연성 ③ 경쟁

6 밑줄 친 부분 중 어법상 옳지 않은 것은?

> One reason for upsets in sports—①in which the team ②predicted to win and supposedly superior to their opponents surprisingly loses the contest—is ③what the superior team may not have perceived their opponents as ④threatening to their continued success.

✓ **단어** predict 예측하다 supposedly 추정상 superior to ~보다 우월한 oppponent 상대팀, 적 may have p.p ~했을지도 모른다 perceive 인식하다 threaten 위협하다

☑ **해석** 팀이 승리할 것으로 예측하고 상대보다 우월하다고 추정하는 팀이 대회에서 놀랍게도 패배하는 스포츠에서 이변의 한 가지 이유는 자신들의 연승에 상대방팀을 위협으로 인식하지 못했을지도 모른다는 점이다.

✓ **TIP** '위 글의 주어는 One reason for upsets in sports – in which the team predicted to win and supposedly superior to their opponents surprisingly loses the contest이고, 동사는 is이다. ③의 what 뒷 문장은 완전한 문장으로 관계대명사 what은 적합하지 않고 주어+동사는 이끄는 보어 자리에 온 접속사 that이 옳다. 따라서 어법상 옳지 않은 것은 ③이다.

✎ **ANSWER** 3.① 4.① 5.④ 6.③

7 밑줄 친 부분이 어법상 옳지 않은 것은?

① I should have gone this morning, but I was feeling a bit ill.

② These days we do not save as much money as we used to.

③ The rescue squad was happy to discover an alive man.

④ The picture was looked at carefully by the art critic.

☑ **단어** should have p.p ~했어야 했었다. used to ~하곤 했다. rescue squad 구조대 critic 비평가, 평론가

☑ **TIP** 수동태 문장으로 be p.p at까지 정확하게 다 갖춰진 문장이다.

8 우리말을 영어로 잘못 옮긴 것은?

① 우리는 그의 연설에 감동하게 되었다.

　→We were made touching with his speech.

② 비용은 차치하고 그 계획은 훌륭한 것이었다.

　→Apart from its cost, the plan was a good one.

③ 그들은 뜨거운 차를 마시는 동안에 일몰을 보았다.

　→They watched the sunset while drinking hot tea.

④ 과거 경력 덕분에 그는 그 프로젝트에 적합하였다.

　→His past experience made him suited for the project.

☑ **단어** apart from ~는 차치하고 suit for ~에 적합하다

☑ **TIP** ①은 His speech made us touched. 문장을 수동태로 만든 문장이다. 목적어 us, 목적격 보어로는 과거분사 touched 이고 현재분사인 touching은 옳지 않다.

9

> A : Pardon me, but could you give me a hand, please?
> B : _____
> A : I'm trying to find the Personnel Department. I have an appointment at 10.
> B : It's on the third floor.
> A : How can I get up there?
> B : Take the elevator around the corner.

① We have no idea how to handle this situation.

② Would you mind telling us who is in charge?

③ Yes. I could use some help around here.

④ Sure. Can I help you with anything?

⊘ **단어** give a hand 도움을 주다 Personnel Department 인사부 have an appointment 약속이 있다 handle 다루다 situation 상황 mind 꺼리다 in charge 책임이 있는

☑ **해석** A : 실례합니다만, 저를 좀 도와주시겠어요?
B : 물론이죠. 제가 뭐라도 도와드릴까요?
A : 제가 인사부를 찾으려고 하고 있어요. 10시에 약속이 있습니다.
B : 그곳은 3층에 있습니다.
A : 제가 거기에 어떻게 갈 수 있지요?
B : 저 모퉁이 근처의 엘리베이터를 타시면 됩니다.

④ 물론이죠. 제가 뭐라도 도와드릴까요?
① 저희는 이 상황을 어떻게 처리해야 할지 모르겠습니다.
② 누가 책임을 맡고 있는지 말씀해 주시면 안 되겠습니까?
③ 네, 여기서 제가 도움을 좀 받을 수 있습니다.

10

> A: You were the last one who left the office, weren't you?
>
> B: Yes. Is there any problem?
>
> A: I found the office lights and air conditioners on this morning.
>
> B: Really? Oh, no. Maybe I forgot to turn them off last night.
>
> A: Probably they were on all night.
>
> B: _____

① Don't worry. This machine is working fine.

② That's right. Everyone likes to work with you.

③ I'm sorry. I promise I'll be more careful from now on.

④ Too bad. You must be tired because you get off work too late.

✓ **단어** forget to ~하는 것을 잊다 from now on 이제부터

✓ **해석** A : 당신이 사무실을 떠났던 마지막 사람이었어요, 그렇지 않나요?
　　　　 B : 네. 어떤 문제라도 있나요?
　　　　 A : 사무실 조명과 에어컨이 켜져 있는 것을 오늘 아침에 발견했어요.
　　　　 B : 정말요? 이런. 아마도 제가 어젯밤에 그것들을 끄는 것을 잊은 것 같습니다.
　　　　 A : 그것들은 아마 밤새 작동했을 거예요.
　　　　 B : 죄송합니다. 제가 이제부터 더 조심할 것을 약속드립니다.

　　　　 ③ 죄송합니다. 제가 이제부터 더 조심할 것을 약속드립니다.
　　　　 ① 걱정하지 마세요. 이 기계는 잘 작동하고 있습니다.
　　　　 ② 맞아요. 모두가 당신과 일하는 것을 좋아합니다.
　　　　 ④ 안됐네요. 당신이 너무 늦게 사무실을 떠나니 피곤할게 분명합니다.

✓ **TIP** 마지막으로 사무실을 떠나면서 조명과 에어컨을 끄지 않은 것에 대해 지적을 받고 있는 상황이므로, 사과하고 있는 ③이 가장 적절하다.

11 두 사람의 대화 중 자연스럽지 않은 것은?

① A : How would you like your hair done?

   B : I'm a little tired of my hair color. I'd like to dye it.

② A : What can we do to slow down global warming?

   B : First of all, we can use more public transportation.

③ A : Anna, is that you? Long time no see! How long has it been?

   B : It took me about an hour and a half by car.

④ A : I'm worried about Paul. He looks unhappy. What should I do?

   B : If I were you, I'd wait until he talks about his troubles.

✓ **단어** be tired of ~에 싫증이 나다 dye 염색하다 slow down 속도를 낮추다, 진정하다 first of all 무엇보다도 public transportation 대중교통

☑ **해석** ① A : Anna, 너 맞니? 정말 오랜만이다! 얼마나 오래된 거야?
   B : 대략 차로 한 시간 반이 걸렸어.
   ① A : 당신은 어떤 머리 스타일을 원하시나요?
   B : 나는 내 머리 색에 약간 싫증이 났어요. 염색하고 싶습니다.
   ② A : 우리가 지구온난화를 늦추기 위해 무엇을 할 수 있을까?
   B : 무엇보다도 우리는 대중교통을 더 많이 이용해야 합니다.
   ④ A : 나는 폴이 걱정돼. 그는 불행해 보여. 내가 무엇을 해야 하지?
   B : 내가 너라면, 나는 그가 그 문제에 대해 말할 때까지 기다릴 거야.

✓ **TIP** A는 오랜만에 만난 Anna를 반가워하며 얼마 만에 만나게 된 것인지 묻고 있지만, B의 대답은 그곳에 이르는데 소요된 시간을 말해주고 있어 자연스럽지 않은 문장이다.

✎ **ANSWER** 10.③ 11.③

12 다음 글의 제목으로 가장 적절한 것은?

> Well-known author Daniel Goleman has dedicated his life to the science of human relationships. In his book Social Intelligence he discusses results from neuro-sociology to explain how sociable our brains are. According to Goleman, we are drawn to other people's brains whenever we engage with another person. The human need for meaningful connectivity with others, in order to deepen our relationships, is what we all crave, and yet there are countless articles and studies suggesting that we are lonelier than we ever have been and loneliness is now a world health epidemic. Specifically, in Australia, according to a national Lifeline survey, more than 80% of those surveyed believe our society is becoming a lonelier place. Yet, our brains crave human interaction.

① Lonely People

② Sociable Brains

③ Need for Mental Health Survey

④ Dangers of Human Connectivity

✓ **단어** dedicate 바치다 be drawn to ~에 끌리다, 마음이 가다 engage 관계를 맺다 connectivity 연결 in order to ~하기 위하여 deepen 깊어지다 crave 갈망하다 countless 셀 수 없는 epidemic 유행병, 급속한 확산 specifically 특히 interaction 상호작용

✓ **해석** 잘 알려진 작가 Daniel Goleman은 그의 삶을 인간관계의 과학에 바쳐왔다. 그의 책 Social Intelligence에서 그는 우리의 뇌가 얼마나 사교적인지 설명하기 위해 신경-사회학의 결과를 논의한다. Goleman에 따르면 우리는 우리가 또 다른 사람과 관계를 맺을 때마다, 다른 사람들의 뇌에 끌린다고 한다. 우리의 관계들을 깊이 있게 하기 위해 인간은 다른 사람들과 의미 있는 연결성의 욕구는 우리가 갈망하는 것이지만, 그럼에도 불구하고 우리는 어느 때 보다 더 외롭고 그 외로움은 지금도 세계적 건강 전염병으로 시사하는 셀 수 없이 많은 기사들과 연구가 있습니다. 국가 Lifeline 조사에 따르면, 특히 호주에서 조사 대상자의 80% 이상이 우리 사회가 더 외로운 곳이 되어가고 있다고 믿는다. 하지만, 우리의 뇌는 인간의 상호작용을 갈망한다.

① 외로운 사람들
② 사교적인 뇌
③ 정신 건강 조사의 필요
④ 인간의 연결성의 위험들

✓ **TIP** 외로운 사람들에 대한 조사 결과를 길게 서술하고 있지만, 주요 주제는 Daniel Goleman의 연구와 책에서 다룬 사교를 원하는 뇌에 대한 이야기이다. 따라서 ②번이 제목으로 가장 적절하다.

13 다음 글의 주제로 가장 적절한 것은?

Certainly some people are born with advantages (e.g., physical size for jockeys, height for basketball players, an "ear" for music for musicians). Yet only dedication to mindful, deliberate practice over many years can turn those advantages into talents and those talents into successes. Through the same kind of dedicated practice, people who are not born with such advantages can develop talents that nature put a little farther from their reach. For example, even though you may feel that you weren't born with a talent for math, you can significantly increase your mathematical abilities through mindful, deliberate practice. Or, if you consider yourself "naturally" shy, putting in the time and effort to develop your social skills can enable you to interact with people at social occasions with energy, grace, and ease.

① advantages some people have over others

② importance of constant efforts to cultivate talents

③ difficulties shy people have in social interactions

④ need to understand one's own strengths and weaknesses

⊘ **단어** advantage 장점 jockey 기수 dedication 전념 mindful ~을 염두에 두는 deliberate 고의의, 의도적인 significantly 상당히, 의미 있게 mathematical 수학적 consider 여기다 enable 가능하게 하다 interact 소통하다 cultivate 일구다

☑ **해설** 확실히 어떤 사람들은 예를 들어 기수에겐 신체적 사이즈, 농구선수에게는 신장, 음악가에게는 음악을 들을 "귀" 같은 타고난 장점을 가지고 태어납니다. 하지만 수년에 걸친 마음을 담은 의도적 훈련만이 그런 장점을 재능으로 바꾸고 그 재능을 성공으로 바꿀 수 있다. 같은 종류의 의도적 훈련을 통해 그러한 재능을 가지고 태어나지 못한 사람들도 자연이 그들이 닿지 않는 곳에 멀리 두었던 재능을 개발할 수 있다. 예를 들어, 비록 당신이 수학에 재능을 갖고 태어나지 못했다고 느낄지라도, 염두에 두고 의도적 훈련을 통해 당신의 수학적 능력을 상당히 높일 수 있다. 아니면, 만약 당신이 스스로를 "타고날" 수줍음이 있다고 여긴다면, 당신의 사회적 스킬을 개발하기 위해 시간과 노력을 쏟는 것이 당신을 사회적인 행사에서 에너지, 우아함, 편안함으로 사람들과 교류할 수 있게 해줄 것이다.

② 재능을 일구기 위한 지속적인 노력의 중요함

① 어떤 사람들이 다른 사람들보다 가지고 있는 장점들

③ 수줍음을 타는 사람들이 사회적 소통에서 갖는 어려움들

④ 자신만의 강점과 약점을 이해할 필요성

⊘ **TIP** 타고난 재능도 미처 깨닫지 못한 재능도 지속적인 노력으로 일구어 낼 수 있다는 주제를 잘 나타낸 ②가 가장 적절하다.

14 다음 글의 요지로 가장 적절한 것은?

Dr. Roossinck and her colleagues found by chance that a virus increased resistance to drought on a plant that is widely used in botanical experiments. Their further experiments with a related virus showed that was true of 15 other plant species, too. Dr. Roossinck is now doing experiments to study another type of virus that increases heat tolerance in a range of plants. She hopes to extend her research to have a deeper understanding of the advantages that different sorts of viruses give to their hosts. That would help to support a view which is held by an increasing number of biologists, that many creatures rely on symbiosis, rather than being self-sufficient.

---

① Viruses demonstrate self-sufficiency of biological beings.

② Biologists should do everything to keep plants virus-free.

③ The principle of symbiosis cannot be applied to infected plants.

④ Viruses sometimes do their hosts good, rather than harming them.

☑ **단어** colleague 동료 by chance 우연히 resistance to ~에 대한 저항 drought 가뭄 botanical 식물의 species 종 tolerance 내성 in a range of ~의 범위 내에서 extend 확장하다 a number of 많은 rely on ~에 의존하다 symbiosis 공생 self-sufficient 자급자족할 수 있는 demonstrate 입증하다, 보여주다 infected 감염된

☑ **해석** Roossinck 박사와 그녀의 동료들은 우연히 바이러스가 식물 실험에서 널리 이용되는 식물에서 가뭄에 대한 저항성을 높였다는 것을 발견했다. 그들의 바이러스에 관한 더 이상의 실험은 다른 15가지 식물 종에서도 사실임을 보여주었다. Roossinck 박사는 지금 식물 범위 내에서 열에 대한 내성을 증가시키는 또 다른 종류의 바이러스를 연구하기 위해 실험을 하고 있는 중이다. 그녀는 그녀의 연구가 다른 종류의 바이러스가 그들의 숙주에 주는 장점을 더 깊이 있는 이해를 갖도록 확장되길 바란다. 그것은 많은 생물들이 자급자족하기보다는 공생에 의존한다는 많은 늘어나는 식물학자들에 의해 발견될 견해를 지지하는 데 도움이 될 것이다.

④ 바이러스는 때때로 그들의 숙주들에게 해를 끼치기보다는 좋게 만든다.
① 바이러스들은 생물학적 존재들의 자급자족을 보여준다.
② 생물학자들은 식물들에 바이러스가 계속 없게끔 하기 위해 모든 것을 해야 한다.
③ 공생의 원리는 감염된 식물에는 적용할 수 없다.

☑ **TIP** 위의 글은 바이러스가 무조건 나쁘다기보다는 여러 가능성을 가진 좋은 존재임을 보여주고 있다. 따라서 ④가 요지로 가장 적절하다.

15 다음 글의 내용과 일치하지 않는 것은?

> The traditional way of making maple syrup is interesting. A sugar maple tree produces a watery sap each spring, when there is still lots of snow on the ground. To take the sap out of the sugar maple tree, a farmer makes a slit in the bark with a special knife, and puts a "tap" on the tree. Then the farmer hangs a bucket from the tap, and the sap drips into it. That sap is collected and boiled until a sweet syrup remains—forty gallons of sugar maple tree "water" make one gallon of syrup. That's a lot of buckets, a lot of steam, and a lot of work. Even so, most of maple syrup producers are family farmers who collect the buckets by hand and boil the sap into syrup themselves.

① 사탕단풍나무에서는 매년 봄에 수액이 생긴다.

② 사탕단풍나무의 수액을 얻기 위해 나무껍질에 틈새를 만든다.

③ 단풍나무시럽 1갤론을 만들려면 수액 40갤론이 필요하다.

④ 단풍나무시럽을 만들기 위해 기계로 수액 통을 수거한다.

☑ **단어** sugat maple tree 설탕단풍나무 sap 수액 bark 나무껍질 slit 구멍 even so 그렇다 해도

☑ **해석** 메이플 시럽을 만드는 전통적인 방법은 흥미롭다. 사과단풍나무는 물기가 가득한 수액을 매 봄마다 생산하는데, 땅에 아직 많은 눈이 있는 때에도 그렇다. 설탕단풍나무에서 수액을 꺼내기 위해서 농부는 나무껍질에 특별한 칼을 가지고 틈새를 만들고, 나무에 "수도꼭지"를 넣는다. 그런 다음 그 농부는 수도꼭지에 양동이를 걸면 수액은 그 안으로 떨어진다. 그 수액은 수거되어 달콤한 시럽이 남을 때까지 졸여진다—40갤런의 설탕단풍나무 "수액"이 시럽 1갤런을 만든다. 많은 양동이에 김도 많고, 노동도 많다. 그렇다 해도, 대부분의 메이플 시럽 생산자들은 손으로 직접 양동이를 수거하고 수액을 시럽으로 졸이는 가족 농부들이다.

☑ **TIP** 위의 문장에서 손으로 직접 수액이 담긴 양동이를 모아 시럽으로 졸이는 가족 농부들에 대해 언급했기 때문에 ④ 기계로 수액 통을 수거한다는 내용은 본문과 일치하지 않는다.

16 다음 글의 흐름상 어색한 문장은?

I once took a course in short-story writing and during that course a renowned editor of a leading magazine talked to our class. ① He said he could pick up any one of the dozens of stories that came to his desk every day and after reading a few paragraphs he could feel whether or not the author liked people. ② "If the author doesn't like people," he said, "people won't like his or her stories." ③ The editor kept stressing the importance of being interested in people during his talk on fiction writing. ④ Thurston, a great magician, said that every time he went on stage he said to himself, "I am grateful because I'm successful." At the end of the talk, he concluded, "Let me tell you again. You have to be interested in people if you want to be a successful writer of stories."

✓ **단어** renowned 유명한, 명성 있는 paragraph 단락, 절   keep ~ing   ~하는 것을 계속하다 stress 강조하다   conclude 끝맺다, 결론을 내리다

✓ **해석** 한번은 내가 단편 글쓰기 강좌를 들었고, 그 강좌 동안에 한 유명 잡지사의 명성 있는 편집자가 우리 반에서 수업을 했다. 그는 매일 그의 책상으로 찾아오는 많은 이야기들 중 어떤 하나를 고를 수 있었고 몇 단락을 읽은 후에 그 작가가 사람들을 좋아하는지 아닌지를 느낄 수 있었다고 말했다. "만약 작가가 사람들을 좋아하지 않는다면, 사람들은 그나 그녀의 이야기를 좋아하지 않을 겁니다."라고 말했다. 그 편집자는 소설 쓰기에 대한 이야기를 하는 동안 사람들에게 관심을 갖는 것의 중요성을 계속 강조했다. 훌륭한 마술사 Thurston은 그가 무대로 갈 때마다 자신에게 "내가 성공적이기 때문에 나는 감사하다."라고 말했다. 그 이야기의 끝에 그 편집자는 "내가 다시 한번 당신들에게 말하겠다. 만약 당신들이 이야기에서 성공적인 작가가 되고 싶다면 당신은 반드시 사람들에게 관심이 있어야 합니다."라고 끝을 맺었다.

✓ **TIP** 본문은 사람에 관심과 애정이 있는 작가가 성공한 작가가 된다는 내용인데, ④는 성공했기 때문에 감사하다고 말하는 마술가의 이야기를 전달하고 있기 때문에 글의 흐름상 어색한 문장이다.

17 주어진 글 다음에 이어질 글의 순서로 가장 적절한 것은?

> Just a few years ago, every conversation about artificial intelligence (AI) seemed to end with an apocalyptic prediction.

(A) More recently, however, things have begun to change. AI has gone from being a scary black box to something people can use for a variety of use cases.

(B) In 2014, an expert in the field said that, with AI, we are summoning the demon, while a Nobel Prize winning physicist said that AI could spell the end of the human race.

(C) This shift is because these technologies are finally being explored at scale in the industry, particularly for market opportunities.

① (A) — (B) — (C)

② (B) — (A) — (C)

③ (B) — (C) — (A)

④ (C) — (A) — (B)

☑ **단어** artificial 인공적인 intelligence 지능 apocalyptic 종말론적인 prediction 예견 summon 불러오다 physicist 물리학자 variety 다양성 shift 변화 scale 규모 particularly 특히 opportunity 기회

☑ **해석** 단지 몇 년 전, 모든 인공지능(A.I)에 대한 모든 대화가 종말론적인 예견으로 끝이 나는 듯 보였다.
(B) 2014년에 그 분야의 한 전문가가 AI로 우리는 악마를 불러오고 있다고 말하는 한편 노벨상을 수상한 한 물리학자는 AI가 인류의 종말을 초래할 수 있다고 말했다.
(A) 하지만 더 최근에는 상황들이 변하기 시작했다. AI는 사람들이 무서운 블랙박스에서 사람들이 다양한 용도로 사용할 수 있는 것으로 바뀌었다.
(C) 이러한 변화는 이런 기술들이 특히 시장에서의 기회를 위해 산업에서 대규모로 탐구 되어오고 있기 때문이다.

☑ **TIP** AI에 대하여 부정적인 견해로 시작하여 전문가들의 비관론이 이어지고 최근에 이르러 다른 시각으로 AI를 사용하기 시작하여 큰 규모의 시장에서 AI의 더 다양한 사용을 위한 탐구가 이뤄지고 있다.

18 주어진 문장이 들어갈 위치로 가장 적절한 것은?

> Yet, requests for such self-assessments are pervasive throughout one's career.

The fiscal quarter just ended. Your boss comes by to ask you how well you performed in terms of sales this quarter. How do you describe your performance? As excellent? Good? Terrible? (①) Unlike when someone asks you about an objective performance metric (e.g., how many dollars in sales you brought in this quarter), how to subjectively describe your performance is often unclear. There is no right answer. (②) You are asked to subjectively describe your own performance in school applications, in job applications, in interviews, in performance reviews, in meetings—the list goes on. (③) How you describe your performance is what we call your level of self-promotion. (④) Since self-promotion is a pervasive part of work, people who do more self-promotion may have better chances of being hired, being promoted, and getting a raise or a bonus.

✅ **단어** self-assessment 자기 평가 pervasive 퍼지는 fiscal quarter 회계 4반기 **come by** 잠깐 들르다 describe 설명하다, 묘사하다 performance 수행 objective 객관적인 metric 측정 기준, 미터법의 subjectively 주관적으로 application 지원 go on 시작하다 ~을 근거로 삼다 self-promotion 자기 홍보 get a raise 월급이 오르다, 승급되다

☑️ **해석** 회계 4반기가 막 끝났다. 당신의 보스가 이번 분기에 매출 측면에서 얼마나 좋은 성과를 냈는지 묻기 위해 당신에게 다가온다. 당신은 당신의 성과를 어떻게 설명할까? 훌륭하다고? 좋다고? 정말 별로라고? 누군가가 당신에게 객관적 성과 측정 기준(예를 들면, 당신이 이번 분기에 몇 달러의 매출을 가져왔는가)에 대하여 묻는 때와는 달리 개인적으로 당신의 성과를 설명하는 방법은 종종 분명하지 않다. 맞는 답은 없다. 하지만, 그러한 자기 평가에 대한 요구들은 사람들의 경력 전반에 걸쳐 퍼져있다. 당신은 학교 지원, 일자리 지원, 인터뷰, 공연 리뷰, 회의에서 주관적으로 당신의 성과를 설명하도록 요구받고 그 목록은 끝이 없다. 당신이 어떻게 자신의 성과를 설명하는지가 우리가 자기 홍보레벨이라고 부르는 것이다. 자기 홍보는 업무에 만연한 부분이기 때문에, 자기 홍보를 더 많이 하는 사람들이 고용되고, 승진되고, 월급이 오르거나 보너스를 받는 더 좋은 기회를 가질지도 모른다.

✅ **TIP** ② 뒤의 문장은 주어진 문장에서 언급한 사람들의 경력 전반의 예들이 나와 있다.

※ 밑줄 친 부분에 들어갈 말로 가장 적절한 것을 고르시오. 【19~20】

19

We live in the age of anxiety. Because being anxious can be an uncomfortable and scary experience, we resort to conscious or unconscious strategies that help reduce anxiety in the moment—watching a movie or TV show, eating, video-game playing, and overworking. In addition, smartphones also provide a distraction any time of the day or night. Psychological research has shown that distractions serve as a common anxiety avoidance strategy. _____, however, these avoidance strategies make anxiety worse in the long run. Being anxious is like getting into quicksand—the more you fight it, the deeper you sink. Indeed, research strongly supports a well-known phrase that "What you resist, persists."

① Paradoxically

② Fortunately

③ Neutrally

④ Creatively

✓ **단어** anxiety 불안 resort to ~에 기대다 conscious 의식이 있는 strategy 계획, 전략 수립 distraction 머리를 식히게 해주는 것 psychological 심리학적인 avoidance 회피, 방지 quicksand 유사, 빠져드는 모래

✓ **해석** 우리는 불안의 시대에 살고 있다. 불안해하는 것이 불편하고 무서운 경험이 될 수 있기 때문에, 우리는 그 순간에 불안 감소를 돕는 의식적 혹은 무의식적 전략들(영화나 TV쇼를 보기, 먹기, 비디오게임하기, 연장근무하기)에 기댄다. 게다가 스마트폰 또한 낮이나 밤 어느 때나 머리를 식힐 거리를 제공한다. 심리학적 연구는 머리를 식혀주는 것들이 흔한 불안 회피 전략의 역할을 한다고 보여주고 있다. 하지만, <u>역설적이게도</u> 이러한 회피 전략들은 불안을 장기간 더 악화시킨다. 불안하게 되는 것은 빠져드는 모래(당신이 더 나오려고 할수록, 당신은 더 깊이 빠지는) 안으로 들어가는 것과 같다. 실제로 연구는 "당신이 저항하는 것은 지속된다."라는 잘 알려진 구절을 강하게 지지한다.

　① 역설적이게도　② 운종게도
　③ 중립적으로　④ 창의적으로

✓ **TIP** 밑줄 친 부분 앞의 내용은 사람이 불안할 때 흔히 하는 것들을 보여주지만, 밑줄 뒤의 내용은 however로 시작하며 그것들이 불안을 더욱 악화시킨다는 내용이다. 따라서 앞뒤 문장이 노력하지만 오히려 어려운 지경에 이르게 한다는 이야기를 자연스럽게 이어줄 ① paradoxically가 가장 적절하다.

20

How many different ways do you get information? Some people might have six different kinds of communications to answer—text messages, voice mails, paper documents, regular mail, blog posts, messages on different online services. Each of these is a type of in-box, and each must be processed on a continuous basis. It's an endless process, but it doesn't have to be exhausting or stressful. Getting your information management down to a more manageable level and into a productive zone starts by _____. Every place you have to go to check your messages or to read your incoming information is an in-box, and the more you have, the harder it is to manage everything. Cut the number of in-boxes you have down to the smallest number possible for you still to function in the ways you need to.

① setting several goals at once

② immersing yourself in incoming information

③ minimizing the number of in-boxes you have

④ choosing information you are passionate about

☑ **단어** manage 관리하다 process 처리하다 continuous 지속적인 minimize 최소화하다 the number of ~의 수 incoming 수입 function 기능하다 set a goal 목표를 세우다 at once 즉시 immerse ~에 몰두하다 passionate 열정적인

☑ **해석** 얼마나 많은 다른 방법들로 당신은 정보를 얻는가? 어떤 사람들은 대답할 여섯 가지 종류의 의사소통법을 가지고 있을지도 모른다. —문자 메시지, 음성 메일, 종이 문서, 일반 메일, 블로그 게시물, 다른 온라인 서비스에 있는 메시지. 이것들 각각이 인박스의 한 종류이고 각각 연속적인 기반을 바탕으로 처리되어야만 한다. 그것은 끝이 없는 과정이지만 지치거나 스트레스 받을 필요는 없다. 당신의 정보관리를 보다 관리하기 쉬운 수준으로 낮추고 생산적인 영역 안으로 들어가는 것은 당신이 가지고 있는 인박스들의 수를 최소화하는 것으로 시작한다. 당신의 메시지들을 체크하거나 당신의 수입 정보를 보기 위해 당신이 가야 하는 모든 장소들은 인박스 안에 있고, 당신이 더 많이 가지고 있을수록, 모든 것을 관리하는 것은 더 힘들어진다. 당신이 필요로 하는 방식들로 여전히 기능하도록, 당신이 가지고 있는 인박스들을 수를 가능한 최소의 숫자로 줄여라.

③ 당신이 가지고 있는 인박스들의 수를 최소화하기
① 한 번에 몇 가지의 목표를 설정하기
② 수입 정보에 자신을 몰두하게 하기
④ 당신이 열광하는 정보를 선택하기

☑ **TIP** 당신이 가진 정보를 관리할 수 있는 수준이 되고 생산적인 영역으로 들어가기 위해서 필요한 방법이 by -ing를 이용해 밑줄 친 부분이 동명사구로 나올 때 갖고 있는 인박스들의 수를 줄이는 것이 위의 목적에 맞는 내용이므로 밑줄 친 부분에는 ③이 가장 적절하다.

인사혁신처 시행

1 밑줄 친 부분에 들어갈 말로 적절한 것은?

> Obviously, no aspect of the language arts stands alone either in learning or in teaching. Listening, speaking, reading, writing, viewing, and visually representing are _____.

① distinct
② distorted
③ interrelated
④ independent

✓ **단어** obviously 확실히, 분명히 aspect 측면, 관점 representing 묘사하기, 표현하기 distort 왜곡하다

☑ **해석** 분명히, 영어 학습의 어떠한 측면도 배움에 있어서든 가르침에 있어서든 분리되어 있지 않다. 듣기, 말하기, 읽기, 쓰기, 보기 그리고 시각적으로 묘사하기는 서로 관련되어 있다.
　① 별개의 ② 왜곡된 ③ 서로 관련된 ④ 독립적인

※ 밑줄 친 부분의 의미와 가장 가까운 것을 고르시오. 【2~5】

2

> The money was so cleverly <u>concealed</u> that we were forced to abandon our search for it.

① spent
② hidden
③ invested
④ delivered

✓ **단어** cleverly 영리한, 똑똑한 conceal 숨기다 be forced to ~하도록 강요받다 abandon 버리다, 포기하다

☑ **해석** 그 돈은 너무 교묘하게 <u>숨겨져</u> 있어서 우리는 그것을 찾는 것을 포기할 수밖에 없었다.
　① 기진한 ② 숨겨진 ③ 투자된 ④ 배달된

✎ **ANSWER** 20.③ / 1.③ 2.②

3

> To <u>appease</u> critics, the wireless industry has launched a $ 12 million public—education campaign on the drive—time radio.

① soothe

② counter

③ enlighten

④ assimilate

✅ **단어** appease 달래다, 진정시키다　critic 비평가, 비판자　launch 시작하다　public—education 공교육　drive—time 출퇴근 시간대　soothe 달래다, 완화시키다　counter 반대하다, 반박하다　enlighten 계몽하다　assimilate 동화되다

✅ **해석** 비평가들을 <u>달래기</u> 위해, 그 무선 회사 측은 출퇴근 시간대 라디오 방송에서 1,200만 달러의 공교육 캠페인을 시작했다.

　　① 달래다, 완화시키다　② 반대하다, 맞서다　③ 계몽하다　④ 동화시키다

4

> Center officials <u>play down</u> the troubles, saying they are typical of any start—up operation.

① discern

② dissatisfy

③ underline

④ underestimate

✅ **단어** official 관리자　play down 경시하다　typical 전형적인　operation 운영, 작용

✅ **해석** 센터 관리자들은 그 문제들이 전형적인 신생 기업의 운영 방식이라고 말하면서 그것들을 <u>경시한다</u>.

　　① 분별하다, 알아차리다
　　② 만족시키지 않다
　　③ 밑줄을 긋다
　　④ 어림하다, 얕보다

5

> She worked diligently and <u>had the guts</u> to go for what she wanted.

① was anxious

② was fortunate

③ was reputable

④ was courageous

✅ **단어** diligently 근면하게, 부지런하게 have the guts ~할 배짱이 있다

✅ **해석** 그녀는 열심히 일했으며 그녀가 원하는 것을 추구할 <u>배짱이 있었다</u>.
　　　① 걱정하다　② 운이 좋다　③ 평판이 좋다　④ 용기 있다

6　밑줄 친 부분 중 어법상 옳지 않은 것은?

> ①<u>Despite</u> the belief that the quality of older houses is superior to ②<u>those</u> of modern houses, the foundations of most pre-20th-century houses are dramatically shallow ③<u>compared</u> to today's, and have only stood the test of time due to the flexibility of ④<u>their</u> timber framework or the lime mortar between bricks and stones.

✅ **단어** despite ~에도 불구하고 belief 믿음 quality 품질 superior to ~보다 더 우월한 foundation 기초, 토대 dramatically 극적으로 shallow 얕은 stand 견디다, 이겨내다 due to ~ 때문에 flexibility 유연성 timber 목재 framework 골조 lime 석회 mortar 모르타르, 회반죽 brick 벽돌

✅ **해석** 옛날 주택의 품질이 현대 주택의 품질보다 뛰어나다는 믿음에도 불구하고, 대부분의 20세기 이전 주택의 기초는 오늘날 주택의 토대에 비해 극히 얕으며, 그것의(옛날 주택) 목재 골조 또는 벽돌과 석조 사이 석회 모르타르 덕분에 시간의 시험을 견뎌왔을 뿐이다.

✅ **TIP** ② superior to의 비교 대상이 '현대 주택의 품질'이므로 those→that으로 고쳐야 한다.

7 밑줄 친 부분이 어법상 옳지 않은 것은?

① They are not interested in reading poetry, <u>still more</u> in writing.

② <u>Once confirmed</u>, the order will be sent for delivery to your address.

③ <u>Provided that</u> the ferry leaves on time, we should arrive at the harbor by morning.

④ Foreign journalists hope to cover as <u>much news</u> as possible during their short stay in the capital.

✓ 단어 confirm 확증하다 provided that 만약 ~라면 harbor 항구 cover 취재하다, 보도하다 capital 수도

✓ 해석 ① 그들은 시를 쓰는 것은 말할 것도 없고 읽는 것에도 관심이 없다.
② 주문이 확인되면 귀하의 주소로 배달될 예정입니다.
③ 여객선이 정시에 출발한다면, 우리는 아침에 항구에 도착할 것이다.
④ 외신 기자들은 수도에 머무는 짧은 시간 동안 가능한 한 많은 뉴스를 취재하기를 바란다.

✓ TIP ① '~은 말할 것도 없이'라는 뜻의 비교급 관용 구문이다. 긍정문에서는 much(still) more, 부정문에서는 much(still) less를 사용하므로, still more→still less로 고쳐야 옳다.

8 우리말을 영어로 바르게 옮긴 것은?

① 지원자 수가 증가하고 있어서 우리는 기쁘다.
   →We are glad that the number of applicants is increasing.

② 나는 2년 전에 그에게서 마지막 이메일을 받았다.
   →I've received the last e-mail from him two years ago.

③ 어젯밤에 그가 잔 침대는 꽤 편안했다.
   →The bed which he slept last night was quite comfortable.

④ 그들은 영상으로 새해 인사를 교환했다.
   →They exchanged New Year's greetings each other on screen.

✓ 단어 applicant 지원자 comfortable 편안한 exchange 교환하다 greeting 인사

✓ TIP ② two years ago에서 볼 때 과거이므로 I've→I로 고쳐야 한다.
③ 관계대명사 which 뒤에 1형식의 완전한 절이 이어지고 있으므로 which를 관계부사 where로 고치거나, which 앞에 전치사 in을 더해 '전치사+관계대명사'로 고쳐야 한다.
④ 'exchange A with B'는 'A를 B와 교환하다'라는 뜻이다. 따라서 each other 앞에 전치사 with가 들어가야 한다.

※ 밑줄 친 부분에 들어갈 말로 적절한 것을 고르시오. 【9~11】

9

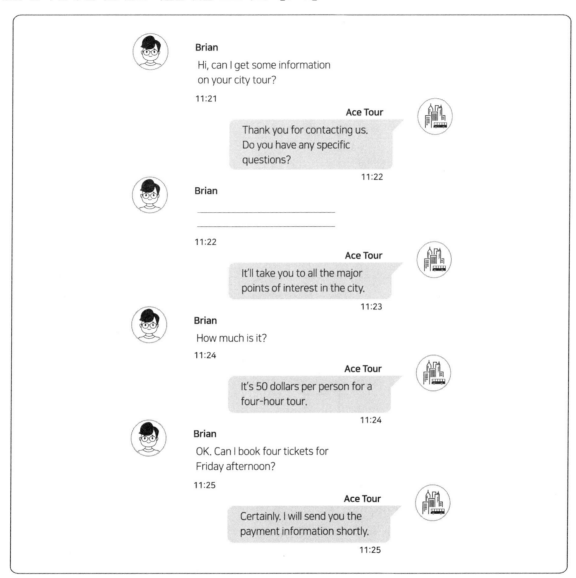

Brian
Hi, can I get some information on your city tour?
11:21

Ace Tour
Thank you for contacting us. Do you have any specific questions?
11:22

Brian
_____
_____
11:22

Ace Tour
It'll take you to all the major points of interest in the city.
11:23

Brian
How much is it?
11:24

Ace Tour
It's 50 dollars per person for a four-hour tour.
11:24

Brian
OK. Can I book four tickets for Friday afternoon?
11:25

Ace Tour
Certainly. I will send you the payment information shortly.
11:25

① How long is the tour?

② What does the city tour include?

③ Do you have a list of tour packages?

④ Can you recommend a good tour guide book?

✓ **단어** specific 구체적인 take 데리고 가다, 가지고 가다 major 주된, 주요한 payment 결제 recommend 추천하다

✓ **해석** Brian : 안녕하세요, 그곳의 도시 투어에 관한 정보 좀 얻을 수 있을까요?
　　　Ace Tour : 연락해 주셔서 감사합니다. 구체적으로 궁금한 점이 있으신가요?
　　　Brian : <u>그 도시 투어에 무엇이 포함되나요?</u>
　　　Ace Tour : 도시의 모든 주요 명소로 안내해 드립니다.
　　　Brian : 얼마인가요?
　　　Ace Tour : 4시간 투어에 1인당 50달러입니다.
　　　Brian : 알겠습니다. 금요일 오후로 티켓 4장을 예약할 수 있나요?
　　　Ace Tour : 물론입니다. 곧 결제 정보를 보내 드리겠습니다.

　　　① 그 투어는 시간이 얼마나 걸리나요?
　　　② 그 도시 투어에 무엇이 포함되나요?
　　　③ 투어 패키지들의 목록이 있으신가요?
　　　④ 좋은 투어 안내 책자를 추천해 주실 수 있나요?

10

A : Thank you. We appreciate your order.

B : You are welcome. Could you send the goods by air freight? We need them fast.

A : Sure. We'll send them to your department right away.

B : Okay. I hope we can get the goods early next week.

A : If everything goes as planned, you'll get them by Monday.

B : Monday sounds good.

A : Please pay within 2 weeks. Air freight costs will be added on the invoice.

B : _____

A : I am afraid the free delivery service is no longer available.

① I see. When will we be getting the invoice from you?

② Our department may not be able to pay within two weeks.

③ Can we send the payment to your business account on Monday?

④ Wait a minute. I thought the delivery costs were at your expense.

✓ **단어** appreciate 감사하다 order 주문 goods 물건, 상품 air freight 항공 화물 운송 department 부서 invoice 송장 no longer 더 이상 ~ 않는 available 이용 가능한 at one's expense ~가 돈을 내는, ~의 비용으로

✓ **해석** A : 감사합니다. 주문해 주셔서 감사합니다.
　　　B : 별말씀을요. 항공 화물로 상품을 보내 주실 수 있나요? 빨리 필요해서요.
　　　A : 물론입니다. 바로 부서로 보내 드리겠습니다.
　　　B : 알겠습니다. 다음 주 초에 상품을 받을 수 있으면 좋겠네요.
　　　A : 모든 것이 일정대로 진행된다면, 월요일까지는 받으실 수 있을 겁니다.

B : 월요일 좋네요.
A : 2주 이내에 결제 부탁드립니다. 항공 화물 운송비는 송장에 추가될 것입니다.
B : <u>잠깐만요, 운송비는 그쪽에서 부담하시는 줄 알았는데요.</u>
A : 죄송합니다만, 무료 운송 서비스는 더 이상 제공되지 않습니다.

① 알겠습니다. 송장을 언제 받을 수 있을까요?
② 우리 부서에서 2주 이내에 결제하지 못할 수도 있습니다.
③ 월요일에 그쪽 법인 계좌로 결제 금액을 송금해도 될까요?
④ 잠깐만요. 운송비는 그쪽에서 부담하는 줄 알았는데요.

11

A : Have you found your phone?
B : Unfortunately, no. I'm still looking for it.
A : Have you contacted the subway's lost and found office?
B : _____.
A : If I were you, I would do that first.
B : Yeah, you are right. I'll check with the lost and found before buying a new phone.

① I went there to ask about the phone

② I stopped by the office this morning

③ I haven't done that yet, actually

④ I tried searching everywhere

✅ **단어** unfortunately 불행하게도 look for 찾다 lost and found office 분실물 센터 stop by 잠깐 방문하다, 들르다 actually 사실, 실제로

☑️ **해석** A : 휴대전화를 찾으셨나요?
　　　B : 아쉽게도 못 찾았어요. 아직 찾고 있어요.
　　　A : 지하철 분실물 센터에 연락해 보셨나요?
　　　B : <u>사실 아직 안 해봤어요.</u>
　　　A : 저라면 제일 먼저 해보겠어요.
　　　B : 네, 맞아요. 새 휴대전화를 사기 전에 분실물 센터에 문의해 볼게요.

　　　① 휴대전화에 대해 문의하러 그곳에 갔어요.
　　　② 오늘 아침에 사무실에 들렀어요.
　　　③ 사실 아직 안 해봤어요.
　　　④ 모든 곳을 다 찾아봤어요.

✏️ **ANSWER** 10.④ 11.③

12 Northeastern Wildlife Exposition에 관한 다음 글의 내용과 일치하는 것은?

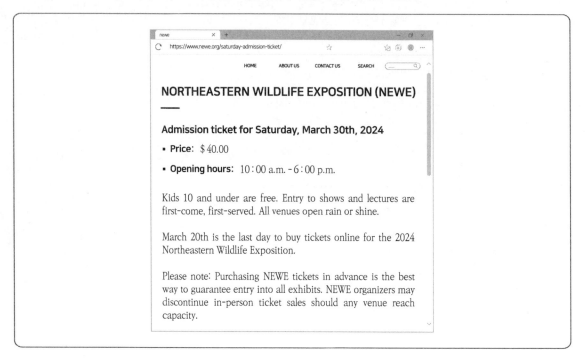

① 10세 어린이는 입장료 40불을 지불해야 한다.

② 공연과 강연의 입장은 선착순이다.

③ 비가 올 경우에는 행사장을 닫는다.

④ 입장권은 온라인으로만 구매할 수 있다.

✅ **단어** wildlife exposition 야생동물 박람회 admission ticket 입장권 entry 입장 lecture 강연 first-come first-served 선착순 venue 행사장 rain or shine 날씨에 상관없이 purchase 구매하다 in advance 미리, 앞서서 guarantee 보장하다 exhibit 전시회 organizer 주최자 discontinue 중단하다 in-person 있는 그대로의, 실황의 reach ~에 이르다, 다다르다 capacity 수용력

☑️ **해석** 북동부 야생동물 박람회(NEWE)
2024년 3월 30일 토요일 입장권
• 가격 : 40달러
• 개장 시간 : 오전 10:00 – 오후 6:00
10세 이하 어린이는 무료입니다. 공연과 강연 입장은 선착순입니다. 모든 공연장은 날씨에 상관없이 운영됩니다.
3월 20일은 2024 북동부 야생동물 박람회의 온라인 입장권 구매 마지막 날입니다.
참고 : NEWE 입장권을 미리 구매하는 것이 모든 전시회 입장을 확실히 할 수 있는 가장 좋은 방법입니다. NEWE 주최자는 행사장이 수용 인원에 도달할 경우 현장 입장권 판매를 중단할 수 있습니다.

① 10세 이하 어린이는 무료이다.
③ 날씨에 상관없이 운영된다.
④ 입장권은 현장에서도 판매한다.

13 다음 글의 내용과 일치하지 않는 것은?

> The tragedies of the Greek dramatist Sophocles have come to be regarded as the high point of classical Greek drama. Sadly, only seven of the 123 tragedies he wrote have survived, but of these perhaps the finest is *Oedipus the King*. The play was one of three written by Sophocles about Oedipus, the mythical king of Thebes (the others being *Antigone* and *Oedipus at Colonus*), known collectively as the Theban plays. Sophocles conceived each of these as a separate entity, and they were written and produced several years apart and out of chronological order. *Oedipus the King* follows the established formal structure and it is regarded as the best example of classical Athenian tragedy.

① A total of 123 tragedies were written by Sophocles.

② *Antigone* is also about the king Oedipus.

③ The Theban plays were created in time order.

④ *Oedipus the King* represents the classical Athenian tragedy.

☑ **단어** tragedy 비극 Greek 그리스의 regard A as B A를 B로 여기다, 간주하다 perhaps 아마도 finest 가장 좋은 play 희곡, 연극 mythical 신화 속에 나오는 collectively 집합적으로, 모두 conceive 구상하다, 상상하다 separate 별개의, 분리된 entity 독립체 apart 떨어져, 간격으로 chronological order 연대순 established 기존의 formal 공식적인 structure 구조 Athenian 아테네의 time order 시간 순서 represent 대표하다

☑ **해석** 그리스 극작가 소포클레스의 비극은 그리스 고전 드라마의 정점으로 여겨져 왔다. 안타깝게도 그가 쓴 123편의 비극 중 단 7편만이 남아있지만, 그중에서도 가장 훌륭한 작품은 〈오이디푸스 왕〉일 것이다. 이 희곡은 소포클레스가 테베의 신화 속 왕인 오이디푸스에 대해 쓴 세 편의 희곡 중 하나이며(다른 두 편은 〈안티고네〉와 〈콜로노스의 오이디푸스〉이다), 총칭하여 테베의 희곡들로 알려져 있다. 소포클레스는 이 희곡 각각을 별개의 작품으로 구상했으며, 그 작품들은 몇 년 간격으로 연대순을 벗어나 집필 및 제작되었다. 〈오이디푸스 왕〉은 정해진 형식적 구조를 따르고 있으며 아테네 고전 비극의 가장 좋은 예로 꼽힌다.

① Sophocles는 총 123편의 비극을 썼다.
② 〈안티고네〉도 Oedipus 왕에 대한 내용이다.
③ 테베 희곡들은 시대순으로 창작되었다.
④ 〈오이디푸스 왕〉은 고전 아테네 비극을 대표한다.

☑ **TIP** ③ 지문에서는 테베의 희곡들은 연대순을 벗어나 집필 및 제작되었다고 언급된다.

✎ **ANSWER** 12.② 13.③

14 다음 글의 주제로 적절한 것은?

> It seems incredible that one man could be responsible for opening our eyes to an entire culture, but until British archaeologist Arthur Evans successfully excavated the ruins of the palace of Knossos on the island of Crete, the great Minoan culture of the Mediterranean was more legend than fact. Indeed its most famed resident was a creature of mythology: the half-man, half-bull Minotaur, said to have lived under the palace of mythical King Minos. But as Evans proved, this realm was no myth. In a series of excavations in the early years of the 20th century, Evans found a trove of artifacts from the Minoan age, which reached its height from 1900 to 1450 B.C.: jewelry, carvings, pottery, altars shaped like bull's horns, and wall paintings showing Minoan life.

① King Minos' successful excavations

② Appreciating artifacts from the Minoan age

③ Magnificence of the palace on the island of Crete

④ Bringing the Minoan culture to the realm of reality

✓ **단어** incredible 믿을 수 없는 responsible 책임지는 entire 전체의, 전반적인 archaeologist 고고학자 excavate 발굴하다 ruins 유적, 유물 palace 궁전 Mediterranean 지중해 amed 유명한 resident 거주자 creature 생물 mythology 신화 half-man, half-bull 반인반수 prove 증명하다, 입증하다 excavation 발굴 a trove of 소중한, 귀중한 artifact 인공물

✓ **해석** 한 사람이 어떤 문화 전체에 우리의 눈을 뜨게 해줄 수 있다는 것은 믿을 수 없겠지만, 영국의 고고학자 Arthur Evans가 크레타 섬의 크노소스 궁전의 유적을 성공적으로 발굴하기 전까지 지중해의 위대한 미노스 문명은 사실보다는 전설에 가까웠다. 실제로 그 문명에서 가장 유명한 것은 신화 속에 나오는 미노스 왕의 궁전 아래에 살았다고 전해지는 반인반수의 미노타우로스라는 신화 속 생물이었다. 하지만 Evans가 증명했듯이, 이 왕국은 신화가 아니었다. 20세기 초 일련의 발굴 작업을 통해, Evans는 보석, 조각, 도기, 황소 뿔 모양의 제단, 미노스 문명의 삶을 보여 주는 벽화 등 기원전 1900년부터 1450년까지 전성기를 누렸던 미노스 시대의 유물들을 발견했다.

① 미노스 왕의 성공적인 발굴
② 미노스 문명 시대의 유물 감상하기
③ 크레타섬 궁전의 장엄함
④ 미노스 문명을 현실의 영역으로 가져오기

✓ **TIP** ④ 지문에서는 Arthur Evans가 유적을 발굴하기 전까지 미노스 문명은 전설에 가까웠지만, 유적 발굴로 인해 현실로 증명되었다는 이야기를 하고 있으므로 주제로 ④가 가장 적절하다.

15 다음 글의 제목으로 적절한 것은?

Currency debasement of a good money by a bad money version occurred via coins of a high percentage of precious metal, reissued at lower percentages of gold or silver diluted with a lower value metal. This adulteration drove out the good coin for the bad coin. No one spent the good coin, they kept it, hence the good coin was driven out of circulation and into a hoard. Meanwhile the issuer, normally a king who had lost his treasure on interminable warfare and other such dissolute living, was behind the move. They collected all the good old coins they could, melted them down and reissued them at lower purity and pocketed the balance. It was often illegal to keep the old stuff back but people did, while the king replenished his treasury, at least for a time.

① How Bad Money Replaces Good

② Elements of Good Coins

③ Why Not Melt Coins?

④ What Is Bad Money?

✓ **단어** currency 통화 debasement 저하 occur 나타나다 via ~을 통해서, ~을 경유해서 precious 귀중한 reissue 재발행하다 dilute 희석하다, 묽게 하다 adulteration 불순물 섞기 drive out 몰아내다 hence 그래서 out of circulation 유통되지 않는

☑ **해석** 나쁜 화폐의 형태로 인한 좋은 화폐의 통화 가치 저하는 귀금속 비율이 높은 동전을 더 낮은 가치의 금속으로 희석된 금이나 은을 더 낮은 비율로 재발행된 방식으로 나타났다. 이러한 불순물 섞기는 나쁜 동전을 위해 좋은 동전을 몰아냈다. 아무도 좋은 동전을 사용하지 않고 보관했기 때문에 좋은 동전은 유통에서 배제되었고 비축되었다. 한편 끊임없이 계속되는 전쟁과 그 밖의 이와 같은 방탕한 생활로 보물을 잃은, 보통의 경우 왕이었던 발행자가 그 배후에 있었다. 그들은 가능한 한 모든 좋은 오래된 동전을 모아서 녹이고 더 낮은 순도로 재발행하여 잔액을 챙겼다. 왕이 적어도 잠깐 그의 보물을 다시 채우는 동안, 오래된 것을 계속 가지고 있는 것이 종종 불법이었음에도 사람들은 그렇게 했다.

① 어떻게 나쁜 화폐가 좋은 화폐을 대체하는가
② 좋은 동전의 요소
③ 왜 동전을 녹이지 않는가?
④ 나쁜 화폐란 무엇인가?

✓ **TIP** ① 지문은 귀금속 비율이 높은 좋은 동전이 어떻게 나쁜 동전으로 바뀌게 되는지에 대해 이야기하고 있다. 따라서 제목으로 적절한 것은 ①이다.

✎ **ANSWER** 14.④ 15.①

16 다음 글의 흐름상 어색한 문장은?

In spite of all evidence to the contrary, there are people who seriously believe that NASA's Apollo space program never really landed men on the moon. These people claim that the moon landings were nothing more than a huge conspiracy, perpetuated by a government desperately in competition with the Russians and fearful of losing face. ①These conspiracy theorists claim that the United States knew it couldn't compete with the Russians in the space race and was therefore forced to fake a series of successful moon landings. ②Advocates of a conspiracy cite several pieces of what they consider evidence. ③Crucial to their case is the claim that astronauts never could have safely passed through the Van Allen belt, a region of radiation trapped in Earth's magnetic field. ④They also point to the fact that the metal coverings of the spaceship were designed to block radiation. If the astronauts had truly gone through the belt, say conspiracy theorists, they would have died.

✓ **단어** in spite of ~에도 불구하고 evidence 증거 to the contrary 반대되는 seriously 진지하게, 심각하게 land 착륙하다, 착륙시키다 claim 주장하다 nothing more than ~에 지나지 않는, ~에 불과한 huge 거대한 conspiracy 음모론, 음모 perpetuate 영속시키다 desperately 필사적으로 fearful 두려운 lose face 체면을 잃다 radiation 방사선, 복사에너지

☑ **해석** 반대되는 모든 증거에도 불구하고 NASA의 아폴로 우주 프로그램이 실제로 사람을 달에 착륙시킨 적이 없다고 진지하게 믿는 사람들이 있다. 이들은 달 착륙이 러시아와의 필사적인 경쟁을 하고 있고 체면을 잃을까 두려워한 정부가 영속시킨 거대한 음모에 지나지 않는다고 주장한다. ① 이러한 음모론자들은 미국이 우주 경쟁에서 러시아와 경쟁할 수 없다는 것을 알았고, 따라서 일련의 성공적인 달 착륙을 조작할 수밖에 없었다고 주장한다. ② 음모론 옹호자들은 그들이 증거로 간주하는 몇 가지 부분들을 인용한다. ③ 그들의 논거에 결정적인 것은 우주 비행사들이 지구 자기장에 갇힌 방사능 지역인 밴 앨런 벨트를 결코 안전하게 통과할 수 없었을 것이라는 주장이다. ④ <u>그들은 또한 그 우주선의 금속 덮개가 방사선을 차단하도록 설계되었다는 사실도 지적한다.</u> 음모론자들은 우주 비행사들이 정말 이 벨트를 통과했다면 사망했을 것이라고 말한다.

✓ **TIP** ④ 지문은 미국의 달 착륙이 조작이라고 믿는 사람들의 주장이다. ④는 그들의 주장으로 들어가기에 어색한 내용이다.

17 주어진 문장이 들어갈 위치로 적절한 것은?

> Tribal oral history and archaeological evidence suggest that sometime between 1500 and 1700 a mudslide destroyed part of the village, covering several longhouses and sealing in their contents.

> From the village of Ozette on the westernmost point of Washington's Olympic Peninsula, members of the Makah tribe hunted whales. (①) They smoked their catch on racks and in smokehouses and traded with neighboring groups from around the Puget Sound and nearby Vancouver Island. (②) Ozette was one of five main villages inhabited by the Makah, an Indigenous people who have been based in the region for millennia. (③) Thousands of artifacts that would not otherwise have survived, including baskets, clothing, sleeping mats, and whaling tools, were preserved under the mud. (④) In 1970, a storm caused coastal erosion that revealed the remains of these longhouses and artifacts.

✓ **단어** tribal 부족의 oral 말로 하는, 구전의 archaeological 고고학적인 mudslide 진흙 사태 destroy 파괴하다 longhouse 전통가옥 seal in ~을 빠져 나가지 못하게 하다 content 내용 peninsula 반도 tribe 부족 rack 선반, 받침대 smokehouse 훈제실 trade 거래하다 neighboring 인근의, 이웃의 nearby 근처에 inhabit 거주하다 indigenous 토착의, 고유의 be based in ~에 터를 잡다 region 지역, 영역 millennia (millennium의 복수형) 수천 년 otherwise 그렇지 않으면 whaling 고래잡이 preserve 보존하다 coastal 해안의 erosion 침식 reveal 드러내다, 밝히다 remains 유물, 유적

☑ **해석** 워싱턴주 올림픽 반도의 가장 서쪽 지점에 있는 Ozette 마을에서 Makah족의 구성원들이 고래를 사냥했다. 그들은 포획물을 선반 위와 훈제실에서 훈제하여 Puget Sound만 주변 및 Vancouver섬 인근의 이웃 부족들과 거래했다. Ozette는 그 지역에 수천 년간 터를 잡고 살아온 원주민인 Makah족이 거주하던 다섯 개의 주요 마을 중 하나였다. <u>부족의 구전 역사와 고고학적 증거에 따르면, 1500년에서 1700년 사이 어느 때에 진흙 사태가 마을 일부를 파괴하면서, 여러 채의 전통 가옥들을 덮어 그 안에 든 것들이 빠져나가지 못하게 했다고 한다.</u> 그렇지 않으면 살아남지 못했을, 바구니, 의복, 요, 포경 도구를 포함한 수천 개의 유물이 진흙 아래에 보존되어 있었다. 1970년, 한 폭풍으로 인해 해안 침식이 일어났고, 그것이 이 전통 가옥들과 유물들의 잔해를 드러냈다.

18 주어진 글 다음에 이어질 글의 순서로 적절한 것은?

> Interest in movie and sports stars goes beyond their performances on the screen and in the arena.

(A) The doings of skilled baseball, football, and basketball players out of uniform similarly attract public attention.

(B) Newspaper columns, specialized magazines, television programs, and Web sites record the personal lives of celebrated Hollywood actors, sometimes accurately.

(C) Both industries actively promote such attention, which expands audiences and thus increases revenues. But a fundamental difference divides them: What sports stars do for a living is authentic in a way that what movie stars do is not.

① (A) − (C) − (B)

② (B) − (A) − (C)

③ (B) − (C) − (A)

④ (C) − (A) − (B)

☑ **단어** go beyond 뛰어넘다 performance 성과, 실적 arena 경기장 skilled 노련한, 숙련된 attract 매혹시키다 attention 관심, 주의 specialized 전문화된 record 기록하다 celebrated 유명한 accurately 정확하게 promote 장려하다 expand 확장하다, 늘리다 revenue 수익 fundamental 근본적인 divide 나누다, 구분하다 do for a living 생계를 유지하다 authentic 진짜인, 진정한

☑ **해설** 영화와 스포츠 스타에 대한 관심은 극장과 경기장에서의 그들의 활약을 넘어선다.

(B) 신문 칼럼, 전문 잡지, 텔레비전 프로그램, 웹 사이트는 유명 할리우드 배우의 사생활을 때로는 정확하게 기록한다.

(A) 유니폼을 입지 않은(=평상시 모습의) 뛰어난 야구, 축구, 농구 선수의 행동도 마찬가지로 대중의 관심을 끈다.

(C) 두 업계 모두 이러한 관심을 적극적으로 장려하는데, 이는 관중을 늘리고 따라서 수익을 증가시킨다. 하지만 그들을 구분하는 근본적인 차이가 있는데, 그것은 스포츠 스타가 생계를 위해 하는 일이 영화 스타가 하는 일과는 다르게 진정성이 있다는 것이다.

19

_____. Nearly every major politician hires media consultants and political experts to provide advice on how to appeal to the public. Virtually every major business and special—interest group has hired a lobbyist to take its concerns to Congress or to state and local governments. In nearly every community, activists try to persuade their fellow citizens on important policy issues. The workplace, too, has always been fertile ground for office politics and persuasion. One study estimates that general managers spend upwards of 80% of their time in verbal communication—most of it with the intent of persuading their fellow employees. With the advent of the photocopying machine, a whole new medium for office persuasion was invented—the photocopied memo. The Pentagon alone copies an average of 350,000 pages a day, the equivalent of 1,000 novels.

① Business people should have good persuasion skills
② Persuasion shows up in almost every walk of life
③ You will encounter countless billboards and posters
④ Mass media campaigns are useful for the government

☑ **단어** nearly 거의 major 주된, 주요한 politician 정치가 consultant 상담사, 컨설턴트 expert 전문가 provide 제공하다 appeal 호소하다 virtually 사실상 special—interest group 특수 이익 단체 hire 고용하다 concern 관심, 관심사 persuade 설득하다 fellow 동료 policy 정책 fertile 비옥한 persuasion 설득 estimate 추정하다, 추산하다 upwards 위쪽으로, 이상 verbal 언어적인, 말로 하는 intent 의도, 목적 advent 출현, 도래 photocopy 복사하다

☑ **해석** 설득은 거의 각계각층에서 나타난다. 거의 모든 주요 정치인들은 대중에게 어필하는 방법에 대한 조언을 제공하는 미디어 컨설턴트와 정치 전문가를 고용한다. 사실상 모든 주요 기업 및 특수 이익 단체는 자신들의 관심사를 의회나 주 정부 또는 지방 정부에 전달하기 위해 로비스트들을 고용해 왔다. 거의 모든 지역사회에서, 활동가들은 중요한 정책 문제에 대해 동료 시민들을 설득하기 위해 노력한다. 직장 역시, 언제나 사무실 내 정치와 설득 활동을 위한 비옥한 터전이 되어 왔다. 한 연구에 따르면 일반 관리자들은 업무 시간의 80% 이상을 언어적 의사소통에 소비하며, 이 중 대부분은 동료 직원을 설득하기 위한 목적으로 사용한다고 추정한다. 복사기의 등장과 함께, 전 직원의 설득을 위한 완전히 새로운 매체, 즉 복사 메모가 발명되었다. 펜타곤에서만 하루 평균 350,000페이지를 복사하는데, 이는 소설 1,000권에 해당하는 분량이다.

① 기업인은 좋은 설득 기술을 가져야 한다.
② 설득은 거의 각계각층에서 나타난다.
③ 당신은 수많은 광고판과 포스터를 접하게 된다.
④ 대중 매체 캠페인은 정부에게 유용하다.

20

It is important to note that for adults, social interaction mainly occurs through the medium of language. Few native-speaker adults are willing to devote time to interacting with someone who does not speak the language, with the result that the adult foreigner will have little opportunity to engage in meaningful and extended language exchanges. In contrast, the young child is often readily accepted by other children, and even adults. For young children, language is not as essential to social interaction. So-called 'parallel play', for example, is common among young children. They can be content just to sit in each other's company speaking only occasionally and playing on their own. Adults rarely find themselves in situations where _____.

① language does not play a crucial role in social interaction

② their opinions are readily accepted by their colleagues

③ they are asked to speak another language

④ communication skills are highly required

✓ **단어** note 주목하다 interaction 상호작용 mainly 주로 occur 나타나다 medium 매체, 매개 be willing to ~ 기꺼이 ~하다 devote A to B A를 B하는 데 몰두하다 interact with ~와 상호작용하다 opportunity 기회 engage in ~에 참여하다 meaningful 의미 있는 extended 폭넓은, 확장된exchange 교환 in contrast 이와는 반대로 readily 쉽게, 즉시 accept 받아들이다 essential 필수적인 so-called 소위 parallel 평행 content 만족한 company 함께 있음 occasionally 가끔 rarely 거의 ~ 않는 situation 상황 play a role 역할을 하다 crucial 결정적인 colleague 동료 highly 아주, 매우 require 요구하다

☑ **해석** 성인에게는 사회적 상호 작용이 주로 언어라는 매개를 통해 이루어진다는 점에 주목하는 것이 중요하다. 특정 언어를 모국어를 사용하는 성인 중 그 언어를 사용하지 않는 사람과 교류하는 데 기꺼이 시간을 할애하려는 사람은 거의 없으며, 그 결과 성인 외국인은 의미 있으면서 폭넓은 언어 교환을 할 기회가 거의 없을 것이다. 반대로, 어린아이는 다른 아이들에게, 심지어 어른들에게도 쉽게 받아들여진다. 어린아이에게 언어는 사회적 상호 작용만큼 필수적이지는 않다. 예를 들어, 소위 '평행 놀이'는 어린아이들 사이에서 흔하다. 아이들은 서로의 사이에 앉아서 가끔씩 말을 하고 혼자 노는 것만으로도 만족할 수 있다. 성인들은 <u>사회적 상호 작용에서 언어가 중요한 역할을 하지 않는</u> 상황에 놓이는 경우가 거의 없다.

① 사회적 상호 작용에서 언어가 중요한 역할을 하지 않는

② 그들의 의견이 동료들에게 쉽게 받아들여지는

③ 다른 언어를 사용하도록 요청받는

④ 의사소통 능력이 매우 요구되는

※ 밑줄 친 부분의 의미와 가장 가까운 것을 고르시오. 【1~4】

1

> While Shakespeare's comedies share many similarities, they also differ <u>markedly</u> from one another.

① softly

② obviously

③ marginally

④ indiscernibly

☑ **단어** comedy 코미디, 희극 markedly 뚜렷이, 현저하게

☑ **해석** 셰익스피어의 희극은 많은 유사점을 공유하지만, 그것들은 또한 서로 <u>현저하게</u> 다르다.

　　① 부드럽게　　② 명백하게

　　③ 근소하게　　④ 분간하기 어렵게

2

> Jane poured out the strong, dark tea and <u>diluted</u> it with milk.

① washed

② weakened

③ connected

④ fermented

☑ **단어** pour 따르다, 쏟다 dilute 희석시키다

☑ **해석** Jane은 진한 흑차를 따르고 그것을 우유로 <u>희석시켰다</u>.

　　① 세척하다　　② 약화시키다

　　③ 연결시키다　　④ 발효시키다

3

> The Prime Minister is believed to have <u>ruled out</u> cuts in child benefit or pensions.

① excluded   ② supported

③ submitted   ④ authorized

✓ **단어** rule out 제외하다   pension 연금, 장려금, 수당

☑ **해석** 수상은 육아 수당 또는 연금 삭감을 <u>제외한</u> 것으로 여겨진다.

    ① 제외하다   ② 지원하다
    ③ 제출하다   ④ 승인하다

4

> If you <u>let on</u> that we are planning a surprise party, Dad will never stop asking you questions.

① reveal   ② observe

③ believe   ④ possess

✓ **단어** let on 털어놓다, 누설하다

☑ **해석** 만약 당신이 우리가 깜짝 파티를 계획하고 있다는 것을 <u>털어놓는다면</u>, 아버지는 결코 당신에게 질문하는 것을 멈추지 않을 것이다.

    ① 드러내다, 밝히다   ② 관찰하다
    ③ 믿다   ④ 소유하다

5 밑줄 친 부분에 들어갈 말로 가장 적절한 것은?

> Automatic doors in supermarkets _____ the entry and exit of customers with bags or shopping carts.

① ignore

② forgive

③ facilitate

④ exaggerate

☑ **단어** automatic door 자동문 entry and exit 출입 customer 손님

☑ **해석** 슈퍼마켓의 자동문은 가방이나 쇼핑 카트를 지닌 고객의 출입을 쉽게 한다.

　① 무시하다　② 용서하다
　③ 쉽게 하다　④ 과장하다

6 밑줄 친 부분 중 어법상 옳지 않은 것은?

> One of the many ①virtues of the book you are reading ②is that it provides an entry point into Maps of Meaning, ③which is a highly complex work ④because of the author was working out his approach to psychology as he wrote it.

☑ **단어** virtue 미덕, 장점 provide 주다, 제공하다 entry point 진입점 approach 접근법 psychology 심리학

☑ **해석** 당신이 지금 읽고 있는 그 책의 많은 장점 중 하나는, 저자가 집필하면서 심리학에 대한 자신의 접근법을 정리하고 있었기에 매우 복잡한 작품인 〈Maps of Meaning〉으로의 진입점을 제공한다는 것이다.

☑ **TIP** ④ 전치사 because of 뒤에는 명사(구)가 와야 하는데, 여기서는 절이 오고 있으므로 because of → because로 고쳐야 한다.

ANSWER　3.①　4.①　5.③　6.④

7 밑줄 친 부분이 어법상 옳지 않은 것은?

① You must plan <u>not to spend</u> too much on the project.

② My dog <u>disappeared</u> last month and hasn't been seen since.

③ I'm sad that the people <u>who</u> daughter I look after are moving away.

④ I bought a book on my trip, and it was <u>twice as expensive as</u> it was at home.

☑ **해석** ① 프로젝트에 너무 많은 돈을 쓰지 않도록 계획해야 한다.
② 지난달에 내 개가 사라졌고 그 이후로 보이지 않는다.
③ 내가 돌보는 딸을 가진 사람들이 이사를 가게 돼 유감이다.
④ 나는 여행 중에 책 한 권을 샀는데, 그것은 고향에서보다 두 배나 비쌌다.

☑ **TIP** ③ 관계대명사 who 뒤에는 불완전한 절이 와야 하는데, 여기서는 완전한 절이 이어지고 있으므로 who→whose로 고쳐야 한다.

8 우리말을 영어로 잘못 옮긴 것은?

① 그는 이곳에서 일하는 것이 흥미롭다는 것을 알았다.

→He found it exciting to work here.

② 그녀는 나에게 일찍 떠날 것이라고 언급했다.

→She mentioned me that she would be leaving early.

③ 나는 그가 오는 것을 원하지 않았다.

→I didn't want him to come.

④ 좀 더 능숙하고 경험 많은 선생님이었다면 그를 달리 대했을 것이다.

→A more skillful and experienced teacher would have treated him otherwise.

☑ **TIP** ② mention은 4형식으로 쓸 수 없는 3형식 동사이므로 간접목적어 me 앞에 전치사 to를 써서 to me로 고쳐야 한다.

9

> A : Charles, I think we need more chairs for our upcoming event.
> B : Really? I thought we already had enough chairs.
> A : My manager told me that more than 350 people are coming.
> B : _____
> A : I agree. I am also a bit surprised.
> B : Looks like I'll have to order more then. Thanks.

① I wonder if the manager is going to attend the event.

② I thought more than 350 people would be coming.

③ That's actually not a large number.

④ That's a lot more than I expected.

✓ **단어** upcoming 다가오는, 곧 있을 a bit 약간, 조금

☑ **해석** A : Charles, 다가오는 행사를 위한 의자가 더 필요한 것 같아요.
　　　B : 정말요? 의자는 이미 충분한 줄 알았는데요.
　　　A : 제 매니저가 350명 이상이 온다고 했어요.
　　　B : 제가 예상한 것보다 훨씬 많네요.
　　　A : 그러게요. 저도 조금 놀랐어요.
　　　B : 그러면 더 주문해야 할 것 같네요. 고마워요.

　　　① 그 매니저가 행사에 참석하는지 궁금하네요.
　　　② 저는 350명 이상이 올 거라고 생각했어요.
　　　③ 사실 많은 인원은 아니네요.
　　　④ 제가 예상한 것보다 훨씬 많네요.

✎ **ANSWER** 7.③ 8.② 9.④

10

> A : Can I get the document you referred to at the meeting yesterday?
> B : Sure. What's the title of the document?
> A : I can't remember its title, but it was about the community festival.
> B : Oh, I know what you're talking about.
> A : Great. Can you send it to me via email?
> B : I don't have it with me. Mr. Park is in charge of the project, so he should have it.
> A : _____
> B : Good luck. Hope you get the document you want.

① Can you check if he is in the office?

② Mr. Park has sent the email to you again.

③ Are you coming to the community festival?

④ Thank you for letting me know. I'll contact him.

✅ **단어** document 문서　refer to 언급하다, 인용하다　via ~을 통하여, ~을 매개로 하여　in charge ~을 맡은, 담당인

☑️ **해석** A : 어제 회의에서 언급하신 문서를 받을 수 있나요?
　　B : 네. 문서 제목이 뭔가요?
　　A : 제목은 기억나지 않지만, 주민 축제에 관한 것이었어요.
　　B : 아, 뭐 말씀하시는 건지 알겠어요.
　　A : 좋아요. 그것을 저에게 이메일로 보내주실 수 있나요?
　　B : 제가 가지고 있지 않네요. Park 씨가 그 프로젝트를 담당하고 있으니까, 그분이 가지고 있을 거예요.
　　A : 알려 주셔서 감사합니다. 그에게 연락해 볼게요.
　　B : 행운을 빌어요. 원하시는 문서를 받으시길 바랄게요.

　　① 그가 사무실에 있는지 확인해 주실 수 있나요?
　　② Park 씨가 당신에게 다시 이메일을 보냈어요.
　　③ 당신은 주민 축제에 오시나요?
　　④ 알려 주셔서 감사합니다. 그에게 연락해 볼게요.

11

A : Hello, can I ask you a question about the presentation next Tuesday?

B : Do you mean the presentation about promoting the volunteer program?

A : Yes. Where is the presentation going to be?

B : Let me check. It is room 201.

A : I see. Can I use my laptop in the room?

B : Sure. We have a PC in the room, but you can use yours if you want.

A : _____

B : We can meet in the room two hours before the presentation. Would that work for you?

A : Yes. Thank you very much!

① A computer technician was here an hour ago.

② When can I have a rehearsal for my presentation?

③ Should we recruit more volunteers for our program?

④ I don't feel comfortable leaving my laptop in the room.

✓ **단어** promote 촉진하다, 홍보하다

✓ **해석** A : 안녕하세요, 다음 주 화요일에 있을 발표에 대해 질문해도 될까요?
　　　　 B : 자원봉사 프로그램 홍보에 관한 발표를 말씀하시나요?
　　　　 A : 네. 발표를 어디서 하나요?
　　　　 B : 확인해 볼게요. 201호실이네요.
　　　　 A : 알았습니다. 강의실에서 제 노트북을 사용해도 되나요?
　　　　 B : 네. 강의실에 컴퓨터가 있지만, 원하시면 당신 것을 사용해도 돼요.
　　　　 A : <u>발표 리허설은 언제 할 수 있을까요?</u>
　　　　 B : 저희는 발표 2시간 전에 강의실에서 만날 수 있어요. 괜찮으실까요?
　　　　 A : 네. 정말 감사합니다!

　　　　 ① 컴퓨터 기술자가 한 시간 전에 여기에 왔어요.
　　　　 ② 발표 리허설은 언제 할 수 있을까요?
　　　　 ③ 우리 프로그램을 위한 자원봉사자를 더 모집해야 할까요?
　　　　 ④ 제 노트북을 강의실에 두고 가기가 마음이 편치 않아요.

12 다음 이메일의 내용과 일치하지 않는 것은?

✎	**Send**	**Preview**	**Save**

To   reserve@metropolitan.com

From   BruceTaylor@westcity.com

Date   June 22, 2024

Subject   Venue facilities

📎   [My PC]   [Browse]

[Times New ▼] [10pt ▼] [G G G G G] [≡ ≡ ≡ ≡]

Dear Sir,

I am writing to ask for information about Metropolitan Conference Center. We are looking for a venue for a three-day conference in September this year. We need to have enough room for over 200 delegates in your main conference room, and we would also like three small conference rooms for meetings. Each conference room needs wi-fi as well. We need to have coffee available mid-morning and mid-afternoon, and we would also like to book your restaurant for lunch on all three days.

In addition, could you please let me know if there are any local hotels with discount rates for Metropolitan clients or large groups? We will need accommodations for over 100 delegates each night.

I look forward to hearing from you.

Best regards,

Bruce Taylor, Event Manager

---

① 주 회의실은 200명 이상의 대표자를 수용할 수 있어야 한다.

② wi-fi가 있는 작은 회의실 3개가 필요하다.

③ 3일간의 저녁 식사를 위한 식당 예약이 필요하다.

④ 매일 밤 100명 이상의 대표자를 위한 숙박시설이 필요하다.

✓ **단어** venue 개최지 delegate 대표자 book 예약하다 accommodation 숙박시설

✓ **해석** 안녕하세요,

Metropolitan Conference Center에 대한 정보를 요청하기 위해 메일을 보냅니다.

저희는 올해 9월에 3일 동안 콘퍼런스를 개최할 장소를 찾고 있습니다. 귀사의 주 회의실에 200명 이상의 대표자를 수용할 수 있는 충분한 공간이 필요하며, 회의를 위한 소회의실 3개도 필요합니다. 각 회의실에는 wi-fi도 필요합니다. 오전 중간쯤과 오후 중간쯤에 이용할 수 있는 커피가 필요하며, 3일 동안 귀사의 식당에 점심 식사 예약을 하고 싶습니다.

더불어, Metropolitan 고객이나 대규모 단체를 위한 할인 요금이 적용되는 현지 호텔이 있는지 알려 주시겠어요? 매일 밤 100명 이상의 대표자가 묵을 수 있는 숙소가 필요합니다.

귀사의 답장을 기다리겠습니다.

진심을 담아,

행사 매니저 Bruce Taylor 드림

✓ **TIP** ③ 3일간의 점심 식사를 위한 식당을 예약하고 싶다고 언급하고 있다.

✎ **ANSWER** 12.③

13 다음 글의 내용과 일치하지 않는 것은?

> According to the historians, neckties date back to 1660. In that year, a group of soldiers from Croatia visited Paris. These soldiers were war heroes whom King Louis XIV admired very much. Impressed with the colored scarves that they wore around their necks, the king decided to honor the Croats by creating a military regiment called the Royal Cravattes. The word cravat comes from the word Croat. All the soldiers in this regiment wore colorful scarves or cravats around their necks. This new style of neckwear traveled to England. Soon all upper class men were wearing cravats. Some cravats were quite extreme. At times, they were so high that a man could not move his head without turning his whole body. The cravats were made of many different materials from plaid to lace, which made them suitable for any occasion.

① A group of Croatian soldiers visited Paris in 1660.

② The Royal Cravattes was created in honor of the Croatian soldiers wearing scarves.

③ Some cravats were too uncomfortable for a man to move his head freely.

④ The materials used to make the cravats were limited.

✓ **단어** date back to (시기 따위가) ~까지 거슬러 올라가다 admire 존경하다 impressed 감명을 받은 scarves 스카프들(scarf 의 복수) regiment 연대, 다수 upper class 상류층 plaid 격자무늬의 suitable 적당한, 어울리는 occasion (특정한) 때, 경우

✓ **해석** 역사가들에 따르면, 넥타이의 역사는 1660년으로 거슬러 올라간다. 그해 크로아티아에서 온 한 무리의 군인들이 파리를 방문했다. 이 군인들은 루이 14세가 매우 존경했던 전쟁 영웅들이었다. 그들이 목에 두른 색색의 스카프에 감명을 받은 왕은 Royal Cravattes라는 군사 연대를 만들어 크로아티아 군인들을 기리기로 결정했다. 'cravat(크라바트 : 넥타이처럼 매는 남성용 스카프)' 라는 단어는 'Croat(크로아티아인)'라는 단어에서 유래했다. 이 연대의 모든 병사들은 목에 화려한 스카프나 크라바트를 두르고 다녔다. 이 새로운 스타일의 넥웨어는 영국으로 전파되었다. 곧 모든 상류층 남성들이 크라바트를 착용하게 되었다. 일부 크라바트는 매우 극단적이었다. 때로는 그것들이 너무 높아서 남자가 온몸을 돌리지 않고는 머리를 움직일 수 없을 정도였다. 크라바트는 격자무늬부터 레이스까지 매우 다양한 재료로 제작되어 어떤 상황에도 어울렸다.

① 크로아티아 군인들이 1660년에 파리를 방문했다.
② Royal Cravattes는 스카프를 착용한 크로아티아 군인들을 기리기 위해 만들어졌다.
③ 일부 크라바트는 남자가 머리를 자유롭게 움직이기에는 너무 불편했다.
④ 크라바트를 만드는 데 사용된 재료는 제한적이었습니다.

✓ **TIP** ④ 마지막 문장에서 크라바트가 'many different materials(매우 다양한 재료들)'로 제작되었다고 언급하고 있으므로 재료가 제한적이었다는 설명은 지문과 일치하지 않는다.

14 다음 글의 주제로 적절한 것은?

In recent years Latin America has made huge strides in exploiting its incredible wind, solar, geothermal and biofuel energy resources. Latin America's electricity sector has already begun to gradually decrease its dependence on oil. Latin America is expected to almost double its electricity output between 2015 and 2040. Practically none of Latin America's new large-scale power plants will be oil-fueled, which opens up the field for different technologies. Countries in Central America and the Caribbean, which traditionally imported oil, were the first to move away from oil-based power plants, after suffering a decade of high and volatile prices at the start of the century.

① booming oil industry in Latin America

② declining electricity business in Latin America

③ advancement of renewable energy in Latin America

④ aggressive exploitation of oil-based resources in Latin America

✓ **단어** huge 거대한 stride 확보하다, 진전하다 exploit 활용하다 geothermal 지열 decrease 줄다, 감소하다 dependence 의존 practically 실제적으로 power plant 발전소 import 수입하다 decade 10년간 volatile 변덕스러운

☑ **해석** 최근 몇 년 동안 라틴 아메리카는 풍력, 태양열, 지열 및 바이오 연료 에너지 자원을 활용하는 데 큰 진전을 이루었다. 라틴 아메리카의 전력 부문은 이미 석유에 대한 의존도를 점차 낮추기 시작했다. 라틴 아메리카는 2015년에서 2040년 사이에 전력 생산량을 거의 두 배로 늘릴 것으로 예상된다. 실제로 라틴 아메리카의 신규 대규모 발전소 중 석유를 연료로 사용하는 발전소는 거의 없을 것이며, 이는 다양한 기술을 위한 장을 열어줄 것이다. 전통적으로 석유를 수입했던 중앙아메리카와 카리브해의 국가들은 21세기 초 10년간의 높고 변동성이 큰 유가를 겪은 후 가장 먼저 석유 기반 발전소로부터 탈피했다.

① 라틴 아메리카의 석유 산업 호황
② 라틴 아메리카의 전력 사업 쇠퇴
③ 라틴 아메리카의 재생 에너지 발전
④ 라틴 아메리카의 석유 기반 자원에 대한 공격적인 개발

✓ **TIP** 지문은 최근 라틴 아메리카가 풍력, 태양열, 지열 및 바이오 연료 에너지와 같은 재생 에너지 분야에서 큰 발전을 이루어 전력생산에 대한 석유 의존도를 크게 줄였다는 내용을 언급하고 있으므로, 주제로 가장 적절한 것은 ③이다.

15 다음 글의 제목으로 적절한 것은?

Every organization has resources that it can use to perform its mission. How well your organization does its job is partly a function of how many of those resources you have, but mostly it is a function of how well you use the resources you have, such as people and money. You as the organization's leader can always make the use of those resources more efficient and effective, provided that you have control of the organization's personnel and agenda, a condition that does not occur automatically. By managing your people and your money carefully, by treating the most important things as the most important, by making good decisions, and by solving the problems that you encounter, you can get the most out of what you have available to you.

---

① Exchanging Resources in an Organization

② Leaders' Ability to Set up External Control

③ Making the Most of the Resources: A Leader's Way

④ Technical Capacity of an Organization : A Barrier to Its Success

✓ **단어** organization 조직 resource 자원 perform 수행하다 mostly 대개는 efficient 능률적인 effective 효과적인 personnel 전직원, 인원 agenda 안건 occur 생기다 encounter 직면한, 부딪힌

✓ **해석** 모든 조직에는 임무를 수행하는 데 사용할 수 있는 자원이 있다. 당신의 조직이 업무를 얼마나 잘 수행하는지는, 부분적으로는 당신이 그 자원을 얼마나 많이 보유하고 있는지에 따라 결정되지만, 대개는 당신이 보유한 사람이나 돈 같은 자원을 당신이 얼마나 잘 활용하느냐에 따라 결정된다. 조직의 리더로서 당신이 조직의 인력과 안건에 대한 통제권을 가지고 있다면, 언제든지 그 자원들을 더 효율적이고 효과적으로 사용할 수 있지만, 이는 자동으로 생기는 조건이 아니다. 당신의 인력과 자금을 신중하게 관리하고, 가장 중요한 것을 가장 중요한 것으로 처리하고, 좋은 결정을 내리고, 당신이 직면한 문제를 해결함으로써, 당신은 당신에게 주어진 것을 최대한 활용할 수 있다.

① 조직 내 자원 교환하기
② 외부 통제를 설정하는 리더의 능력
③ 자원을 최대한 활용하기 : 리더의 방식
④ 조직의 기술적 역량 : 성공의 장벽

✓ **TIP** 지문은 조직 내에서 주어진 자원을 효과적이고 효율적으로 활용하는 것에 있어 리더의 역할과 방식이 중요함을 강조하는 내용이다. 따라서 글의 제목으로 가장 적절한 것은 ③이다.

16 다음 글의 흐름상 어색한 문장은?

Critical thinking sounds like an unemotional process but it can engage emotions and even passionate responses. In particular, we may not like evidence that contradicts our own opinions or beliefs. ①If the evidence points in a direction that is challenging, that can rouse unexpected feelings of anger, frustration or anxiety. ②The academic world traditionally likes to consider itself as logical and free of emotions, so if feelings do emerge, this can be especially difficult. ③For example, looking at the same information from several points of view is not important. ④Being able to manage your emotions under such circumstances is a useful skill. If you can remain calm, and present your reasons logically, you will be better able to argue your point of view in a convincing way.

✅ **단어** critical 비판적인 unemotional 감정적이 아닌 engage 끌어들이다 passionate 열렬한 contradict 반대하다 rouse 일으키다 unexpected 예기치 않은 frustration 좌절 anxiety 걱정, 불안 emerge 나오다, 나타나다 circumstance 상황 remain 유지하다 present 제공하다 logically 논리적으로 argue 주장하다 convincing 설득력 있는

✅ **해석** 비판적 사고는 감정적이지 않은 과정처럼 들리지만, 감정 그리고 심지어는 열렬한 반응을 끌어들일 수 있다. 특히, 우리는 자신의 의견이나 신념과 모순되는 증거를 싫어할지도 모른다. 증거가 도전적인 방향을 가리키면, 그것은 예상치 못한 분노, 좌절 또는 불안을 일으킬 수 있다. 학계는 전통적으로 스스로 논리적이며 감정으로부터 자유롭다고 간주하기를 좋아하기 때문에, 감정이 드러날 경우 이는 특히 힘들어질 수 있다. 예를 들어, 같은 정보를 여러 관점에서 바라보는 것은 중요하지 않다. 이러한 상황에서 당신의 감정을 관리할 수 있는 것은 유용한 기술이다. 침착함을 유지하고 근거를 논리적으로 제시할 수 있다면, 당신은 자신의 관점을 설득력 있는 방법으로 더 잘 주장할 수 있을 것이다.

✅ **TIP** ③ 지문은 비판적 사고와 감정에 대한 이야기를 하고 있다.

✏️ **ANSWER** 15.③ 16.③

17 주어진 글 다음에 이어질 글의 순서로 적절한 것은?

> Computer assisted language learning (CALL) is both exciting and frustrating as a field of research and practice.

> (A) Yet the technology changes so rapidly that CALL knowledge and skills must be constantly renewed to stay apace of the field.
>
> (B) It is exciting because it is complex, dynamic and quickly changing—and it is frustrating for the same reasons.
>
> (C) Technology adds dimensions to the domain of language learning, requiring new knowledge and skills for those who wish to apply it into their professional practice.

① (A) — (C) — (B)

② (B) — (A) — (C)

③ (B) — (C) — (A)

④ (C) — (B) — (A)

✓ **단어** assist 돕다, 조력하다 exciting 흥분시키는 frustrating 좌절감을 주는 practice 실습 dimension 차원 domain 영역 require 요구하다 apply 적용하다 rapidly 빠르게, 재빨리 constantly 끊임없이 renew 갱신시키다 apace 뒤떨어지지 않게

☑ **해석** 컴퓨터 보조 언어 학습(CALL)은 연구와 실습의 한 분야로서 흥미롭기도 하고 좌절감을 주기도 하다.
(B) 그것은 복잡하고 역동적이며 빠르게 변화하기 때문에 흥미로우며, 같은 이유로 좌절감을 준다.
(C) 기술은 언어 학습 영역에 차원들을 더해서, 그것을 자신들의 전문적인 실무에 적용하고자 하는 사람에게 새로운 지식과 기술을 요구한다.
(A) 그러나 기술은 너무 빠르게 변화해서 CALL 지식과 기술은 그 분야에 뒤떨어지지 않기 위해 끊임없이 갱신되어야 한다.

18 주어진 문장이 들어갈 위치로 적절한 것은?

But she quickly popped her head out again.

The little mermaid swam right up to the small window of the cabin, and every time a wave lifted her up, she could see a crowd of well-dressed people through the clear glass. Among them was a young prince, the handsomest person there, with large dark eyes. (①) It was his birthday, and that's why there was so much excitement. (②) When the young prince came out on the deck, where the sailors were dancing, more than a hundred rockets went up into the sky and broke into a glitter, making the sky as bright as day. (③) The little mermaid was so startled that she dove down under the water. (④) And look! It was just as if all the stars up in heaven were falling down on her. Never had she seen such fireworks.

☑ **단어** mermaid 인어 The little mermaid 인어공주(동화) cabin 오두막, 선실 crowd 군중 well-dressed 잘 차려입은 excitement 흥분, 격앙 deck 갑판 sailor 선원 glitter 반짝임 startle 깜짝 놀라다 firework 불꽃놀이

☑ **해석** 인어공주는 선실의 작은 창문 바로 앞까지 헤엄쳐 올라왔고, 파도가 그녀를 들어 올릴 때마다, 그녀는 투명한 유리를 통해 잘 차려입은 사람들의 무리를 볼 수 있었다. 그들 중에는 크고 짙은 눈을 가진, 그곳에서 가장 잘생긴 사람인 젊은 왕자가 있었다. 그날은 그의 생일이었고, 그것이 바로 그토록 격앙된 이유였다. 그 젊은 왕자가 선원들이 춤을 추고 있는 갑판으로 나왔을 때, 100개 이상의 폭죽이 하늘로 올라갔다가 반짝이가 되어 하늘을 낮처럼 밝게 만들었다. 인어공주는 깜짝 놀라서 물속으로 들어갔다. 그러나 그녀는 재빨리 다시 고개를 밖으로 내밀었다. 그리고 보라! 마치 하늘에 있는 모든 별들이 그녀 위로 떨어지는 것 같았다. 그녀는 그런 불꽃놀이를 본 적이 없었다.

19

> Javelin Research noticed that not all Millennials are currently in the same stage of life. While all Millennials were born around the turn of the century, some of them are still in early adulthood, wrestling with new careers and settling down. On the other hand, the older Millennials have a home and are building a family. You can imagine how having a child might change your interests and priorities, so for marketing purposes, it's useful to split this generation into Gen Y.1 and Gen Y.2. Not only are the two groups culturally different, but they're in vastly different phases of their financial life. The younger group is financial beginners, just starting to show their buying power. The latter group has a credit history, may have their first mortgage and is raising young children. The _____ in priorities and needs between Gen Y.1 and Gen Y.2 is vast.

① contrast

② reduction

③ repetition

④ ability

✓ **단어** notice 주목하다 currently 현재, 지금 adulthood 성인, 성년 wrestle 맞서 싸우다, 씨름하다 settling down 정착 priority 우선순위 split 쪼개다, 분할하다 vastly 대단히, 엄청나게 buying power 구매력 mortgage 대출, 담보대출 vast 거대한

✓ **해석** Javelin Research는 모든 밀레니얼 세대가 현재 같은 삶의 단계에 있는 것은 아니라는 사실에 주목했다. 모든 밀레니얼 세대가 세기가 바뀔 무렵에 태어났지만, 그중 일부는 아직 성인 초기에서 새로운 직업과 정착 문제로 씨름하고 있다. 반면, 나이가 더 많은 밀레니얼 세대는 집이 있고 가정을 꾸리고 있다. 아이가 생기면 관심사와 우선순위가 어떻게 달라질지 상상할 수 있으므로, 마케팅 목적을 위해 이 세대를 Y.1 세대와 Y.2 세대로 나누는 것이 유용하다. 두 집단은 문화적으로 다를 뿐만 아니라, 크게 다른 재정적 삶의 단계에 있기도 하다. 더 어린 집단은 이제 막 구매력을 발휘하기 시작한 금융 초보자들이다. 후자의 집단은 신용 기록이 있고, 첫 담보대출을 받았을 수도 있으며, 어린 자녀들을 양육하고 있다. Y.1 세대와 Y.2 세대 간 우선순위와 요구의 <u>차이</u>는 매우 크다.

① 차이
② 감소
③ 반복
④ 능력

20

Cost pressures in liberalized markets have different effects on existing and future hydropower schemes. Because of the cost structure, existing hydropower plants will always be able to earn a profit. Because the planning and construction of future hydropower schemes is not a short-term process, it is not a popular investment, in spite of low electricity generation costs. Most private investors would prefer to finance _____, leading to the paradoxical situation that although an existing hydropower plant seems to be a cash cow, nobody wants to invest in a new one. Where public shareholders/owners (states, cities, municipalities) are involved, the situation looks very different because they can see the importance of the security of supply and also appreciate long-term investments.

① more short-term technologies

② all high technology industries

③ the promotion of the public interest

④ the enhancement of electricity supply

✍ **단어** pressure 압력 liberalize 자유화하다 existing 현재의 hydropower 수력 발전 scheme 계획 structure 구조 earn 벌다 short-term 단기의 investment 투자 electricity generation 발전(發電) private 사적인, 민간의 prefer 선호하다 paradoxical 역설적인 shareholder 주주 municipality 지자체 security 안전성 supply 공급 long-term 장기의 appreciate 평가하다

☑ **해석** 자유화된 시장에서의 비용 압력은 기존 및 미래의 수력 발전 계획에 서로 다른 영향을 미친다. 비용 구조 때문에 기존 수력발전소는 항상 수익을 낼 수 있다. 미래 수력 발전 계획에 대한 계획안과 건설은 단기적인 과정이 아니기 때문에, 낮은 발전 비용에도 불구하고 대중적인 투자는 아니다. 대부분의 민간 투자자들은 <u>더 단기적인 기술</u>에 자금을 조달하는 것을 선호하는데, 이는 기존 수력발전소가 캐시카우(고수익 사업)처럼 보이는데도 불구하고 아무도 새로운 곳에 투자하지 않으려는 역설적인 상황으로 이어진다. 공공 주주/소유주(주, 시, 지자체)가 참여하는 경우, 그 상황은 매우 다르게 보이는데, 그들은 공급 안정성의 중요성을 인식하고 장기적인 투자도 중요하게 평가하기 때문이다.

① 더 단기적인 기술
② 모든 첨단 기술 산업
③ 공공 이익의 증진
④ 전력 공급의 향상

서원각 용어사전 시리즈

상식은 "용어사전"

용어사전으로 중요한 용어만 한눈에 보자

중요한 용어만 공부하자!

✱ **시사용어사전 1200**
매일 접하는 각종 기사와 정보 속에서 현대인이
놓치기 쉬운, 그러나 꼭 알아야 할 최신 시사상식
을 쏙쏙 뽑아 이해하기 쉽도록 정리했다!

✱ **경제용어사전 1030**
주요 경제용어는 거의 다 실었다! 경제가 쉬워지
는 책, 경제용어사전!

✱ **부동산용어사전 1300**
부동산에 대한 이해를 높이고 부동산의 개발과 활
용, 투자 및 부동산 용어 학습에도 적극적으로 이
용할 수 있는 부동산용어사전!

• 최신 관련 기사 수록

• 다양한 용어를 수록하여 1000개 이상의 용어 한눈에 파악

• 용어별 중요도 표시 및 꼼꼼한 용어 설명

• 파트별 TEST를 통해 실력점검